Dr. Ewald Gerhardt

PILZE

mit Schnellbestimm-System

Bibliografische Information Der
Deutschen Bilbliothek
Die Deutsche Bibliothek verzeichnet
diese Publikation in der Deutschen
Nationalbibliografie; detaillierte bibliografische Daten sind im Internet
über http://dnb.ddb.de abrufbar.

Bildnachweis:
Alle Fotos sind vom Autor
Umschlaggestaltung: Anja Masuch, München
Umschlagfoto: Ewald Gerhardt

Sechste Auflage (Sonderausgabe)

© BLV Verlagsgesellschaft mbH,
München, 2003

Printed in Germany · ISBN 3-405-16618-7

Hinweis

Der Speisewert der in diesem Buch behandelten
Pilze wurde nach bestem
Wissen sowie neuestem
Kenntnisstand angegeben.
Wer Pilze ißt, handelt
jedoch auf eigene Verant-
wortung, da Autor und Verlag weder etwaige indivi-
duelle Unverträglichkeiten
noch die Sammelgewohn-
heiten des Einzelnen ken-
nen. Wir warnen allgemein
vor dem Genuß zu alter
Pilze, generell aber vor
Rohverzehr. Das Prädikat
»eßbar« bezieht sich stets
auf den durch Kochen,
Braten oder andere Hitze-
behandlung zubereiteten
Pilz, sofern nicht anders
vermerkt.

Inhaltsübersicht

Vorwort

Dieses neue Pilzbuch will in erster Linie dem pilzinteressierten Laien, aber auch dem fortgeschrittenen Pilzsammler ein ausführlicher Ratgeber und Bestimmungshelfer sein. Es enthält daher eine sorgfältig ausgesuchte Auswahl der häufigsten und wichtigsten Speise- und Giftpilze. Diese Auswahl ist so getroffen, daß eigentlich egal ist, in welchem Teil Deutschlands oder dessen angrenzenden Ländern der Pilzfreund zu Hause ist: Er wird stets die meisten der hier abgebildeten Pilzarten in der Natur wiederfinden.

Besonderer Wert wird darauf gelegt, die Pilze in ihrer natürlichen Umgebung zu zeigen. Daher ist jede Aufnahme ein am typischen Standort fotografiertes Naturdokument. An dieser Stelle sei einmal erwähnt, daß gerade diese Art der Pilzfotografie die Schwierigste ist. Man bedenke, wie viele Faktoren ein im meist dunklen Walde entstandenes Bild negativ beeinflussen können. Und selbst die Sonne kann unter bestimmten Umständen einen Pilz bis zur Unkenntlichkeit entstellen. Dank vieljähriger Erfahrung entstehen irgendwann doch den hohen Anforderungen genügende Originale. Diese können dann wieder beim Druck eine ungewollte Farbtönung erhalten, trotz der heute weit fortgeschrittenen Technik. Alle Faktoren sind bei den hier vorgestellten Fotografien möglichst gründlich berücksichtigt worden. Dies hat zum Ergebnis, daß der Benutzer seine gefundenen Arten auch wirklich wiedererkennt.

Dennoch wird der Sammler in der Praxis irgendwann erfahren, daß die von ihm gefundenen Pilze manchmal etwas anders aussehen. Das liegt in der Natur der Sammelobjekte selbst: Sie sind nämlich erheblich veränderlicher, als beispielsweise Höhere Pflanzen.

Um das auszugleichen, müßten von jeder Art eine ganze Reihe von Aufnahmen gebracht werden. Doch das stößt wegen des geplanten Buchumfangs schnell an Grenzen. Daher haben sich Autor und Verlag bemüht, die jeweils typischsten Exemplare abzubilden.

Beim Bestimmungssystem wird hier erstmalig der Versuch unternommen, einen Symbolbestimmungsschlüssel auch für Pilze anzuwenden. Wegen ihrer relativen Merkmalsarmut waren besondere Hindernisse zu überwinden. Letztendlich dient der Symbolschlüssel zur schnellen Vorsortierung der vielen in diesem Buch behandelten Pilzgruppen. Die Bestimmung bis zur Art geschieht durch Vergleich von Abbildung und Text mit dem gesammelten Pilz. Diese vielleicht als unwissenschaftlich anzusehende Methode ist durchaus legitim und bringt anfänglich den meisten Erfolg. Schließlich haben auch gute Kenner einmal so angefangen.

Durch die allgemeine Degeneration der Natur, verschlechterte Umweltbedingungen, Holz- und Landwirtschaft sind auch Pilze z. T. gefährdet und damit schutzbedürftig. Gegenüber den Grünpflanzen besitzen sie aber einen Sonderstatus, da beim Pilzesammeln nur der Fruchtkörper geerntet wird. Das unterirdische Myzel, die Pilzpflanze an sich, wird dabei in der Regel weder zerstört noch geschädigt. Deshalb besteht aus Gründen des Naturschutzes keine unbedingte Notwendigkeit eines Sammelverbotes. Voraussetzung ist aber, daß sich jeder Sammler verantwortungsbewußt verhält. Einige Pilzarten (z. B. seltene Röhrlinge) sind generell geschützt und dürfen überhaupt nicht, andere nur für den privaten Bedarf gesammelt werden (vgl. S. 46). Die laut Bundesartenschutzverordnung geschützten Pilze sind im Bestimmungsteil entsprechend gekennzeichnet.

Auch das Studium der »Roten Liste« der geschützten Pflanzen ist in diesem Zusammenhang empfehlenswert. Hier sind u. a. viele Pilzarten unter Angabe ihres Gefährdungsgrades aufgeführt. Es muß aber auch gesagt werden, daß die Kriterien für das Maß der Gefährdung bei Pilzen noch nicht hinreichend bekannt und ausdiskutiert sind. Wenn auch dieses Buch Gefährdungsbewertungen laut »Roter Liste« enthält, so bedeutet das nicht, daß der Autor in jedem Falle derselben Meinung ist.

Abschließend glaube ich, trotz aller Beschränkungen und umweltbedingter Hindernisse, den Lesern dieses Buches auch künftig viel Freude bei der Ausübung ihres faszinierenden Hobbys wünschen zu können.

Ewald Gerhardt

Einführung

Was sind Pilze, und wie leben sie?

Alle Pflanzen, die Blattgrün (Chlorophyll) enthalten, wie Bäume und Sträucher, Kräuter, Moose, Farne oder Algen, sind in der Lage, mit Hilfe von Chlorophyll und Sonnenenergie aus Kohlendioxyd und Wasser eigene Aufbaustoffe zu gewinnen. Man nennt diesen Vorgang Fotosynthese. Pilze sind, da sie kein Blattgrün enthalten, dazu nicht in der Lage und bilden somit eine Sonderstellung im Pflanzenreich. Sie sind auf schon fertige organische Substanzen ihrer Umwelt angewiesen. Ein umgestürzter Baumstamm, Humusboden, abgestorbene Kräuterstengel, tote Blätter oder Reste eines toten Tieres dienen ihnen als Nahrungsquelle. Pilze, die derartige Substrate besiedeln und diese abbauen, nennt man Saprophyten (Fäulnisbewohner). Andere Arten greifen an Wundstellen lebende Organismen (z. B. Bäume) an und schaden diesen. Es sind die Parasiten, zu denen beispielsweise der Hallimasch und viele baumbewohnende Porlinge gehören. Zwischen Parasiten und Saprophyten läßt sich nicht immer eine strenge Grenze ziehen, da es hier viele Übergänge gibt. Ein Kiefernporling, der als typischer Parasit alten Kiefern schadet, wächst am umgestürzten Stamm oft noch mehrere Jahre als Saprophyt weiter. Die dritte sehr wichtige Gruppe sind die Symbionten, die mit unseren Bäumen eine Lebensgemeinschaft eingehen. Beide Teile, Baum und Pilz, ziehen einen gemeinsamen Nutzen aus diesem Zusammenleben, welches Mykorrhiza heißt. Viele bekannte Speise- und Giftpilze gehören hierher, wie Ritterlinge, Täublinge, Schnecklinge, Milchlinge, Röhrlinge und Knollenblätterpilze.

Pilze erfüllen also in vielfältiger Weise bestimmte Aufgaben im Kreislauf der Natur, ohne die ein Leben auf unserer Erde nicht denkbar wäre. Die eigent-

Das Myzel des Violetten Rötelritterlings *(Lepista nuda)* durchwuchert den Blätterhumus. Es wurde durch Wegnahme der oberen Blätter freigelegt.

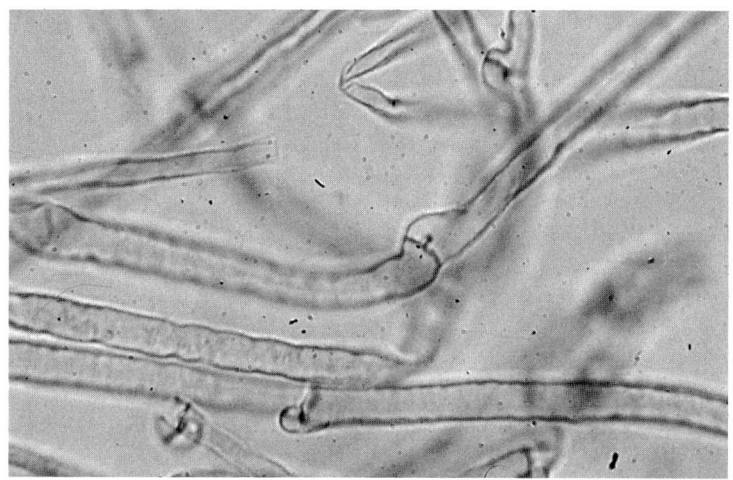

Hyphen mit Schnallen, aus der Huthaut eines Schleierlings der Untergattung Gürtelfüße *(Telamonia)* (ca. × 1500)

liche Pilzpflanze lebt unterirdisch, im Substrat verborgen. Sie besteht aus einem feinen, verzweigten Fadengeflecht, dem Myzel, welches lichtempfindlich ist.

Der einzelne »Faden«, die eigentliche Pilzzelle, deren Wand größtenteils aus Chitin besteht, heißt Hyphe.

Diese und folgende Angaben gelten im wesentlichen für sog. Höhere Pilze, zu denen die bekannten Speise- und Giftpilze gehören. Niedere Pilze, die oft

Sporen. Links: Rötling *(Entoloma rhodopolium)*; rechts: Schleierling *(Cortinarius elegantior)* (ca. × 1000).

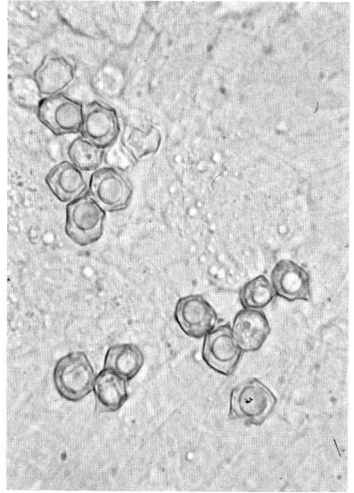
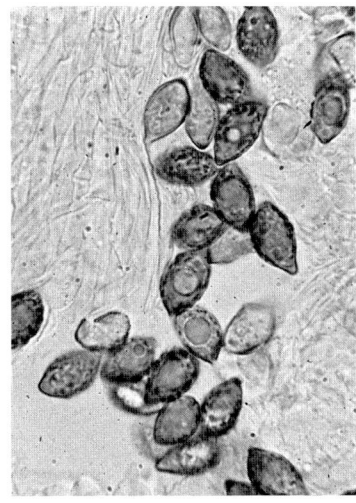

schimmelartige Oberflächenmyzelien bilden, werden in diesem Buch nicht behandelt.

Bei den bekannten Großpilzen besitzen die Hyphen echte Querwände (Septen). Der Durchmesser der »Fäden« beträgt nur einige tausendstel Millimeter. Das ganze Myzel kann aber den Boden quadratmetergroß durchziehen und viele Jahre, in einzelnen Fällen sogar Jahrhunderte, überleben. Unter günstigen Umständen bildet es Fruchtkörper, die dann für uns sichtbar werden und als »Pilze« aus dem Boden »schießen«.

Der Fruchtkörper hat die Aufgabe, für die Bildung und Verbreitung der Sporen (Abb. S. 9), mit denen sich der Pilz vermehrt, zu sorgen. Die Sporen sind im Gegensatz zu den Samen der Höheren Pflanzen winzig und enthalten keine Nahrungsreserven für die Jungpflanze. Die Durchschnittslänge beträgt etwa 10 tausendstel Millimeter. Wegen des geringen Gewichtes er-

folgt die Verbreitung, ähnlich wie bei den Pollen der Gräser, durch den Wind. Die Pilzfruchtkörper sind wie das Myzel aus Hyphen aufgebaut, die in bestimmter Weise miteinander verflochten sind, so daß ein Scheingewebe (Plectenchym) entsteht. Hier spielen sich auch die Vorgänge ab, die der Erzeugung der nächsten Pilzgeneration dienen.

Die Höheren Pilze werden in zwei große Gruppen (Klassen) eingeteilt. Bei der Klasse der Schlauchpilze (Ascomycetes) werden die Sporen im Innern von mikroskopisch kleinen Schläuchen (Asci, Abb. unten) gebildet. Ein Schlauch enthält meistens 8 Sporen, die Anzahl kann aber je nach Art auch 2, 14, 16 oder mehr betragen. Die andere große Klasse sind die Ständerpilze (Basidiomycetes). Hier entstehen die Sporen meist zu 4 auf sog. Sporenständern (Basidien, Abb. unten). Die Schläuche oder Sporenständer sind in den Fruchtkörpern an ganz

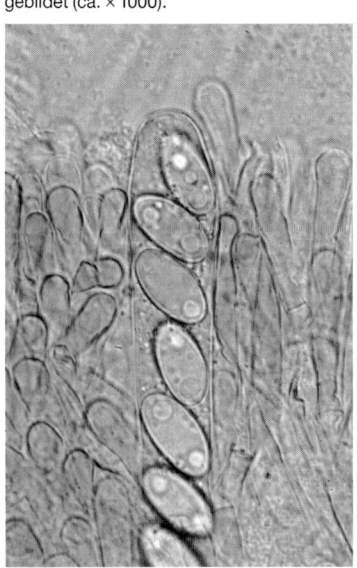

Die Sporen der Frühjahrslorchel *(Gyromitra esculenta)* werden in Schläuchen (Asci) gebildet (ca. × 1000).

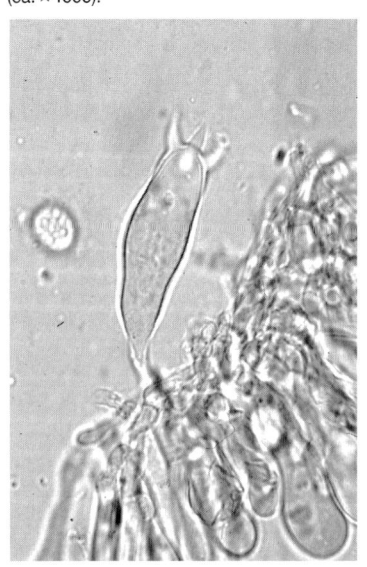

Viersporige Basidie eines Lacktrichterlings *(Laccaria)*; links davon eine Spore (ca. × 1000).

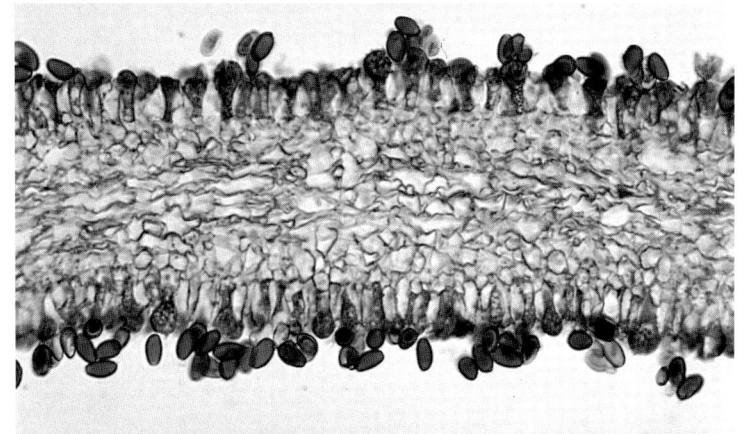

Hymenium eines Lamellenpilzes *(Psathyrella)*. Die Abbildung zeigt einen Lamellenquerschnitt (Dauerpräparat, ca. × 500).

bestimmten Stellen lokalisiert. Sie stehen dort dicht an dicht gedrängt und bilden die <u>Fruchtschicht</u> (Hymenium, Abb. oben). Die Lage dieser Schicht ist ein wichtiges Merkmal zur systematischen Einteilung der Großpilze. Bei Lamellenpilzen überzieht die Fruchtschicht die Lamellenflächen der Hutunterseite, bei Röhrenpilzen überkleidet sie die Innenseite der Röhren, bei Becherlingen die Innenseite des schalenförmigen Fruchtkörpers usw.

Bei Pilzen, die in Hut und Stiel eingeteilt sind, beobachtet man häufig an der Hutunterseite Lamellen (Abb. unten), Röhren (Abb. S. 12), Stacheln (Abb. S. 12), Leisten oder Falten. Dies ist ein Hilfsmittel der Natur, die Oberfläche der Fruchtschicht zu vergrößern, um möglichst viele Sporen bilden zu können. Bei weniger hoch entwickelten, holzbewohnenden Schichtpilzen, Rindenpilzen oder bodenbewohnenden Keulen- oder Korallenpilzen ist das Hymenium häufig glatt. Reife Sporen werden unter Zuhilfenahme von Wasser aktiv abgeschleudert. Aus diesen können sich dann unter günstigen

Hutunterseite eines Pappelschlüpplings *(Pholiota destruens)* mit Blick auf die Lamellen, deren Schneide deutlich gekerbt ist.

11

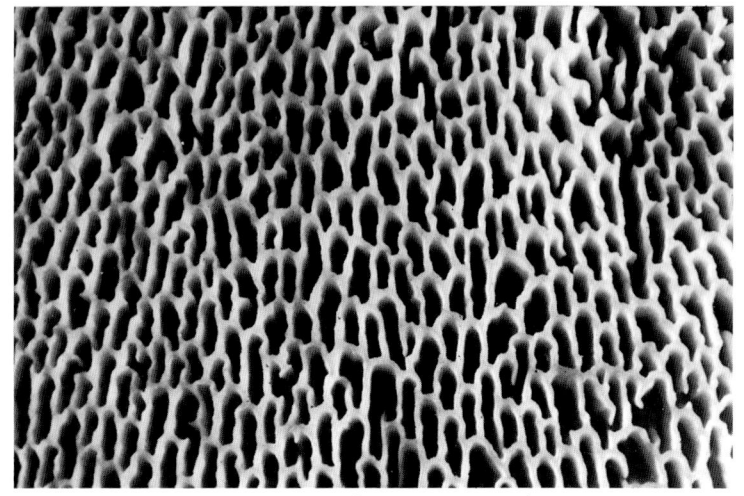

Röhrenschicht eines Schuppigen Porlings *(Polyporus squamosus).*

Umständen neues Myzel und neue Fruchtkörper entwickeln.

Bei einer Untergruppe der Ständerpilze, den Bauchpilzen, verbleiben die Sporen im Innern der Fruchtkörper und werden erst durch mechanische Reize (Regentropfen, Berührung) nach außen befördert. Dies ist z. B. bei den häufigen Stäublingen und den bizarr anmutenden Erdsternen der Fall. Die meisten Pilzarten bilden ihre Fruchtkörper oberirdisch aus. Bei einigen Gruppen werden diese auch unter der Erdoberfläche angelegt. So bei einigen Schlauchpilzen, wie den Trüffeln, und bei etlichen Bauchpilzen (Wurzeltrüffeln u. a.). Die unterirdisch wachsenden Arten werden gern vom Wild auf-

Stacheln an der Hutunterseite von *Sarcodon* spec.

Hexenring eines Feldschwindlings *(Marasmius oreades)*.

gespürt und gefressen. Die Ausbreitung erfolgt dann über den Kot der Tiere, in dem sich die Sporen keimfähig erhalten oder es dadurch erst werden.

Einige bodenbewohnende Pilzarten zeigen ihre Fruchtkörper in kreisförmiger Anordnung, dem sog. »Hexenring«. Ein Myzel, welches sich im Boden ungehindert ausbreiten kann, bedeckt in etwa eine Kreisfläche, da es, von einem Punkte ausgehend, gleichmäßig nach allen Seiten auswächst. Die Nahrungsstoffe werden dabei zur Peripherie transportiert, wo auch die Fruchtkörper erscheinen. Das Myzel stirbt innen ab oder wird inaktiv und wächst nach außen weiter. Deshalb vergrößert sich der Kreisring von Jahr zu Jahr. Die Hexenringe des Feldschwindlings sind häufig auf den Wiesen zu bewundern. Im Bereich der Fruchtkörper stirbt das Gras ab, weil dort vom Myzel wuchshemmende (antibiotische) Stoffe ausgeschieden werden. An der Innenseite des Ringes wuchert es besonders stark, da hier das Wachstum durch den Pilz begünstigt wird.

Es wird geschätzt, daß bisher auf der Welt über 100 000 Pilzarten bekannt sind. Damit sind alle pilzlichen Organismen gemeint. Dazu gehören winzige, vergängliche Formen, Schimmelpilze, Hefen, Rost- und Brandpilze, Mehltau und viele andere. Da das Gebiet der Mykologie (Pilzkunde) so ungeheuer groß ist, muß sich der Mykologe (Pilzwissenschaftler) auf kleinere Spezialgebiete beschränken, die oft immer noch fast unüberschaubar sind. Allein in Mitteleuropa sind heute zwischen 3000 und 4000 Pilzarten bekannt, die größere, für das Auge gut sichtbare Fruchtkörper bilden, die sog. Makromyzeten. Mit einem kleinen Teil der Großpilze befaßt sich dieses Buch, nämlich mit einigen gut kenntlichen, häufigen Arten. Für Speisezwecke kommen von den fast 4000 Pilzen nur noch einige hundert in Frage. Etwa 100 für den Menschen irgendwie schädliche Arten sind bekannt. Wegen der besseren Erforschung der Pilzinhaltsstoffe wird sich die Zahl in Zukunft wohl noch erhöhen. Etwa 10 Arten sind tödlich giftig oder können es wenigstens sein. Einige davon sind zum Glück recht selten oder treten nicht in größeren Mengen auf.

Pilzfruchtkörper, Morphologie und Bestimmungsmerkmale

Die Fruchtkörper der Schlauchpilze

An dieser Stelle interessieren hauptsächlich solche Arten mit größeren Fruchtkörpern, die für Speisezwecke in Frage kommen. Dazu gehören Becherlinge und deren Verwandte, Morcheln und Lorcheln. Becherlinge besitzen, wie der Name aussagt, eine becher-, schalen- oder kelchförmige Gestalt. Ein Stiel ist, wenn überhaupt, nur schwach ausgebildet. Während die Becherlinge im engeren Sinne (Gattung *Peziza*) meist regelmäßig schalen- oder schüsselförmig aussehen, sind die Öhrlinge *(Otidea)* am Rande tief eingeschnitten und oft einseitig verlängert, so daß eine Ohrform entsteht.

Auch einige Kelchbecherlinge, die zu den Lorcheln *(Helvella)* gehören, besitzen ähnliche Formen. Ihre Außenseite ist meist auffällig erhaben gerippt.

Stellt man sich vor, daß sich im Laufe der Entwicklungsgeschichte der Stiel bei einigen Formen immer mehr verlängerte, so entstehen aus der Gruppe der Becherlinge die deutlich gestielten Morcheln *(Morchella)*, die einen wabenartig vertieften Hut besitzen. Einen morphologischen Übergang dazu finden wir im Morchelbecherling *(Disciotis venosa)*, der bereits einen Stielansatz und eine aderige bis wabenförmig ausgebildete Innenseite aufweist.

Aus den Kelchbecherlingen oder ähnlichen Formen können sich die Lorcheln entwickelt haben, indem sich der Stiel verlängerte und die Außenränder der pokalförmigen Fruchtkörper nach außen umschlugen.

Die giftige Frühjahrslorchel *(Gyromitra esculenta)* zeichnet sich durch einen gehirnartig nach außen gewundenen Hut aus. Sie unterscheidet sich so von den eßbaren Morcheln, die wabenartig vertiefte Hüte besitzen. Bei der Halb-

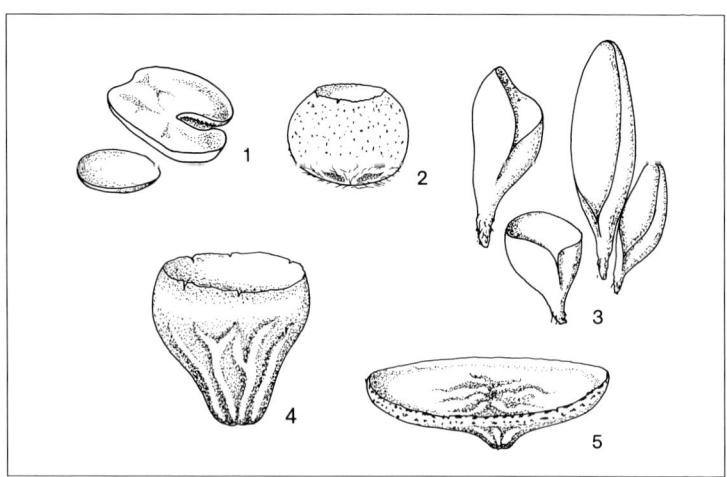

Fruchtkörper der Schlauchpilze
1–2 Becherlinge   3 Öhrlinge   4 Pokal-Rippenbecherling   5 Morchelbecherling.

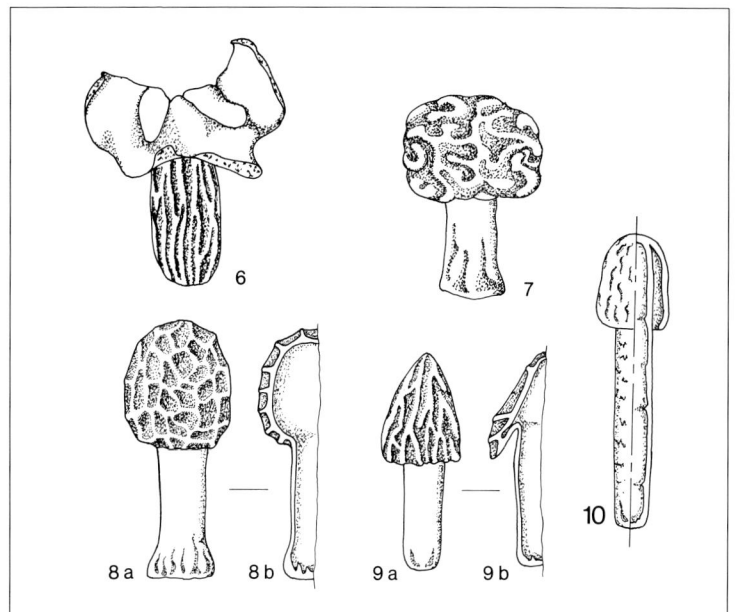

Fruchtkörper der Schlauchpilze
6 Herbstlorchel 7 Frühjahrslorchel 8a Speisemorchel 8b Speisemorchel im Längsschnitt 9a Halbfreie Morchel 9b Halbfreie Morchel im Längsschnitt 10 Fingerhut-
verpel, rechte Seite im Längsschnitt.

freien Morchel *(Morchella gigas)* sind
die Hutkanten nicht am Stiel angewachsen. Die seltenen Verpeln *(Verpa)*
erkennt man an dem fast gänzlich
freien Hut. Der Stiel ist nur am Scheitel
mit diesem verbunden. Bei den Morcheln ist der gesamte Fruchtkörper
hohl.
Es ist für den Pilzfreund wichtig zu
wissen und zu erkennen, an welcher
Stelle des Pilzes die sporenerzeu-
gende Schicht (Hymenium) liegt. Das
Hymenium wird bei den Schlauchpilzen durch dicht an dicht senkrecht nebeneinander liegende Sporenschläu-
che und dazwischen stehende Paraphysen gebildet (Abb. S. 19). Bei den
Becherlingen und ähnlichen Formen
befindet es sich auf der Innenseite, bei
den Lorcheln und Verpeln auf der Hut-
außenseite. Bei den Morcheln ist das
Hymenium auf die wabenartigen Ver-

tiefungen beschränkt, während die dazwischen liegenden, erhabenen Kanten steril sind.

Die Fruchtkörper
der Ständerpilze

Hier unterscheiden wir Gruppen mit
frei angelegter Fruchtschicht (gymnocarp), mit halbfreier (hemiangiocarp)
und verdeckter Fruchtmasse (angiocarp).
Zu den Pilzen mit frei angelegter
Fruchtschicht gehören die Keulen-
und Korallenpilze (Clavariaceae), die
Gallertpilze (Tremellales), die Gallerttränenpilze (Dacryomycetales), die
Schichtpilze (Stereaceae) und viele
andere. Das Hymenium befindet sich
bei all diesen Gruppen auf der Außenseite der Fruchtkörper und ist von An-

15

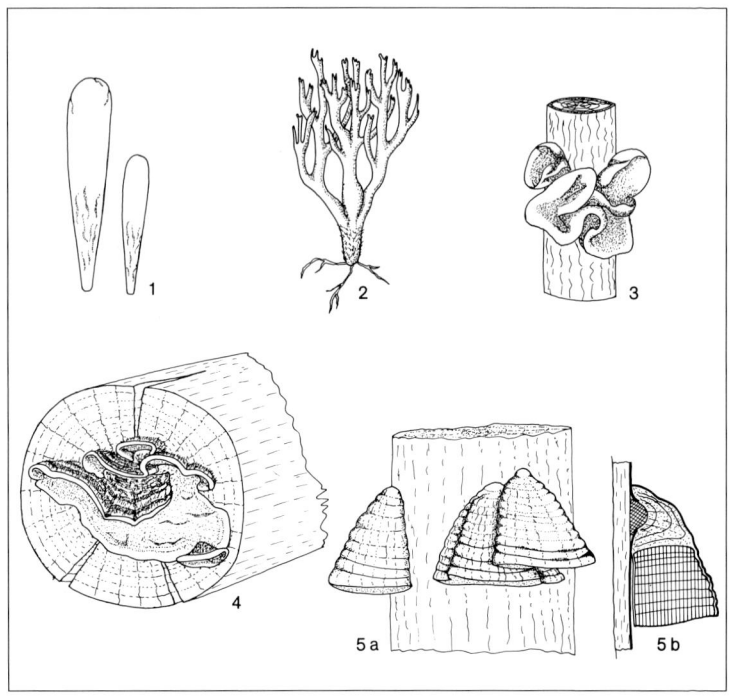

Fruchtkörper von Nichtblätterpilzen (mit frei angelegter Fruchtschicht)
1 Keulenpilz 2 Korallenpilz 3 Gallertpilz 4 Schichtpilz 5 a Porling (Zunderschwamm) 5 b Zunderschwamm im Längsschnitt.

fang an der Umgebung zugänglich. Meist überzieht es in einfacher Art die Oberfläche, die bei den »Porlingen« (Poriaceae u. a.) meist durch Röhren-, seltener durch lamellenartige Bildungen erheblich vergrößert wurde. Derart flächenvergrößernde Elemente, seien es nun Röhren, Stacheln oder Lamellen, werden »Hymenophor« genannt. Es bedeutet »Träger des Hymeniums« und wird an der Oberfläche von diesem überzogen. Die Formgebung wird also von dem Hymenophor übernommen. Bei den nachfolgend beschriebenen Pilzen mit halbverdeckter Fruchtschicht ist ein Hymenophor regelmäßig vorhanden.

Die Fruchtkörper der Porlinge sitzen meist stiellos dem Holz an, auf dem sie wachsen und entwickeln oft konsolen-förmige Bildungen. Die Röhren sind, genau senkrecht, der Erde zugekehrt. Die Pilze können einen Baumstamm in großer Höhe, aber auch tief am Boden besiedeln. Störende Gegenstände wie Grashalme, Zweige oder ähnliches werden gern umwachsen. Eine Eigenschaft, die bei den Lamellenpilzen unbekannt ist.

In der Gruppe der Pilze mit halbverdeckt angelegter Fruchtschicht befinden sich die meisten für den Speisepilzsammler interessanten Pilzarten. Bei den hierher gehörigen Gruppen sind die Fruchtkörper meist deutlich in Hut und Stiel gegliedert. Das Hymenophor liegt an der Unterseite des Hutes, bestehend aus Lamellen oder Röhren. Im einfachsten Fall wird das jung angelegte Hymenium durch den stark ein-

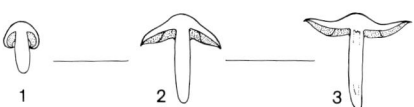

1–3 Längsschnitt eines Ritterlings in verschiedenen Entwicklungsstadien.

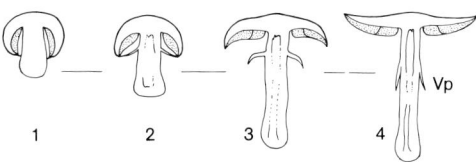

1–4 Längsschnitt eines Champignons in verschiedenen Entwicklungsstadien.

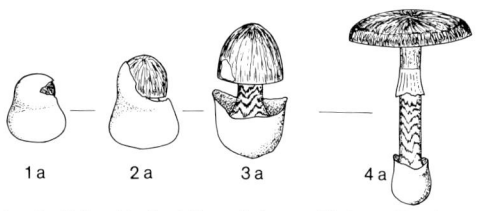

1a–4a Grüner Knollenblätterpilz in verschiedenen Entwicklungsstadien,
1b–4b der gleiche Pilz im Längsschnitt.

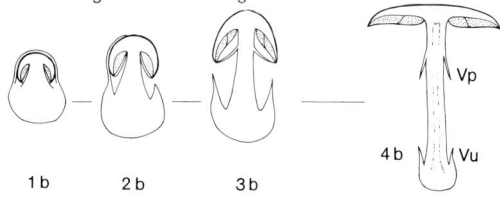

1–3 Längsschnitt eines Schleierlings in verschiedenen Entwicklungsstadien,
4 voll entwickelter Fruchtkörper.

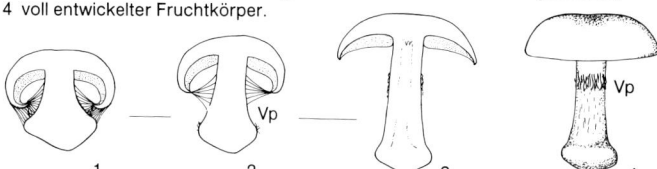

Fruchtkörper von Lamellenpilzen (mit halbverdeckter Fruchtschicht)
Vp = Velum partiale   Vu = Velum universale.

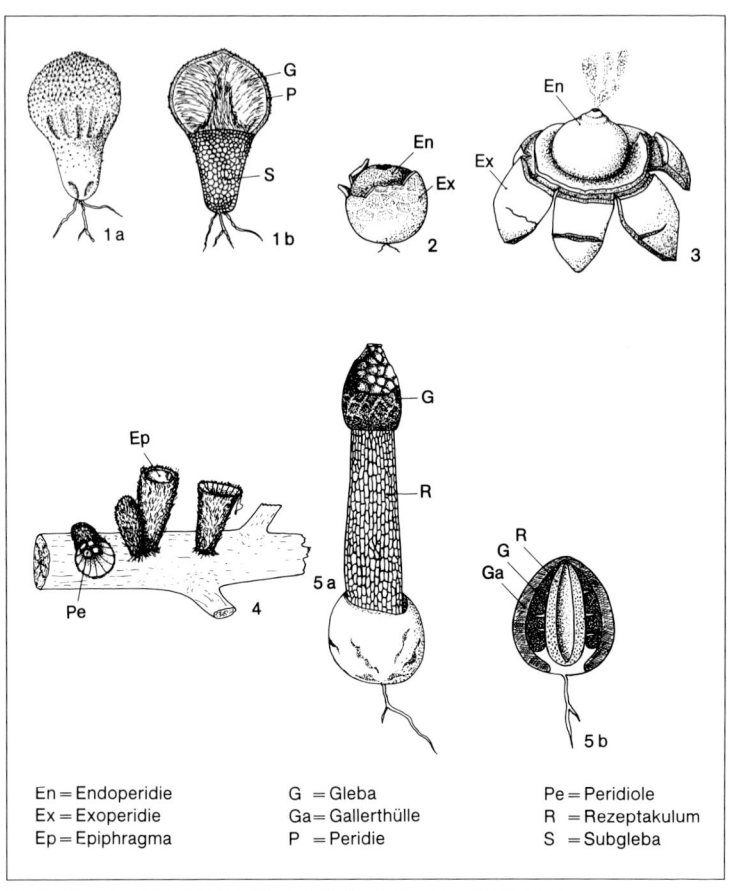

En = Endoperidie   G = Gleba   Pe = Peridiole
Ex = Exoperidie   Ga = Gallerthülle   R = Rezeptakulum
Ep = Epiphragma   P = Peridie   S = Subgleba

Fruchtkörper von Bauchpilzen (mit verdeckt angelegter Fruchtmasse)
1a Flaschenstäubling   1b Flaschenstäubling im Längsschnitt   2 Bleigrauer Zwerg-
bovist   3 Halskrausenerdstern   4 Gestielter Teuerling   5a Stinkmorchel   5b Jugendstadium der Stinkmorchel (Hexenei) im Längsschnitt.

gerollten Hutrand geschützt, der sich mit zunehmender Reife ausbreitet. Ein Velum ist hier nur in jüngsten Stadien vorhanden oder fehlt ganz. Trichterlinge, Röhrlinge, Helmlinge und viele Ritterlinge gehören hierher, um einige Beispiele zu nennen. Oft aber ist das junge Hymenium durch eine besondere Schutzhülle, die bei der Reife aufreißt, verdeckt (Velum). Diese Hülle kann häutig oder faserig-fädig sein. Sie kann zwischen Stiel und Hutrand liegen und wird dann als Teilhülle (Velum partiale) bezeichnet. Bei vielen Pilzen bleibt dieses Velum dann als häutiger Ring oder faserige Ringzone (Cortina) am Stiel zurück. Oder die Hülle umschließt den ganzen jungen Fruchtkörper und heißt Gesamthülle (Velum universale). Häufig bleiben dann Hautfetzen auf der Hutoberfläche zurück, wie bei einigen Knollenblätterpilzen, die gleichzeitig noch eine häutige Teilhülle besitzen, die als Stielring sichtbar bleibt. Champignons, viele Schirmlinge, die Riesenschirmlinge und einige Ritterlinge sind beringt. Eine Cortina, also eine fädige Teilhülle, zeichnen die Schleierlinge und deren Verwandte aus. Diese Schutzhüllen treten in vielen Abwandlungen auf. Sie können verkümmern und deshalb nur an ganz jungen Pilzen sichtbar sein, oder eine häutige Teilhülle (Ring) kann statt am Stiel am Hutrand hängenbleiben, der dann aussieht, als wäre er mit Zähnchen besetzt. Auch ein Verschleimen des Velums ist üblich. Ein Beispiel dafür ist das Kuhmaul *(Gomphidius glutinosus).* Hier bildet eine dicke Schleimschicht, die nicht nur auf Hut und Stiel liegt, sondern sich im Jugendzustand auch zwischen Stiel und Hutrand ausbreitet, einen wirksamen Schutz.

Bei Pilzen mit verdeckt angelegter Fruchtmasse werden die Sporen im Innern der Fruchtkörper angelegt und verbleiben dort bis zur endgültigen Reife. Die Basidien sind auch nicht palisadenartig nebeneinander angeordnet, so daß hier nicht von einem Hymenium gesprochen werden kann, sondern von einer Fruchtmasse (Gleba). Alle Bauchpilze (Gasteromycetidae) besitzen diese Eigenschaft. Die Stäublinge *(Lycoperdon),* Boviste *(Bovista),* Erdsterne *(Geastrum),* Teuerlinge *(Cyathus)* und die Stinkmorchel *(Phallus impudicus)* sind Bauchpilze. Stäublinge, Boviste und Erdsterne haben die gemeinsame Eigenschaft, daß die im Innern gebildete Sporenmasse bei der Reife durch mechanische Reize (Druck, Regentropfen) ausgestoßen wird. Dazu bildet sich am Scheitel der kugel-, knollen- oder birnenförmigen Fruchtkörper eine verschieden gestaltete Öffnung. Bei der Stinkmorchel wird die reife Gleba durch ein sich streckendes fingerartiges Gebilde, das Rezeptakulum, emporgetragen und liegt dann frei, damit Fliegen und andere Insekten die Sporen verbreiten können. Bei den Teuer-

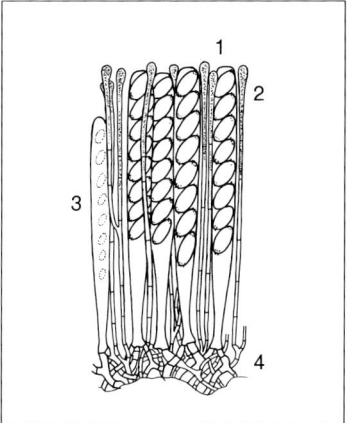

Hymenium einer Morchel, Askomyzet (im Schnitt, ca. 500fach vergrößert) 1 reifer Ascus mit Sporen 2 Paraphyse 3 unreifer Ascus 4 Subhymenium.

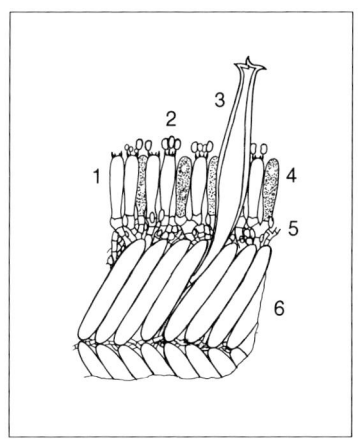

Hymenium eines Rehbraunen Dachpilzes, Basidiomyzet (im Schnitt, ca. 500fach vergrößert) 1 Basidie mit abgeworfenen Sporen 2 Basidiosporen, an Basidie angeheftet 3 dickwandige Hakenzystide 4 unreife Basidie 5 Subhymenium 6 Lamellentrama.

lingen bleiben die Sporen stets in linsenförmigen Sporenbehältern, den Peridiolen, die wie Geldstücke in einem topfförmigen Gebilde liegen.

Hutform, Lamellenansatz und Stielform

Die Hutform der Lamellenpilze ist sehr veränderlich. Zum besseren Verständnis werden hier nur einige Grundformen abgebildet, zwischen denen es in der Natur viele Übergänge gibt. Bei vielen fleischigen Pilzgruppen ändert sich im Laufe der Entwicklung die Hutform von halbkugelig über konvex bis hin zu ausgebreitet-gebuckelt. Bei den Ritterlingen kann dies oft der Fall sein, ebenso bei größeren Rötlingen, Schleierlingen und anderen. Der Betrachter muß dann jeweils das Alter der Fruchtkörper mit berücksichtigen. Dennoch gibt es Gruppen, deren Hutform recht charakteristisch ist und es im Laufe der Entwicklung auch bleibt. Viele Trichterlinge neigen dazu, einen nach innen vertieften Hut auszubilden, ebenso einige Milchlinge und Täublinge. Eine kleinere, engumgrenzte Vertiefung wird »Nabel« genannt. Beim Ockerbräunlichen Trichterling *(Clitocybe gibba)* verstärkt sich diese Vertiefung zu einem trichterförmigen Hut. Als charakteristisch kann hier der meist vorhandene kleine Buckel in der Hutvertiefung gelten (Abb. unten, Nr. 9). Das Gegenteil von »genabelt« ist »gebuckelt«. Je fleischiger der Pilz ist, desto breiter kann der Buckel ausfallen. Bei dünnfleischigen bis häutigen Formen wird der Buckel oft zur eng umgrenzten »Papille«. Viele schmächtigen Rötlinge *(Entoloma)* und Gürtelfüße *(Cortinarius*, Untergattung *Telamonia)* besitzen dieses Merkmal. Der Glockendüngerling *(Panaeolus papilionaceus)* ist, wie der Name ausdrückt, durch seinen glockenförmigen Hut bekannt. Viele kleinere Tintlinge *(Coprinus)*, Zärtlinge *(Psathyrella)* und Samthäubchen *(Conocybe)* weisen ähnliche Hutformen auf. Der Schopftintling *(Coprinus comatus)* ist an seinem walzenförmigen Hut zu erkennen. Einen typisch halbkugeligen

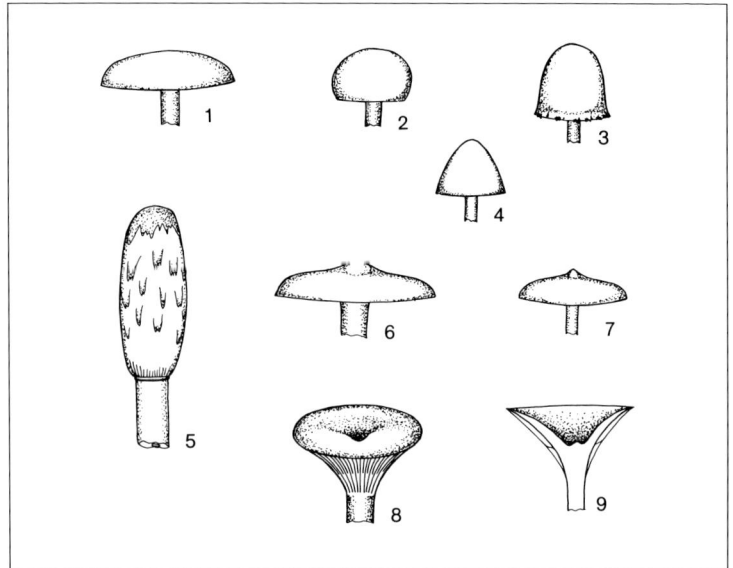

Hutformen bei Lamellenpilzen
1 konvex 2 halbkugelig 3 glockenförmig 4 kegelförmig 5 walzenförmig
6 gebuckelt 7 mit Papille 8 genabelt 9 trichterig vertieft (Längsschnitt).

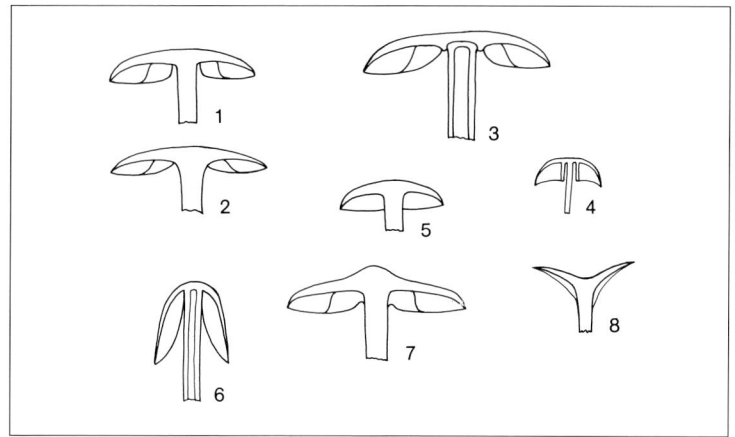

Formen des Lamellenansatzes (im Längsschnitt)
1 frei   2 undeutlich frei (bei Wulstlingen)   3 frei mit Kollar (bei Riesenschirmlingen)
4 frei mit Kollar (beim Halsbandschwindling)   5 breit angewachsen   6 aufsteigend
angeheftet   7 ausgebuchtet angewachsen   8 herablaufend.

Hut besitzen z. B. der Halbkugelige Träuschling *(Stropharia semiglobata)* und der Trockene Kugelkopf *(Psilocybe montana)*. Die »konvexe« Hutform ist naturgemäß die am häufigsten auftretende Variante, bei der sich eine Aufzählung von Beispielen erübrigt.

Eine gewisse Verbindung zur Hutform besteht auch in der Art und Weise, wie die Lamellen am Stiel angewachsen sind. Obwohl auch hier Übergänge vorhanden sind, gilt der Lamellenansatz doch als wichtiges Bestimmungsmerkmal, vor allem zur Unterscheidung bestimmter Gattungen. Grundsätzlich wird zwischen angewachsenen und freien Lamellen unterschieden. Die Lamellen gelten als frei, wenn sie den Stiel nicht erreichen (Abb. oben, Nr. 1). Diese Form des Lamellenansatzes besitzen u. a. Champignons *(Agaricus),* Schirmlinge *(Lepiota),* Dachpilze *(Pluteus),* Scheidlinge *(Volvariella)* und Wulstlinge *(Amanita).* Bei letzteren ist dieses Merkmal jedoch oft undeutlich (Nr. 2). Bei den Riesenschirmlingen *(Macrolepiota)* und dem Halsbandschwindling *(Marasmius rotula)* werden die Lamellen vom Stiel

durch einen Ring oder Ringwulst (Kollar) getrennt (Abb. oben, Nr. 3 und 4). Bei vielen Tintlingen, Düngerlingen und Samthäubchen sind die Lamellen aufsteigend angeheftet (Nr. 6). Zwischen den drei Anwachsformen »ausgebuchtet«, »gerade« und »herablaufend« können viele Übergänge beobachtet werden.

Sehr häufig tritt der ausgebuchtete Lamellenansatz auf. Man sagt dazu auch »ausgebuchtet und mit Zähnchen herablaufend«. Die Ritterlinge besitzen in typischer Weise dieses Merkmal. Betrachtet man einen solchen Hut von unten, so sieht man eine ringförmige Ausbuchtung der Lamellen an der Stielspitze, den sog. »Burggraben« der Ritterlinge. Bei vielen fleischigen Rötlingen, Schleierlingen und anderen Gruppen wiederholt sich diese Anheftung der Lamellen. Zwischen Rötlingen und Dachpilzen, beide haben bei der Reife lachsrote Lamellen, ist der Lamellenansatz ein wichtiges Unterscheidungsmerkmal. Bei Dachpilzen sind die Lamellen frei. Bildet die Lamellenschneide (die dem Hutfleisch abgewandte messerförmige Kante)

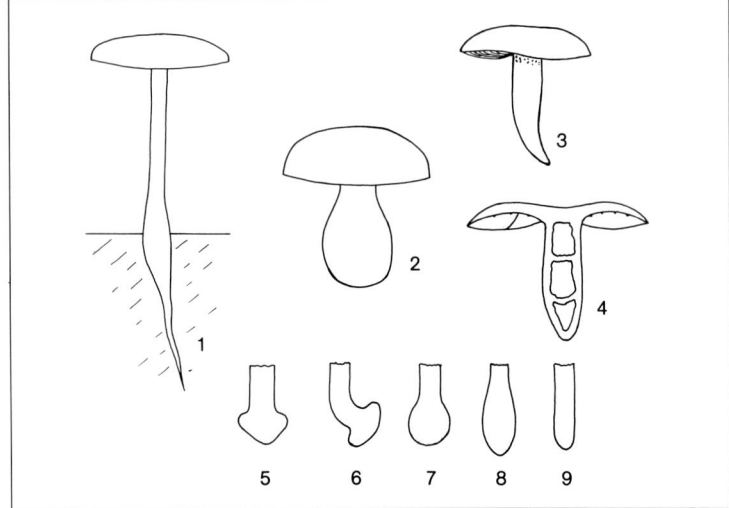

Stielformen bei Lamellen- und Röhrenpilzen
1 spindelig wurzelnd 2 dickbauchig 3 zugespitzt 4 gekammert-hohl (Längsschnitt)
5 gerandet-knollig 6 gerandet-schiefknollig 7 knollig 8 keulig 9 zylindrisch.

mit der Stieloberfläche etwa einen rechten Winkel, so spricht man von »gerade« angewachsenen Lamellen. Bei vielen Trichterlingen laufen die Lamellen mehr oder weniger stark am Stiel herab, wie auch bei den meisten Milchlingen und Täublingen.
Wichtige Unterschiede lassen sich auch an den Stielformen erkennen. Bei vielen dünnfleischigen Lamellenpilzen ist der Stiel innen hohl, oder er wird es im Laufe der Entwicklung. Die dickfleischigen Arten, wie z. B. viele Röhr-

linge, neigen dazu, volle Stiele auszubilden. Zur Beurteilung der Form ist vor allem auf die Stielbasis zu achten, die zugespitzt, knollig, keulig oder zylindrisch sein kann. Wenn sich der Stiel nach beiden Richtungen verjüngt, so spricht man von »spindelig«. Beim Wurzelnden Schleimrübling *(Oudemansiella radicata)* verlängert sich die Basis wurzelartig in die Erde, der Stiel »wurzelt«. Viele Schleierlinge und einige Rißpilze besitzen eine mehr oder weniger scharf abgesetzte

Die speziell ausgebildete Stielbasis der Wulstlinge
1 bescheidet (Grüner Knollenblätterpilz und Kaiserling) 2 abgesetzt knollig (Gelblicher Knollenblätterpilz und Porphyrbrauner Wulstling) 3 eingepfropft (Pantherpilz)
4 mit Warzenkränzen (Fliegenpilz) 5 glatt (Grauer Wulstling und Perlpilz).

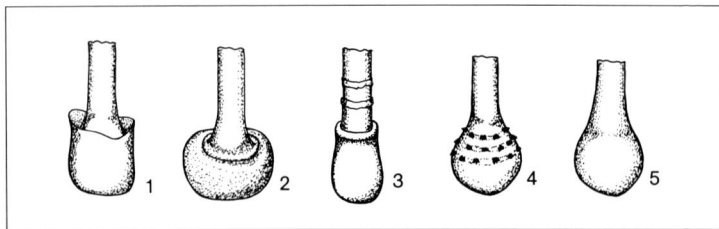

Knolle, die als »gerandet« bezeichnet wird. Beim Schiefknolligen Anischampignon *(Agaricus abruptibulbus)* liegt die Knolle oft schief zur Stielachse. Die Dickröhrlinge *(Boletus)* erhielten ihren Namen von den oft dickbauchigen Stielen.

Besondere Aufmerksamkeit ist den Stielenden der Knollenblätterpilze zu schenken, da schon allein an diesen Merkmalen die besonders giftigen Arten zu erkennen sind. Ein Grund, weshalb der Neuling die gesammelten Pilze immer mit der Stielbasis dem Boden entnehmen soll. Die tödlich giftigen Arten wie Grüner und Weißer Knollenblätterpilz zeigen an der Basis häutige Hüllreste (Scheide, Volva). Beim ebenfalls sehr giftigen Pantherpilz erscheint der Stiel wie in die Knolle eingepropft. Es entsteht ein rundlicher Rand, der wie ein »Bergsteigersöckchen« aussieht. Meist steckt die Knolle tief im Boden. Die Knolle des Fliegenpilzes ist durch Warzenkränze verziert, während die eßbaren Arten wie Perlpilz und Grauer Wulstling zwischen Stiel und Knolle einen glatten Übergang zeigen (Abb. S. 22). Der weniger gefährliche Gelbliche Knollenblätterpilz besitzt zunächst wie der Grüne Knollenblätterpilz eine Volva. Diese ist jedoch so zart und zerbrechlich, daß sie beim Entnehmen des Pilzes regelmäßig im Boden steckenbleibt. Durch das Abbrechen der Hautreste entsteht eine kleine Kante, die als charakteristisches Merkmal angesehen werden kann. In seltenen Fällen bleibt ein Teil der Hüllreste zurück. Anfänger glauben dann stets, einen Grünen oder, wenn der gefundene Pilz ein Albino ist, einen Weißen Knollenblätterpilz vor sich zu haben.

Die Merkmale der Milchlinge und Täublinge (Russulales)

Milchlinge und Täublinge besitzen ein gemeinsames Merkmal: die Brüchig-

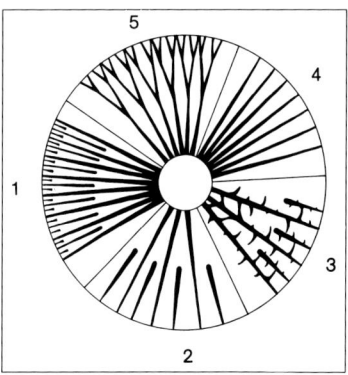

Lamellendiagramm
1 Lamellen untermischt und gedrängt
2 Lamellen untermischt und entfernt
3 Lamellen mit Querverbindungen
  (anastomosierend)
4 Lamellen durchgehend
5 Lamellen gegabelt.

keit des Fleisches. Am besten läßt sich das am Stiel erkennen. Die Stiele aller anderen Gruppen sind aus parallel zur Stieloberfläche liegenden, langgestreckten Hyphen aufgebaut. Milchlinge und Täublinge hingegen bestehen zum großen Teil aus kugeligen Zellen. Bricht man nun deren Stiel durch, so geschieht dies bei jungen, frischen Fruchtkörpern mit einem kleinen Knall. Bei anderen Pilzgruppen läßt sich das Stielfleisch, durch die parallelhyphige Struktur bedingt, auffasern. Auch die Lamellen splittern bei stärkerer Berührung ab. Eine Ausnahme bildet der eßbare Frauentäubling *(Russula cyanoxantha)*, dessen Lamellen elastisch sind. Die Täublinge erkennt der Pilzfreund oft an ihren leuchtenden Farben. Sie besitzen weder einen Ring noch andere Hüllreste. Die Lamellen sind gewöhnlich durch kürzere untermischt, mit Ausnahme einer bestimmten Untergruppe, der Schwärztäublinge (Untergattung *Compactae*).

Die Milchlinge erkennt man an dem bei Verletzung austretenden Milchsaft, der verschieden gefärbt sein kann.

Oberflächenbeschaffenheit von Hut und Stiel

Die Hutoberflächen der Pilze werden oft von einer speziell differenzierten Huthaut überzogen. Sie kann sehr unterschiedlich aufgebaut sein, hebt sich aber meist deutlich von dem darunterliegenden Hutfleisch ab. Hier sind auch die Farbstoffe lokalisiert, deren Intensität und Zusammensetzung sehr schwanken kann, was vor allem bei den Hutfarben der Täublinge deutlich wird.

Hut- und Stieloberflächen können bei feuchtem Wetter schmierig oder schleimig werden, bei vielen Gruppen bleiben sie stets trocken. Wir unterscheiden daher z. B. Schmierröhrlinge (Gattung *Suillus*) mit schmierigen Hüten und Filzröhrlinge (Gattung *Xerocomus*), deren Huthaut trocken bleibt und oft einen filzigen Eindruck macht. Butterröhrling *(Suillus luteus)* und Goldröhrling *(Suillus grevillei)* gehören zur ersteren, Maronenröhrling *(Xerocomus badius)* und Ziegenlippe *(Xerocomus subtomentosus)* zur trockenhütigen letzteren Gattung. Bei der großen Gruppe der Schleierlinge *(Cortinarius)* unterscheidet man Schleimköpfe (mit schmierigen Hüten), Schleimfüße (Hut und Stiel schleimig) und Gürtelfüße (Hut und Stiel trocken).

Trockene Hut- und Stieloberflächen können schuppig (grob), flockig (mit telfein) oder bereift (sehr fein) sein. Die Art einer Beschuppung hängt sehr von der mikroskopischen Struktur der Oberfläche ab. Beim Parasolpilz bildet die Huthaut zunächst einen homogenen Überzug, der im Laufe der Entwicklung eine Streckung nicht mitmachen kann und deshalb schuppig aufreißt. Im Scheitelbereich, wo die Ausdehnung am geringsten ist, bleibt die glatte Oberfläche erhalten. Beim Grünen Knollenblätterpilz zeigt sich am Stiel oft ein zickzackartiges Quermuster, welches »Natterung« genannt wird. Diese Zeichnung entsteht dadurch, daß die gefärbte, verdichtete Stieloberfläche nicht die gesamte Stielstreckung mitmachen kann.

Der Sammler sollte sich auch den Hutrand genau betrachten. Hier können mehrere Arten von Riefungen auftreten. Im normalen Fall ist die Hutoberfläche radial gerieft, so z. B. beim giftigen Pantherpilz. Bei einigen Täublingen verlaufen zu den Radialriefen noch kleinere Querriefen, was in der Fachsprache »kammartig gerieft« heißt. Bei vielen dünnfleischigen Hüten scheinen im feuchten Zustand am Rande die Lamellen durch, obwohl die Oberfläche gänzlich glatt ist. Hier spricht man von »durchscheinend gerieft«.

Ein Begriff, der dem Neuling viel Kummer bereitet, ist die »Hygrophanität«. Ein Hut ist dann »hygrophan«, wenn er beim Austrocknen seine Farbe deutlich verändert. Ein bekanntes Beispiel dafür ist das Stockschwämmchen *(Kuehneromyces mutabilis)*, bei dem oft schon am Standort die Hüte zweifarbig aussehen. Es entsteht eine hellere Mitte und ein dunkler Rand-

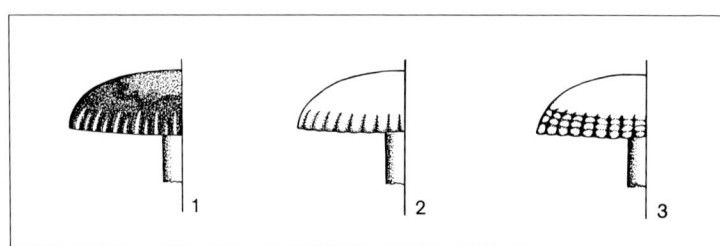

Beschaffenheit des Hutrandes
1 durchscheinend gerieft   2 gerieft   3 kammartig gerieft.

bereich, da die Hüte von der Mitte her austrocknen. Vor allem sehr dünnfleischige Pilze, zum Beispiel der Gattungen Rötlinge *(Entoloma)* oder Zärtlinge *(Psathyrella)*, verändern je nach Wetterlage völlig ihre Hutfarbe und sind dann kaum wiederzuerkennen. Die richtige Zuordnung all dieser Erscheinungsformen erfordert einige Erfahrung, die man mit etwas Einfühlungsvermögen schnell erlangen kann.

Geruch und Geschmack

Zu den wichtigsten Merkmalen, die meist nur am frischen Pilz beurteilt werden können, gehören Geruch und Geschmack. Neben verschiedenen schwer zu definierenden Spezialgerüchen gibt es solche, die an Knoblauch, Ammoniak, Camembertkäse, Fruchtbonbons, Kokosflocken, verbranntes Horn, Karbol, Fisch, Gurken oder ranziges Mehl erinnern. Besonders wichtig, da sehr häufig und in verschiedenen Abwandlungen vorkommend, ist der Mehlgeruch, der auch eine ranzige Komponente aufweisen kann. Ein richtiges Erkennen setzt, da das Geruchsempfinden der Menschen unterschiedlich beschaffen ist, einige Übung voraus. Während der Geruch einfach wahrzunehmen ist, sollte man mit einer Geschmacksprobe vorsichtig sein. Der Anfänger sollte sich hier auf das Kosten von Täublingen und Milchlingen, sofern er diese sicher erkennt, beschränken. Da hier der rohe Pilz vorsichtig gekostet wird, kann eine Konfrontation mit Giftpilzen gefährlich werden. Die bei Pilzen häufig auftretenden Geschmacksrichtungen sind: scharf, bitter, mehlartig oder unbedeutend bzw. banal pilzartig. Wie der Geruch, so ist auch der Geschmack der einzelnen Pilzarten sehr vielfältig. Oft fehlt uns für ihre richtige Benennung das entsprechende Vokabular. Das ist ein Grund, weshalb in den Beschreibungen nur auf leicht nachzuvoll-

ziehende Geruchs- und Geschmacksrichtungen zurückgegriffen wurde.

Die Bedeutung der Sporenpulverfarbe

Besonders wichtig ist die Sporenpulverfarbe bei den Lamellenpilzen. Jedem Pilzfreund ist sicher schon aufgefallen, daß unterschiedliche Arten verschieden gefärbte Lamellen aufweisen. Die Palette reicht von weiß über braun bis hin zu schwarz. Wir wissen, daß auf den Lamellen in großen Massen die Sporen gebildet werden. Diese rufen meist die entsprechende Färbung hervor. Da die Lamellen aber bisweilen eine Eigenfarbe aufweisen, kann so die genaue Sporenpulverfarbe nicht beurteilt werden. Die Sporen müssen auf einfache Weise aufgefangen werden. Dazu wird der Pilzhut kurz unter den Lamellen vom Stiel abgeschnitten und, mit den Lamellen nach unten, auf reinweißes Papier gelegt. Das Ganze wird, am besten durch Abdecken mit einer Glasglocke, gegen Luftzug geschützt. Nach einigen Stunden oder am nächsten Tag kann der entsprechend gefärbte Sporenauswurf in Form eines negativen Lamellenabdrucks bewundert werden. Bei reinweißem Sporenpulver erscheint der Abdruck lediglich als matter Bereich in schräg auffallendem Licht. Je nach Sporenfarbe sprechen wir von Weiß-, Rot-, Braun- oder Schwarzsporern. Bei Täublingen ist die Feststellung der Sporenpulverfarbe für die Bestimmung unerläßlich. Sie kann dort weiß, ocker oder gelb sein, auch mit entsprechenden Zwischentönen. Bei Dachpilzen und Rötlingen ist sie lachsrosa.

Doch gibt es auch Ausnahmen, bei denen die Sporenpulverfarbe nicht konstant ist. Der Blutblättrige Zwergschirmling *(Melanophyllum echinatum)* fällt durch seine blutrot gefärbten Lamellen auf. Sein frisch ausgefalle-

Sporenpulverfärbung einiger wichtiger Pilzgruppen

Pilzgruppe	Sporenpulverfarbe (auf weißer Unterlage)
Wulstlinge	weiß
Helmlinge Maipilz Ritterlinge Rüblinge Schwindlinge Trichterlinge	weiß
Schirmlinge	weiß
Hallimasch	weiß bis cremefarben
Milchlinge Täublinge	weiß, hellgelb, ocker, dottergelb
Hasenröhrling Zimtröhrling	blaß ockergelblich
Gallenröhrling	rosa
Mehlräsling	fleischrosa
Dachpilze Scheidlinge Rötlinge	lachsrosa
Maronenröhrling Steinpilz Butterpilz	olivbraun
Kremplinge	ocker- bis rostbraun
Rißpilze	braun
Schleierlinge Reifpilz	ocker-, zimt- bis rostbraun
Schüpplinge	braun
Ackerlinge	dunkelbraun
Champignons	dunkelbraun
Stockschwämmchen Schwefelköpfe Träuschlinge	purpur- bis violettbraun
Großer Gelbfuß Tintlinge Zärtlinge Düngerlinge	schwarzbraun, schwarz

nes Sporenpulver ist jedoch dunkelgrün. Nach einigen Stunden (oft über Nacht) schlägt der Farbton in ein schönes Rotbraun um.

Der schwedische Mykologe und Begründer der Pilzkunde Elias M. Fries (1794–1878) und nach ihm einer der größten deutschen Mykologen Adalbert Ricken (1851–1921) benutzten die Sporenpulverfarbe zur Einteilung von Blätterpilzfamilien. Diese Unterteilung hat z. T. heute noch Gültigkeit und ist Grundlage eines zwar künstlichen, aber praktischen Systems.

Bei Pilzarten, die in Büscheln wachsen, wird oft von unteren Hüten eine dicke Lage Sporenpulver aufgefangen. In solchen Glücksfällen kann gleich am Standort ungefähr die Farbe beurteilt werden. Beim Hallimasch sieht man oft weiß bestäubte Hüte, während diese bei dem ähnlichen Sparrigen Schüppling braun bepudert sind.

Die Speisepilze

Nicht jeder Pilz, der nicht giftig ist, kann als Speisepilz bezeichnet werden. Viele baumbewohnenden Porlinge, vor allem jene mit mehrjährigen Fruchtkörpern, besitzen eine sehr zähe oder holzige Konsistenz und sind deshalb ungenießbar. Der stark bittere Gallenröhrling, der von manchen Personen, die aus physiologischen Gründen die Bitterkeit nicht spüren, durchaus gegessen werden kann, zählt ebenfalls nicht dazu. Die Kriterien, die den Wert eines Speisepilzes ausmachen, sind gute Verdaulichkeit ohne Spezialbehandlung, relative Häufigkeit, gute Erkennbarkeit und Abgrenzbarkeit gegenüber giftigen Doppelgängern, annehmbare Größe der Fruchtkörper und nicht zuletzt natürlich der angenehme Geschmack. Arten, die sich nach dem Abpflücken besonders lange frisch halten, also nicht schnell verderben, erhalten als »Marktpilze« noch eine gesteigerte Bedeutung. Hierzu gehören Steinpilze, Maronenröhrlinge, Pfifferlinge, Champignons u. a. Der Schopftintling, in seiner Eigenschaft als Tintling sehr schnell vergänglich, kann diesen Anspruch nicht erheben, obwohl er ein guter Speisepilz ist.

Nebelgrauer Trichterling und Hallimasch werden erst nach Abbrühen und Weggießen des Kochwassers genießbar. Diese und ähnliche Arten dürfen nur auf eigene Verantwortung des Sammlers gegessen werden, da die Verträglichkeit von Person zu Person unterschiedlich sein kann. Unsere Speisepilze enthalten zu etwa 90% Wasser, 1,5–3% Eiweiß und 3–5% Kohlenhydrate. Fett und Mineralsalze sind nur in Spuren (unter 1%) enthalten. Der eigentliche Nährwert ist demnach im Gegensatz zu Fleisch und Fisch nicht hoch. Wichtig für die menschliche Ernährung sind hier eher die Mineralsalze und die verdauungsfördernden Fermente.

An dieser Stelle soll noch erwähnt werden, daß unter gewissen Umständen jeder eßbare Pilz giftig wirken kann; nämlich wenn sich das Pilzeiweiß zersetzt und toxische Stoffe bildet. Der Konsument zieht sich dann eine »Lebensmittelvergiftung« zu, wie sie bei verdorbenem Fisch oder Fleisch auftritt.

Die private Pilzkultur

Für den kulinarischen Pilzfreund liegt es nahe, in seinem eigenen Garten oder auf dem Balkon eine Pilzzucht anzulegen. Er braucht so kaum die Konkurrenz anderer Sammler zu befürchten und weiß, welche Pilzart ihn erwartet. Hier ist die Industrie dem Verbraucher sehr zu Hilfe gekommen und bietet vorkultivierte Myzelien (sog. Pilzbrut) an. Der Interessent kann nun nach Anleitung entsprechendes Substrat (totes Holz, Strohballen) beimpfen und nach relativ kurzer Zeit Fruchtkörper ernten. Jedoch nur so lange, bis der Pilz das Substrat aufgebraucht hat (ca. 2–3 Jahre).

Der bekannteste und beliebteste Kulturpilz ist wohl immer noch der Zucht-Champignon, der auf dem Komposthaufen vermehrt werden kann. Auf beimpften Strohballen ist in neuerer Zeit der Rotbraune Riesenträuschling unter dem Handelsnamen »Braunkappe« angeboten. Auf Holzsubstrat ist nach wie vor der Austernseitling sehr beliebt, gefolgt von dem exotischen Shiitakepilz, der aus Japan zu uns gekommen ist. Leider ist es bis heute nicht möglich, Steinpilze, Pfifferlinge und Trüffeln auf lohnende Art kultivierbar zu machen, da sie auf die Lebensgemeinschaft mit Bäumen angewiesen sind. Eine Ausnahme bildet jedoch die Perigord-Trüffel, die in Frankreich in eingezäunten Eichenwäldern kultiviert wird.

Die Giftpilze und ihre Wirkung

Grundsatzregel bei Pilzvergiftungen

Bei den ersten Anzeichen einer Pilzvergiftung sollte sofort ein Arzt zu Rate gezogen werden.

Reste der verspeisten Pilze sind zur Identifizierung der Art, was für die Therapie sehr wichtig ist, unerläßlich. Auch in getrocknetem Zustand können sie einem Kenner vorgelegt werden.

Vorab sollte eine Magenentleerung versucht werden. Eine Einnahme von Alkohol oder Milch ist zu unterlassen, weil dadurch die Giftstoffe schneller ins Blut gelangen!

Die Giftpilze können je nach der Intensität und Art ihrer Wirkung in drei Hauptgruppen unterteilt werden:

1. Angriff auf innere Organe, Giftwirkung oft tödlich.
2. Angriff auf das Nervensystem.
3. Angriff auf die Verdauungsorgane.

Giftpilze, die innere Organe schädigen, oft mit tödlichem Ausgang

Hierzu gehören vor allem einige Knollenblätterpilze wie Grüner *(Amanita phalloides)*, Weißer *(Amanita phalloides* var. *verna)* und Kegelhütiger Knollenblätterpilz *(Amanita virosa)*. Die giftig wirkenden Substanzen sind ringförmig angeordnete Eiweiße (Zyklopeptide), die aufgrund ihrer Struktur nicht durch Kochen zerstörbar sind. Sie werden Amanitin und Phalloidin genannt und schädigen vor allem das Gewebe der Leber. Die ersten Anzeichen einer Vergiftung treten nach 5–12 Stunden auf und äußern sich als oft tagelanges starkes Erbrechen und Durchfall. Danach zeigt sich am sehr geschwächten Patienten Gelbsucht,

und etwa am 5. Tage nach der Mahlzeit tritt der Tod wegen unzureichender Leberfunktion ein.

Bei einigen kleinen Schirmlingen *(Lepiota helveola* und *L. brunneoincarnata)* mit fleischrötlichen bis violettlichen Farben wurden ähnliche Giftstoffe entdeckt. In den Verdacht, zur gleichen Giftpilzgruppe zu gehören, kommen heute auch der Grünblättrige Schwefelkopf *(Hypholoma fasciculare)* und der Nadelholzhäubling *(Galerina marginata)*, beide sind Holzbewohner.

Ein besonders gefährlicher, bei uns aber nicht häufiger Giftpilz ist der Orangefuchsige Schleierling *(Cortinarius orellanus)*. Die in ihm enthaltenen Gifte schädigen vor allem die Nieren. Auffällig ist die lange Inkubationszeit, die 2–15 Tage betragen kann. Andere Schleierlinge aus derselben Untergattung *(Leprocybe)* sollen ähnliche Giftstoffe enthalten. Dazu gehören *Cortinarius speciosissimus, C. gentilis* und *C. limonius*. Alle Arten sind auffällig orangerötlich bis gelblich gefärbt. Die chemische Zusammensetzung des Giftes, Orellanin genannt, ist sehr komplex.

Giftpilze, die auf das Nervensystem wirken

Die verantwortlichen Giftstoffe sind hier unterschiedlicher Art. Bei Panther- und Fliegenpilz sind es Ibotensäure, Muszimol, Muskazon und andere in ihrer Struktur noch nicht aufgeklärte Stoffe. Muskarin ist im Gegensatz zu früherer Meinung in unwirksam geringer Menge enthalten. Einen besonders hohen Muskaringehalt weist dagegen der Ziegelrote Rißpilz auf. Auch einige weiße Trichterlinge *(Clitocybe rivulosa, C. dealbata, C. phyllophila, C. cerussata* u. a.) sind erheblich giftig und sollen schon zu Todesfällen geführt ha-

ben. Außerdem enthalten fast alle Rißpilze und, wie neuerdings bekannt
wurde, auch der Rettichhelmling Muskarin. Die Vergiftungserscheinungen
stellen sich oft innerhalb einer Stunde
nach der Mahlzeit ein. Sie äußern sich
durch Schweißbildung, Speichelfluß,
Atemnot, Sehstörungen und Herzklopfen. Rauschähnliche Zustände
können ebenfalls auftreten, während
Durchfall und Erbrechen fehlen. Der
Arzt muß schnell für eine Magenentleerung sorgen.

Auch andere Pilzarten können rauschähnliche Zustände hervorrufen. Dazu
gehören solche mit meist kleinen, gra-
zilen Fruchtkörpern wie Kahlköpfe
(Psilocybe) und Düngerlinge *(Panaeolus)*. Der verantwortliche Inhaltsstoff ist
das Psilocybin, ein Abkömmling des
Indols.

Giftpilze, die auf die Verdauungsorgane wirken

Zu dieser Pilzgruppe gehören Arten,
die lediglich Magen- und Darmbeschwerden hervorrufen, ohne weiter-
gehende Schäden zu hinterlassen.
Erbrechen und Durchfall sind hier die
Symptome. Eine Ausnahme bilden
vielleicht die beiden am stärksten giftigen Arten, die hierher gehören: Riesenrötling *(Entoloma eulividum)* und
Tigorritterling *(Tricholoma pardalotum)*. Hier kann in besonders schweren Fällen bei kränklichen Personen
auch der Tod eintreten. Beide Arten
sind in Mitteleuropa nicht allgemein
verbreitet. Vergiftungen mit dem Riesenrötling sind vor allem aus Frankreich bekannt. Der grauhütige Tigerritterling liebt kalkhaltige Laubwald-
böden und ist in der Schweiz und in
Süddeutschland stärker verbreitet.
Eine größere Zahl von Pilzarten ruft
ähnliche Vergiftungen schwächerer
Art hervor. Dazu zählen kleinere Rötlinge, z. B. der Frühlings-Giftrötling
(Entoloma vernum), der Niederge-

drückte Rötling *(Entoloma rhodopolium)* und einige andere: diverse
braune Ritterlinge, einige scharf
schmeckende Täublinge und Milchlinge, die Kartoffelboviste, mehrere
Korallenpilze und sogar einige Champignons aus der Gruppe der Karbolegerlinge. Der Satansröhrling *(Boletus
satanas)* hat die ganze Gruppe der rot-
porigen Röhrlinge in Verruf gebracht. Er
ist in seinem Vorkommen wie der Tigerritterling auf Kalkböden beschränkt
und gilt generell als selten. Der ebenfalls rotporige Wolfsröhrling *(Boletus
lupinus)* wächst an ähnlichen Stellen
und weist vermutlich die gleiche Giftwirkung auf. Er ist noch seltener zu
finden. Tödliche Vergiftungen wurden
durch diese Röhrlinge nicht bekannt.

Die Giftwirkung des Kahlen Kremplings
(Paxillus involutus) u. ä.

Über den Speisewert des jetzt als giftig
erkannten, früher aber beliebten Speisepilzes entstehen immer wieder Dis-
kussionen. Im rohen oder ungenügend
erhitzten Zustand ist der Kahle Krempling stark giftig. Er soll Muskarin, Aze-
thylcholin, Hämolysine und Hämag-
glutinine enthalten.
In älteren Büchern wird 20minütiges
Abkochen und Weggießen des Kochwassers empfohlen, um diesen Pilz
genießbar zu machen. Anschließend
sollte er ca. 30 Minuten gebraten werden.
Trotz dieser Vorbehandlung sind nach
Kremplingsmahlzeiten Todesfälle bekannt geworden. In den meisten Fällen
handelte es sich bei den Vergifteten
um bereits organisch kranke Personen, die häufig und oft über Jahrzehnte
hinweg Kremplingsgerichte zu sich
nahmen. Schon Jahre vor ihrem Tod
zeigten sich nach den Pilzmahlzeiten
gewisse »Vergiftungserscheinungen«
wie Schwindelgefühl, Leibschmerzen,
in schweren Fällen sogar Schüttelfrost

mit Fieber. Man weiß heute, daß es sich hierbei um Überempfindlichkeits-reaktionen handelte, von denen nicht jeder betroffen werden muß. Die Patienten wurden über Jahre hinweg dafür sensibilisiert, bis die allergischen Reaktionen immer stärkeres Ausmaß annahmen.

Wegen der oben genannten Tatsache ist der Kahle Krempling als Speisepilz nicht mehr zu empfehlen, obwohl bisher noch kein wirksames Gift im abgekochten Pilz entdeckt werden konnte. Wer dennoch nicht von ihm lassen möchte, handelt auf eigene Verantwortung und sollte spätestens nach den ersten geringsten Nebenerscheinungen den Genuß einstellen.

Auch der Butterröhrling *(Suillus luteus)* scheint nach neueren Angaben zu den sog. »Allergiepilzen« zu gehören, die nicht jedermann verträglich sind. Butterröhrlinge können auch ohne vorheriges Abbrühen zubereitet werden. Es ist aber empfehlenswert, auf eventuell auftretende allergieähnliche Erscheinungen zu achten und dann die Art für Speisezwecke zu meiden.

Die giftige Frühjahrslorchel
(Gyromitra esculenta)

Der Name *»esculenta«* bedeutet »eßbar«. In der Tat wurde die Frühjahrslorchel früher viel gegessen und sogar auf den Märkten verkauft. Heute ist der öffentliche Handel in vielen Ländern verboten. Der in diesem Pilz enthaltene Giftstoff ist das Gyromitrin, welches durch Kochen zerstört wird. Größere oder kleinere Restmengen scheinen aber dennoch Vergiftungen hervorgerufen zu haben. Auch Todesfälle sind bekannt. Gut getrocknete Lorcheln sind in der Regel ungiftig. Zur Sicherheit sollten sie erst nach einem halben Jahr verwendet werden. Ähnliche Vergiftungen werden durch den Kronenbecherling Sarcosphaera coronaria) hervorgerufen.

Pilze, die in Verbindung mit Alkohol Beschwerden verursachen

Einige an sich eßbare Pilzarten wirken in Verbindung mit Alkohol giftig und erzeugen die sog. »Antabuswirkung«. Antabus ist ein Stoff, der Alkoholsüchtigen zur Abgewöhnung eingegeben wird.

Der entsprechend wirksame Inhaltsstoff in den Pilzen heißt Coprin. Er wurde in dem Grauen Tintling *(Coprinus atramentarius)* entdeckt. Dieser Graue Tintling, ein Doppelgänger des uneingeschränkt eßbaren Schopftintlings, der Glimmertintling und Netzstieliger sowie Flockenstieliger Hexenröhrling haben nach ihrem Genuß in Verbindung mit Alkohol diese Wirkung zur Folge. Gesichtsrötung, Herzklopfen und Atemnot treten auf, klingen nach einigen Stunden ab und wiederholen sich nach erneutem Alkoholkonsum.

Wer auf den Genuß dieser Arten nicht verzichten will, sollte 2 Tage vor und mindestens 3 Tage nach der Mahlzeit keinen Alkohol trinken.

»Umweltgifte« in Pilzen: Schwermetalle, radioaktives Cäsium

Pilze besitzen in viel stärkerem Maße als unsere Grünpflanzen die Fähigkeit, Metallionen in ihrem Fruchtkörper zu konzentrieren. Diese sind als Spurenelemente dem Menschen durchaus nützlich. Inzwischen ist bekannt, daß auch giftige Schwermetalle, wie Kadmium, Blei und Quecksilber, in überdurchschnittlichen Mengen von bestimmten Pilzarten aufgenommen werden. Besonders hoch waren die Konzentrationen in einigen gilbenden Champignonarten, so bei Schafchampignon *(Agaricus arvensis)*, Dünnfleischigem und Schiefknolligem Anischampignon *(A. silvicola* und *A. esset-*

tei) und dem Riesenchampignon *(A. augustus)*. Der Riesenschirmling *(Macrolepiota procera)* und sein Doppelgänger, der Safranschirmling *(M. rachodes)*, besitzen ebenfalls diese Eigenschaft.

Ein weiteres »Umweltgift«, welches seit 1986 von sich reden machte, ist radioaktives Cäsium. Hier ist die Belastung der Pilze je nach Gegend sehr unterschiedlich. Die für Lebensmittel kritische Grenze liegt bei 600 Bq/kg Frischgewicht. Vor allem in den nördlichen Regionen Deutschlands liegen die Belastungswerte meist deutlich darunter, während sie im Süden (Bayerischer Wald, Südschwarzwald)

höher angesiedelt sein können. Die Höhe der Cäsiumaufnahme ist aber, ähnlich wie bei Schwermetallen, artspezifisch. Maronenröhrling *(Xerocomus badius)*, Lacktrichterlinge *(Laccaria)* und Frostschnecklinge *(Hygrophorus hypothejus)* sind stärker belastet und sollten zunächst gemieden werden. Der verantwortungsbewußte Sammler erkundigt sich am besten an Ort und Stelle nach den aktuellen Werten. Pilzberatungsstellen geben darüber Auskunft.

Das Bundesgesundheitsamt empfiehlt, möglichst nicht mehr als 250 g Wildpilze pro Person und Woche zu essen.

Regeln und Tips für Pilzsammler

Schon beim Sammeln achte man darauf, daß die Pilze nicht zu alt, angeschimmelt, stark vermadet oder vom Regen durchweicht sind. In derartigen Fällen können wenigstens stellenweise Zersetzungsprozesse eingesetzt haben. Der Kenner nimmt für Speisezwecke nur feste und einwandfreie Exemplare, die gerade im Begriff sind, ihre Sporen abzuwerfen. Bei Hutpilzen ist in diesem Zustand der Hutrand noch etwas eingekrempelt. Mit der Hand fühlen sich diese Fruchtkörper durch den hohen inneren Zelldruck fest und knackig an. Wichtig, um diesen Zustand möglichst lange zu erhalten, ist die sachgemäße Lagerung des Sammelgutes auf dem Nachhauseweg. Feuchtigkeit, Wärme und gestaute Luft (Plastiktüte) führen meist sehr schnell zu Zersetzungen. Deshalb ist ein Korb oder ähnliches für den Transport sehr zu empfehlen.

Zu Hause werden die Pilze sofort ausgebreitet, möglichst an einem schattigen, kühlen Ort. Die Zubereitung sollte noch am gleichen Tag erfolgen. Ein vorheriges Wässern ist völlig unnötig und beeinträchtigt höchstens den Wohlgeschmack. Sand, Schmutz und Humusteilchen können unter fließendem Wasser abgespült werden. Dabei achte man darauf, daß sich die Lamellen oder Röhren nicht zu sehr mit Wasser vollsaugen. Es kann heute nicht mehr empfohlen werden, gänzlich auf das Waschen zu verzichten, da es immer möglich ist, daß Insektizide oder Herbizide in der Nähe eines Pilzvorkommens gesprüht wurden.

Allgemeingültige Regeln oder Patentrezepte für das Erkennen von Giftpilzen gibt es nicht. Weder ein im Kochwasser verfärbender Silberlöffel noch das Fehlen von Fraßstellen signalisieren den Giftpilz. Der tödlich giftige Grüne Knollenblätterpilz wird beispielsweise gern von Schnecken und auch von Kaninchen angefressen, denen das Gift als Kaltblüter bzw. Pflanzenfresser nicht schadet. Fleischfresser dagegen, wie Hund und Katze, würden daran eingehen.

Jeder Pilzsammler kommt nicht umhin, den beschwerlichsten Weg zum Erkennen der Speise- und Giftpilze zu gehen: jede Art an ihren botanischen Merkmalen sicher unterscheiden zu lernen.

Bei der Pilzsuche sollte er auf jeden Fall folgende Grundregeln stets beachten:

1. Lernen Sie vor Ihrem ersten selbstgesammelten Pilzgericht die Merkmale der gefährlichsten Giftpilze kennen.

2. Zu Speisezwecken werden nur Arten verwandt, die Sie genau kennen und die in einem modernen Pilzbuch ausdrücklich als Speisepilz ausgezeichnet sind.

3. Transportieren Sie das Sammelgut in luftigen, festen Behältern, am besten in einem Korb. In Plastiktüten schwitzen die Pilze schnell, zersetzen sich und bilden giftige Eiweißzerfallsprodukte.

4. Wie Sie die Fruchtkörper von dem Substrat entfernen, bleibt Ihnen überlassen (Abschneiden, Herausdrehen). Um das lichtempfindliche Myzel möglichst wenig zu schädigen, sollten entstandene Löcher sorgsam geschlossen werden. Unbekannte Pilze, die noch identifiziert werden sollen, müssen als Ganzes (mit Stielbasis) vorsichtig entnommen werden, damit alle Merkmale am Fruchtkörper sichtbar sind.

5. Das Sammelgut sollte bereits im Walde grob vorgereinigt werden. Dazu gehört das Entfernen von Erde, Nadeln, Blätterhumus und anderen »Schmutzteilchen«. Bei stark schmierigen Arten kann die Huthaut entfernt werden, obwohl dies sonst nicht üblich ist. Speise-

pilze werden für den Transport sorgsam von den noch zu bestimmenden getrennt.

6. Ein wichtiger Punkt, für dessen Einhaltung Ihnen jeder Naturfreund dankbar ist, heißt Disziplin. So soll man bei der Pilzsuche im Wald nicht alles sinnlos niedertrampeln, sondern die gefundenen Exemplare sorgfältig abpflücken. Vor allem aber sammeln Sie maßvoll! Giftige, unbekannte oder aus anderen Gründen für den Verzehr ungeeignete Pilze sollten unbedingt stehen bleiben, damit diese ihre Aufgabe in der Natur erfüllen können. Bringen Sie die Überwindungskraft auf, etwas stehen zu lassen. Bei den immer größer werdenden Menschenmengen, die auch die entlegensten Waldgebiete durchstreifen, gewinnt der Naturschutz immer mehr Bedeutung (s. auch das Vorwort und S. 46/47).

Neben diesen 6 Grundregeln gibt es eine Reihe von Tips, die, wenn sie beherzigt werden, eine Vergiftung stärkeren Ausmaßes verhindern. Leider setzen aber diese Regeln eine bestimmte Kenntnis voraus, die sich der Sammler zuvor aneignen muß. Mit Hilfe der in diesem Buch enthaltenen Farbfotos ist das jedoch ohne weiteres möglich. Die jetzt folgenden Punkte beziehen sich vor allem auf gewisse Formenkreise oder Gruppen, die vom Anfänger zu meiden sind. Jeder Pilzfreund muß selbst entscheiden, welche der Regeln er beachtet und welche er übergehen kann. Das hängt vor allem von seinem Kenntnisstand ab.

■ Der Neuling verwende zunächst nur Röhrlinge für die Küche und meide alle solche mit roten Röhrenmündungen. Unter den Lamellenpilzen befinden sich die gefährlichsten Giftpilze, besonders bei Arten mit weißen und braunen Lamellen.

■ Zu meiden sind (auch für Fortgeschrittene):

– alle kleinen oder kleineren weißlichen Trichterlinge (Lamellen weißlich, nicht oder deutlich herablaufend);

– alle kleinen Schirmlinge (weißliche freie Lamellen);

– alle Rötlinge (Rotsporer mit angewachsenen Lamellen);

– alle Rißpilze (Braunsporer mit radial eingerissenen Hüten);

– alle braunen und grauen Ritterlinge (meist unberingte, kompaktere Weißsporer mit buchtig angewachsenen Lamellen);

– alle Schleierlinge (Braunsporer mit cortinaartigen Resten an Hutrand oder Stiel), vor allem Arten mit leuchtend gelben oder orangenen Farben.

Eine frühere (allerdings falsche) Regel besagte, daß alle mild schmeckenden »Phlegmacien« (Schleimköpfe, Klumpfüße) eßbar seien!

– alle Korallenpilze.

■ Alle Boviste und Stäublinge, die im Längsschnitt innen völlig weiß sind, können gegessen werden. Die leicht giftigen Kartoffelboviste verfärben sich sehr früh im Innern violettschwärzlich. Außerdem besitzen sie ein viel größeres spezifisches Gewicht und riechen unangenehm stechend-metallisch.

■ Alle mild und nicht unangenehm schmeckenden Täublinge und Milchlinge sind genießbar oder jedenfalls in nicht allzu großen Mengen unschädlich. Nur hier ist dem Sammler (und nur, wenn er genau weiß, was Täublinge und Milchlinge sind) eine winzige Kostprobe im rohen Zustand gestattet, die nach Auftreten einer leichten Schärfe sofort wieder ausgespien werden muß.

Die Standorte

Die weitaus meisten Speise- und Giftpilze wachsen im Wald. Jeder Waldtyp hat seine charakteristische Pilzflora, die von den auftretenden Baumarten und vom pH-Wert des Bodens sowie von seiner Beschaffenheit abhängig ist. Der bekannte Grünling ist ein Bewohner des Kiefernwaldes auf Sandboden. Der Doppeltbescheidete Scheidenstreifling bevorzugt lehm- und kalkhaltige Böden mit Laubbäumen. Ähnlich wie bei vielen Kräutern sind auch gewisse Pilzarten Anzeiger für einen bestimmten Bodentyp. Auch der lichte Waldrand kann ein Lebensraum für bestimmte Arten wie Parasolpilz und Safranschirmling sein. Auf offenen Wiesen oder Almweiden finden sich häufig einige Champignonarten, der danach benannte Almen-Weichritterling, der Hasenstäubling und viele Saftlinge und Ellerlinge. Der Schopftintling, ein guter Speisepilz, hat eine Vorliebe für neu angelegte Wiesen zwischen den Neubauten der Großstädte. Die von Pilzen besiedelbaren Standorte sind außerordentlich vielfältig. Wer nach bestimmten Arten sucht, sollte sich vorher darüber im klaren sein, zu welcher ökologischen Gruppe der Gesuchte gehört. So sind die Mykorrhiza-Pilze von den in einer Waldgesellschaft wachsenden Baumarten abhängig, die Parasiten von der Art ihres Wirtes. Auch die Fäulnisbewohner bevorzugen oft in ganz spezieller Weise ein bestimmtes Substrat.

Standorte der Mykorrhiza-Pilze

Bei dieser schon erwähnten Symbiose zwischen Baum und Pilz umspinnt das Myzel die feinen Wurzelenden der Bäume und dringt teilweise in die obersten Zellen ein. So ist ein Stoffaustausch der beiden Partner möglich. Diese Ektomykorrhiza ist der am häufigsten auftretende Symbiosetyp, der von den hier interessierenden Großpilzen bevorzugt wird. Während der Kahle Krempling noch mit mehreren Baumarten eine Lebensgemeinschaft eingehen kann oder sogar ganz darauf verzichtet, gibt es andere, die nur mit bestimmten Bäumen zusammenleben. Der Grüne Knollenblätterpilz bevorzugt Eichen und Buchen, der Sommersteinpilz Eichen, der Große Gelbfuß Fichten, der Frostschneckling Kiefern. Dabei spielt der pH-Wert des Bodens ebenfalls eine ausschlaggebende Rolle. So ist der Goldröhrling ein ausschließlicher Begleiter der Lärche auf allen Böden. Der Graue und der Rostrote Lärchenröhrling folgen diesem Baum nur auf Kalkböden. Im Gegensatz dazu wächst der Chromgelbe Graustieltäubling auf sauren Moorböden unter Moorbirken.

Standorte der Parasiten

Die meisten parasitisch lebenden Arten finden wir unter den baumbewohnenden »Porlingen« (Poriaceae u. a.), die im Volksmund auch als »Baumschwämme« bezeichnet werden. Der Schwefelporling, dessen leuchtend gelbe Fruchtkörper meist im Mai erscheinen, befällt verschiedene Laubbäume wie Eichen, Linden, Robinien, Pappeln, Weiden u. a. Der bekannte Birkenporling ist ausschließlich an Birken zu finden, die er bald zum Absterben bringt. Ein gefährlicher Parasit ist auch der Echte Zunderschwamm, dessen bevorzugte Wirte Rotbuche und Birke sind. Seine Fruchtkörper sind mehrjährig und erzeugen jedes Jahr eine neue Fruchtschicht, die aus Röhren besteht, während das alte Hymenium zwar erhalten bleibt, aber weitgehend inaktiv wird. Bei einem Längsschnitt kann man die je nach Alter verschieden hohe Anzahl der

Schichten erkennen. Am umgestürzten Stamm wächst der Pilz noch einige Zeit weiter. Da er bei seinem Wachstum der Schwerkraft folgt, wird die nach dem Umstürzen neu gebildete Röhrenschicht wieder so gebildet, daß die Röhren genau senkrecht stehen. Das ist wichtig für den ungehinderten Sporenauswurf. Dieses Phänomen nennt man Geotropismus. Der Pilzsammler begegnet deshalb oft an umgefallenen Baumstämmen eigenartig verwinkelten Porlingsfruchtkörpern.

Bekannte Baumparasiten aus der Ordnung der Blätterpilze (Agaricales) sind Hallimasch und Sparriger Schüppling. Durch den Pilzbefall entsteht im Holz ein unterschiedlich aussehendes Schadbild. Die am häufigsten auftretenden Formen sind, wie der Forstmann sagt, Weiß- und Braunfäule. Bestimmte Pilzarten erzeugen ihren speziellen Stammfäuletyp. Bei der Braunfäule wird vorwiegend Zellulose abgebaut, während beim Weißfäuletyp der Pilz die Kohlenhydrate (Zellulose) und das Lignin aufzehrt.

Eine besonders interessante Form des Parasitismus ist die zwischen Pilz und Pilz. Der Schmarotzerröhrling wächst nur auf noch lebenden Fruchtkörpern des Kartoffelbovistes, die er stark schädigt. Die Zungenkernkeule parasitiert auf unterirdisch wachsenden Hirschtrüffeln. Sie erzeugt ihre Fruchtkörper an der Erdoberfläche. Beim Nachgraben erkennt man die leuchtend gelben Myzelstränge, die eine Verbindung zum Wirt herstellen. Mit etwas Glück entdeckt der Naturfreund auch die dazugehörige Hirschtrüffel im Boden.

Standorte der Saprophyten

Die weitaus größte Zahl der Großpilze sind Saprophyten. Hier werden von Pilzen die vielfältigsten Substrate abgebaut und umgesetzt. Neben Arten auf ganz speziellen Unterlagen gibt es zwei Hauptgruppen: Boden- und Holzbewohner.

Das Myzel der Bodenbewohner ernährt sich oft von abgestorbenen Blättern oder Nadeln des Waldbodens. Die Trichterlinge, Rüblinge, Schwindlinge und einige Helmlinge gehören hierher. Einige Champignonarten lieben stickstoffreichen, naturgedüngten Boden und haben eine vielen sicher bekannte Vorliebe für Pferdemist. Auch Dünger-

Steinpilze *(Boletus edulis)* in einem Fichten-Kiefern-Mischwald mit oberflächlich versauertem Boden.

linge, der Name sagt es, sind an ähnlichen Standorten anzutreffen. Mistpilze, einige Tintlinge und Zärtlinge sind ebenfalls stickstoffliebend, man nennt sie »coprophil«.

Das Myzel der Holzbewohner durchdringt und verarbeitet totes Holz. Hierzu gehören die vielen saprophytisch lebenden Porlinge, Schicht- und Rindenpilze; aber auch viele bekannte Lamellenpilze wie Stockschwämmchen, Schwefelköpfe und Dachpilze. Es ist oft artcharakteristisch, ob der Pilz an Nadel- oder an Laubholz wächst. Das eßbare Stockschwämmchen besiedelt fast ausschließlich Laubholz, während sein giftiger Doppelgänger, der Nadelholzhäubling, an totem Nadelholz lebt. Oft ist die Substratabhängigkeit eines Holzbewohners nicht leicht zu erkennen. Der Breitblättrige Rübling kann scheinbar am Boden auftreten, dann sind jedoch mit Sicherheit Holzreste im Boden versteckt. Einige erwähnenswerte Spezialstandorte sind vergrabene Kiefernzapfen, auf denen die Zapfenrüblinge und der Ohrlöffelstacheling wachsen, abgestorbene Fruchthüllen von Buchen und Eßkastanien, auf denen bestimmte Schlauchpilze vorkommen,

Der Zunderschwamm *(Fomes fomentarius)* hat diese Birken befallen.

oder vorjährige Erlenkätzchen, die schon im März von einem Kleinbecherling *(Ciboria amentacea)* besiedelt werden. Wer großes Glück hat, kann sogar auf dem Stachelkleid eines toten Igels den Schlauchpilz *Onygena corvina* finden.

Eine andere Einheit bilden die Brandstellenbewohner (carbophile Pilze). Namen wie Kohlenleistling, Kohlentintling und Kohlenschüppling machen diese Vorliebe deutlich.

Die Zungen-Kernkeule *(Cordyceps ophioglossoides)* parasitiert auf Hirschtrüffeln *(Elaphomyces)*.

Die Erscheinungszeit

Die Jahreszeit, in der die meisten Großpilze vorkommen, ist der Herbst. Das sind die Monate August bis Oktober. In dieser Zeit ist normalerweise das Verhältnis von Feuchtigkeit und Temperatur für das Pilzwachstum in Mitteleuropa am günstigsten. Die Myzelien der meisten Arten lieben es feucht und warm, um gut gedeihen zu können. Es gibt aber auch Spezialisten, die selbst in Extremzeiten wie Dezember oder Januar fruktifizieren können, darunter sogar einige häufige und wohlbekannte Speisepilze. Zusammenfassend kann man sagen, daß es keinen Monat gibt, in dem ein Pilzwachstum unmöglich ist.

In folgenden Zeilen soll das Pilzvorkommen im Jahresverlauf diskutiert werden. Ich beginne mit den Monaten Februar und März. Der Samtfußrübling, ein echter Winterpilz, der in der warmen Jahreszeit nicht zu finden ist, kann jetzt an frostfreien Tagen Fruchtkörper hervorbringen. Je nach Witterung konnten wir diesen eßbaren Holzbewohner auch schon im November oder sogar um die Weihnachtszeit bewundern. Neue Fröste schaden ihm nicht, sondern verzögern nur das Weiterwachsen. War der Winter mild und sind keine starken Fröste mehr zu er-

Der Ringdüngerling *(Panaeolus semiovatus)* ernährt sich von Pferdemist.

warten, besiedelt als einer der ersten »Neujahrspilze« *Ciboria amentacea* die abgestorbenen Erlenkätzchen. Dieser kleine mit einem Stielchen versehene braune Becherling ist ein Charakterpilz des Erlenbruchs.

Ende März zeigt uns der Milde Kiefernzapfenrübling an, daß bereits die ersten Frühjahrslorcheln sandige Kiefernschonungen besiedeln können. Dieser Giftpilz kann bis zum Mai fruktifizieren und ist dann der Doppelgänger von den meist in der Monatswende von April zu Mai erscheinenden begehrten Morcheln. Die ersten Spitzmorcheln können in gewissen Gegenden auch schon im März gesichtet werden. Im April und Mai gedeihen viele Schlauchpilze, zu denen die größeren bodenbewohnenden Becherlinge oder die kleinen holzbesiedelnden Haarbecherlinge gehören.

Mitte Mai können dann die ersten großen Lamellenpilze das Auge des Wanderers erfreuen. Die Namen wie Voreilender Ackerling und Voreilender Helmling deuten die frühe Erscheinungszeit an. Außerhalb des Waldes kann jetzt auch der Kurzstielige Weichritterling oder der Frühlings-Weichritterling wachsen. Sind die Monate Juni und Juli besonders warm und feucht, können weitere seltene Schlauchpilze gefunden werden. Die Grubenlorchel hat jetzt ihre Hauptvegetationszeit.

Der Sommer ist die Zeit der vielen Täublinge und Röhrlinge, die im Juli noch recht schüchtern hervortreten, gegen August aber dominierender werden. Einer der bekanntesten Speisepilze, der Pfifferling, ist in stadtfernen Gebieten, in denen er nicht so stark dezimiert wurde, noch häufig anzutreffen. Seine »Erntezeit« begann bereits im Juni und dauert bis Ende September. An dieser Stelle sei noch bemerkt, daß auch in der Herbstzeit, sofern die Witterung zu kalt oder zu

Eine Vielzahl von holzabbauenden Pilzen besiedelt abgestorbene Buchenstämme.

trocken ist, ein Pilzwachstum fast gänzlich unterbleiben kann. Am unempfindlichsten sind die Holzbewohner gegenüber ungünstigen Wetterbedingungen.

In der Zeit von August bis Oktober begegnet der Pilzfreund der ganzen Vielfalt und Pracht der Pilze in Wald und Flur. Eine Artenaufzählung erübrigt sich deshalb. Wenn der erste Fliegenpilz seine rothütigen Fruchtkörper zeigt, weiß der Kundige, daß der wirkliche Herbst seinen Einzug gefunden hat. Abendliche Nebelschwaden und Fallaub sind weitere Anzeichen dafür.

Irgendwann im Oktober, je nach Witterung früher oder später, bemerkt der kritische Beobachter, daß bestimmte Pilzgattungen immer häufiger werden. So z. B. die Schleierlinge, die Ritterlinge, Rötelritterlinge, Helmlinge und schließlich auch die Trichterlinge. Röhrlinge und Täublinge werden immer seltener. Gleichzeitig beginnt die große Zeit der holzbewohnenden Schichtpilze, Rindenpilze, einiger Porlinge und vieler Gallertpilze und Gallerttränenpilze. Auch der Hallimasch zeigt im Oktober seine auffälligen Büschel.

Mit dem Einsetzen der ersten kleineren Nachtfröste läßt der Pilzsegen stark nach. Diese Kältegrade aber benötigt gerade der Austernseitling, um seinerseits Hüte auszubilden. Auch der Frostschneckling erscheint in den Kiefernwäldern. Der Schneepilz oder Schwarzfaserige Ritterling und Winterhelmling sowie Winterporling und Winter-Trompetenschnitzling zeigen sich noch im Dezember. Die drei letztgenannten halten sich zusammen mit dem längst schon wieder aktiven Samtfußrübling bis ins Frühjahr (sofern frostfrei) und schließen so den jahreszeitlichen Kreislauf.

Diese Angaben gelten jedoch nur für Mitteleuropa. In Ländern mit anderen klimatischen Bedingungen verschiebt sich die »Pilzzeit« erheblich. Schon im mediterranen Raum, etwa auf der bekannten spanischen Urlaubsinsel Mallorca, kann das Pilzwachstum gerade um die Weihnachtszeit besonders üppig sein.

Doch hängt das Erscheinen der Pilzfruchtkörper in extremem Maße vom Niedergang des Regens ab, der auch ausfallen kann.

Systematische Übersicht der behandelten Pilzgattungen

Klasse: Schlauchpilze (Ascomycetes)

Ordnung: Tuberales
Familie: Terfeciaceae
Gattung: **Weißtrüffel,** *Choiromyces* (S. 258)

Ordnung: Pezizales
Familie: Humariaceae
Gattung: **Orangebecherling,** *Aleuria* (S. 280)
Familie: Pezizaceae
Gattung: **Becherlinge,** *Peziza* (S. 280); **Öhrlinge,** *Otidea* (S. 276); **Kronenbecherling,** *Sarcosphaera* (S. 278)
Familie: Helvellaceae
Gattung: **Lorcheln,** *Helvella* (S. 264, 276); **Frühjahrslorchel,** *Gyromitra* (S. 264)
Familie: Morchellaceae
Gattung: **Morcheln,** *Morchella* (S. 260–262); **Verpeln,** *Verpa* (S. 262); **Morchelbecherling,** *Disciotis* (S. 278)

Klasse: Ständerpilze (Basidiomycetes)

Unterklasse: Phragmobasidiomycetidae

Ordnung: Tremellales
Familie: Tremellaceae
Gattung: **Zitterlinge,** *Tremella* (S. 272); **Zitterzahn,** *Pseudohydnum* (S. 238); **Gallerttrichter,** *Tremiscus* (S. 274)

Ordnung: Auriculariales
Familie: Auriculariaceae
Gattung: **Judasohr,** *Hirneola* (S. 274)

Unterklasse: Hymenomycetidae

Ordnung: Dacryomycetales
Familie: Dacryomycetaceae
Gattung: **Hörnling,** *Calocera* (S. 246)

Ordnung: Poriales (Aphyllophorales) im weiteren Sinne
Familie: Cantharellaceae
Gattung: **Leistlinge,** *Cantharellus* (S. 234–236); **Kraterellen,** *Craterellus* (S. 236)
Familie: Gomphaceae
Gattung: **Schweinsohr,** *Gomphus* (S. 238)
Familie: Hydnaceae
Gattung: **Semmelstoppelpilze,** *Hydnum* (S. 240)
Familie: Thelephoraceae
Gattung: **Fleischstachelinge,** *Sarcodon* (S. 240)
Familie: Clavariadelphaceae
Gattung: **Großkeulen,** *Clavariadelphus* (S. 246)

Familie: Ramariaceae
Gattung: **Korallenpilze,** *Ramaria* (S. 242 – 244)
Familie: Sparassidaceae
Gattung: **Glucken,** *Sparassis* (S. 272)
Familie: Fistulinaceae
Gattung: **Reischling,** *Fistulina* (S. 226)
Familie: Poriaceae im weiteren Sinne
Gattung: **Riesenporling,** *Meripilus* (S. 226); **Schwefelporling,** *Laetiporus* (S. 228); **Birkenporling,** *Piptoporus* (S. 228); **Zinnoberschwamm,** *Pycnoporus* (S. 230); **Trameten,** *Trametes* (S. 224); **Zunderschwamm,** *Fomes* (S. 230); **Fichtenporling,** *Fomitopsis* (S. 232)
Familie: Ganodermataceae
Gattung: **Lackporlinge,** *Ganoderma* (S. 232)
Familie: Hymenochaetaceae
Gattung: **Dauerporling,** *Coltricia* (S. 224)

Ordnung: Polyporales
Familie: Polyporaceae
Gattung: **Porlinge,** *Polyporus* (S. 222); **Seitlinge,** *Pleurotus* (S. 154); **Sägeblättlinge,** *Lentinus* (S. 152)

Ordnung: Boletales
Familie: Strobilomycetaceae
Gattung: **Strubbelkopf,** *Strobilomyces* (S. 60)
Familie: Boletaceae
Gattung: **Blaßsporröhrlinge,** *Gyroporus* (S. 72, 80); **Hohlfußröhrling,** *Boletinus* (S. 68); **Schmierröhrlinge,** *Suillus* (S. 76 – 80); **Filzröhrlinge,** *Xerocomus* (S. 70, 82); **Dickröhrlinge,** *Boletus* (S. 52 – 58, 72 – 74); **Gallenröhrlinge,** *Tylopilus* (S. 52); **Rauhstielröhrlinge,** *Leccinum* (S. 60 – 66)
Familie: Paxillaceae
Gattung: **Kremplinge,** *Paxillus* (S. 146, 174); **Afterleistlinge,** *Hygrophoropsis* (S. 166); **Ölbaumtrichterling,** *Omphalotus* (S. 148)
Familie: Gomphidiaceae
Gattung: **Gelbfüße, Schmierlinge** *Gomphidius* (S. 174); *Chroogomphus* (S. 176)

Ordnung: Agaricales
Familie: Hygrophoraceae
Gattung: **Schnecklinge,** *Hygrophorus* (S. 188 – 190); **Saftlinge,** *Hygrocybe* (S. 186)
Familie: Tricholomataceae
Gattung: **Lacktrichterlinge,** *Laccaria* (S. 180); **Helmlinge,** *Mycena* (S. 180); **Schwindlinge,** *Marasmius* (S. 182); **Rüblinge,** *Collybia* (S. 148, 184 – 186); **Samtfußrübling,** *Flammulina* (S. 150); **Breitblättriger Rübling,** *Megacollybia* (S. 150); **Schleimrüblinge,** *Oudemansiella* (S. 134); **Holzritterlinge,** *Tricholomopsis* (S. 146); **Trichterlinge,** *Clitocybe* (S. 170 – 172, 188); **Rötelritterlinge** und **-trichterlinge,** *Lepista* (S. 168, 194 – 196); **Raslinge,** *Lyophyllum* (S. 192); **Weichritterlinge,** *Melanoleuca* (S. 202); **Ritterlinge,** *Tricholoma* (S. 202 – 208); **Schönköpfe,** *Calocybe* (S. 210); **Hallimasch,** *Armillaria* (S. 134)

Familie: Entolomataceae
Gattung: **Mehlräslinge,** *Clitopilus* (S. 166); **Rötlinge,** *Entoloma* (S. 198–200)

Familie: Pluteaceae
Gattung: **Scheidlinge,** *Volvariella* (S. 112); **Dachpilze,** *Pluteus* (S. 112)

Familie: Amanitaceae
Gattung: **Wulstlinge** oder **Knollenblätterpilze,** *Amanita* (S. 120–132)

Familie: Agaricaceae
Gattung: **Champignons** oder **Egerlinge,** *Agaricus* (S. 104–110); **Schirmlinge,** *Lepiota* (S. 114–116); **Riesenschirmlinge,** *Macrolepiota* (S. 116–118); **Glimmerschüppling,** *Phaeolepiota* (S. 138)

Familie: Coprinaceae
Gattung: **Tintlinge,** *Coprinus* (S. 144, 164, 220); **Zärtlinge, Mürblinge** oder **Faserlinge,** *Psathyrella* (S. 162, 218)

Familie: Strophariaceae
Gattung: **Träuschlinge,** *Stropharia* (S. 140–142); **Schwefelköpfe,** *Hypholoma* (S. 158–160); **Schüpplinge,** *Pholiota* (S. 156–158); **Stockschwämmchen,** *Kuehneromyces* (S. 136)

Familie: Cortinariaceae
Gattung: **Rißpilze,** *Inocybe* (S. 210); **Fälblinge,** *Hebeloma* (S. 218); **Schleierlinge,** *Cortinarius* (S. 212–216); **Reifpilz,** *Rozites* (S. 138); **Häublinge,** *Galerina* (S. 136)

Ordnung: Russulales
Familie: Russulaceae
Gattung: **Täublinge,** *Russula* (S. 84–92); **Milchlinge,** *Lactarius* (S. 94–102)

Unterklasse: Gasteromycetidae

Ordnung: Sclerodermatales
Familie: Sclerodermataceae
Gattung: **Kartoffelboviste,** *Scleroderma* (S. 254–256); **Erbsenstreuling,** *Pisolithus* (S. 256)

Ordnung: Nidulariales
Familie: Nidulariaceae
Gattung: **Teuerlinge,** *Cyathus* (S. 270)

Ordnung: Lycoperdales
Familie: Lycoperdaceae
Gattung: **Boviste,** *Bovista* (S. 248); **Stäublinge,** *Lycoperdon* (S. 248–250); **Hasenboviste,** *Calvatia* (S. 252); **Riesenbovist,** *Langermannia* (S. 254)

Familie: Geastraceae
Gattung: **Erdsterne,** *Geastrum* (S. 270)

Ordnung: Phallales
Familie: Clathraceae
Gattung: **Gitterling,** *Clathrus* (S. 268)

Familie: Phallaceae
Gattung: **Stinkmorchel,** *Phallus* (S. 266); **Hundsrute,** *Mutinus* (S. 268)

Verwendete Fachausdrücke

amyloid: Sporen oder Oberflächenstrukturen, die sich in Melzers-Reagenz blau oder violett-schwärzlich verfärben, sind amyloid. Die Färbung kommt durch Einlagerung von Jod zustande.

anastomosierend: Mit Querverbindungen versehen, vor allem bei Lamellen.

angiocarp: Verdecktfrüchtig, z. B. bei Bauchpilzen, bei denen die Sporen im Innern der Fruchtkörper angelegt werden und dort verbleiben.

Ascomycetes: Schlauchpilze (eingedeutscht: Askomyzeten).

Ascus: Schlauch; schlauchförmiger Sporenbehälter der Askomyzeten.

Basidie: Sporenträger der Basidiomyzeten.

Basidiomycetes: Ständerpilze (eingedeutscht: Basidiomyzeten).

Buckel: In der Pilzkunde eine breite abgerundete Verdickung der Hutmitte.

carbophil: Kohleliebend; bei den Pilzen sind Brandstellenbewohner damit gemeint.

coprophil: Mistliebend; Pilzarten, die speziell auf gedüngten Böden oder Mist vorkommen.

Cortina: Schleierartige Teil- oder Gesamthülle (Velum), vor allem bei den Schleierlingen. Die Reste davon bleiben oft als sichtbare faserige Ringzone am Stiel zurück.

cyanophil: Oberflächen, die sich in Baumwollblau oder Milchsäure-Anilinblau blau bis violett färben. Dies kann hauptsächlich an Sporen oder Hyphen beobachtet werden.

dextrinoid: Sporen oder Oberflächenstrukturen, die sich in Melzers-Reagenz weinrot färben (= pseudoamyloid).

Ektomykorrhiza: Die häufigste Art der Mykorrhiza zwischen Höheren Pilzen und Bäumen, bei der das Pilzmyzel die feinsten Wurzelenden der Bäume außen umspinnt. Der Gegensatz dazu ist die Endomykorrhiza, bei der die Myzelfäden in die Wurzelzellen eindringen und sich hauptsächlich dort innen ausbreiten. Diese Art der Symbiose ist bei Höheren Pilzen weniger verbreitet.

Endoperidie: Siehe Peridie.

Epiphragma: Verschlußhäutchen bei Teuerlingen.

Exoperidie: Siehe Peridie.

firnisartig: Wie mit Firnis bestrichen. Firnis: früher verwendeter, trockener Schutzanstrich.

genattert: Natterartiges Zickzackmuster, welches durch Aufreißen der Stieloberhaut, beispielsweise des Grünen Knollenblätterpilzes, entsteht.

Geotropismus: Es bedeutet, daß sich bei Pilzen die Hüte genau senkrecht zum Lot ausrichten, damit die Sporen ungehindert ausfallen können. Besonders bekannt ist dieses Phänomen bei einigen Porlingen, bei denen es dabei auf größte Genauigkeit ankommt.

gezont: Dieser Ausdruck wird oft bei Pilzhüten angewandt. Durch verschiedenartige Färbung oder Struktur entsteht ein zonenweise abwechselndes Muster. Besonders die Milchlinge sind am Hut oft konzentrisch (ringartig) gezont.

Gleba: Sporenmasse der Bauchpilze bzw. fertiles Scheingewebe. Bei den Bauchpilzen wird der im Längsschnitt sichtbare sterile Teil »Subgleba« genannt.

Guttationstropfen: Pilze scheiden oft Flüssigkeitströpfchen an der Stielspitze oder den Lamellen aus (Guttation). Bei einigen Arten färben sich die Tröpfchen beim Eintrocknen oder werden durch das Auftragen von Sporenpulver dunkel.

gymnocarp: Nacktfrüchtig; die Fruchtschicht wird offen angelegt; z. B. bei Keulenpilzen, bei denen sie von Anfang an die frei zugängliche Oberfläche bedeckt.

hemiangiocarp: Halbverdecktfrüchtig; das Hymenium wird in der Jugend durch spezielle Umhüllungen ge-

schützt und erst bei der Reife frei-
gegeben.

heterogen: Verschiedengestaltig.

Holobasidie: Einzellige, meist keulen-
förmige Basidie.

hyalin: Durchscheinend, farblos.

hygrophan: Pilzhüte oder andere Teile
der Fruchtkörper, die sich bei Wasser-
entzug verfärben. Meist entstehen
dann hellere Töne.

hymeniform: Wie ein Hymenium aus-
sehend; z. B. bei dem Aufbau der Huthaut einiger Lamellenpilze, z. B. Acker-
linge (Gattung *Agrocybe*).

Hymenium: Fruchtschicht; wird bei
den Basidiomyzeten aus senkrecht
nebeneinander liegenden Basidien
und bei den Askomyzeten aus Asci
und Paraphysen gebildet.

Hymenophor: Träger der Fruchtschicht. Dies ist die eigentlich formge-
bende Struktur, die aus Röhren, Lamellen, Stacheln, Leisten oder Runzeln bestehen kann. Sie wird an der
Oberfläche vom Hymenium überzogen. Pilze, bei denen das Hymenium
in Form einer ± ebenen Fläche vor-
liegt, besitzen demnach kein Hymenophor.

Hyphe: Langgestreckte Pilzzelle.

Keimporus: Besonders dünne Stelle
in der Sporenwand, an der der Keim-
schlauch ausgetrieben wird. Der
Keimporus liegt meist genau an dem
vorderen Polende der Sporen, selten
etwas seitlich davon.

Kollar: Ringförmiger Absatz, der die
Lamellen vom Stiel trennt.

konvex: Nach außen gewölbt, häufigste Hutform bei Pilzen.

Lugolsche Lösung: 1 g Jod und 2 g
Jodkali in 100 ml dest. Wasser gelöst.
Sie wird hauptsächlich zum Anfärben
amyloider Strukturen bei den Askomyzeten verwendet.

Manschette: Stielring.

Melzers-Reagenz: 0,5 g Jod und
1,5 g Jodkali in 20 ml dest. Wasser und
20 ml Chloralhydrat auflösen. Chloral-
hydratlösung: 20 g Chloralhydratkri-
stalle gelöst in 10 ml dest. Wasser.

Wird bei Basidiomyzeten verwendet,
siehe auch »amyloid«.

Mykologie: Pilzkunde.

Mykorrhiza: Wörtlich übersetzt »ver-
pilzte Wurzel«; die Lebensgemeinschaft eines Pilzes mit einer Höheren Pflanze (siehe auch Ektomykorrhiza).

Myzel: Die eigentliche Pilzpflanze, die
unterirdisch vegetiert. Das Myzel besteht aus vielen fein verzweigten, fädi-
gen Zellen, den Hyphen.

Nabel: Eng umgrenzte Hutvertiefung.

Papille: Kleiner, spitzer Buckel in der
Mitte des Pilzhutes.

Paraphyse: Safthaar; sterile haarför-
mige Zelle, die zusammen mit den Asci
das Hymenium der Askomyzeten bilden.

Peridie: Außenhaut; bei den Bauchpilzen die Umhüllung, in der die Sporenmasse gebildet wird. Die Peridie ist oft
zweischichtig und besteht aus einer
äußeren Exoperidie und einer inneren
Endoperidie. Die Exoperidie ist bei den
Bauchpilzen meist vergänglich. Sie
besteht aus Warzen oder Stacheln
oder kann wie eine Eierschale abbrök-
keln. Die Endoperidie ist dauerhaft und
umschließt noch längere Zeit die gebil-
deten Sporen.

Peridiole: Linsenförmiger Sporenbehälter der zu den Bauchpilzen gehörenden Teuerlinge und Nestlinge, der
als Ganzes verbreitet wird.

Plectenchym: Scheingewebe, welches bei den Pilzen durch Verkleben
der einzelnen Hyphen entsteht. Auf
diese Art werden die Fruchtkörper der
Höheren Pilze aufgebaut. Ein anderer
Name dafür ist Pseudoparenchym. Bei
einem echten Gewebe (Parenchym)
sind die Zellen verwachsen und stehen
in allen Richtungen miteinander in Verbindung. Dies ist bei den Höheren
Pflanzen der Fall.

pseudoamyloid: Siehe dextrinoid.

Rezeptakulum: Der sich streckende,
sporentragende Teil einiger Bauchpilze (Phallales), zu denen die Stinkmorchel gehört.

Rhizomorphen: Wurzelartig verdickte Myzelstränge, besondert gut beim Hallimasch zu beobachten.

Schnalle: Halbringförmige Ausstülpung der Hyphen an den Querwänden vieler Basidiomyzeten.

sensu: Im Sinne von ...

sensu lato: Im weiteren Sinne.

sensu restricto: Im engeren Sinne.

Septe: Querwand der Pilzhyphen.

Seten: (Setae), zystidenähnliche, meist rotbraune, dickwandige Elemente im Hymenium, die über die Basidien hinausragen (manchmal schon bei starker Lupenvergrößerung zu sehen).

Sphaerocysten: Rundlich aufgeblasene Zellen, die als Tramaelemente oder als Hutbeläge auftreten können. Bei Milchlingen und Täublingen besteht das Fleisch zum großen Teil aus Sphaerocysten. Einige Schirmlinge besitzen diese als körnigen Hutbelag.

Sporen: Verbreitungseinheiten der Sporenpflanzen, zu denen die Pilze gehören. Es sind meist eiförmige, rundliche oder längliche ein- oder mehrzellige Gebilde, die eine Durchschnittsgröße von 5–15 tausendstel Millimetern messen. Die Verbreitung erfolgt meistens durch den Wind.

Sterigma: Kleiner, hornförmiger Auswuchs der Basidie, an dem die Sporen bis zu ihrer Reife befestigt sind.

Subgleba: Siehe Gleba.

Subhymenium: Dünne, kleinzellige Schicht direkt unter dem Hymenium.

terrestrisch: Am Erdboden wachsend.

Trama: Das Fleisch des Fruchtkörpers im weiteren Sinne, z. B. Lamellen-, Stiel- und Huttrama. Die Oberflächenstrukturen von Hut und Stiel sind nicht damit gemeint, da sie meist einen deutlich anderen Aufbau als die Trama haben und auch oft anders gefärbt sind.

Velum: Eine Hülle, die den Fruchtkörper teilweise oder ganz im Jugendzustand schützt. Das Velum partiale schützt die jungen Lamellen oder Röhren (Hymenium), während ein Velum universale den ganzen jungen Fruchtkörper abdeckt. Es kann häutig oder fädig ausgebildet sein. Ein fädiges Velum heißt Cortina.

Volva: Scheide, häutige basale Stielumhüllung einiger Knollenblätterpilze und der danach benannten Scheidlinge *(Volvariella)*.

Zystide: Sterile, oft herausragende Zelle im Hymenium oder an anderer Stelle des Fruchtkörpers der Basidiomyzeten (z. B. Hut- bzw. Stieloberflächen). Aussehen und Beschaffenheit bilden wichtige Kriterien zur mikroskopischen Bestimmung.

Geschützte Pilzarten

(laut Bundesartenschutzverordnung vom 19. 12. 1986)

wissenschaftlicher Name	deutscher Name	Schutz- status	im Buch auf Seite
Albatrellus spec.	– alle Schaf- und Semmelporlinge	G	
Amanita caesarea	– Kaiserling	G	
Boletus aereus	– Weißer Bronzeröhrling	G	
Boletus appendiculatus	– Gelber Bronzeröhrling	G	
Boletus edulis	– Fichtensteinpilz	(G)	(S. 52)
Boletus fechtneri	– Sommerröhrling	G	
Boletus regius	– Königsröhrling	G	
Boletus speciosus	– Blauender Königsröhrling	G	
Cantharellus spec.	– alle Leistlinge	(G)	(S. 234–236)
Gomphus clavatus	– Schweinsohr	(G)	(S. 238)
Gyrodon lividus	– Erlengrübling	G	
Hygrocybe spec.	– alle Saftlinge	G	(S. 186)
Hygrophorus marzuolus	– Märzschneckling	G	
Lactarius volemus	– Brätling	(G)	(S. 96)
Leccinum spec.	– alle Rauhfußröhrlinge	(G)	(S. 60–66)
Morchella spec.	– alle Morcheln	(G)	(S. 260–262)
Tricholoma flavovirens	– Grünling	G	(S. 202)
Tuber spec.	– alle echten Trüffeln	G	

Das Bestimmen mit diesem Buch

Der beschreibende Text ist als Kurzbeschreibung ausgeführt. Hier werden vor allem solche Merkmale genannt, die im Foto nicht erkennbar sind (Geruch, Geschmack, Vorkommen, Verwechslungsmöglichkeiten usw.). Die Gerüche sind bei den Pilzen sehr vielfältig und deshalb für die Bestimmung wichtig. Bei stark unterkühlten Exemplaren, die bei kalter Witterung gesammelt wurden, muß der Geruch durch leichtes Erwärmen in der Hand wieder »hervorgezaubert« werden. Ein feiner Mehlgeruch ist oft nur wahrnehmbar, wenn der Fruchtkörper mit dem Messer durchgeschnitten wird. Auch die Schmierigkeit einer Hutoberfläche ist bei trockener Witterung erst nach Wiederbefeuchtung feststellbar. Der Pilzfreund wird in der Erkennung wichtiger Bestimmungskriterien erst eigene Erfahrungen machen müssen.

Sehr wichtig sind die Angaben zum Speisewert. Sie stehen stets oben rechts. Der Begriff »eßbar« bezieht sich prinzipiell nicht auf den rohen Pilz. Beispielsweise kann ein Stück roh genossenen Steinpilzes heftige Magenschmerzen hervorrufen. Erst die Zubereitung durch Kochen, Braten oder Dünsten macht die meisten Pilze zu »Speisepilzen«. Nur sehr wenige Arten sind auch roh eßbar. Diese Fälle sind extra vermerkt. »Eßbar nach Abkochen« bedeutet, daß hier immer das Kochwasser weggeschüttet werden muß. Im Wasser werden bestimmte Giftstoffe gelöst, die damit verschwinden. »Eßbar ohne Alkohol« bedingt, daß einige Tage vor und nach der Mahlzeit kein Alkohol genossen werden darf. Es kann sonst die sog. Antabuswirkung auftreten (siehe Abschnitt Giftpilze, S. 31).

Verwendete Kurzzeichen und ihre Bedeutung

eßbar*:   guter Speisepilz

eßbar**:   sehr guter Speisepilz

G: geschützt (laut Bundesartenschutzverordnung; vgl. auch nebenstehende Tabelle). Diese Arten dürfen generell nicht gesammelt werden.

(G):   geschützt, doch Sammeln für private Zwecke in kleinen Mengen gestattet.

R 3:   enthalten in der »Roten Liste« der gefährdeten Tiere und Pflanzen in der Bundesrepublik Deutschland (Fassung 1984) mit dem Gefährdungsgrad 3.

Gefährdungsgrade:
0 = ausgestorben oder verschollen
1 = vom Aussterben bedroht
2 = stark gefährdet
3 = gefährdet
4 = potentiell gefährdet

Die Bedeutung der Symbole auf der Bestimmungsleiste am linken Rand jeder Seite wird im folgenden Kapitel erklärt.

Anleitung zum Bestimmen

Das vorliegende Bestimmungsprinzip kommt der natürlichen Neigung des Menschen entgegen, Merkmale zuerst mit dem Auge wahrzunehmen (visuelle Methode). Diese Art der Bestimmung ist vor allem für denjenigen gedacht, der noch wenig Erfahrung mitbringt und für den der Umgang mit einem dichotomen Bestimmungsschlüssel, wie er in wissenschaftlichen Werken verwendet wird, schnell zur Frustration führen würde.

Die in diesem Buch enthaltenen Pilzarten sind nach gleichartigen Merkmalen zusammengestellt worden, charakterisiert durch eine Symbolleiste am Seitenrand.

> Das jeweils zutreffende Merkmalssymbol (Piktogramm) erscheint groß, während die dazugehörende(n) Alternative(n) klein gedruckt wurde(n).

Der Benutzer muß sich also entscheiden, welches Merkmal (Symbol) für den zu bestimmenden Pilz zutrifft. Dabei ist die Reihenfolge in der Symbolleiste (von oben nach unten) unbedingt einzuhalten.
Da die Methode relativ grob ist, kann zunächst nicht bis zur Art bestimmt werden. Dies erfolgt dann im zweiten Schritt, dem direkten Vergleich der Fotos. Da in diesem Buch vorwiegend häufige und leicht erkennbare Arten enthalten sind, dürfte es auch dem Anfänger nicht schwer fallen, sich schnell zurechtzufinden. Wer dennoch nicht gleich zum Ziel kommt, dem sei zum Trost gesagt, daß die Pilzbestimmung von je her eine schwierige Materie ist. Das ergibt sich durch die relative Merkmalsarmut und die große Veränderlichkeit der Fruchtkörper. Ohne ein wenig Übung geht's deshalb wohl doch nicht.
Auch sollte nicht verschwiegen werden, daß ein so handliches Buch nur einen Teil dessen enthalten kann, was der Sammler bei gutem Pilzwetter in der Natur findet. Wer zu einem sicheren Ergebnis kommen will, sollte unbedingt auch den beschreibenden Text vergleichen.
Leider muß auch erwähnt werden, daß, durch die Methode bedingt, nicht alle Gattungen einheitlich zusammenbleiben konnten. Eine Tatsache, die dem Systematiker mißfällt. Doch dem Benutzer ist wohl mehr damit gedient, gut kenntliche Arten dadurch schneller abgrenzen zu können. Die systematische

Zuordnung einer jeden Art kann aus der »Systematischen Übersicht der behandelten Pilzgattungen« ab S. 40 ersehen werden.

Anmerkung: Bei der Erstellung der Symbole wurde auf möglichst eindeutige und konstante Merkmale zurückgegriffen. Dennoch könnten manchmal gewisse Zweifel bei der Zuordnung auftreten, aus denen der Pilzfreund aber lernen kann. So sind z. B. die Lamellen einiger Knollenblätterpilze nicht so eindeutig »frei«, wie das Symbol anzeigt. Dafür erscheinen bei einigen Täublingen die Lamellen manchmal so, als wären sie nicht am Stiel angewachsen. Einige Dachpilze oder Scheidlinge (in der Gruppe mit freien, rosa bis braunen Lamellen zu finden) besitzen im jungen Zustand nahezu farblose Lamellen, die sich erst später rosa färben. Sie könnten daher zunächst in einer falschen Gruppe gesucht werden. Es wird deshalb in den wenigen Fällen, wo der Benutzer sich seiner Entscheidung nicht sicher ist, angeraten sein, auch die Arten der Parallel-Gruppen durchzusehen, bevor man die Artdiagnose trifft.

An zahlreichen Stellen wurden bereits im Bestimmungsteil Hinweise auf Arten angebracht, die womöglich in einer falschen Gruppe aufgrund nicht deutlich ausgeprägter Merkmale gesucht werden könnten. Die entsprechenden Textverweise (kenntlich gemacht durch Fettdruck und einen Rahmen) befinden sich am Ende der Gruppe, in der man die Art irrtümlich gesucht hat. Aber es gibt auch schwierigere Fälle. Gelegentlich entwickelt ein Champignon nicht seine typische Lamellenfarbe (erst rosa, dann braun). Hier kann ein Fall von Sterilität vorliegen, da die reifenden Sporen für die Färbung der Lamellen verantwortlich sind. Dieses Beispiel ist ein typischer Sonderfall, der in einem allgemeingültigen Schlüssel kaum Berücksichtigung finden kann.

Die Symbole und ihre Bedeutung

Um einen Pilz möglichst rasch bestimmen zu können, müssen nacheinander verschiedene Entscheidungen getroffen werden, bis die Gruppe gefunden ist, zu der der Pilz gehört.

---

1. Entscheidung: Welchen Grundbauplan hat der Pilz?

Mit der 1. Entscheidung können wir die Pilze in 3 Hauptgruppen einteilen:

 »Röhrlinge«: Pilz aus Hut und Stiel bestehend, Hutunterseite mit Röhren.

 »Lamellenpilze«: Pilz aus Hut und Stiel bestehend, Hutunterseite mit Lamellen.

 »Nichtblätterpilze«: Pilzform verschiedengestaltig, nicht aus Hut und Stiel bestehend, weder Röhrling noch Lamellenpilz.

Damit die 3 Hauptgruppen leichter beim Blättern aufgefunden werden können, wurde ihnen jeweils eine Kennfarbe zugeordnet. Diese Farbe hat keinen sachlichen Bezug, etwa zur Hutfarbe der Art.

Da die Pilze in den Hauptgruppen sehr unterschiedliche Merkmale aufweisen, werden in jeder der 3 Hauptgruppen andere Kriterien zur weiteren Bestimmung herangezogen. Die nun folgenden Entscheidungen sind aber in jeder Hauptgruppe anders formuliert.

2. Entscheidung (Röhrlinge): Wie ist der Stiel beschaffen?

 Röhrling mit genetztem Stiel.

 Röhrling mit rauhschuppigem oder körnigem Stiel.

 Röhrling mit glatter Stieloberfläche.

Befinden sich nach Beantworten der 2. Frage (= 2. Gruppe von Piktogrammen) keine weiteren Symbole auf der Randleiste, ist man bereits in der »Zielgruppe« der in Frage kommenden Arten (= alle Arten mit dieser Symbol-Kombination auf der Randleiste). Der gesuchte Pilz kann beim Durchblättern der Seiten mit dieser Symbol-Kombination gefunden werden (vgl. aber die Anmerkung auf S. 48). Befinden sich weitere Piktogramme auf der Randleiste, müssen noch weitere Entscheidungen getroffen werden. Entsprechendes gilt auch bei den anderen Hauptgruppen.

3. Entscheidung (Röhrlinge): Wie verhalten sich die Röhren bei Druck?

 Röhren auf Druck nicht blauend.

 Röhren auf Druck deutlich blauend.

2. Entscheidung (Lamellenpilze): Wie bricht der Stiel?

 Lamellenpilz mit »käseartig« brüchigem Stiel (der Stiel bricht oft mit einem leisen Knall); nicht milchend. Hierher gehören die Täublinge.

 Lamellenpilz mit »käseartig« brüchigem Stiel (der Stiel bricht oft mit einem leisen Knall); milchend. Hierher gehören die Milchlinge.

 Lamellenpilz mit auffaserndem Stiel, Struktur längsfaserig. (Ob ein Milchsaft austritt ist bei dieser Alternative zunächst uninteressant.)

3. Entscheidung (Lamellenpilze): Sind die Lamellen am Stiel angewachsen oder nicht, wie sind sie gefärbt?

 Lamellen frei (nicht am Stiel angewachsen), rosa bis braun gefärbt.

 Lamellen frei (nicht am Stiel angewachsen), farblos und im Laufe der Entwicklung so bleibend.

 Lamellen am Stiel angewachsen. (Die Lamellenfarbe ist bei dieser Alternative zunächst uninteressant.)

4. Entscheidung (Lamellenpilze):
Ist der Stiel beringt und welches ist der Standort des Pilzes?

 Stiel deutlich häutig beringt. (Der Standort ist bei dieser Alternative zunächst uninteressant.)

 Stiel unberingt; typischer Holzbewohner. Achtung: Manchmal ist das Holz nicht auf Anhieb sichtbar, da es im Boden oder Bo-

denbewuchs verborgen ist (abgestorbenes Holz bzw. Stümpfe). Deshalb sollte bei Unsicherheit zur Beantwortung dieser Frage vorsichtig nachgesucht werden.

 Stiel unberingt; typischer Bodenbewohner (vgl. Anmerkung oben).

5. Entscheidung (Lamellenpilze):
Laufen die Lamellen am Stiel herab?

Haben wir bei der Entscheidung 3 lediglich festgestellt, daß die Lamellen am Stiel angewachsen sind, so gilt es nun, diese Feststellung weiter zu spezifizieren. Es gibt zwei Möglichkeiten:

 Lamellen bogig am Stiel herablaufend.

 Lamellen nicht bogig herablaufend, unterschiedlich angewachsen.

In die zuletzt definierte Gruppe gehört nach wie vor eine sehr große Artenzahl, d. h. es müssen viele Seiten mit dieser Symbol-Kombination durchgeblättert werden (S. 180–220). Um das Auffinden einer unbekannten Art dieser Gruppe zu erleichtern, wurde auf die Seiten 178/179 eine kleine zusätzliche Übersicht aufgenommen, in der Arten mit weiteren gemeinsamen Merkmalen zu Gruppen geordnet sind.

2. Entscheidung (Nichtblätterpilze):
Welcher der folgenden Gruppen läßt sich der Pilz zuordnen?

 »Porlingstyp«: Pilzunterseite meist mit Röhren; Konsistenz zäh oder hart.

 Pilzunterseite mit Leisten, Runzeln oder Stacheln.

 Pilz korallen- oder keulenförmig.

 »Bovisttyp«: Pilz kugelig-knollenförmig. (Einschließlich der Jugendstadien auf S. 258).

 »Morchel- oder Lorcheltyp«.

 »Rest«: Pilz läßt sich keinem bisher erwähnten Typ zuordnen.

Beispiele:
Anhand zweier Beispiele soll der Bestimmungsweg zu den Pilzgruppen gezeigt werden. Hat man eine unbekannte Art durch Beantwortung der 3 Fragen einer der Gruppen zugeordnet, kann die richtige Art beim Durchblättern weniger Seiten durch Vergleich mit den Abbildungen und Texthinweisen gefunden werden.

Sommersteinpilz
Boletus reticulatus (S. 54)

Entschei-dungen	Symbolik	in Frage kom-mende Seiten
»Röhrling«		52–82
Stiel genetzt		52–58

Grüner Knollenblätterpilz
Amanita phalloides S. 124

Entschei-dungen	Symbolik	in Frage kom-mende Seiten
»Lamellen-pilz«		84–220
Stielfleisch längs-faserig		104–220
Lamellen frei und farblos		114–132

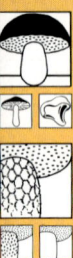

Gallenröhrling

Tylopilus felleus (Bull.: Fr.) Karst.

Geschmack: Stark bitter. **Hut:** Hell kartonbraun, rehbraun oder graubraun, matt, ⌀ 5–15 cm. **Röhren:** Jung rein weiß, bald aber deutlich rosa, im Alter fast fleischbräunlich. **Stiel:** Olivgelblich bis olivocker, mit deutlich ausgeprägtem, dunklerem, erhabenem Netz, welches oft den ganzen Stiel überzieht. **Fleisch:** Weiß. **Sporenpulver:** Fleischrosa. **Vorkommen:** Im Nadelwald, gern unter Kiefern auf sauren Böden; Juni bis Oktober. **Verwechslung:** Der Gallenröhrling ist der klassische Doppelgänger des Steinpilzes, mit dem er vor allem im Jugendzustand verwechselt wird. Der ausgewachsene Gallenröhrling unterscheidet sich vom Steinpilz durch seine rosa gefärbten Röhren, die bei letzterem olivgrünlich sind. Ein weiteres wichtiges Kennzeichen des Gallenröhrlings ist das dunkle, ausgeprägte Stielnetz. Der Steinpilz zeigt meist nur an der Stielspitze ein helles Netz, welches viel schwächer ausgebildet ist.

Bemerkungen: Bei jungen, noch nicht ausgereiften Exemplaren genügt es, den frisch angeschnittenen Pilz anzulecken, um die Bitterkeit festzustellen. Man bedenke, daß es auch Menschen gibt, die eine solche aus physiologischen Gründen nicht spüren können. Der Gallenröhrling ist in Europa die einzige Art seiner Gattung.

Fichtensteinpilz

Boletus edulis Bull.: Fr.

(G)

Hut: Hell- oder dunkelbraun, feucht etwas klebrig, ⌀ 8–25 cm. **Röhren:** Erst weiß, dann olivgrünlich, am Stiel ausgebuchtet. **Stiel:** Weißlich bis blaßbräunlich, im oberen Teil mit feinem weißlichem Netz. **Fleisch:** Weißlich, unter der Huthaut rötlichbräunlich durchgefärbt, bei Verletzung an keiner Stelle deutlich verfärbend. **Sporenpulver:** Olivbräunlich. **Vorkommen:** Meist im Nadelwald, häufig unter Fichten; aber auch unter Buchen; Juli bis Oktober. **Verwechslung:** Junge Exemplare können leicht mit dem Gallenröhrling verwechselt werden, da dann die Merkmale noch nicht deutlich ausgeprägt sind. Gallenröhrlinge schmecken schon beim Anlecken einer frischen Schnittstelle bitter! **Bemerkungen:** Es gibt mehrere „Steinpilze". Früher waren es Varietäten, heute werden sie als selbständige Arten betrachtet. Wir kennen den Kiefernsteinpilz *(B. pinophilus)* mit rotbraunen Farben an Hut und Stiel; den Sommersteinpilz *(B. reticulatus)* mit stärker ausgeprägtem Stielnetz und filzigem Hut; den wärmeliebenden Schwarzhütigen Steinpilz *(B. aereus)* mit auffallend dunklem Hut sowie eine Birkenform *(B. betulicola)* und eine Hainbuchenform *(B. carpinaceus)*. Alle Arten sind gute Speisepilze, die das mehr oder weniger ausgeprägte Stielnetz und das nicht verfärbende Fleisch gemeinsam haben. **Gattungsmerkmale:** Siehe S. 54.

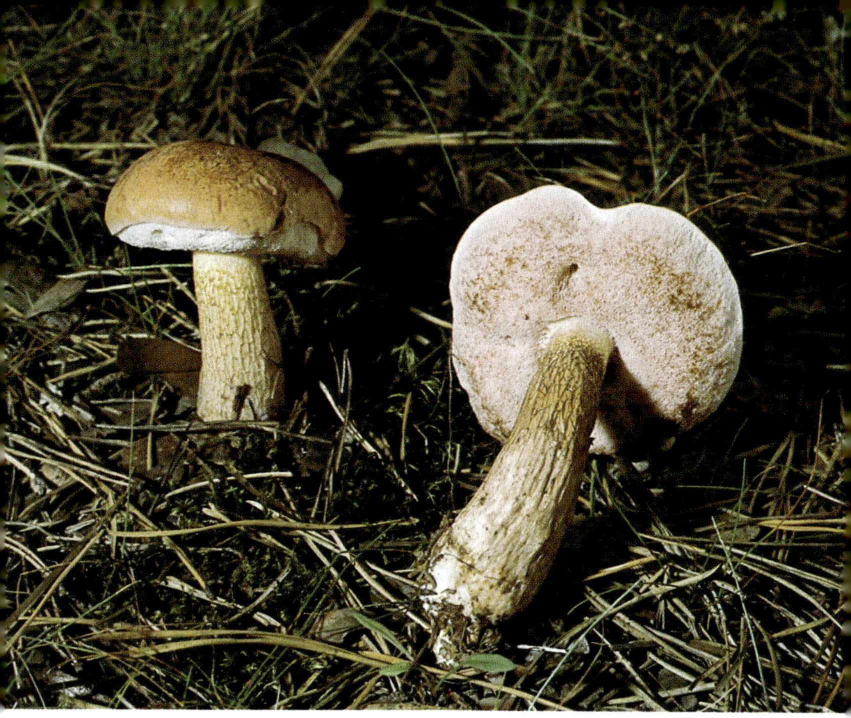

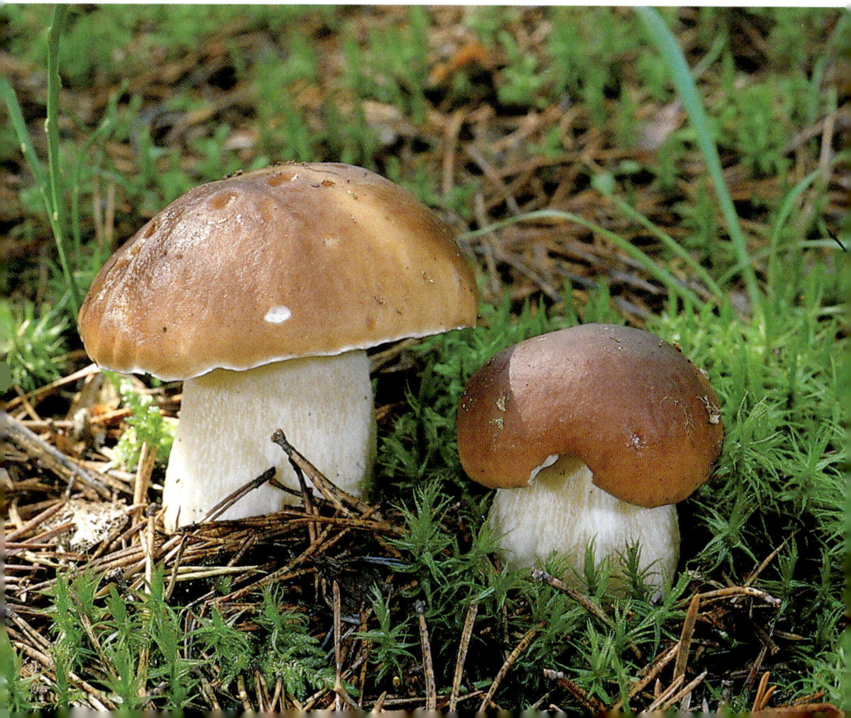

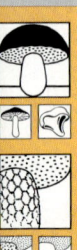

Sommersteinpilz

Boletus reticulatus Schff.

Syn.: *Boletus aestivalis* Fr.

Hut: Im Gegensatz zu dem gewöhnlichen Fichtensteinpilz heller braun, trocken und fein samtig-filzig, ⌀ 8–15 cm. **Röhren:** Erst weißlich, dann gelbgrünlich. **Stiel:** Fast bis zur Basis mit deutlich ausgeprägtem, weißlichem Netz überzogen. **Sporenpulver:** Heller als beim gewöhnlichen Steinpilz, olivocker.

Vorkommen: Im Laubwald, unter Eichen; Mai bis August. **Verwechslung:** Der Fichtensteinpilz besitzt nur im oberen Bereich ein helles Stielnetz, sein Hut ist bei feuchtem Wetter leicht schmierig-klebrig. Er wächst im Nadelwald. Das abgebildete Exemplar stammt aus dem Botanischen Garten Berlin-Dahlem und wuchs unter Eichen. Am gleichen Standort erscheint im Herbst ein relativ blaßhütiger Steinpilz mit hellerem Stiel und schwächer ausgebildetem Stielnetz, welches vor allem im oberen Teil deutlicher zu sehen ist. Der glatte Hut kann bei feuchtem Wetter klebrig sein. Es handelt sich um den Eichensteinpilz *(B. quercicola),* der auch unter Buchen angetroffen werden kann. Ob auch in Zukunft all diese Erscheinungsformen als Arten unterschieden werden können, bleibt dahingestellt. Es ist aber möglich, sie mit einiger Erfahrung voneinander abzutrennen. Der Sommersteinpilz könnte wegen des kräftig ausgebildeten Stielnetzes noch am ehesten mit dem bitteren Gallenröhrling verwechselt werden. Wer noch nicht die entsprechende Erfahrung besitzt, muß sich durch eine Kostprobe vergewissern.

Gattungsmerkmale: 25 Arten, meist kompakt und dickstielig, Mykorrhizapilze, Stiele oft mit typischem Netzmuster überzogen, Sporenpulver olivbräunlich, Sporen spindelig, glatt. Bei der Bestimmung von Dickröhrlingen sollte auf Blauverfärbungen im Fleisch und an den Röhren geachtet werden. Die Feststellung des Begleitbaumes (Mykorrhiza) ist obligatorisch. Einige Arten mit roten Röhrenmündungen können giftig sein, wenn auch nicht lebensgefährlich. Neben allgemein häufigen gibt es auch außerordentlich seltene Vertreter, die wärmeliebend sind und meist auf Kalkböden vorkommen. Ihr Auftreten scheint immer rückläufiger zu werden, weshalb sie Schutz vedienen. Als Beispiele seien hier der Satansröhrling *(B. satanas),* Schwarzhütiger Steinpilz *(B. aereus),* Königsröhrling *(B. regius),* Wolfsröhrling *(B. lupinus)* und Sommerröhrling *(B. fechtneri)* genannt.

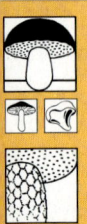

Rothütiger Steinpilz, Kiefernsteinpilz

Boletus pinophilus Pil. & Dermek

eßbar ★★

R 3

Vorkommen: Im Nadelwald, besonders unter Kiefern, aber auch unter Fichten; August bis Oktober.

Bemerkungen: Der Rothütige Steinpilz unterscheidet sich von seinen Verwandten durch den meist dunkel rotbraunen Hut, der fein samtig oder kahl sein kann. Oft ist das Stielnetz kräftiger ausgebildet und besonders gut sichtbar, wenn der Stiel rotbraun gefärbt ist (var. *fuscoruber*). Das Fleisch ist fester, als das der anderen Steinpilze und hat darüber hinaus einen beim Anschneiden angenehmeren Geruch, welcher an den von zerdrücktem Gras erinnert. Seine Festfleischigkeit macht den Kiefernsteinpilz zu einem besonders ergiebigen Speisepilz.

Gattungsmerkmale: Siehe S. 54.

Schönfußröhrling

Boletus calopus Fr.

ungenießbar, giftverdächtig

Geschmack: Deutlich bitter. **Hut:** Hell grau bis graubräunlich, fein samtig, ⌀ 6–15 cm. **Röhren:** Erst hellgelb, dann schmutzig olivgelblich, auf Druck grünblau verfärbend. **Stiel:** Im oberen Teil gelblich, im unteren Bereich oft schön blutrot, mit dem jeweiligen Untergrund gleichfarbigem, erhabenem Netz. **Vorkommen:** Im Laub- und Nadelwald, häufig im Gebirge; Juli bis Oktober. **Verwechslung:** Ähnlich ist der Wurzelnde Bitterröhrling *(B. radicans)*, dem aber rötliche Töne am Stiel fehlen; sein Stiel wurzelt. Eine ähnliche, eßbare Röhrlingsart mit mildem Geschmack ist der Sommerröhrling *(B. fechtneri)*, dessen Namen nicht mit dem des Sommersteinpilzes verwechselt werden darf. Der Sommerröhrling ist eine sehr seltene Art, die unter Buchen oder Eichen auf Kalkböden vorkommt. Sie soll vor allem in Böhmen verbreitet sein. Wegen ihres hellen Hutes, der gelblichen Röhren und des genetzten, in der Mitte oft karminrötlich überhauchten Stieles ist sie dem Schönfußröhrling besonders ähnlich. Der ebenfalls hellhütige, giftige Satansröhrling *(B. satanas)* liebt ähnliche Standorte, unterscheidet sich aber von allen erwähnten Arten durch die roten Röhrenmündungen.

Gattungsmerkmale: Siehe S. 54.

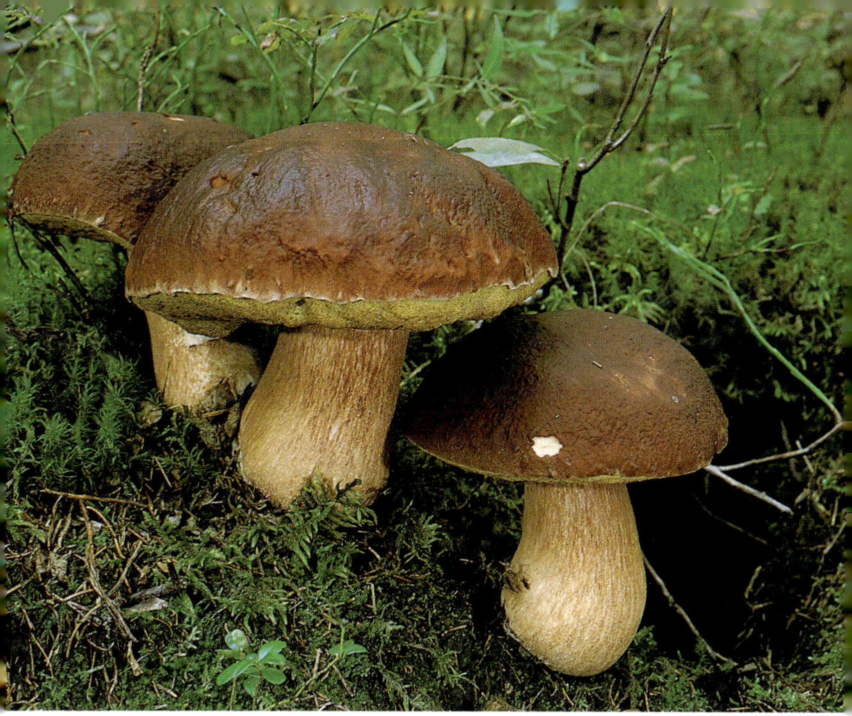
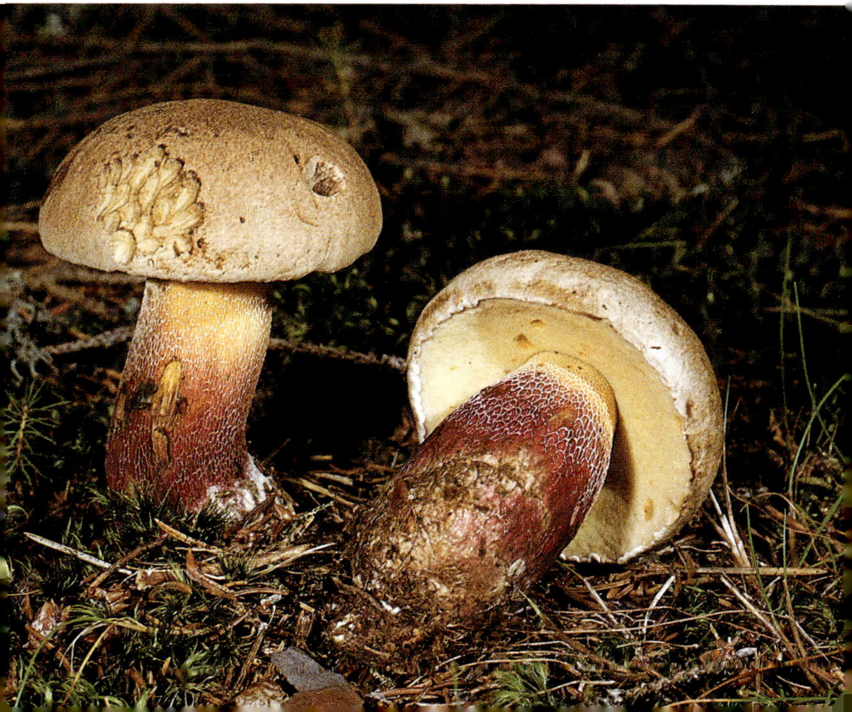

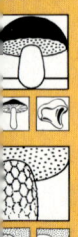

Satansröhrling
Boletus satanas Lenz

giftig

R 2

Geruch: Bei älteren Exemplaren widerlich aasartig; bei einigen Formen fehlt der unangenehme Geruch (so bei dem abgebildeten Pilz). **Hut:** Weißlich-grau, grauoliv, fast immer ziemlich hell, ⌀ 10–25 cm. **Röhren:** Mit rötlichen Röhrenmündungen. **Stiel:** Mit gelblicher Grundfarbe, mit typisch karminroter Mittelzone am im ganzen unteren Teil rötlich, mit rötlichem Netz. **Fleisch:** Weißlich, stellenweise gelblich, beim Durchschneiden nur schwach blauend. **Vorkommen:** Im Laubwald unter Buchen auf Kalkboden; August bis September; selten, meist in Süddeutschland. **Verwechslung:** Die Hexenröhrlinge werden oft für den Satansröhrling gehalten. Sie besitzen aber dunklere Hüte, stärker blauendes Fleisch und keinen unangenehmen Geruch. Ähnlich ist auch der Wolfsröhrling *(B. lupinus)*, er blaut stärker, hat gelbes Fleisch und kein Netz am Stiel. Der Rosahütige Röhrling *(B. rhodoxanthus)* unterscheidet sich durch rosa gefleckten Hut.
Bemerkungen: Der Satans-Röhrling verursacht lediglich Darmstörungen, ist also kein sehr gefährlicher Giftpilz. Er ist wegen seiner Seltenheit eine schützenswerte Pilzart. – Das Foto stammt aus der Umgebung von Kassel.
Gattungsmerkmale: Siehe S. 54.

Netzstieliger Hexenröhrling
Boletus luridus Schff.: Fr.

eßbar nach Abkochen, ohne Alkohol

Hut: Gelbbraun, ockerbraun oder olivbräunlich, fein samtig, bei feuchtem Wetter leicht klebrig, ⌀ 5–20 cm. **Röhren:** Gelb bis olivgrünlich, mit roten Röhrenmündungen (deshalb ist die Hutunterseite rötlich gefärbt), im Alter gelegentlich das Rot verlierend, bei Verletzung blauend. **Stiel:** Mit auffallendem rötlichem bis rotbraunem Netz am ganzen Stiel, Grundfarbe ockerbräunlich bis ockerrötlich, manchmal auch weinrot, im oberen Teil gelblich, Stielbasis ausspitzend. **Fleisch:** Weißlich-gelblich, bei Verletzung meist stark blauend (ebenso an Röhren und Huthaut). **Vorkommen:** Im Laubwald, unter Gebüsch in Parkanlagen; Juni bis Oktober. **Verwechslung:** Der sehr ähnliche Flockenstielige Hexenröhrling *(B. luridiformis)* besitzt einen netzlosen rotflockigen Stiel. Der giftige Satansröhrling *(B. satanas)* unterscheidet sich durch nur schwach blauendes Fleisch und weißlichen Hut. Er ist ein außerordentlich seltener Pilz, der auf Kalkboden unter Buchen wächst, vor allem in Süddeutschland. Es gibt noch eine Reihe weiterer zumindest giftverdächtiger rotporiger Röhrlinge, deren Fleisch bei Verletzung blau wird. Vor Röhrlingen mit roten Röhrenmündungen ist generell zu warnen!
Gattungsmerkmale: Siehe S. 54.

Wurzelnder Bitterröhrling   S. 72

58

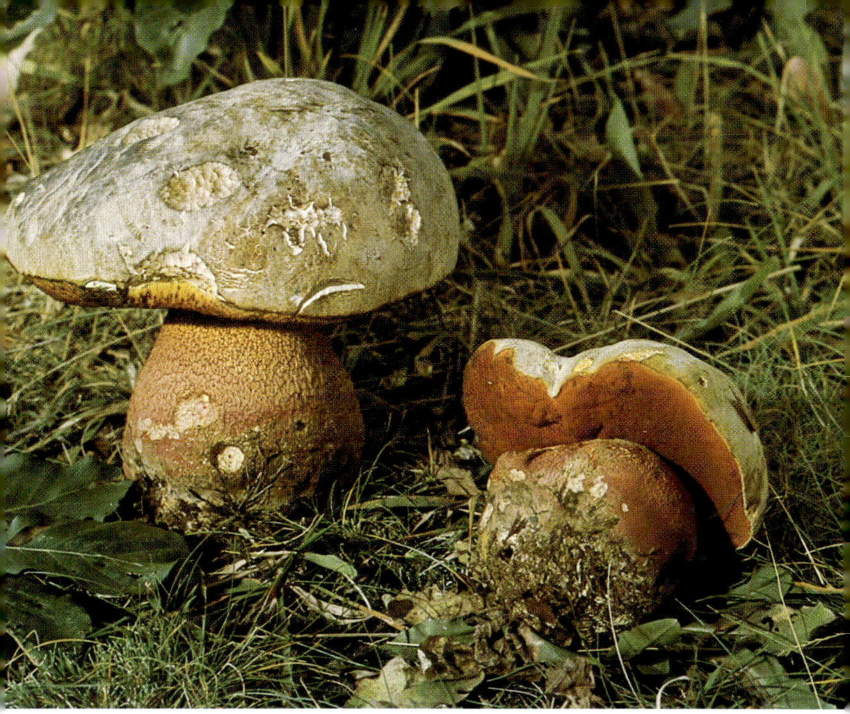
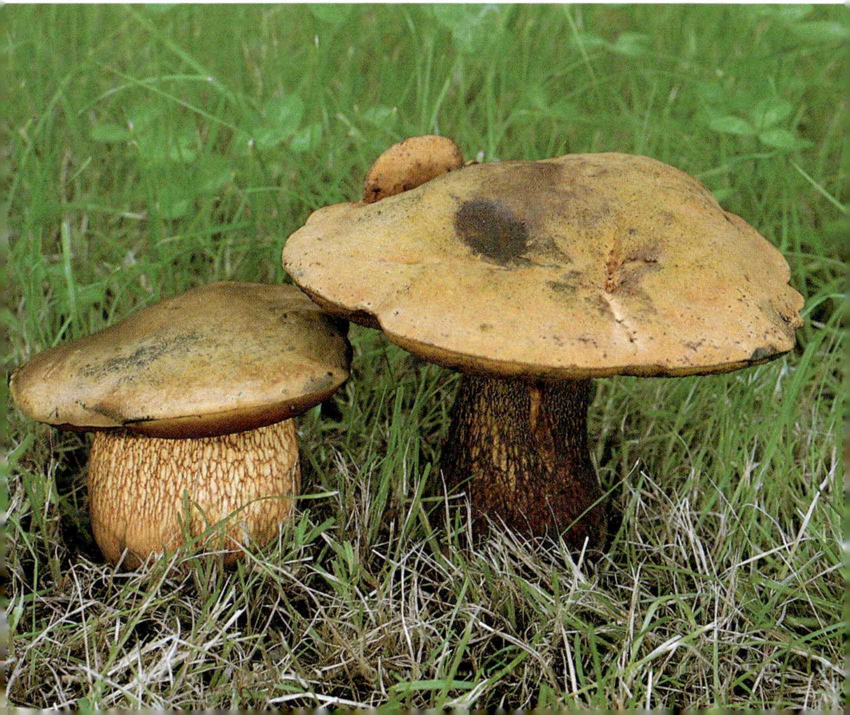

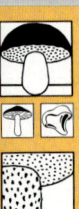

Strubbelkopfröhrling

ungenießbar

Strobilomyces strobilaceus (Scop.: Fr.) Berk.

Syn.: *Strobilomyces floccopus* (Vahl.: Fr.) Karsten

Geruch: Unangenehm erdig. **Hut:** Graubraun bis schwarzbraun, mit groben, dachziegelartigen Schuppen bedeckt, Hutrand oft mit flockigen Velumresten behangen, ⌀ 5–10 cm. **Röhren:** Erst weißlich-grau, dann graubräunlich, weit. **Stiel:** Grau bis schwarzbraun, flockig-schuppig, mit vergänglicher Ringzone. **Fleisch:** Im Hut und oberen Stielbereich grauweißlich, vor allem im unteren Stielteil schwarzbraun wie Holzkohle; im Schnitt in den helleren Teilen erst rötend, dann schwärzend; brüchig im Stiel. **Sporenpulver:** Dunkelbraun. **Vorkommen:** Im Laub- und Nadelwald, unter Fichten und Buchen, auch auf Kalkboden; Juli bis Oktober. **Verwechslung:** Der Strubbelkopfröhrling ist aufgrund seines äußeren Erscheinungsbildes unverwechselbar, er ist die einzige Art in der Gattung *Strobilomyces*.

Hainbuchenröhrling

eßbar ★

Leccinum griseum (Quélet) Singer

(G)

Hut: Gelbbraun bis schwarzbraun, besonders jung typisch grubig-runzelig, bei trockenem Wetter oft felderig aufreißend, ⌀ 4–10 cm. **Röhren:** Erst cremeweißlich, dann gelblich-grau, am Stiel tief ausgebuchtet. **Stiel:** Weißlich-grau, rauh durch reihig angeordnete dunklere Schüppchen. **Fleisch:** Weißlich, im Schnitt grauviolett bis violettschwärzlich anlaufend. **Vorkommen:** Unter Hainbuchen, aber auch unter anderen Laubbäumen; Juli bis Oktober. **Verwechslung:** Der Birkenröhrling *(L. scabrum)* ist sehr ähnlich, schwärzt aber nicht bei Verletzung. Er ist ein Birkenbegleiter. *L. oxydabile* und *L. variicolor* röten etwas, werden jedoch keinesfalls schwarz.

Gattungsmerkmale: Siehe S. 66.

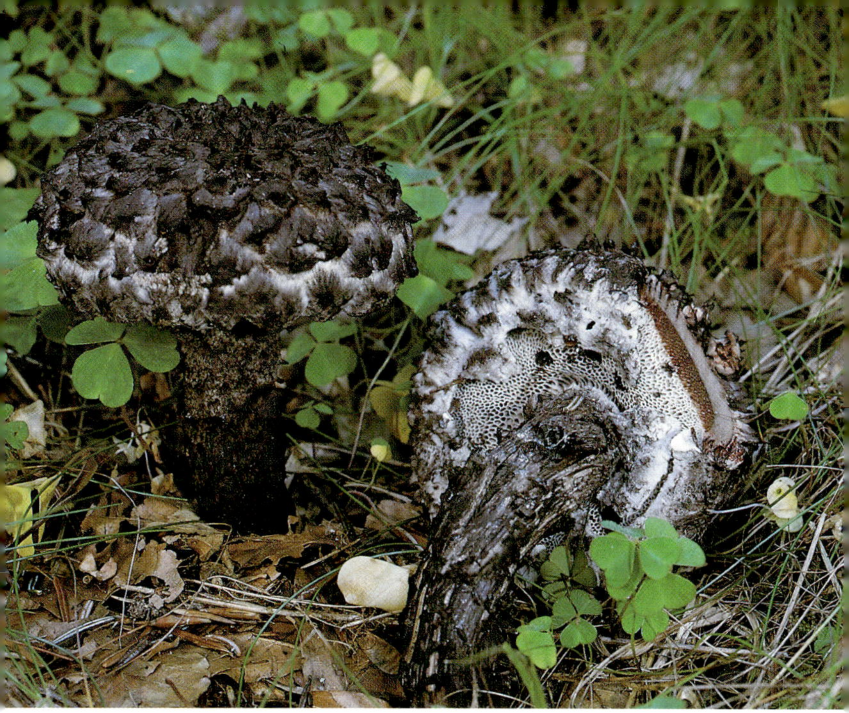

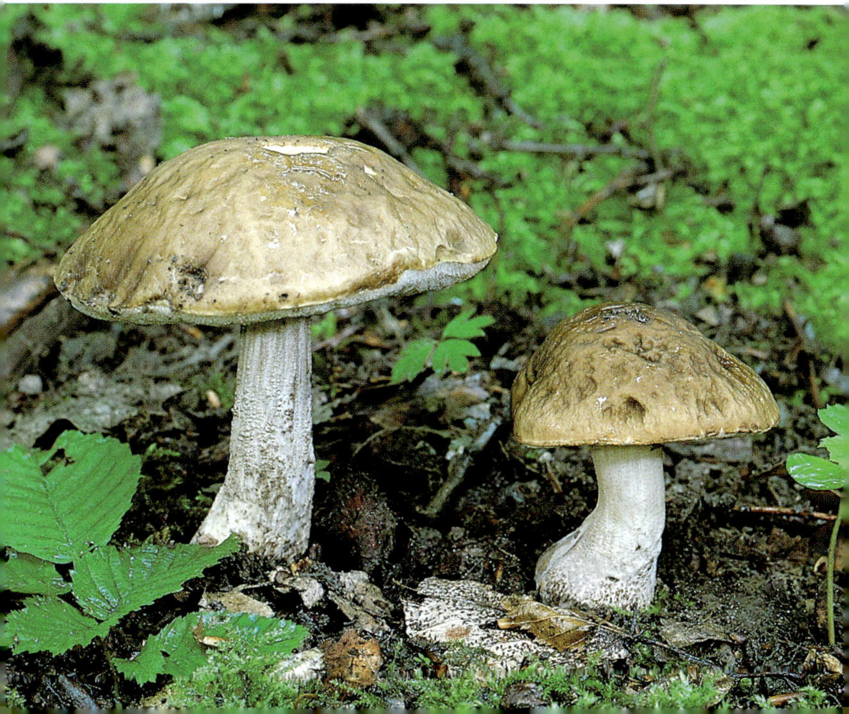

Birkenpilz, Birkenröhrling

Leccinum scabrum (Bull.: Fr.) S. F. Gray

eßbar ★

(G)

Hut: Graubraun, hell kartonbraun bis dunkelbraun (selten auch fast weißlich, vor allem in Mooren), ⌀ 5–10 cm. **Röhren:** Fast schmutzig weißlich, an Druckstellen leicht bräunend, bei reifen Pilzen deutlich unter dem Hut hervorschauend. **Stiel:** Weißlich, durch meist deutlich dunklere Schüppchen rauh (seltener sind die Schüppchen fast farblos, typisch für Moorformen). **Fleisch:** Weißlich, bei Anschnitt meist unveränderlich, selten sehr schwach rosa anlaufend. Das Fleisch ist im Gegensatz zu ähnlichen Arten bei aufgeschirmten Exemplaren ziemlich weichlich. **Vorkommen:** Unter Birken; Juni bis Oktober. **Verwechslung:** Der ebenfalls ähnliche Hainbuchenröhrling *(L. griseum)* wird im Anschnitt schwarz. *L. melaneum* ist eine dunkelbraune, festfleischige, kompakte Form mit auffallend dunkelbraunen Stielschuppen, die ebenfalls unter Birken wächst. Der Rötende Birkenpilz *(L. oxydabile)* könnte mit leicht rosa anlaufenden Formen des Birkenpilzes verwechselt werden, besitzt aber ebenfalls festeres Fleisch. Schließlich ähneln helle Formen dem Moorbirkenpilz *(L. holopus)*, von dem sie dann kaum zu trennen sind. Die Berechtigung der Artabgrenzungen erscheint hier noch nicht vollständig geklärt. Dies braucht den Speisepilzsammler jedoch nicht abzuschrecken, da alle Arten eßbar sind.
Gattungsmerkmale: Siehe S. 66.

Schwärzlicher Birkenpilz

Leccinum melaneum (Smotl.) Pil. & Dermek

eßbar ★

(G), R 1

Hut: Dunkelbraun bis schwarzbraun, matt, fein filzig, ⌀ 5–12 cm. **Röhren:** Zuerst cremeweißlich, dann gräulich. **Stiel:** Mit schwarzen oder schwarzbraunen, dichtstehenden Schuppen. **Fleisch:** Relativ kompakt (fester als beim gewöhnlichen Birkenpilz), im Schnitt nicht verfärbend. **Vorkommen:** Unter Birken an feuchten Stellen; August bis Oktober. **Verwechslung:** Der Schwärzliche Birkenpilz kann als eine robustere, hartfleischige Form des gewöhnlichen Birkenpilzes *(L. scabrum)* angesehen werden (vgl. Gattungsmerkmale S. 66). Seine Hutfarben und Stielschuppen sind erheblich dunkler. Ausgewachsene Exemplare besitzen gelegentlich einen helleren Hutrand.
Bemerkungen: Der oben wiedergegebene Gefährdungsgrad, entnommen der Roten Liste (Fassung 1904), erscheint sehr umstritten. Unabhängig von der Artauffassung (vgl. Gattungsmerkmale S. 66) ist es nicht einzusehen, daß diese Variante mehr gefährdet sein soll, als der gewöhnliche Birkenpilz – zumal beide unter dem gleichen Baumpartner wachsen und ähnliche Wachstumsbedingungen stellen. Die Tatsache, daß die dunkelhütige Form seltener angetroffen wird (jedoch nicht so selten wie oft angenommen), bedingt keinesfalls auch einen stärkeren Gefährdungsgrad. In dieser Hinsicht ist eine Überarbeitung der von den Autoren stets als »vorläufig« bezeichneten Roten Liste sehr erwünscht.
Gattungsmerkmale: Siehe S. 66.

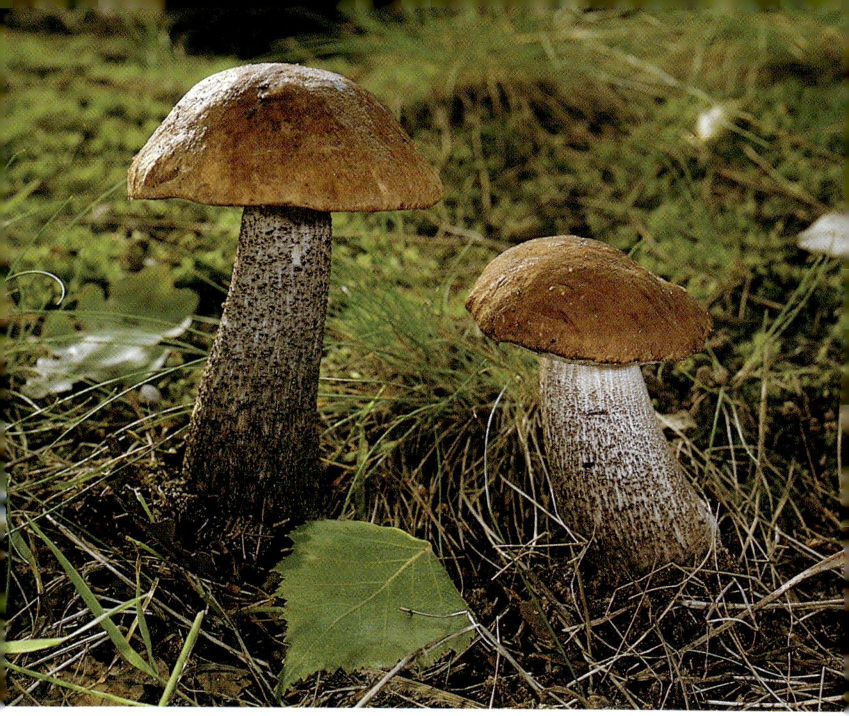

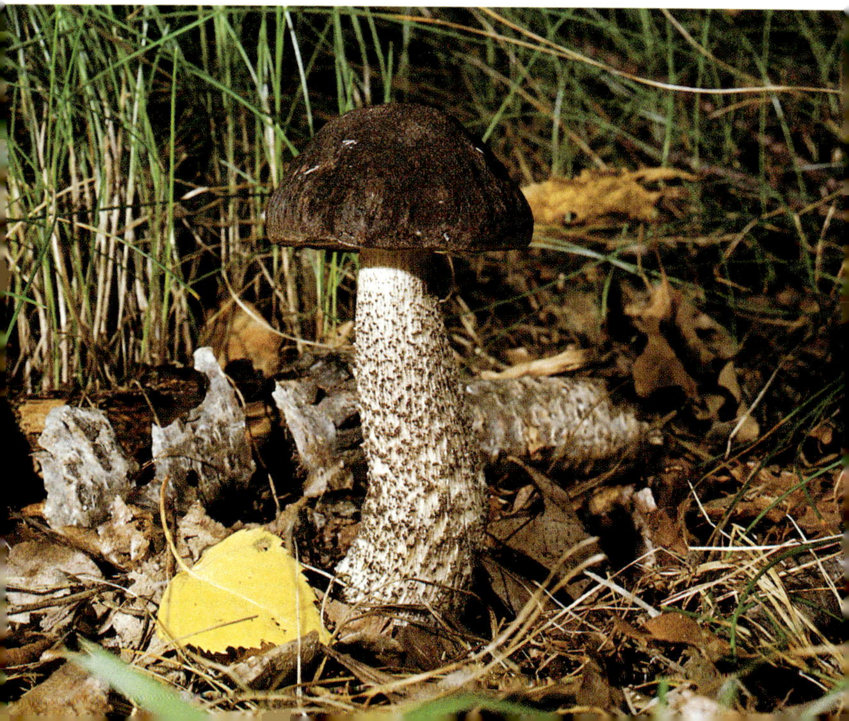

Vielverfärbender Birkenpilz

Leccinum variicolor Watling

eßbar ★

(G)

Hut: Dunkelgrau bis graubraun, oft typisch ockerfleckig, ⌀ 5–10 cm. **Röhren:** Lange fast rein weiß bleibend, auf Druck rötend. **Stiel:** Weißlich, mit grauschwärzlichen Schüppchen, im unteren Teil bei Berührung deutlich blaugrün verfärbend, im oberen Teil rötend. **Fleisch:** Weiß, im Schnitt rötend, in der Stielbasis blaugrün verfärbend. **Vorkommen:** Unter Birken, vor allem in Nordeuropa; Juli bis September.**Verwechslung:** Wegen ähnlicher Fleischverfärbungen und Hutfarben könnte eine Verwechslung mit dem Graugrünen Birkenröhrling *(L. thalassinum)* möglich sein. – Das Foto wurde auf Bornholm (Dänemark) aufgenommen, Standort unter Birken.

Gattungsmerkmale: Siehe S. 66.

Birken-Rotkappe

Leccinum versipelle (Fr.) Snell

eßbar ★★

(G)

Syn.: *Leccinum testaceoscabrum* (»Secr.«) Singer

Hut: Ziegelorange, orangebräunlich bis gelbbraun, matt, aber kaum filzig, Huthaut am Rand leicht überhängend, ⌀ 5–20 cm. **Röhren:** An den Mündungen jung mit Grauton. **Stiel:** Weißlich, mit schwärzlichen Schüppchen. **Fleisch:** Nicht rötend, sondern bald schiefergrau verfärbend, schließlich schwärzend; in der Stielbasis oft blaugrün anlaufend. **Vorkommen:** Unter Birken; Juni bis Oktober. **Verwechslung:** Sehr ähnlich ist die Espen-Rotkappe *(L. rufum)* mit freudiger orange gefärbtem Hut und rötlichen Stielschüppchen. Weitere Doppelgänger siehe dort.

Bemerkungen: *L. versipelle* ist die am häufigsten vorkommende Rotkappe. Das bei der Zubereitung schwarz werdende Fleisch beeinträchtigt den Wohlgeschmack nicht. Nach den Nomenklaturregeln muß die Birken-Rotkappe wieder *Leccinum versipelle* heißen, da das 1833 erschienene Werk von L. Secretan, Mycographie Suisse, nomenklatorisch für ungültig erklärt wurde. Secretan verwendete den Namen *Boletus testaceus scabrum*. Er erkannte damit nicht die von Linné eingeführte binäre Namensgebung an.

Gattungsmerkmale: Siehe S. 66.

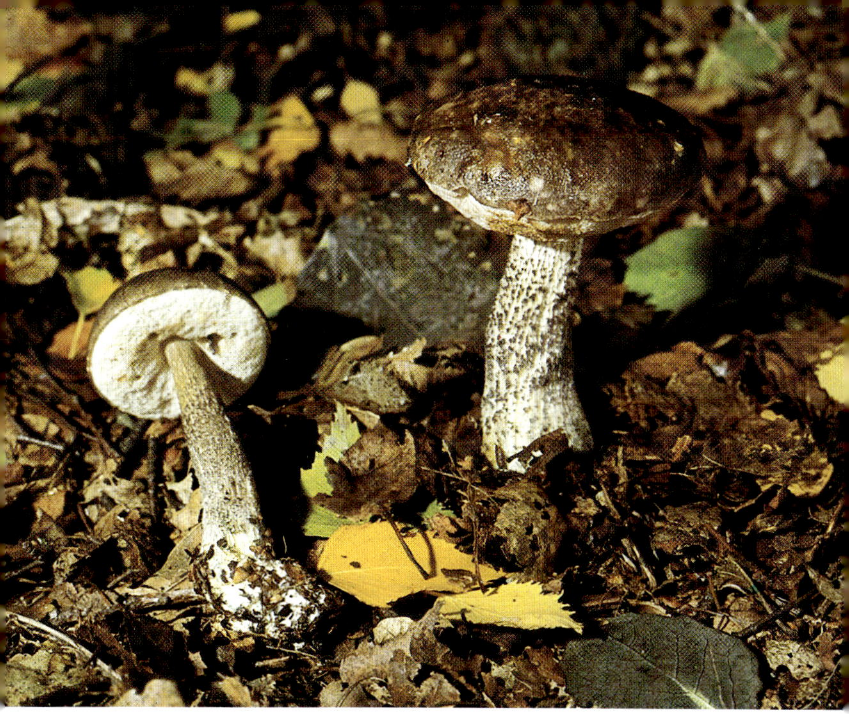

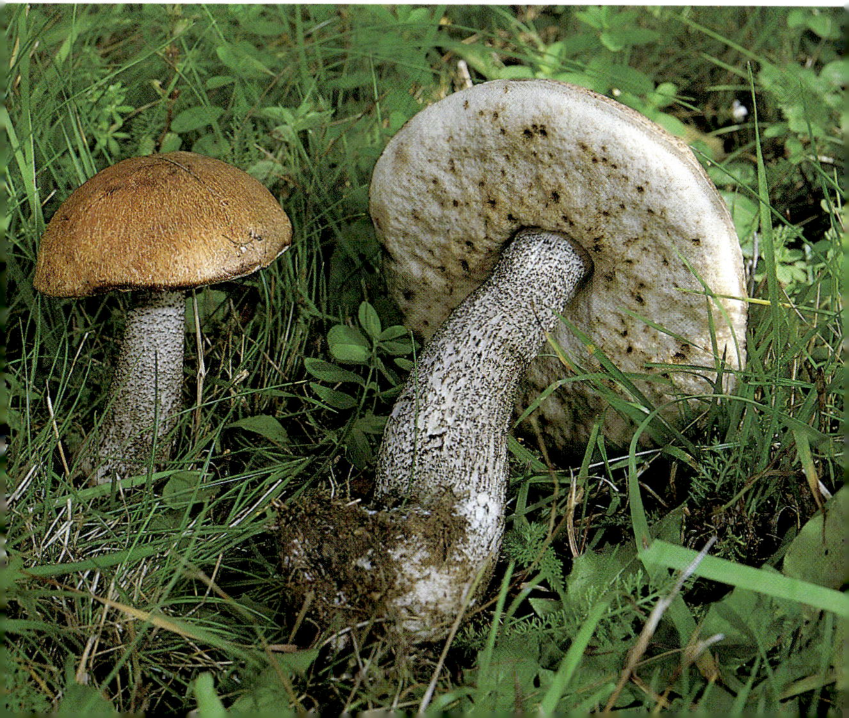

Espen-Rotkappe

Leccinum rufum (Schff.) Kreisel

Syn.: *Leccinum aurantiacum* (Bull.) S. F. Gray

eßbar ★★

(G)

Hut: Meist freudig orangerot oder orangebraun, Huthaut am Rand leicht überhängend, matt bis feinfilzig, ⌀ 6–15 cm. **Röhren:** An den Mündungen jung weißlich. **Stiel:** Weißlich, mit erst weißlichen, dann rötlichen Schuppen. **Fleisch:** Im Schnitt erst leicht rötend, dann schwärzend; Zwischentöne können lila sein. **Vorkommen:** Unter Zitterpappeln (Espen); Juli bis Oktober. **Verwendung:** Sehr ähnlich ist die Birkenrotkappe, die jedoch am Stiel schwärzliche Schüppchen besitzt. Das Fleisch rötet nicht und verfärbt sich in der Stielbasis blaugrün. Auch die Röhrenmündungen sind schon in der Jugend leicht grau gefärbt. In der älteren Literatur wurden beide Arten häufig nicht unterschieden. Heute sind die Rotkappen weitgehend in verschiedene Arten aufgespalten, die mit unterschiedlichen Bäumen eine Lebensgemeinschaft eingehen. Unter Kiefern wächst der Fuchsröhrling *(L. vulpinum)*, unter Eichen der Eichen-Rauhfuß *(L. quercinum)*, und unter Weiden finden wir die kleinere *L. salicicola*. Alle Arten besitzen rötliche Hutfarben und sind eßbar. **Gattungsmerkmale:** Ca. 18 Arten, Mykorrhizapilze mit Laub- und Nadelbäumen, vor allem aber mit Birken; Sporenpulver gelbbräunlich bis olivbräunlich, Sporen elliptisch-spindelig, glatt. Viele Arten röten, schwärzen oder blauen, wenn sie angeschnitten werden. Es werden grob zwei Hauptgruppen unterschieden: Birkenpilze und Rotkappen. Letztere sind meist kräftiger im Habitus und besitzen in vielen Fällen (nicht immer) rötliche Hutfarben. Ihre Huthaut steht am Rande etwas über, was bei den Birkenpilzen nicht der Fall ist. Wegen ihres festeren Fleisches sind die Rotkappen oft die besseren Speisepilze.

In den letzten Jahren bestand die Tendenz, vor allem den Birkenpilz *(L. scabrum)*, da er sehr vielgestaltig ist, in immer weitere Arten zu gliedern. Dies führte letztendlich dazu, daß selbst gute Kenner sich bei ihren Bestimmungen nicht mehr ganz sicher sein konnten, da zwischen den einzelnen Sippen Übergänge vorhanden sind. Außerdem werden wahre Artgrenzen bei den Rauhfüßen dadurch verwischt. Einige Mykologen halten es daher heute wieder für besser, z. B. *L. holopus* (weißhütig) und *L. melaneum* (schwarzbraun) als Varietäten von *L. scabrum* zu betrachten.

Hohlfußröhrling

Boletinus cavipes (Opat.) Kalchbr.

Hut: Zimtgelblich bis rostbräunlich, filzig, jung am Rande mit häutigen Velumresten, ⌀ 5–10 cm. **Röhren:** Gelb, dann grüngelblich, sehr weit und langgestreckt, Mündungen in der Tiefe abgestuft, am Stiel herablaufend. **Stiel:** Dem Hut heller gleichfarbig, leicht flockig, von Jugend an hohl, mit weißlichen Ringresten. **Sporenpulver:** Gelbgrünlich; Sporen spindelig. **Vorkommen:** Immer unter Lärchen, (Mykorrhiza), im Gebirge häufiger; August bis Oktober. **Verwechslung:** Der Hohlfußröhrling ist durch seinen filzigen Hut, die abgestuften Röhren, den Ring und vor allem durch den immer hohlen Stiel gut zu erkennen.

Bemerkungen: Die Gattung *Boletinus* besteht in Europa aus 2 Arten. Der Hohlfußröhrling ist im Flachland seltener, dafür aber im Gebirge oft ein Massenpilz, der in keinem Gebirgslärchenwald fehlt. Vor allem auf kalkhaltigen Böden wächst er zusammen mit anderen typischen Lärchenbegleitern, wie dem Rostroten- und dem Grauen Lärchenröhrling *(Suillus tridentinus und aeruginascens)* und dem Goldröhrling *(Suillus grevillei).* Letzterer ist zwar auch auf sauren Böden anzutreffen, meidet aber die Kalkgebiete nicht. Vom Hohlfußröhrling können zwei Farbvarianten unterschieden werden: eine braune und eine gelbe Form. Beide sind häufig im gleichen Wald zu finden, wachsen dann aber meist getrennt, scheinen also nicht aus dem selben Myzel zu entstehen. Alle anderen Merkmale stimmen überein, so daß eine Artabtrennung nicht sinnvoll wäre.

Die zweite Art der Gattung *Boletinus* ist der seltene Asiatische Schuppenröhrling *(Boletinus asiaticus),* dessen Hut und Stiel karminrot gefärbt sind. Er wurde in Europa bisher nur in Finnland gefunden.

Flockenstieliger Hexenröhrling   S. 74

68

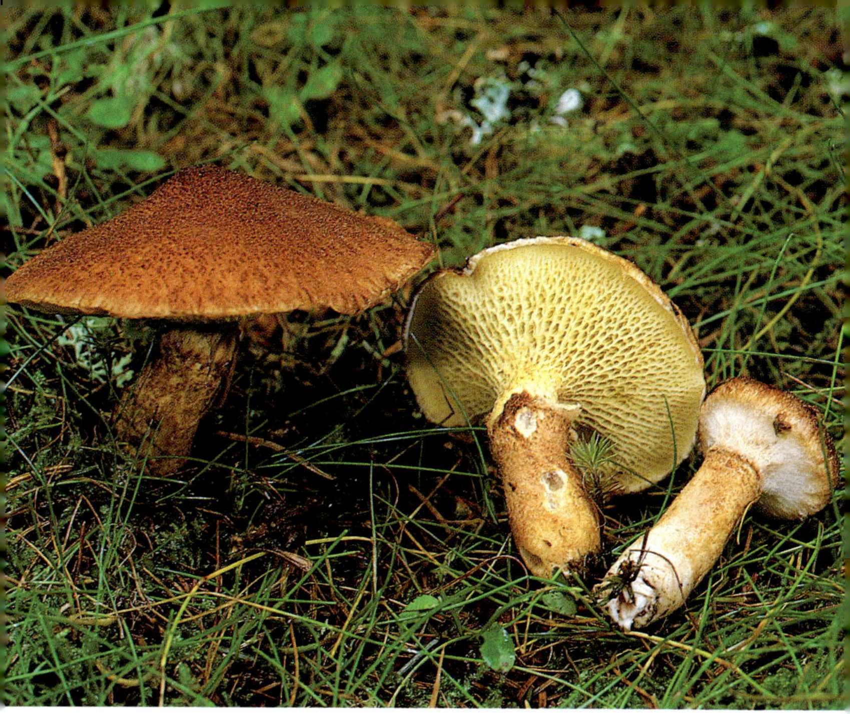

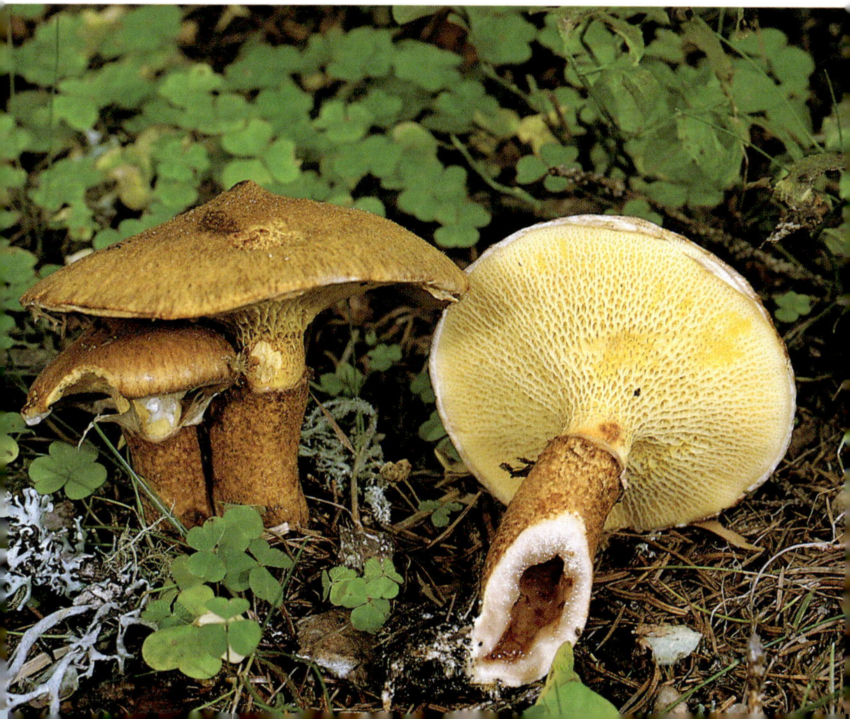

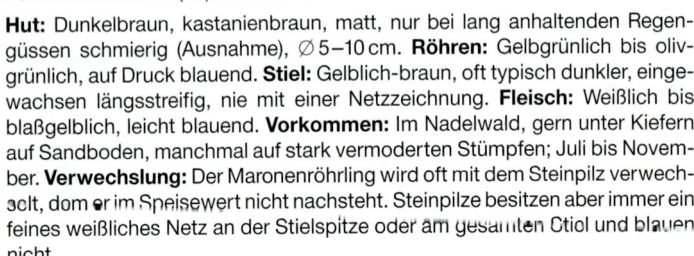

Maronenröhrling

Xerocomus badius (Fr.) Kühn. ex Gilb.

Hut: Dunkelbraun, kastanienbraun, matt, nur bei lang anhaltenden Regengüssen schmierig (Ausnahme), ⌀ 5–10 cm. **Röhren:** Gelbgrünlich bis olivgrünlich, auf Druck blauend. **Stiel:** Gelblich-braun, oft typisch dunkler, eingewachsen längsstreifig, nie mit einer Netzzeichnung. **Fleisch:** Weißlich bis blaßgelblich, leicht blauend. **Vorkommen:** Im Nadelwald, gern unter Kiefern auf Sandboden, manchmal auf stark vermoderten Stümpfen; Juli bis November. **Verwechslung:** Der Maronenröhrling wird oft mit dem Steinpilz verwechselt, dem er im Speisewert nicht nachsteht. Steinpilze besitzen aber immer ein feines weißliches Netz an der Stielspitze oder am gesamten Stiel und blauen nicht.

Bemerkungen: Der Maronenröhrling speichert relativ viel radioaktives Cäsium! Neuere Untersuchungen (Aumann, Steglich et al. in »Angewandte Chemie« 101/4, 1989) haben gezeigt, daß es sich vor allem in der Huthaut von *X. badius* anreichert. Dies bedingt der Farbstoff Norbadion, der Cäsium chemisch bindet.

Gattungsmerkmale: 10 Arten, teilweise Mykorrhizapilze, Hüte meist trocken und filzig, Stiele meist schlank, Sporenpulver olivbräunlich, Sporen elliptisch-spindelig, glatt.

Rotfußröhrling

Xerocomus chrysenteron (Bull.) Quélet

Geschmack: Leicht säuerlich. **Hut:** Gelbbräunlich, olivbräunlich oder ockergrau, manchmal auch rötlich, bei Trockenheit oft typisch felderig aufreißend, an Fraß- oder Rißstellen rötlich anlaufend, matt, ⌀ 3–7 cm. **Röhren:** Mattgelblich, bald aber grünlichgelb bis olivgrünlich, auf Druck etwas blauend. **Stiel:** Gelbbräunlich, fast immer rötlich überlaufen, seltener ohne Rottöne, längsfaserig. **Fleisch:** Blaß gelblich, im Schnitt leicht blauend, an Fraßstellen rötlich, weichlich. **Vorkommen:** Im Laub- und Nadelwald, gern auf sauren Böden; Juli bis November. **Verwechslung:** Exemplare ohne deutliche Rottöne werden oft mit der Ziegenlippe *(X. subtomentosus)* verwechselt. Ihr Fleisch blaut nicht und die Röhren sind heller gelb gefärbt. Ähnlich ist auch der Braune Filzröhrling *(X. spadiceus)*, der etwas blauen soll, in seiner Identität aber in Mitteleuropa umstritten scheint. Der Falsche Rotfußröhrling *(X. porosporus)* ist nur mit dem Mikroskop sicher zu unterscheiden, da seine Sporen keimporusartig abgestutzt sind. Äußerlich gleicht er dem Rotfußröhrling, riecht aber nicht säuerlich. Er ist ebenfalls eßbar. Rothütige Formen können leicht mit dem Blutroten Röhrling *(X. rubellus)* verwechselt werden.

Bemerkungen: Der Rotfußröhrling ist ein nur mäßiger Speisepilz, der wegen seines säuerlichen Geschmacks von vielen nicht gern verwendet wird. Aufgrund seiner Häufigkeit ist er ein ergiebiger Mischpilz. Sein Fleisch wird sehr schnell schwammig.

Gattungsmerkmale: Siehe oben.

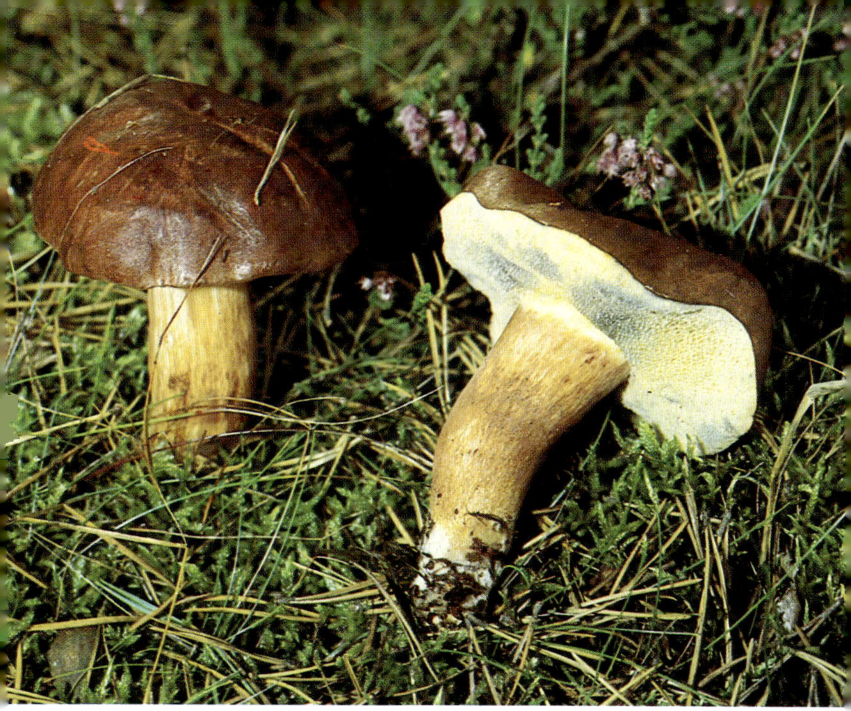

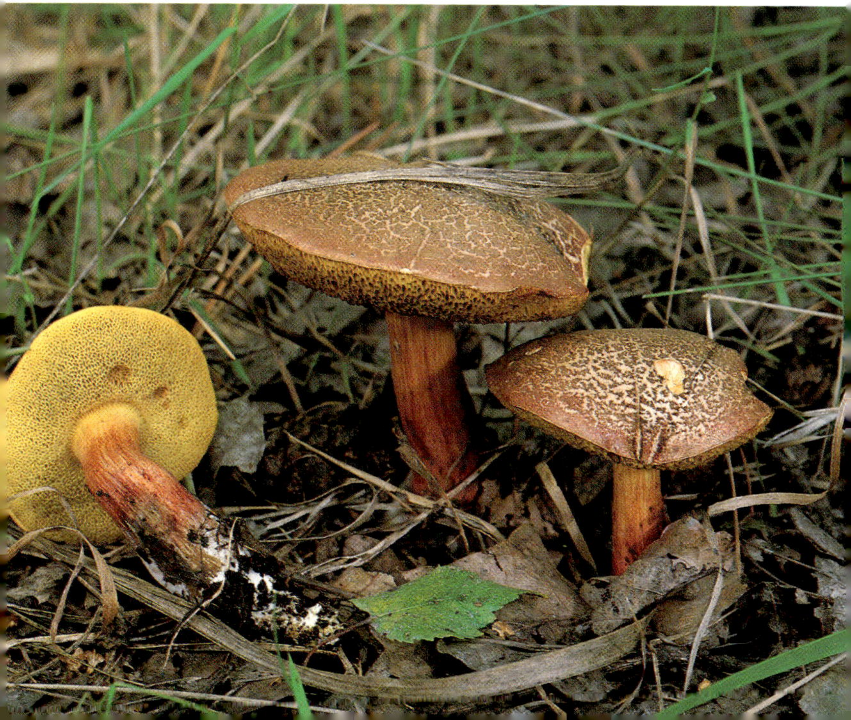

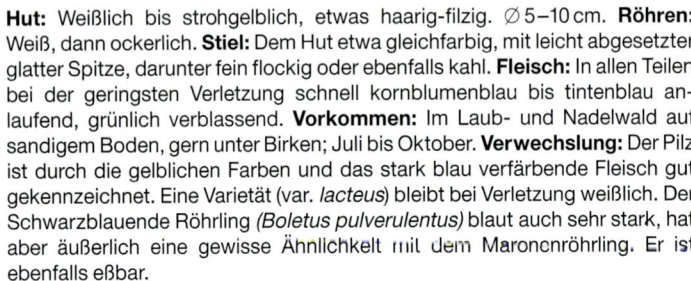

Kornblumenröhrling

eßbar ⋆

Gyroporus cyanescens (Bull.: Fr.) Quélet

Hut: Weißlich bis strohgelblich, etwas haarig-filzig. ⌀ 5–10 cm. **Röhren:** Weiß, dann ockerlich. **Stiel:** Dem Hut etwa gleichfarbig, mit leicht abgesetzter glatter Spitze, darunter fein flockig oder ebenfalls kahl. **Fleisch:** In allen Teilen bei der geringsten Verletzung schnell kornblumenblau bis tintenblau anlaufend, grünlich verblassend. **Vorkommen:** Im Laub- und Nadelwald auf sandigem Boden, gern unter Birken; Juli bis Oktober. **Verwechslung:** Der Pilz ist durch die gelblichen Farben und das stark blau verfärbende Fleisch gut gekennzeichnet. Eine Varietät (var. *lacteus*) bleibt bei Verletzung weißlich. Der Schwarzblauende Röhrling *(Boletus pulverulentus)* blaut auch sehr stark, hat aber äußerlich eine gewisse Ähnlichkeit mit dem Maronenröhrling. Er ist ebenfalls eßbar.

Bemerkungen: Das Fleisch des Kornblumenröhrlings ist vor allem im Stiel sehr brüchig. Im Längsschnitt ist beim voll entwickelten Pilz eine Kammerung zu erkennen, die an jene des Wieseltäublings erinnert.

Gattungsmerkmale: Siehe S. 80.

Wurzelnder Bitterröhrling

ungenießbar

R 3

Boletus radicans Pers.: Fr.

Geschmack: Stark bitter. **Hut:** Meist blaß grau-weißlich, groß, ⌀ 8–15 cm. **Röhren:** Gelb, bei Berührung stark blauend. **Stiel:** Oft mit gelblichen Farbtönen, gewöhnlich ohne Rot, ohne oder mit feinem, wenig auffallendem Netz, unterer Teil meist keulig verdickt und an der Basis wurzelartig zusammengezogen und leicht in den Erdboden verlängert. **Fleisch:** Blaß gelblich bis weißlich-gelblich, bei Berührung deutlich blauend. **Vorkommen:** Im Laubwald unter Eichen und Buchen, seltener auch unter anderen Laubbäumen, gern auf Kalkboden; Juli bis Oktober. **Verwechslung:** Der Schönfußröhrling *(B. calopus)*, der ebenfalls bitter schmeckt, unterscheidet sich durch den rot gefärbten Stiel und das nur sehr schwache Blauen des Fleisches. Sein Stiel wurzelt gewöhnlich nicht. Die Hexenröhrlinge und der in der Hutfarbe ähnliche Satansröhrling besitzen rote Röhrenmündungen.

Bemerkungen: Der Wurzelnde Bitterröhrling ist nicht giftig, sondern lediglich durch seine Bitterkeit ungenießbar. – Die abgebildeten Pilze stammen aus der Umgebung von Freiburg und wuchsen auf einem kalkhaltigen Boden.

Gattungsmerkmale: Siehe S. 54.

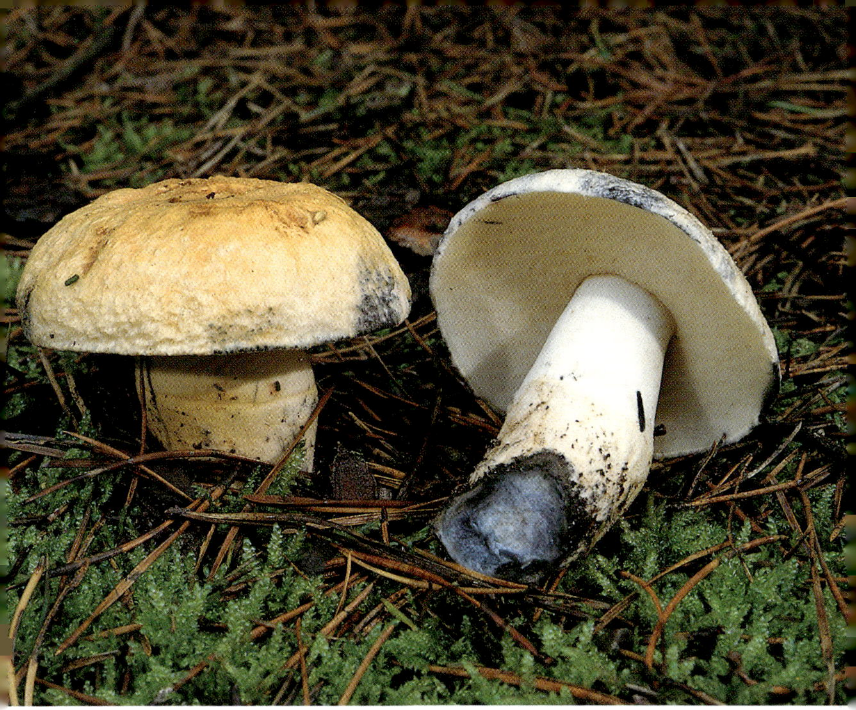

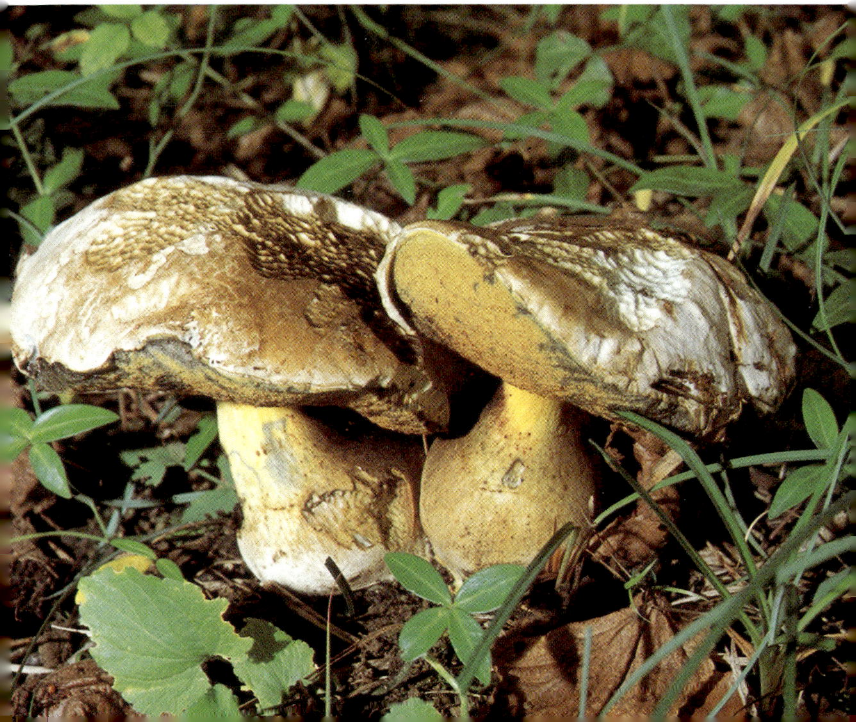

Flockenstieliger Hexenröhrling, Schusterpilz

eßbar

Boletus luridiformis Rostk.
Syn.: *Boletus erythropus* (Fr.: Fr.) Krbh.

Hut: Meist dunkelbraun, aber auch olivbraun bis schwarzbraun, matt, fein filzig, ⌀ 8–20 cm. **Röhren:** Mit dunkelroten Mündungen, bei Verletzung blauend. **Stiel:** Auf gelblichem Grunde rotflockig-punktiert, ohne Netzzeichnung. **Fleisch:** Gelblich bis sattgelb, stark blauend bei Verletzung. **Vorkommen:** Im Laubwald, gern unter Eichen; im Gebirge auch unter Fichten; Juni bis November. **Verwechslung:** Der Netzstielige Hexenröhrling *(B. luridus)* besitzt ein auffälliges rötliches Stielnetz. Seine Hutfarben sind meist heller, während das Fleisch und die Röhren dieselbe Eigenschaft besitzen, nämlich an Verletzungen intensiv zu blauen. Der giftige Satansröhrling *(B. satanas)* zeichnet sich durch weißlichen Hut und nur schwach blauendes Fleisch aus.

Bemerkungen: Da der Flockenstielige Hexenröhrling z. T. gleiche Huthautfarbstoffe besitzt wie der Maronenröhrling, wird auch hier radioaktives Cäsium angereichert. Die Gesamtkonzentrationen im Fruchtkörper liegen daher höher als bei anderen Pilzarten. Allerdings fielen die Messungen nicht so extrem aus wie bei der »Marone«.

Gattungsmerkmale: Siehe S. 54.

Wolfsröhrling

giftverdächtig

Boletus lupinus Krbh.

Hut: Relativ blaß grauweißlich bis grauocker, meist mit rosa-rötlichen Flecken, in der Jugend bereift, matt, ⌀ 5–10 cm. **Röhren:** An den Mündungen blutrot gefärbt. **Stiel:** Ohne Netz, auf gelblichem Grunde leicht rötlich überhaucht. **Fleisch:** Bei Verletzung intensiv blauend. **Vorkommen:** Unter Buchen auf Kalkböden; August bis September; ein sehr seltener Pilz. **Verwechslung:** Der Wolfsröhrling unterscheidet sich von ähnlichen Arten durch das Fehlen eines Stielnetzes und die zugleich gelben Stielgrundfarben. Der Glattstielige Hexenröhrling *(B. queletii)* besitzt ebenfalls kein Stielnetz, blaut aber weniger stark und hat blassere orangerote Röhrenmündungen.

Bemerkungen: Der Wolfsröhrling scheint ähnliche Standorte wie der Satansröhrling *(B. satanas)* zu bevorzugen, ist aber noch seltener. Seine Giftigkeit ist deshalb nicht genau bekannt. In jedem Fall ist er ein wertvoller Mykorrhizapilz, der Schonung verdient. – Die abgebildeten Exemplare stammen aus der Umgebung von Freiburg.

Gattungsmerkmale: Siehe S. 54.

Ziegenlippe S. 82, Sandröhrling S. 80, Netzstieliger Hexenröhrling S. 58, Schönfußröhrling S. 56, Satansröhrling S. 58

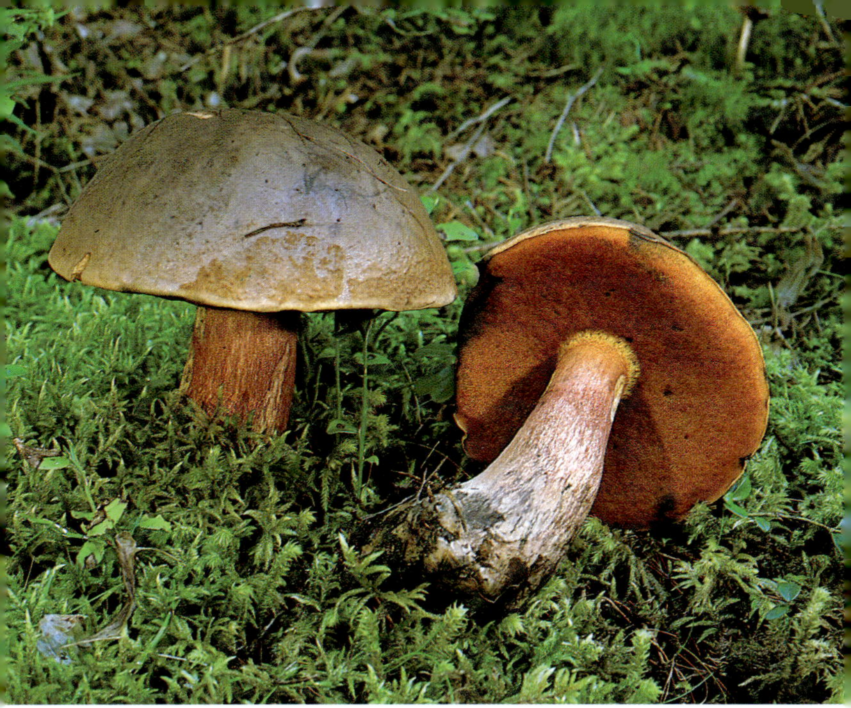

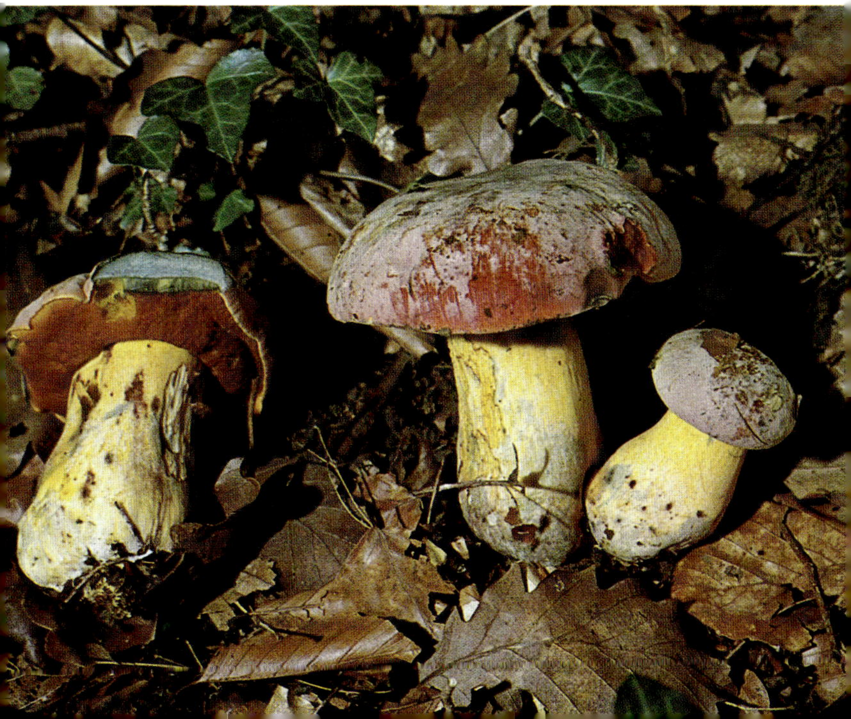

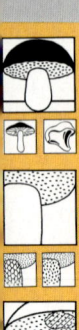

Butterröhrling

Suillus luteus (L.) S. F. Gray

bedingt eßbar,
siehe Bemerkungen

Hut: Meist dunkelbraun, glatt, oft eingewachsen marmoriert, feucht stark schmierig. $\varnothing$ 5–10 cm. **Röhren:** Erst hellgelb, dann olivgelb. **Stiel:** Weißgelblich mit häutigem weißlich-violettlichem, in der Jugend aufsteigendem Ring, darüber drüsig punktiert und gelb gefärbt. **Fleisch:** Hellgelblich, meist weichlich. **Vorkommen:** Unter Kiefern, gern bei Jungpflanzungen; Juni bis Oktober. **Verwechslung:** Der unter Lärchen wachsende Goldröhrling *(S. grevillei)* unterscheidet sich durch einen nicht häutigen, sondern schleimigen Ring und gelbe bis rotbraune Hutfarben.

Bemerkungen: Butterröhrlinge sollen bei einigen Personen, ähnlich wie beim Kahlen Krempling, allergieähnliche Erscheinungen hervorgerufen haben. Wer nach dem Genuß dieses Pilzes geringste Anzeichen von Beschwerden wahrnimmt, sollte künftig davon lassen.

Gattungsmerkmale: 20 Arten, Mykorrhizapilze mit Nadelbäumen, Hüte meist deutlich schmierig. Stiele mit Ring oder Guttationstropfen, seltener kahl, Sporenpulver rostbraun bis olivbräunlich, Sporen elliptisch bis spindelig, glatt.

Goldröhrling

Suillus grevillei (Klotzsch: Fr.) Singer

eßbar ★

Hut: Goldgelb oder rotbraun (es gibt zwei Farbvarianten), feucht stark schmierig, $\varnothing$ 5–10 cm. **Röhren:** Erst goldgelb, dann gelbbräunlich. **Stiel:** Gelb bis gelbbräunlich, mit schleimigem Ring, zuletzt nur noch als schwache Schleimzone erkennbar. **Fleisch:** Gelblich, in Stielbasis leicht bräunlich. **Vorkommen:** Immer unter Lärchen, auch wenn diese nur ganz versteckt mitten im Laubwald stehen, auf sauren und kalkhaltigen Böden; Juli bis Oktober. **Verwechslung:** Der Graue und Rostrote Lärchenröhrling *(S. aeruginascens* und *tridentinus)* sind auch beringt und wachsen ebenfalls nur unter Lärchen. Sie bevorzugen allerdings Kalkboden. Der Butterröhrling *(S. luteus)* ist dunkelbraun gefärbt und ist am Stiel mit einem aufsteigenden, violettlichen, häutigen Ring versehen. Er ist ein Mykorrhizapilz der Kiefer.

Gattungsmerkmale: Siehe oben.

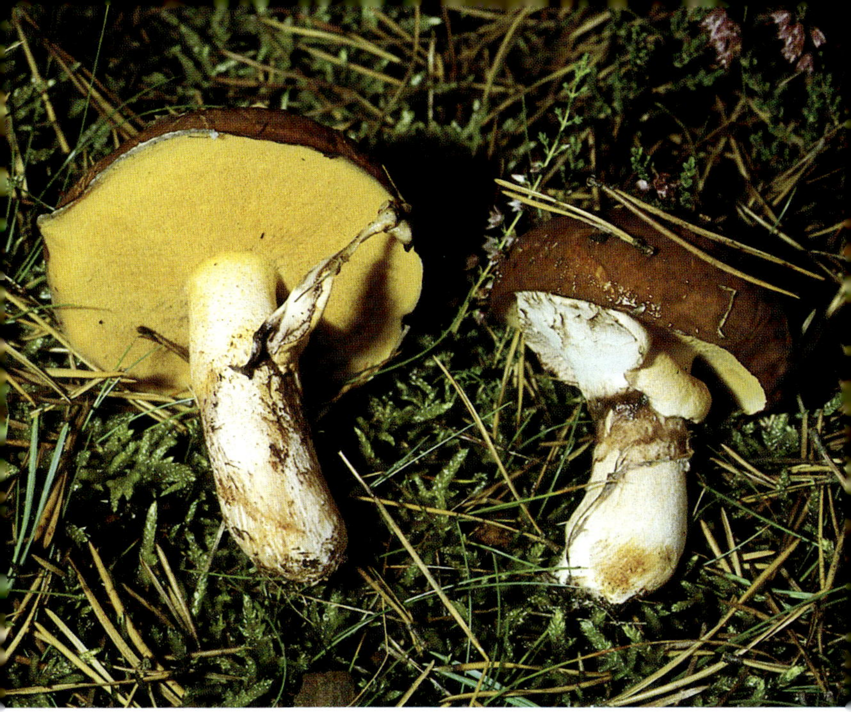

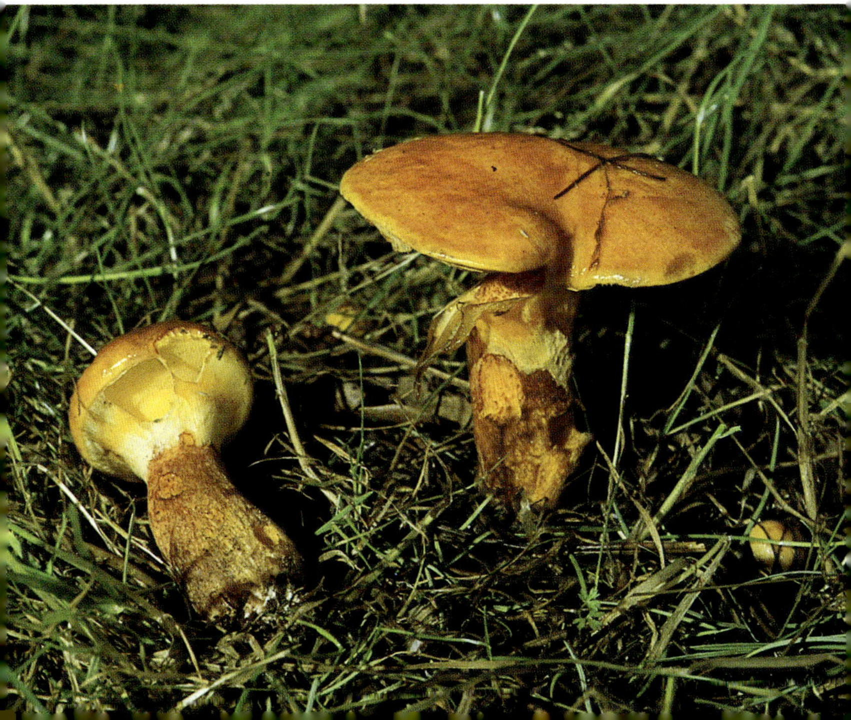

Körnchenröhrling

Suillus granulatus (L.) O. Kuntze

Geruch: Angenehm, schwach obstartig. **Hut:** Gelbbräunlich, feucht deutlich schmierig, kahl, ∅ 5–10 cm. **Röhren:** Hellgelb, im Alter olivgelb, jung, milchigweiße Tropfen absondernd. **Stiel:** Weißlich-gelblich, an der Spitze Guttationstropfen ausscheidend, die durch das dunkel gefärbte Sporenpulver bräunlich eintrocknen und die Stielspitze körnig-punktiert erscheinen lassen. **Vorkommen:** Unter Kiefern auf Kalkboden; Juli bis Oktober. **Verwechslung:** Sehr ähnlich ist der Ringlose Butterpilz *(S. collinitus)*, der an der Stielbasis rosa gefärbtes Myzel besitzt. Bei *S. granulatus* ist dieses weiß. Der Elfenbeinröhrling *(S. placidus)* ist lange elfenbeinweißlich gefärbt und lebt in Symbiose mit Weymouthskiefern und Zirben. Im Mittelmeergebiet wächst unter Mittelmeerkiefern eine meist kurzstielige Form mit stärkerer Stielpunktierung und dunkleren Hutfarben: *S. leptopus.* Sie hat ebenfalls rosa gefärbtes Basismyzel und ist durch die lebhaft rote Farbreaktion des Fleisches mit Ammoniak von unserem Körnchenröhrling zu unterscheiden.

Gattungsmerkmale: Siehe S. 76.

Kuhröhrling

Suillus bovinus (L.) O. Kuntze

Hut: Leder- bis orangebräunlich, »kuhbräunlich«, kahl, feucht deutlich schmierig, ohne Velum, ∅ 3–8 cm. **Röhren:** Graugelblich bis olivgelblich, manchmal etwas herablaufend, mittelweit, in der Tiefe abgestuft, etwas eckig. **Stiel:** Ähnlich wie der Hut gefärbt, ohne Guttationstropfen oder Ring, Basis oft zugespitzt. **Vorkommen:** Im Nadelwald unter Kiefern, gern auf sandigem Boden; August bis Oktober. **Verwechslung:** Der Kuhröhrling besitzt keine besonders augenfälligen Erkennungsmerkmale. Die eigenartig »kuhbraunen« Farben von Hut und Stiel lassen sich schwer beschreiben. Die abgestuften Röhren (sichtbar im erwachsenen Zustand) kommen jedoch nur bei wenigen Arten vor, die dann meist einen Ring besitzen. Der Erlengrübling *(Gyrodon lividus)* kann, wenn er reif ist, ähnlich aussehen. Er ist ein strenger Erlenbegleiter und hat keine abgestuften Röhren.

Bemerkungen: Der Kuhröhrling ist ein nur mäßiger Speisepilz, der höchstens im Mischgericht verwendet werden kann.

Gattungsmerkmale: Siehe S. 76.

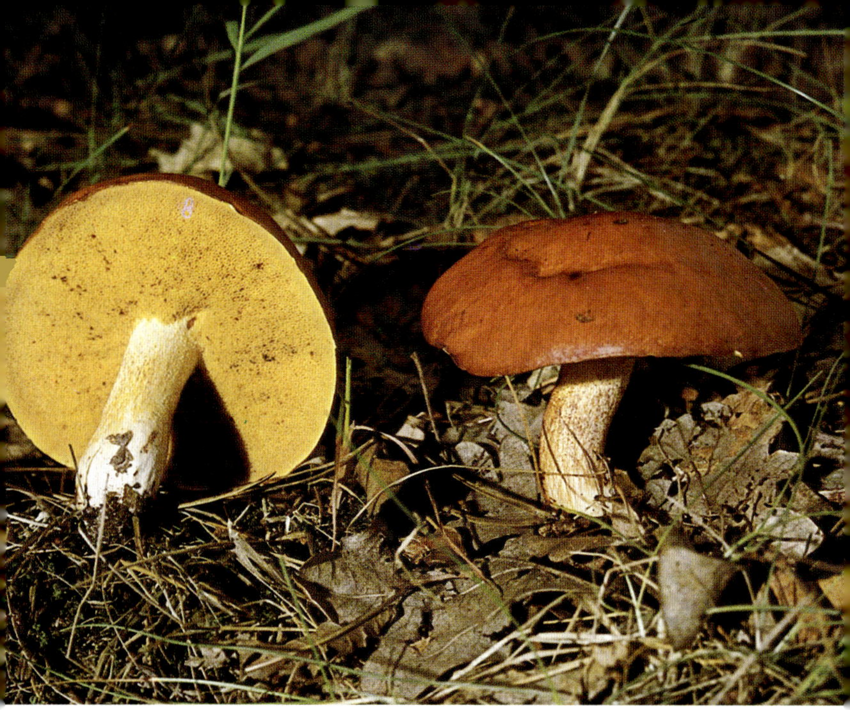

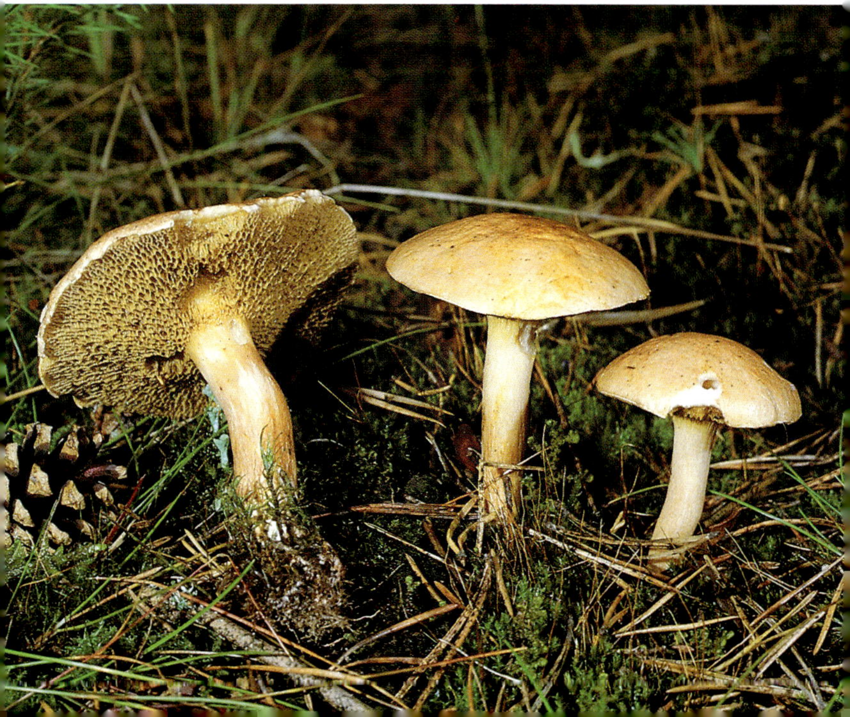

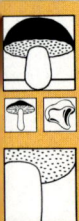

Sandröhrling

Suillus variegatus (Sw.: Fr.) O. Kuntze

Hut: Graugelblich bis braungelblich, gelbe Töne oft vorherrschend, zuerst fein filzig bis körnig, nur wenig schmierig bei feuchtem Wetter, oft trocken erscheinend, ⌀ 5–10 cm. **Röhren:** Besonders jung ziemlich dunkel olivbräunlich, reif schmutzig olivgrün. **Stiel:** Dem Hut ähnlich gefärbt, kahl oder fein körnig-schuppig. **Fleisch:** Heller oder dunkler gelblich, je nach Witterung schwach oder nicht blauend. **Vorkommen:** Im Nadelwald unter Kiefern, häufig auch an feuchten Stellen; August bis Oktober. **Verwechslung:** Der Sandröhrling ist besonders im Jugendzustand gut erkennbar, wenn der Hut filzig-körnig (oft wie mit Sand bestreut) aussieht. Im Alter oder bei ausgeblaßten Stücken ist das Erkennen nicht immer einfach.
Gattungsmerkmale: Siehe S. 76.

Hasenröhrling, Zimtröhrling

eßbar ⋆
R 3

Gyroporus castaneus (Bull.: Fr.) Quélet

Hut: Meist schön zimtbraun, im Alter auch blasser, fein samtig, ⌀ 5–10 cm. **Röhren:** Im Gegensatz zu Hut und Stiel auffallend weißlich. **Stiel:** Dem Hut gleichfarbig oder etwas blasser, mit brüchiger Konsistenz und im Innern oft gekammert. **Fleisch:** Weißlich bis cremefarbig, nicht blauend. **Sporenpulver:** Ockergelblich. **Vorkommen:** Im Laub- und Nadelwald, gern unter Eichen auf Sandboden; Juli bis Oktober.
Bemerkungen: Der Hasenröhrling gehört, genau wie sein Gattungsgenosse, der Kornblumenröhrling, zu den nicht alltäglichen Erscheinungen der Pilzwelt. Wegen ihrer Vorliebe für sandige Böden fehlen beide in manchen Gegenden ganz. Der Hasenröhrling scheint der Seltenere von beiden zu sein. Er ist daher schonenswert.
Gattungsmerkmale: 2 Arten, Mykorrhizapilze, Röhren jung weißlich, hell bleibend, Stiele gekammert-hohl, Fleisch brüchig, Sporenpulver blaß gelblich, Sporen elliptisch, glatt.

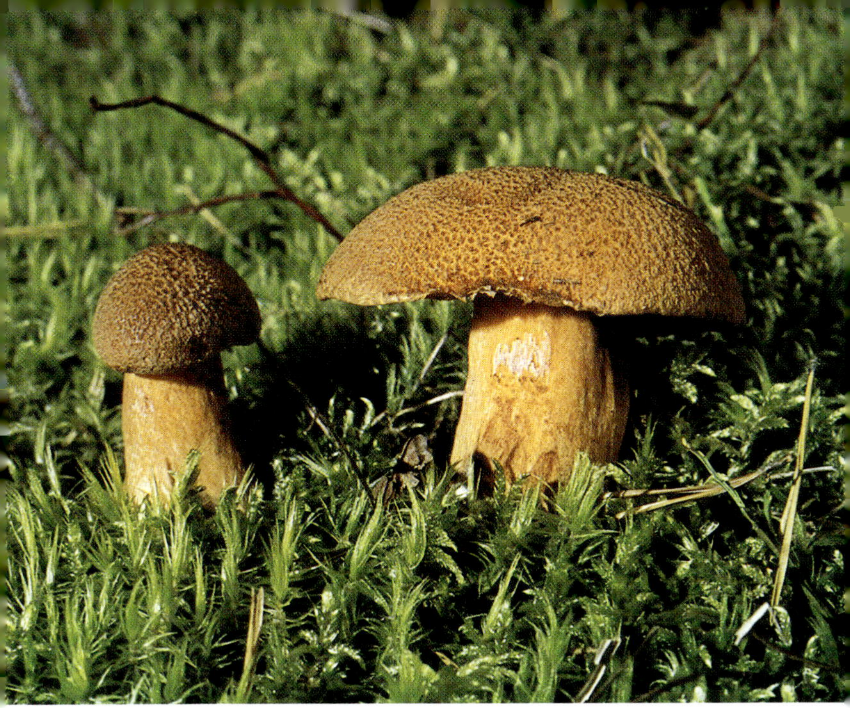

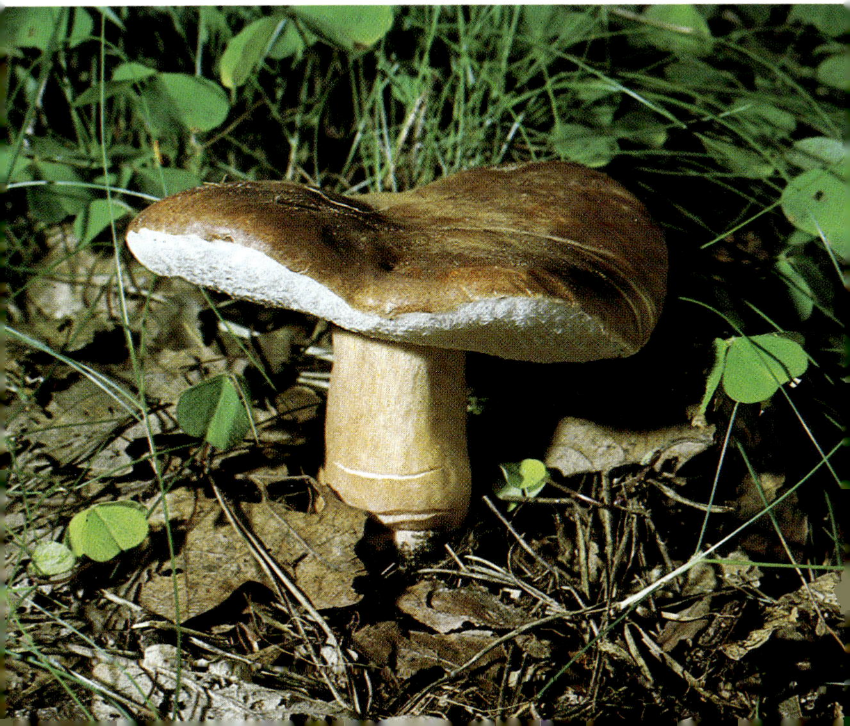

Ziegenlippe

eßbar ★

Xerocomus subtomentosus (L.) Quélet

Hut: Meist einfarbig oliv bis olivbräunlich, jung deutlich bereift, an Fraßstellen nicht rötend, ∅ 4–10 cm. **Röhren:** Jung leuchtend gelb, relativ weit, bald olivgelblich, auf Druck nicht deutlich blauend, höchstens nach einigen Minuten leicht schmutzigbläulich. **Stiel:** Blaß gelblich, manchmal einfarbig, oft aber leicht bräunlich flockig bis überfasert, im oberen Stielteil häufig mit angedeutet weitläufiger, punktiert-netzartiger Zeichnung. **Fleisch:** Weißlich-gelblich, relativ fest bei jungen Exemplaren, ohne säuerlichen Geschmack, bei Verletzung nicht oder kaum blauend. **Chemische Reaktionen:** Huthaut mit Ammoniak in frischem Zustand nicht deutlich blauend, oft gänzlich negativ, manchmal auch flüchtig blauschwärzlich. **Vorkommen:** Im Laub- und Nadelwald; August bis Oktober; weniger häufig als der Rotfußröhrling. **Verwechslung:** Der Rotfußröhrling *(X. chrysenteron)* unterscheidet sich durch meist rötliche Töne am Stiel und den säuerlichen Geschmack. Die Huthaut färbt sich in Rissen oder an Fraßstellen rötlich, das Fleisch blaut deutlich und die Röhren sind nicht so leuchtend gelb gefärbt. Der Braune Filzröhrling *(X. spadiceus)* besitzt ein deutlicheres Netzmuster am Stiel und einen braunen, nie oliv gefärbten Hut. Die Huthaut soll mit Ammoniak deutlich und intensiv blau reagieren. Die Abgrenzung ist in Europa umstritten.
Bemerkungen: Wegen des neutraleren Geschmacks und des festeren Fleisches ist die Ziegenlippe ein besserer Speisepilz als der Rotfußröhrling.
Gattungsmerkmale: Siehe S. 70.

Schmarotzerröhrling

eßbar

R 3

Xerocomus parasiticus (Bull.: Fr.) Quélet

Hut: Gelbbräunlich, fein filzig, ∅ 3–7 cm. **Röhren:** Jung gelblich, bei der Reife gelbbräunlich, am Stiel etwas herablaufend. **Stiel:** Gelbbräunlich, zur Basis verjüngt. **Sporenpulver:** Gelblich-olivbräunlich. **Vorkommen:** Nur auf Fruchtkörpern von Kartoffelbovisten, meist mit Erdkontakt an der Basis hervorsprießend, oft gesellig; August bis Oktober.
Bemerkungen: Der Kartoffelbovist wird durch den Befall stark geschädigt und kommt nicht zur Sporenreife, seine Gleba bleibt grau und wird ausgehöhlt. Obwohl der Wirt giftig ist, kann der Schmarotzerröhrling gegessen werden. Er ist aber wegen seiner Seltenheit zu schonen. – Die abgebildeten Exemplare stammen aus Kärnten (Österreich).
Gattungsmerkmale: Siehe S. 70.

Winterporling   S. 222

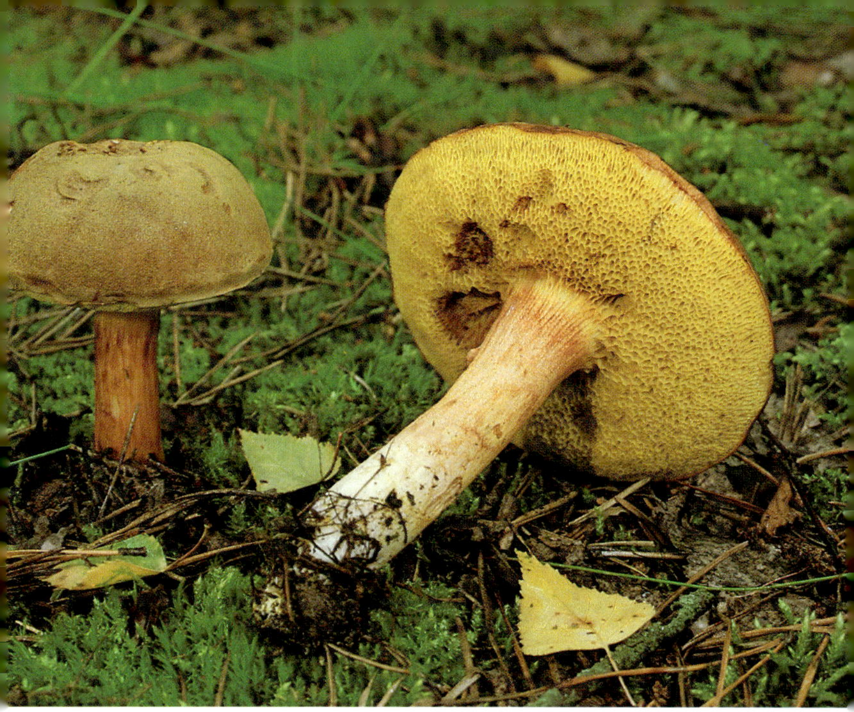

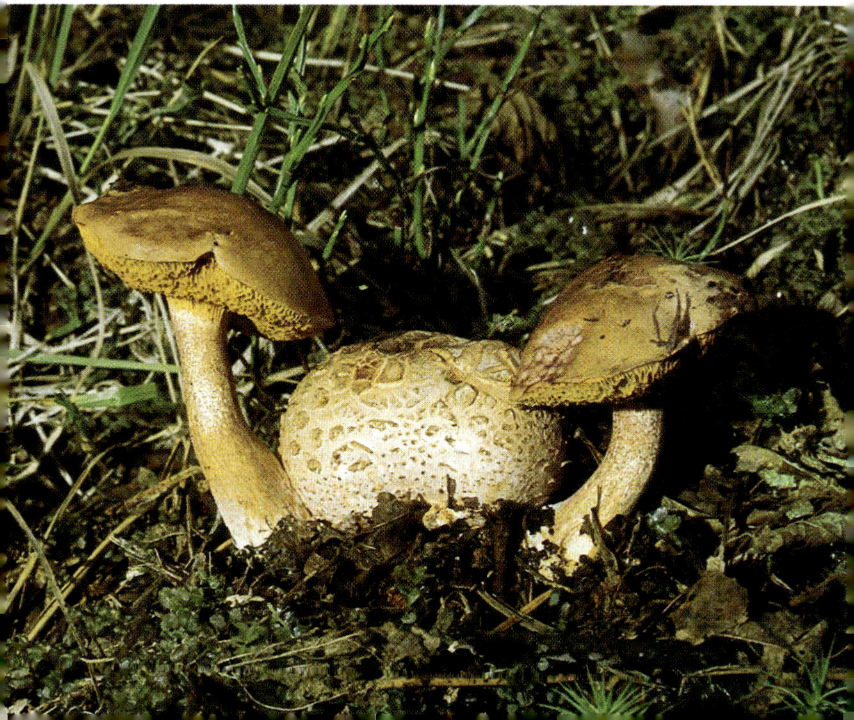

Grasgrüner Birkentäubling

Russula aeruginea Lindblad

eßbar
in kleinen Mengen

Geschmack: Mild bis leicht schärflich. **Hut:** Grasgrün, hellgrün, auch fast weißlich, ∅ 5–10 cm. **Lamellen:** Erst weiß, dann cremegelblich. **Stiel:** Weiß, im unteren Teil oft rostfleckig, Basis zugespitzt. **Sporenpulver:** Cremefarbig. **Vorkommen:** Meist unter Birken, auch im reinen Fichtenwald; Juli bis September. **Verwechslung:** Grasgrüne Täublinge wurden von leichtsinnigen Sammlern schon mit Grünen Knollenblätterpilzen verwechselt. Täublinge besitzen aber nie eine Stielknolle, eine Volva und einen Ring.

Bemerkungen: Obwohl dieser Täubling zu den milden Arten gehört, erzeugt er in rohem Zustand starkes Erbrechen und kann sogar gut erhitzt leichte Vergiftungserscheinungen hervorrufen. Er sollte daher nur in kleinen Mengen als Mischpilz genossen werden.

Gattungsmerkmale: 160 Arten, Mykorrhizapilze, meist mit leuchtenden Hutfarben, Stiele ohne Ring oder Cortina, ohne Knolle, Fleisch typisch brüchig, bei Verletzung nicht milchend, Sporenpulver weiß, ockergelblich bis dottergelb, amyloid, Sporen warzig bis netzig ornamentiert.

Einige scharfe Arten wirken giftig. Die Giftwirkung beschränkt sich auf vorübergehende Magen- und Darmstörungen, verbunden mit Übelkeit, und tritt besonders bei zu reichlichem Rohgenuß auf. Sie wird durch scharfe harzartige Inhaltsstoffe hervorgerufen. Da die Täublinge nicht nur sehr artenreich, sondern auch innerhalb einer Art farblich sehr veränderlich sind, ist der weniger erfahrene Sammler beim Bestimmen auf eine Kostprobe angewiesen. Eine solche ist bei Täublingen (und Milchlingen) durchaus gestattet, jedoch nur demjenigen, der einen Täubling als Gattung sicher erkennt. Beim Kosten sind äußerst geringe Mengen zu verwenden, da die eventuell auftretende Schärfe sonst unerträglich sein kann und lange anhält. Erweist sich ein Täubling durch die Probe als mildschmeckend, so kann er zumindest in geringeren Mengen im Mischgericht unbedenklich verwendet werden. Der Speisewert der einzelnen Arten ist jedoch recht unterschiedlich. Man vergleiche hierzu die entsprechenden Beschreibungen.

Grüngefelderter Täubling

Russula virescens (Schff. emend Pers.) Fr.

eßbar ⋆

Geschmack: Mild. **Hut:** Hellor oder dunkler grünspanfarben, bisweilen auch nur semmelgelb, Oberfläche kleiig-schorfig und felderig aufgebrochen, ∅ 6–12 cm. **Lamellen:** Cremefarbig, stellenweise braunfleckig. **Stiel:** Weißlich, an der Basis oft braunfleckig. **Sporenpulver:** Cremeweißlich. **Vorkommen:** Meist im Laubwald, unter Eichen, Buchen und Birken; in einigen Gegenden auch im Nadelwald; Juli bis September. **Verwechslung:** Grüne Formen mit dem typisch felderigen Hut sind leicht zu erkennen. Blasse Stücke sind oft schwierig zuzuordnen. Die Huthaut ist jedoch immer matt und das Fleisch fester als bei vielen anderen Täublingen.

Der Grasgrüne Birkentäubling *(R. aeruginea)* ist ungleich häufiger und unterscheidet sich durch seine nicht aufbrechende, leicht glänzende Huthaut sowie etwas weicheres Fleisch. Er ist nur in geringeren Mengen im Mischgericht verwendbar. Eine Varietät des eßbaren Frauen-Täublings *(R. cyanoxantha* var. *cutefracta)* kann sehr ähnlich aussehen, unterscheidet sich aber durch die nicht splitternden Lamellen.

Gattungsmerkmale: Siehe oben.

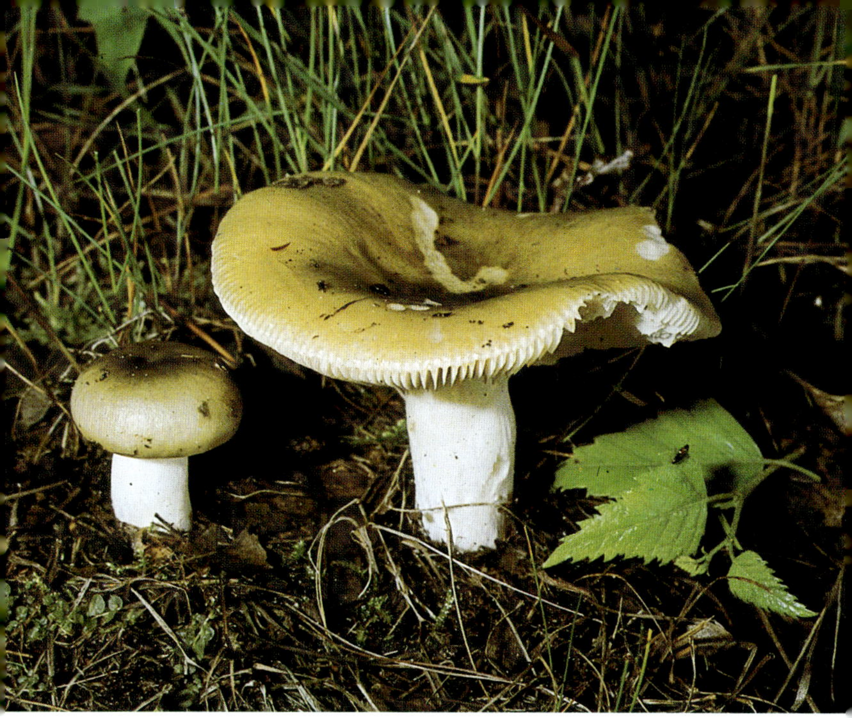

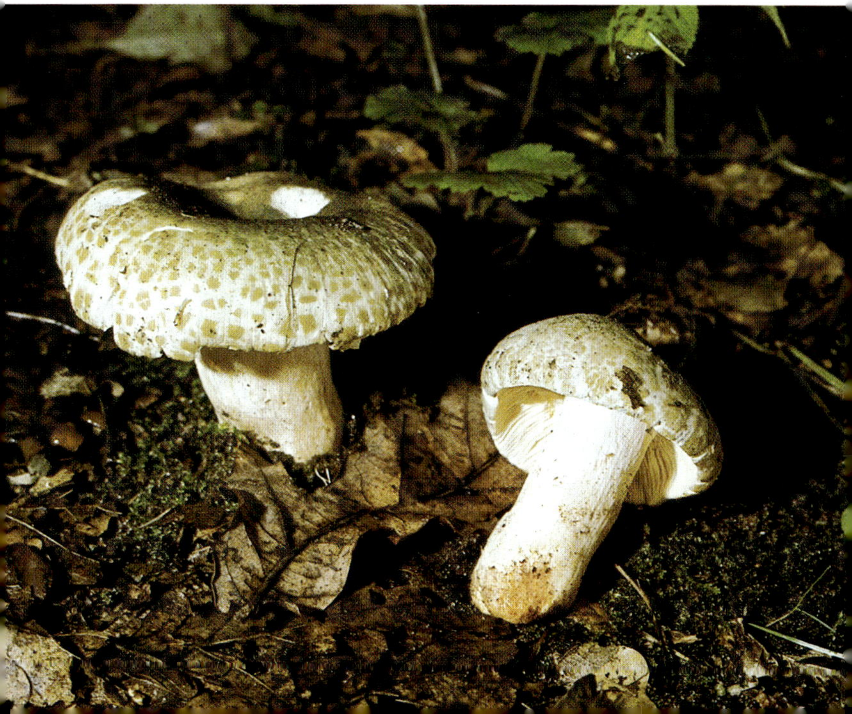

Frauentäubling

eßbar ★

Russula cyanoxantha (Schff.) Fr.

Geschmack: Völlig mild. **Hut:** Heller oder dunkler violett, grauviolett oder grünlich, oft mehrfarbig, kompaktfleischig, ⌀ 5–15 cm. **Lamellen:** Weiß, elastisch und untermischt (eine Ausnahme bei den Täublingen). **Stiel:** Weiß, selten lilarötlich überhaucht. **Chemische Reaktionen:** Fleisch mit Eisen-II-Sulfat nicht verfärbend (normal ist eine rosafleischfarbene Reaktion). **Sporenpulver:** Weiß. **Vorkommen:** Im Laubwald, seltener auch Nadelwald; Juli bis Oktober.

Bemerkungen: Der Frauentäubling ist einer der häufigsten und ergiebigsten Speisetäublinge, der mit einiger Übung leicht wiedererkannt werden kann. Er gehört in vielen Gegenden zu den auffälligsten Erscheinungen des Waldes. Um die Elastizität der Lamellen zu prüfen, empfiehlt es sich, mit dem Finger kräftig über diese hinwegzustreichen. Sie geben dem Druck nach, ohne zu zersplittern.

Gattungsmerkmale: Siehe S. 84.

Gelbgrünvioletter Täubling, Cremeblättriger Bunttäubling

eßbar

Russula ionochlora Romagn.

Geschmack: Mild. **Hut:** Verschiedenfarbig, violettlich-grünlich, oft mit rosa oder gelblichen Beitönen, ⌀ 4–8 cm. **Lamellen:** Erst weißlich, dann hell cremefarbig. **Stiel:** Weiß. **Chemische Reaktionen:** Fleisch mit Eisensulfatlösung sofort fleischrosa. **Sporenpulver:** Blaß cremefarbig. **Vorkommen:** Im Laubwald unter Buchen, auf sauren Böden; Juli bis September. **Verwechslung:** Dieser Täubling wird oft für den Frauentäubling *(R. cyanoxantha)* gehalten, der aber viel festfleischiger und kompakter ist. Sein Fleisch färbt sich mit Eisensulfatlösung nicht. Unter Eichen wächst der ähnliche Blaugrüne Reiftäubling *(R. parazurea)*. Er ist vor allem durch seine stärkere Bereifung und mehr ins Grün spielende Hutfarben zu unterscheiden. Auch ist der Hut mehr einfarbig. Der Blaugrüne Reiftäubling schmeckt mild und ist ebenfalls eßbar.

Gattungsmerkmale: Siehe S. 84.

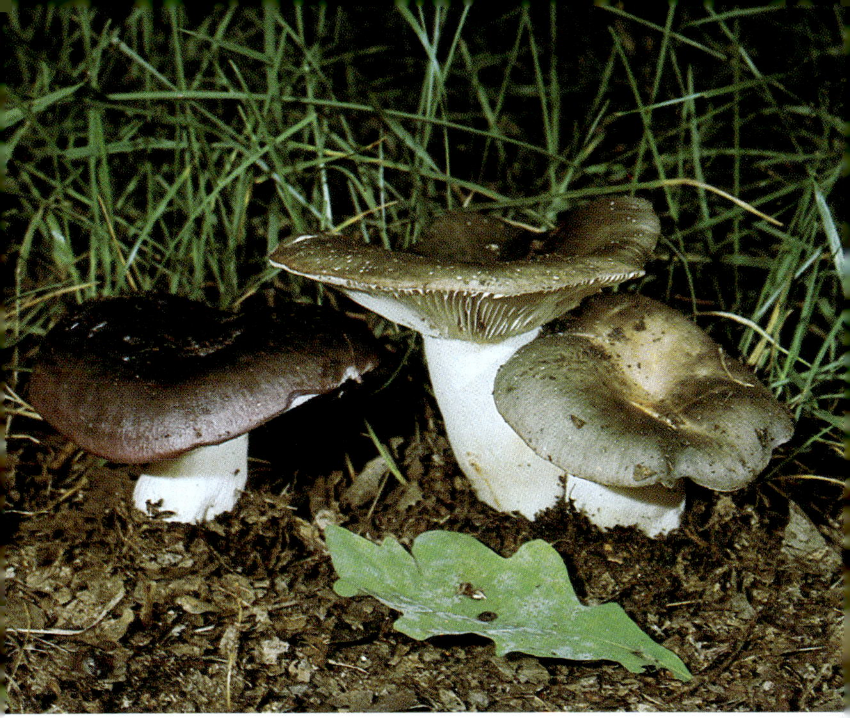

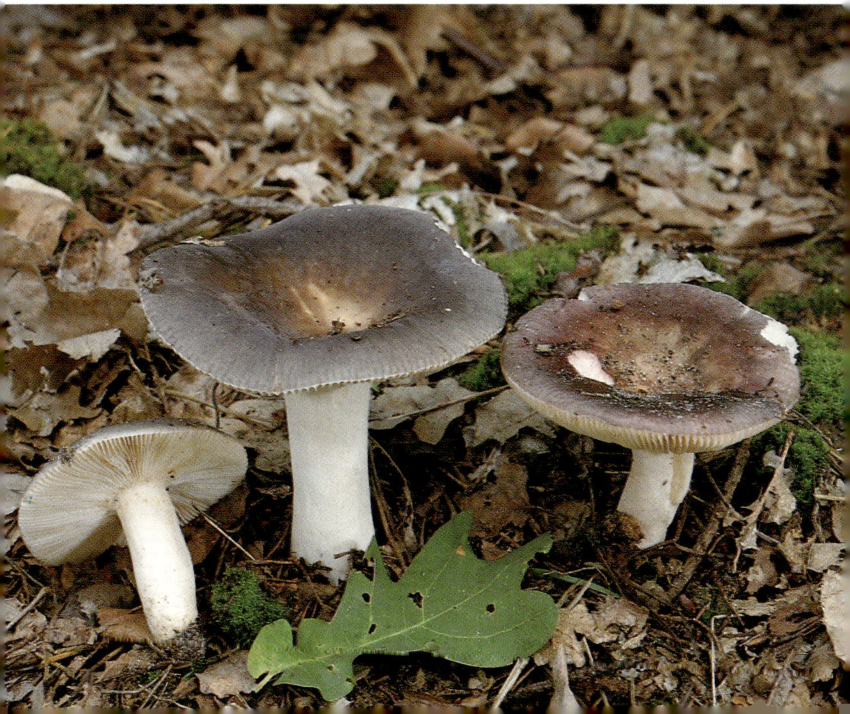

Speisetäubling

Russula vesca Fr.

Geschmack: Mild. **Hut:** Fleischrosa bis fleischbräunlich, Huthaut typisch etwa einen Millimeter vom Rand zurückgesetzt, wodurch das weiße Fleisch sichtbar wird, ⌀ 5–10 cm. **Lamellen:** Weiß. **Stiel:** Weiß, an der Basis oft rostfleckig und zugespitzt. **Sporenpulver:** Weiß. **Vorkommen:** Im Laubwald unter Eichen, seltener im Nadelwald; Juli bis Oktober. **Verwechslung:** Vorsicht bei roten Speitäublingen, bei denen die Huthaut bis zum äußeren Rand durchgeht. Ihr Geschmack ist unerträglich scharf. Eine gewisse Ähnlichkeit können auch bestimmte Formen des Braunen Ledertäublings *(R. integra)* haben, da hier manchmal ebenfalls die Huthaut ein wenig zurücksteht. Die Ledertäublinge werden aber größer und erhalten beim Reifen bald ledergelblich gefärbte Lamellen. Sie schmecken mild und sind eßbar.
Gattungsmerkmale: Siehe S. 84.

Maires Speitäubling, Buchen-Speitäubling

Russula mairei Singer

Geruch: Schwach obstartig. **Geschmack:** Sehr scharf. **Hut:** Leuchtend rot, karminrot, ⌀ 4–8 cm. **Lamellen:** Weiß, im Alter gelegentlich gelblich, Schneide leicht schartig. **Stiel:** Weiß. **Fleisch:** Weiß, unter der Huthaut rosa durchgefärbt. **Sporenpulver:** Weiß. **Vorkommen:** Im Laubwald, auf trockeneren Böden, gern unter Buchen; August bis Oktober. **Verwechslung:** Die scharf schmeckenden Speitäublinge gelten in der Literatur als die klassischen Doppelgänger der eßbaren Speisetäublinge *(R. vesca)*. Die Hutfarben von *R. vesca* sind eher fleischrosa und die Huthaut steht in typischer Weise etwa 1–2 mm vom Rand zurück, so daß das weiße Hutfleisch zum Vorschein kommt. Der ungenießbare, bitter und scharf schmeckende Gelbfleckende Täubling *(R. luteotacta)* färbt sich an Druckstellen intensiv chromgelb. Er bevorzugt Kalkböden.
Bemerkungen: Der im Volksmund gebrauchte Name »Speitäubling« bezieht sich auf alle leuchtend roten, scharf schmeckenden Arten, die rein weißes Sporenpulver besitzen. Genauer betrachtet verstecken sich dahinter mehrere unterscheidbare Arten; z. B. der echte Kirschrote Speitäubling *(R. emetica)*, ein großer, in Mooren (auf feuchten Böden) wachsender Pilz. Er ist im Mikroskop leicht durch seine größeren, stärker ornamentierten Sporen zu unterscheiden.
Die hier abgebildeten Buchen-Speitäublinge waren unter dichtem Laub verborgen. Daher haben sich auf dem Hut besonders viele Sporen abgelagert, welche die Oberfläche bereift erscheinen lassen.
Gattungsmerkmale: Siehe S. 84.

Heringstäubling

Russula graveolens Romell
Syn.: *Russula xerampelina* p. p.

Geruch: Nach Heringslake, zumindest im reifen Zustand deutlich, oder beim Trocknen. **Geschmack:** Mild. **Hut:** Purpurrot, weinbräunlich oder fleischocker, ⌀ 5–10 cm. **Lamellen:** Reif buttergelblich. **Stiel:** Weiß, bei Berührung vor allem im unteren Teil bräunend. **Chemische Reaktionen:** Fleisch mit Eisen-II-Sulfat grün. **Sporenpulver:** Cremegelblich. **Vorkommen:** Im Laubwald, unter Eichen; Juli bis Oktober.

Bemerkungen: *Russula xerampelina*, im heutigen Sinne der »Echte« Heringstäubling, ist eine rote Art mit rot überflammtem Stiel und wächst im Nadelwald. Früher unterschied man von dieser einzigen Art mehrere Varietäten, die sich äußerlich durch andere Farben und andere Standorte abhoben. Alle weisen den auffallenden Heringsgeruch auf. Der französische Mykologe Romagnesi hat 1967 in seinem fundamentalen Werk über die Täublinge (Les Russules d'Europe et d'Afrique du Nord) all diese Varianten als selbständige Arten anerkannt, die sich teilweise auch in ihrem Sporenornament unterscheiden. Für den Speisepilzsammler sind diese feinen Unterschiede jedoch belanglos, da alle »Heringstäublinge« gute Speisepilze sind. Der aufdringliche Geruch verliert sich beim Zubereiten.

Gattungsmerkmale: Siehe S. 84.

Wieseltäubling

Russula mustelina Fr.

Geschmack: Mild. **Hut:** Gelbbraun, haselbraun oder rotbraun, festfleischig, ⌀ 6–15 cm. **Lamellen:** Blaß gelblich. **Stiel:** Cremeweißlich, im Innern oft typisch gekammert hohl. **Sporenpulver:** Cremefarbig. **Vorkommen:** In den Nadelwäldern der Mittelgebirge, unter Fichten, nicht überall häufig, liebt sauren Boden; Juli bis September.

Bemerkungen: Der Wieseltäubling ist einer der besten eßbaren Täublinge, da er durch seine Größe sehr ergiebig und fast nie madig ist. Er besitzt sehr festes Fleisch. Die Fruchtkörper entwickeln sich ziemlich tief im Humusboden und drücken beim Wachsen, ähnlich wie beim bekannten Erdschieber *(Lactarius vellereus)*, das Erdreich zur Seite. Werden sie in der Entwicklung von einer Trockenperiode überrascht, so bleiben sie oft in der Erde stecken, können dort aber ihrer Hauptaufgabe des Sporenabwurfes noch voll nachkommen. Die in Farbe und Größe ähnlichen, scharfschmeckenden Stinktäublinge *(R. foetens)* können durch den tranig-fischartigen Geruch und die kammartige Hutrandriefung unterschieden werden. Der häufige Ockertäubling *(R. ochroleuca)* besitzt weicheres Fleisch.

Gattungsmerkmale: Siehe S. 84.

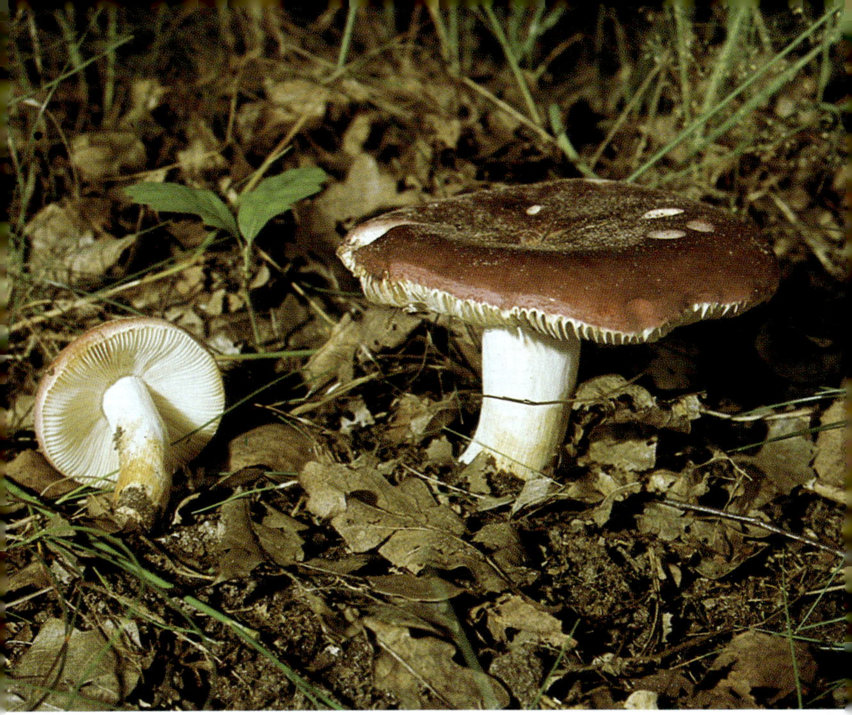

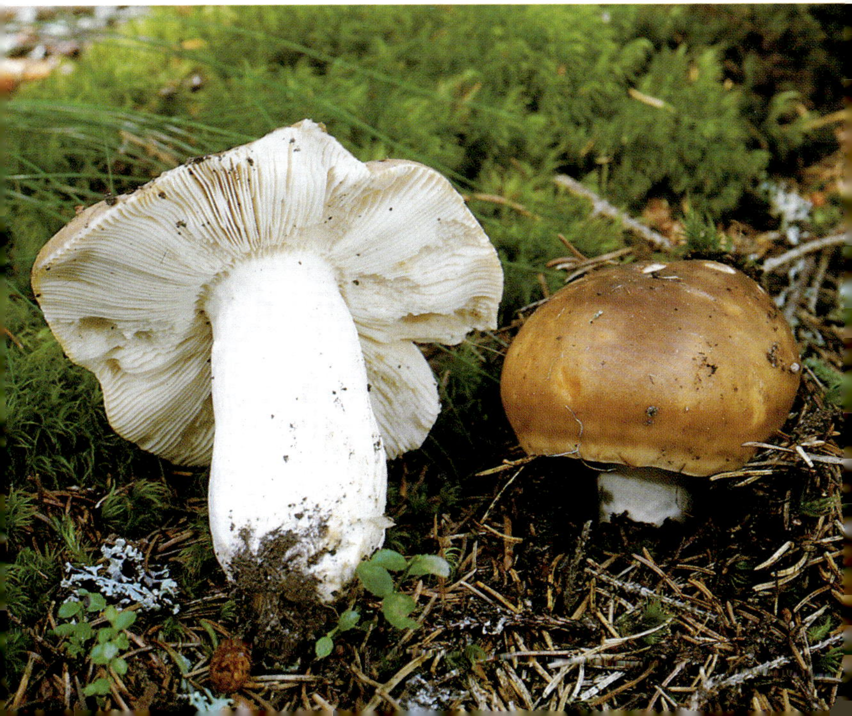

Stinktäubling

ungenießbar

Russula foetens Fr.

Geruch: Unangenehm süßlich-ölig-ranzig. **Geschmack:** Scharf. **Hut:** Gelb-bräunlich, am Rande stark kammartig gerieft, ⌀ 6–15 cm. **Lamellen:** Erst blaß cremefarbig, dann gelbbräunlich und braunfleckig, in der Jugend tränend. **Stiel:** Weißlich bis blaßgelblich, bald kammerig hohl werdend. **Sporenpulver:** Cremefarbig bis blaßocker. **Vorkommen:** Im Laub- und Nadelwald; Juli bis Oktober. **Verwechslung:** Der Mandeltäubling (*R. laurocerasi*) ist ähnlich, riecht aber angenehm nach Bittermandeln (im unverletzten Zustand). Zur selben Gruppe gehört auch der Morsetäubling *(R. illota).* Sein Geruch ähnelt eher dem des Stinktäublings, doch die Lamellenschneide ist mit einer dunkleren, unterbrochenen Kante versehen und erinnert an ein Morsealphabet. Alle erwähnten Arten sind wegen ihres sehr scharfen Geschmacks ungenießbar. **Gattungsmerkmale:** Siehe S. 84.

Ockertäubling, Zitronentäubling

ungenießbar

Russula ochroleuca Pers.

Geschmack: Mild bis schärflich. **Hut:** Lebhaft ockergelblich, ⌀ 4–8 cm. **Lamellen:** Weißlich bis cremefarbig. **Stiel:** Weiß, bei alten Exemplaren leicht grauend! **Sporenpulver:** Weißlich. **Vorkommen:** Im Laub- und Nadelwald, sehr häufig; August bis November. **Verwechslung:** Gelbliche bis ockerbräunliche Farbtöne treten bei Täublingen häufiger auf, weshalb eine Verwechslung mit anderen Arten leicht möglich ist. Der eßbare, kompaktere, festfleischigere Wieseltäubling (*R. mustelina*) wächst in sauren Gebirgsnadelwäldern oft zusammen mit dem Ockertäubling. Er wird größer, entwickelt sich tiefer im Erdboden und besitzt einen gekammert-hohlen Stiel. Seine Hutfarben sind gewöhnlich bräunlicher. Sehr ähnlich ist der durch seinen scharfen Geschmack ungenießbare Gallentäubling *(R. fellea),* der durch seinen Geruch nach Senfsoße auffällt. Die Lamellen des vorwiegend im Buchenwald auftretenden Täublings sind blaß ocker, im Gegensatz zu den weißen Lamellen des Ockertäublings. Der scharfe ungenießbare Stinktäubling *(R. foetens)* ist an seinem kammartig gerieften Hut und dem tranigen Geruch zu erkennen.

Bemerkungen: Die Schärfe des Ockertäublings schwankt, ist aber kaum sehr stark ausgeprägt. Völlig mild erscheinende Exemplare könnten ohne Schaden im Mischgericht verwendet werden, sind jedoch ohne besonderen Speisewert.

Gattungsmerkmale: Siehe S. 84.

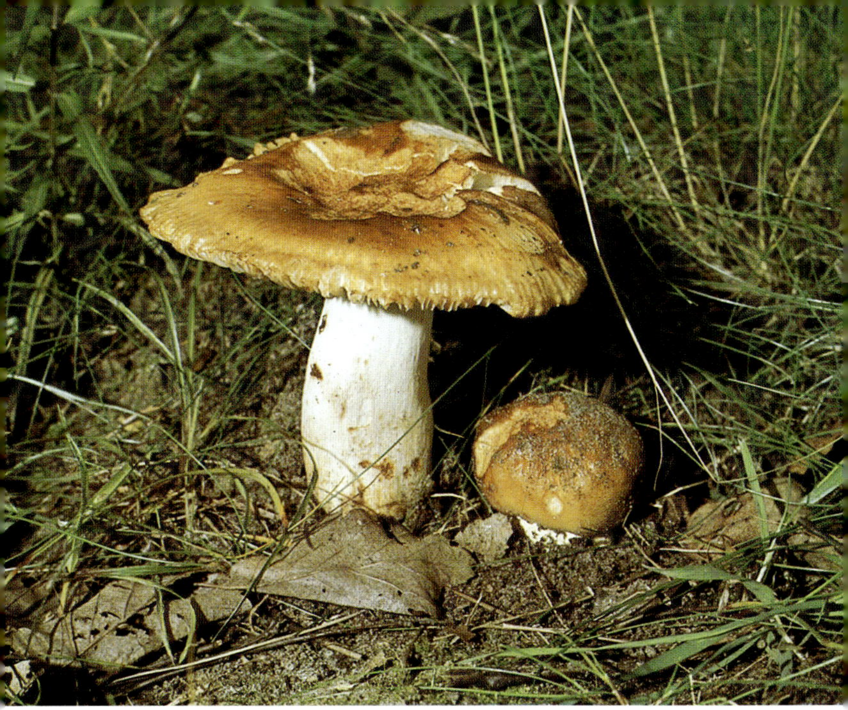

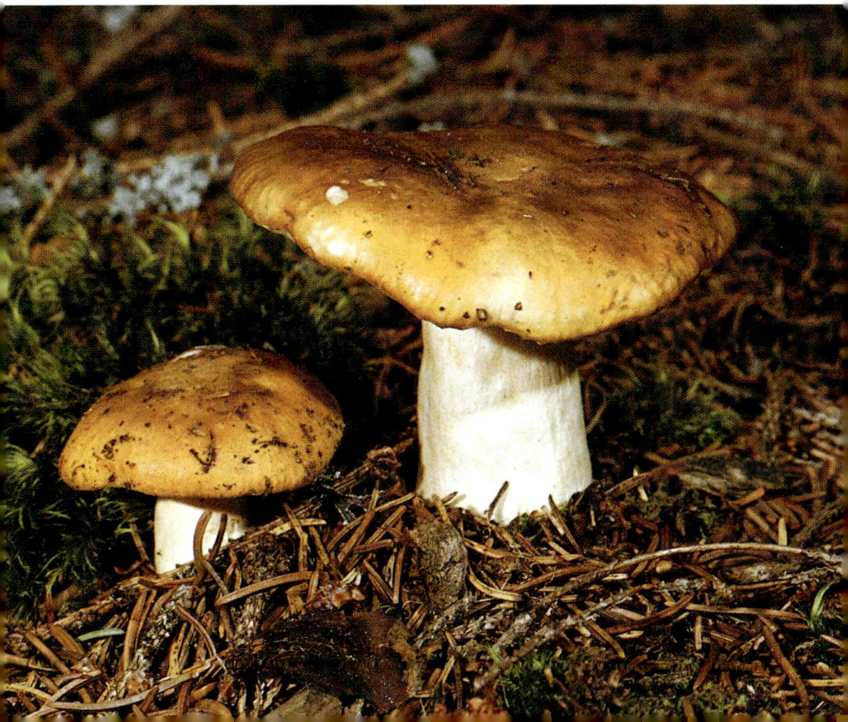

Kiefernblutreizker, Echter Reizker

Lactarius deliciosus Fr.

eßbar ★★

Geschmack: Mild. **Hut:** Orangeocker, dunkler gezont, stellenweise auch schwach grünlich, $\varnothing$ 4–10 cm. **Lamellen:** Orangegelb bis orangeocker. **Stiel:** Wie der Hut gefärbt, dunkler grubig-gefleckt. **Milch:** Karottenrot, nicht weinrot verfärbend. **Vorkommen:** Unter Kiefern; August bis Oktober. **Verwechslung:** Neben dem Kiefernblutreizker gibt es noch einige andere Arten mit karottenroter Milch. Der häufigere Fichtenblutreizker *(L. deterrimus)* ist geschmacklich minderwertiger, er ist etwas bitterlich. Seine Milch verfärbt sich nach etwa 10 Minuten weinrot! Der wärmeliebende Südliche Blutreizker *(L. sanguifluus)* besitzt von Anfang an blut- bis weinrote Milch. Auch die Lamellen weisen einen weinroten Ton auf. Er ist eßbar.

Bemerkungen: Der Kiefernblutreizker ist ein ausgezeichneter Speisepilz, wenn er nicht gekocht, sondern paniert und wie ein Schnitzel überbacken wird.

Gattungsmerkmale: 85 Arten, Mykorrhizapilze, Merkmale denen der Täublinge ähnlich (brüchiges Fleisch, Habitus), Farben meist trister und Fleisch bei Verletzung milchend, Sporenpulver weiß, cremefarbig oder gelblich, amyloid, Sporenornament warzig oder netzig, bei einigen Arten mit stark ausgeprägten Graten.

Fichtenblutreizker

Lactarius deterrimus Gröger

eßbar,
nicht schmackhaft

Geschmack: Bitterlich. **Hut:** Orange-fleischfarben, oft dunkler orange-rötlich gezont, bald stellenweise grünlich gefärbt, $\varnothing$ 4–8 cm. **Lamellen:** Erst blaß ocker, dann ocker-orange. **Stiel:** Orange, einfarbig oder dunkler orange gefleckt-grubig. **Milch:** Orangerot, nach einigen Minuten langsam weinrot verfärbend. **Vorkommen:** Unter Fichten auf sauren und kalkhaltigen Böden; August bis Oktober, sehr häufig. **Verwechslung:** Der Fichtenblutreizker wurde lange mit dem unter Kiefern auf Kalkboden wachsenden *L. semisanguifluus* verwechselt. Der Echte Reizker *(L. deliciosus)* besitzt eine blutrote Milch, die sich nicht weinrot verfärbt. Er ist ein sehr guter Speisepilz. Der Lachsreizker *(L. salmonicolor)* ist ein sehr ähnlicher Pilz, der unter Tannen wächst. Er ist weichfleischiger als *L. deliciosus* und ist am Hut kaum gezont. Seine Milch färbt sich nur im Stielbereich weinrot.

Gattungsmerkmale: Siehe oben.

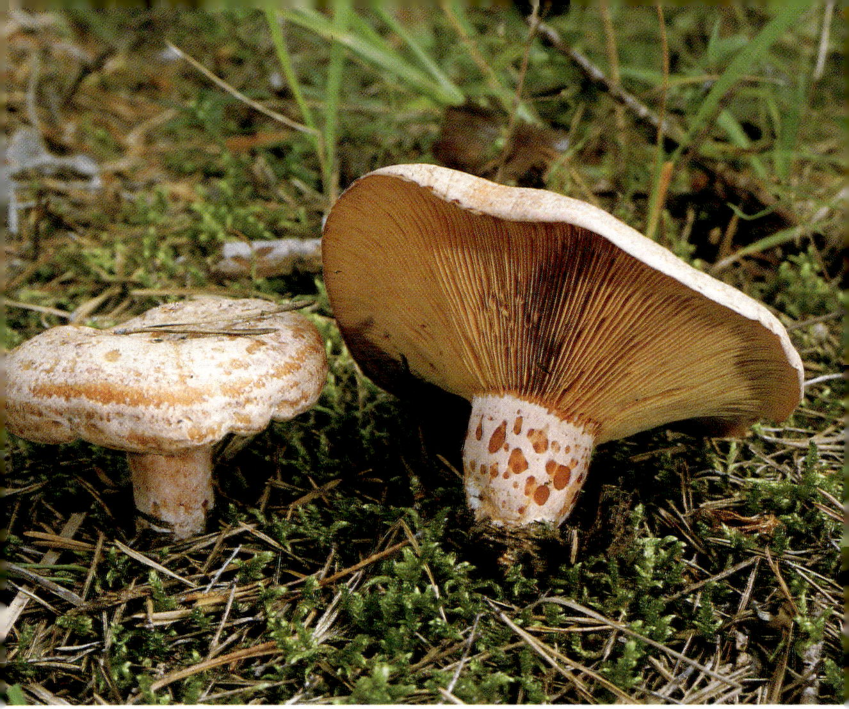

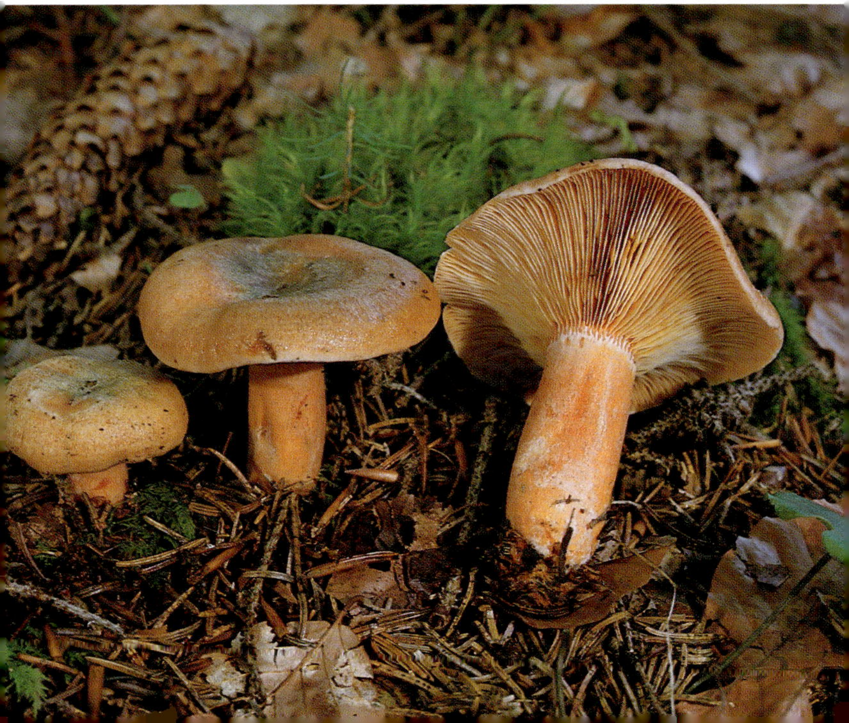

Eichenmilchling

Lactarius quietus Fr.

eßbar,
nach Abbrühen

Geschmack: Mild. **Geruch:** Etwas unangenehm nach Blattwanzen. **Hut:** Rotbraun bis fleischbraun, oft leicht dunkler gezont, matt, ⌀ 3–8 cm. **Lamellen:** Blaß zimtfarben, fleisch-rötlich, alt rostfleckig. **Stiel:** Dem Hut ähnlich gefärbt, zur Basis dunkler braun. **Milch:** Mild bis leicht bitterlich, weißlich, mit gelblichem Schein. **Vorkommen:** Unter Eichen, sehr häufige Art, die fast jedes Jahr in Mengen wächst; Juli bis Oktober. **Verwechslung:** Zimt- bis fleischbräunliche Farben sind bei den Milchlingen häufig vertreten. Der ähnliche Süßliche Milchling *(L. subdulcis)* riecht ebenfalls etwas nach Blattwanzen und schmeckt mild bis bitterlich. Er wächst später im Jahr unter Buchen und hat einen nicht gezonten, bei feuchtem Wetter glatten, durchwässerten Hut. Die Huthaut des Eichenmilchlings ist immer matt. Der rotbraune kleinere Kampfermilchling *(L. camphoratus)* riecht vor allem beim Antrocknen nach Kampfer oder Zichorien (maggiartig). Er ist ein Gewürzpilz. In Moorgebieten, in denen auch Eichen zu finden sind, können Eichenmilchling und Bruchreizker *(L. helvus)* zusammen auftreten. Der leicht giftige, filzige, ungezonte Bruchreizker riecht leicht nach Maggi. Seine Milch ist spärlich und fast wasserklar.
Gattungsmerkmale: Siehe S. 94.

Brätling, Milchbrätling

Lactarius volemus Fr.

eßbar

(G)

Geruch: Heringsartig. **Hut:** Rotbraun, orangefuchsig, orangegelblich, matt leicht bereift, oft konzentrisch aufgebrochen, ⌀ 5–15 cm. **Lamellen:** Blaßgelb, oft rostbäunlich verfärbt. **Stiel:** Ähnlich wie der Hut gefärbt, jedoch meist blasser. **Milch:** Weiß, besonders reichlich hervorquellend, sofern der Pilz frisch ist. **Vorkommen:** Im Laub- und Nadelwald, gern auf Kalk- und Lehmböden, besonders in Fichten- und Kiefernwäldern des Gebirges; Juli bis Oktober. **Verwechslung:** Vom Brätling existieren mehrere Varietäten, die sich durch kleineren Wuchs und blassere oder dunklere Hutfarben unterscheiden. Alle sind aber an dem typischen Heringsgeruch zu erkennen.
Bemerkungen: Der Brätling ist eine von den Pilzarten, die in den letzten 10 Jahren in ihrem Bestand stark zurückgegangen sind. Heute kann man froh sein, ein Foto von ihm zu besitzen! Es gibt aber auch Gegenden, in denen er noch häufig vorkommt, z. B. im Altmühltal. Wer ihn dort findet, sollte sich eine Kostprobe dieses wohlschmeckenden Speisepilzes nicht entgehen lassen. Dazu schneide man den Fruchtkörper in dünne Streifen und brate ihn scharf in gewürztem Öl (Name!). Der sich den Händen mitteilende Heringsgeruch (ich vergleiche den Geruch auch gern mit dem von Krebsfleisch) vergeht bei der Zubereitung. Der Pilz ist nie madig, dafür aber häufig von Schnecken angefressen.
Gattungsmerkmale: Siehe S. 94.

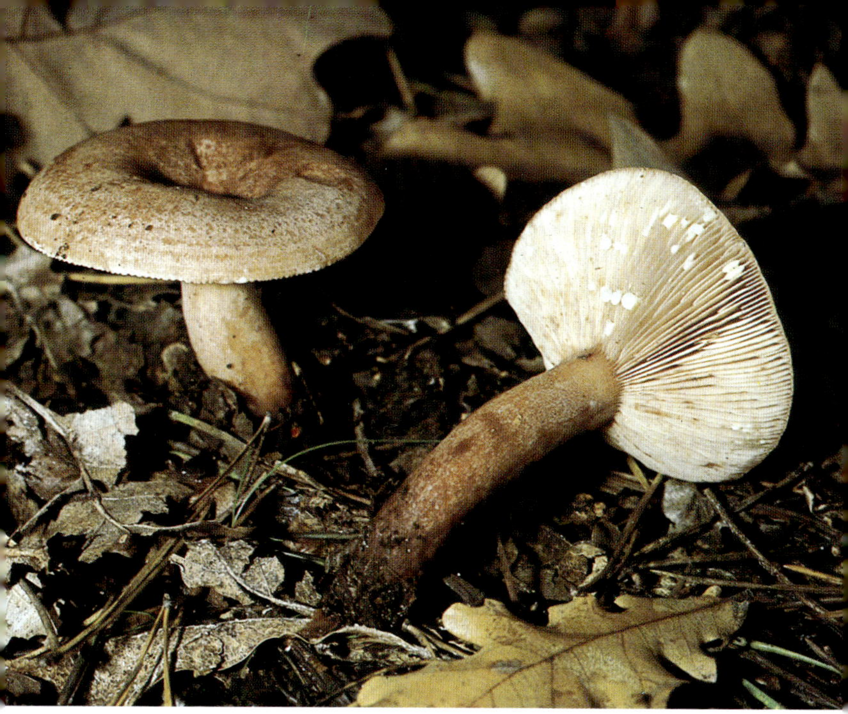

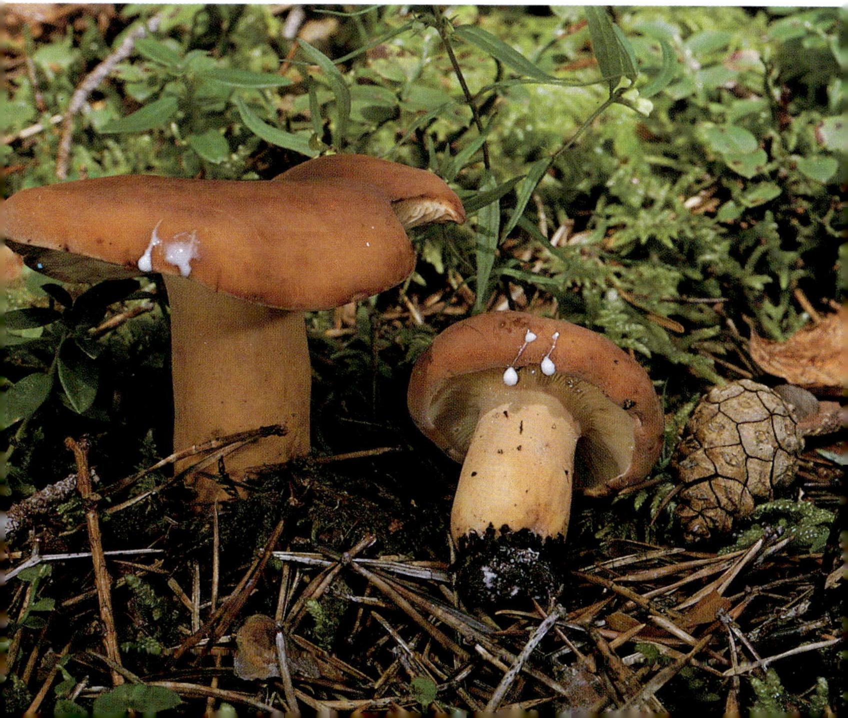

Rotbrauner Milchling

ungenießbar

Lactarius rufus (Scop.: Fr.) Fr.

Geschmack: Brennend scharf, oft erst nach einigen Sekunden. **Hut:** Rotbraun, matt, ungezont, oft mit kleinem, spitzem Buckel, ⌀ 3–8 cm. **Lamellen:** Fleischrötlich bis fleisch-ocker. **Stiel:** Erst heller, dann dem Hut fast gleichfarbig. **Milch:** Weiß, sehr scharf. **Vorkommen:** Unter Kiefern auf saurem Boden, seltener auch unter anderen Nadelbäumen und Birken; Juni bis Oktober. **Verwechslung:** Andere Milchlinge mit rotbräunlichen Farben sind ähnlich. Der häufige Rotbraune Milchling ist an seinem neutralen Geruch, der sehr scharfen, weiß bleibenden Milch und dem kleinen Hutbuckel zu erkennen. Im Spätherbst wächst unter Kiefern der ähnlich aussehende, etwas kleinere Späte Milchling *(L. hepaticus)*. Er schmeckt mild.
Bemerkungen: In einigen Gegenden wird auch dieser Pilz nach stundenlangem Wässern und gründlichem Abkochen entschärft und mit Speck gebraten. Er soll dann gut schmecken.
Gattungsmerkmale: Siehe S. 94.

Bruchreizker, Maggipilz

giftig

Lactarius helvus Fr.

Geruch: Nach Liebstöckel oder Maggigewürze. **Geschmack:** Mild. **Hut:** Zimtbräunlich, ockerrötlich, graugelblich, Oberfläche fein filzig, ⌀ 5–15 cm. **Lamellen:** Bald dem Hut gleichfarbig, gedrängt. **Stiel:** Wie der Hut gefärbt, jung bereift. **Milch:** Wasserklar, bald spärlich und schwer sichtbar. **Vorkommen:** Auf sauren, feuchten Böden, gern unter Birken in Torfbrüchen, daher der Name Bruchreizker; Juli bis Oktober. **Verwechslung:** Durch den typischen Maggigeruch und ihre Größe ist die Art gut gekennzeichnet. Der viel kleinere, rotbräunlich gefärbte Kampfermilchling *(L. camphoratus)* riecht sehr ähnlich und ist eßbar, wenn auch nicht ergiebig. Seine Milch besitzt eine molkenartige Farbe und quillt beim Verletzen der Lamellen reichlich hervor.
Bemerkungen: Der Bruchreizker ist schwach giftig und erzeugt Darmstörungen. In kleinen Mengen kann er jedoch als Gewürz in getrocknetem Zustand verwendet werden.
Gattungsmerkmale: Siehe S. 94.

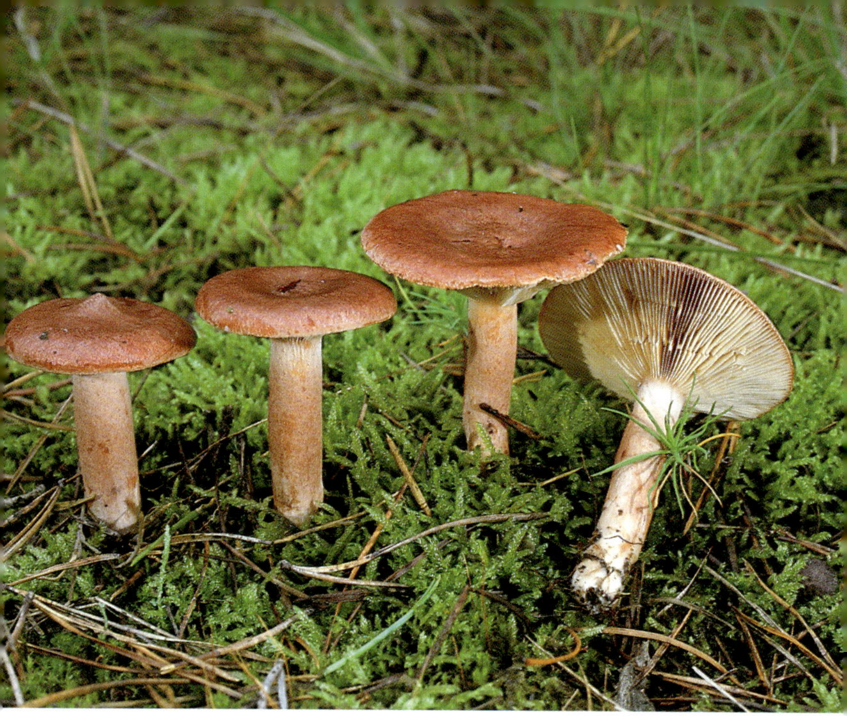

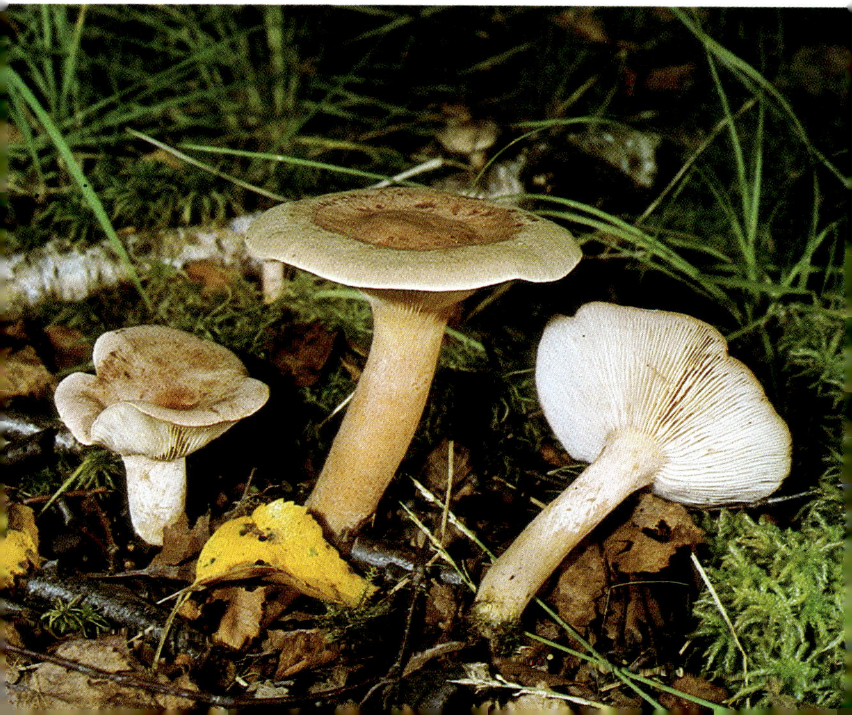

Olivbrauner Milchling

Lactarius turpis (Weinm.) Fr.

Geschmack: Brennend scharf. **Hut:** Dunkel olivgrün bis olivbraun, oft etwas gezont, Rand besonders jung filzig, ⌀ 5–15 cm. **Lamellen:** Erst weißlich, dann cremegelblich, im Alter braunfleckig. **Stiel:** Ähnlich wie der Hut gefärbt, doch heller, mit grubigen Flecken. **Milch:** Weiß, scharf. **Vorkommen:** Unter Birken oder unter Fichten, auf sauren Böden; August bis Oktober.

Bemerkungen: Der Pilz ist, wie viele scharfe Milchlinge, ungenießbar und erzeugt unabgekocht sogar Darmbeschwerden und Erbrechen. Wird er aber kleingeschnitten, mehrmals abgekocht und dann verwendet, ist er genießbar. Vor allem in Osteuropa werden auf diese Art viele Milchlinge entschärft und gegessen.

Beim Olivbraunen Milchling ist eine Verwendung nach der Entdeckung des Inhaltsstoffes Necatorin nicht mehr zu empfehlen. Der Name ist von dem früher für diesen Pilz gebräuchlichen Namen *L. necator* abgeleitet. Necatorin soll nach Angaben von Chemikern mutagene Wirkung haben (erbgutverändernd, krebserregend). Die Wirkung auf den Menschen ist allerdings noch nicht hinreichend getestet.

Gattungsmerkmale: Siehe S. 94.

Grubiger Milchling

Lactarius scrobiculatus (Scop.: Fr.) Fr.

Geschmack: Sehr scharf, dabei salzig-parfümiert und bitter, unerträglich unangenehm. **Hut:** Strohgelb-gelbocker, gezont, am Rande fransig behangen, sehr groß, ⌀ 8–20 cm. **Lamellen:** Weißlich bis sahnegelblich, auf Druck dunkler fleckend. **Stiel:** Etwas blasser als der Hut, dunkler grubig-gefleckt. **Milch:** Brennend scharf, erst weiß, an der Luft schnell schwefelgelb verfärbend. **Vorkommen:** Im Nadelwald, vor allem im Gebirge, unter Fichten, häufig auf Kalkboden; Juli bis Oktober. **Verwechslung:** Der Grubige Milchling ist wegen seiner Häufigkeit und Größe eine kaum zu verwechselnde und charakteristische Erscheinung des Gebirgsnadelwaldes. In Laubwäldern auf kalkhaltigem Untergrund wächst der ähnlich aussehende Fransenmilchling *(L. citriolens)*, der deutlich nach Zitronenschalen riecht. Ein Anklang dieses Geruches ist aber auch beim Grubigen Milchling wahrzunehmen, so daß eine Unterscheidung nicht immer leicht fällt. Schließlich sei noch der seltene Violettmilchende Zottenreizker *(L. repraesentaneus)* erwähnt, dessen mild oder bitterlich schmeckende Milch sich violett färbt.

Gattungsmerkmale: Siehe S. 94.

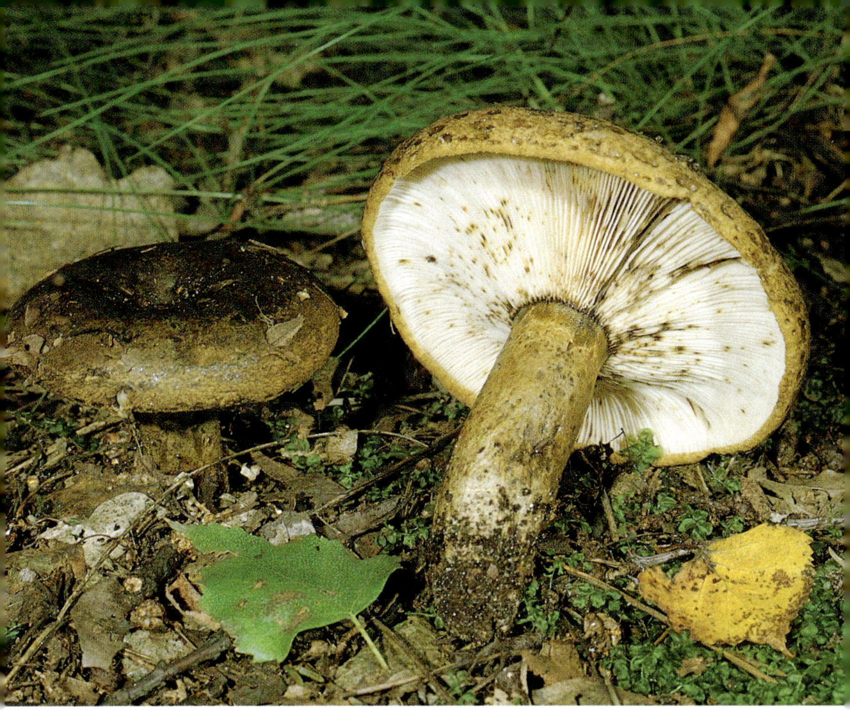

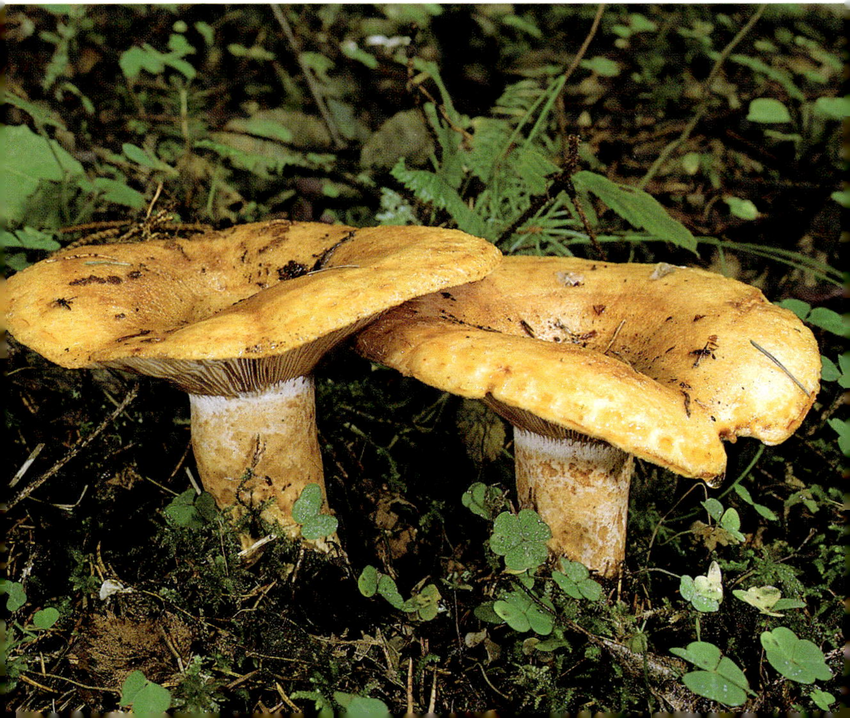

Birkenreizker

leicht giftig

Lactarius torminosus (Schff.: Fr.) Pers.

Geruch: Schwach obst- bis terpentinartig. **Geschmack:** Brennend scharf. **Hut:** Rosa-fleischfarben, oft dunkler rosa gezont, zottig am Rande behangen, ∅ 5–10 cm. **Lamellen:** Blaß fleischrosa, meist heller als der Hut, glatt oder manchmal etwas grubig. **Milch:** Weiß, sehr scharf, unveränderlich. **Vorkommen:** Unter Birken; August bis Oktober. **Verwechslung:** Der Flaumige Moormilchling *(L. pubescens)* gleicht dem Birkenreizker in fast allen Merkmalen. Er ist blasser gefärbt und gewöhnlich ungezont. Er wächst ebenfalls unter Birken, liebt laut Literatur feuchtere Standorte, ist aber nicht an diese gebunden.

Bemerkungen: In Skandinavien und Osteuropa wird der Birkenreizker nach längerem Abkochen in Salzwasser und anschließendem Einlegen in gewürztem Essig verwendet. Er ist dort auch heute noch ein beliebter Marktpilz.

Gattungsmerkmale: Siehe S. 94.

Wolliger Milchling, Erdschieber

ungenießbar

Lactarius vellereus (Fr.) Fr.

Geschmack: Im Fleisch brennend scharf. **Hut:** Cremeweißlich, etwas mattfilzig, breit trichterförmig, Erde mit hochschiebend, Rand lange eingerollt, ∅ 10–30 cm. **Lamellen:** Weißlich bis ockergelblich, im Alter schmutzig bräunlich werdend. **Stiel:** Weißlich wie der Hut, kurz und gedrungen. **Fleisch:** Sehr hart und kompakt, weißlich. **Milch:** Ohne Verbindung mit dem Fleisch mild, die Zähne stumpf machend, weiß, bei Eintrocknen langsam schwefelgelblich werdend. **Vorkommen:** Im Laub- und Nadelwald; August bis Oktober, sehr häufig. **Verwechslung:** Der Blaublättrige Weißtäubling *(Russula delica)* kann sehr ähnlich aussehen und erreicht auch eine beträchtliche Größe. Ihm fehlt aber die Milch und die Lamellen haben oft einen feinen blaugrünlichen Schimmer. Der kleinere Pfeffermilchling *(L. piperatus)* besitzt eine scharfe weiße Milch und ist, da er nicht so zäh ist, nach entsprechender Vorbehandlung eßbar.

Bemerkungen: Der häufige Wollige Milchling besitzt einen äußerlich nicht unterscheidbaren Verwandten, den Scharfmilchenden Wollschwamm *(L. bertillonii)*. Bei ihm schmecken Fleisch und Milch gleichermaßen scharf. Der Scharfmilchende Wollschwamm ist erheblich seltener anzutreffen. Die Verbreitungskarte dieser Art (vgl. Krieglsteiner 1991: Verbreitungsatlas der Großpilze Deutschlands, Band 1 A) zeigt nur wenige Fundpunkte, die sich auf Süddeutschland und den Harz beschränken. Ich fand den Pilz regelmäßig in Österreich.

In Osteuropa wird der Wollige Milchling trotz seines zähen Fleisches für Speisezwecke verwendet. Dünn geschnittene Streifen des Fruchtkörpers werden im Ofen oder auf der Herdplatte geröstet. In Mitteleuropa fand dieser Pilz dennoch kaum Liebhaber.

Gattungsmerkmale: Siehe S. 94.

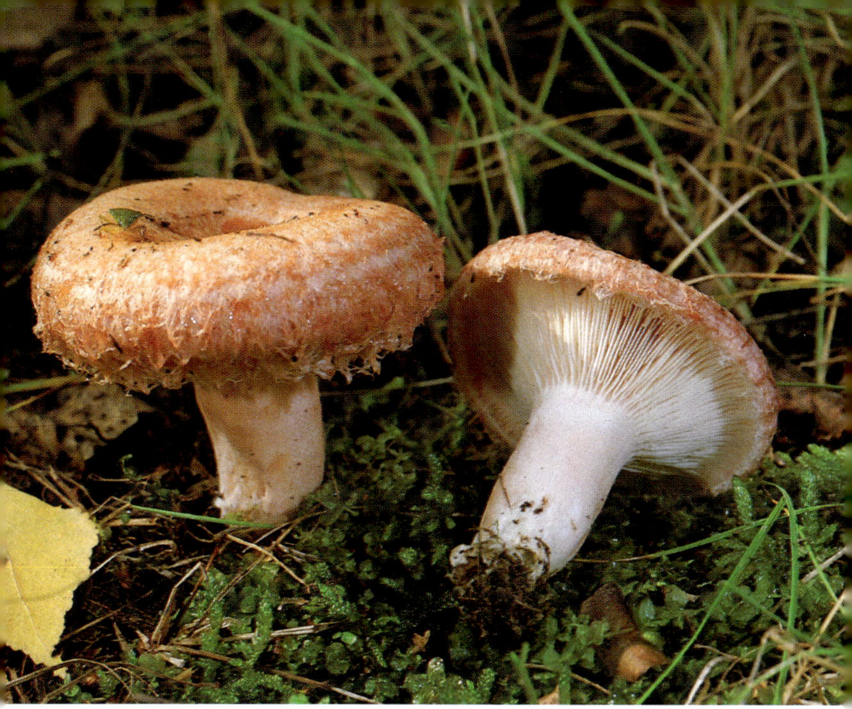

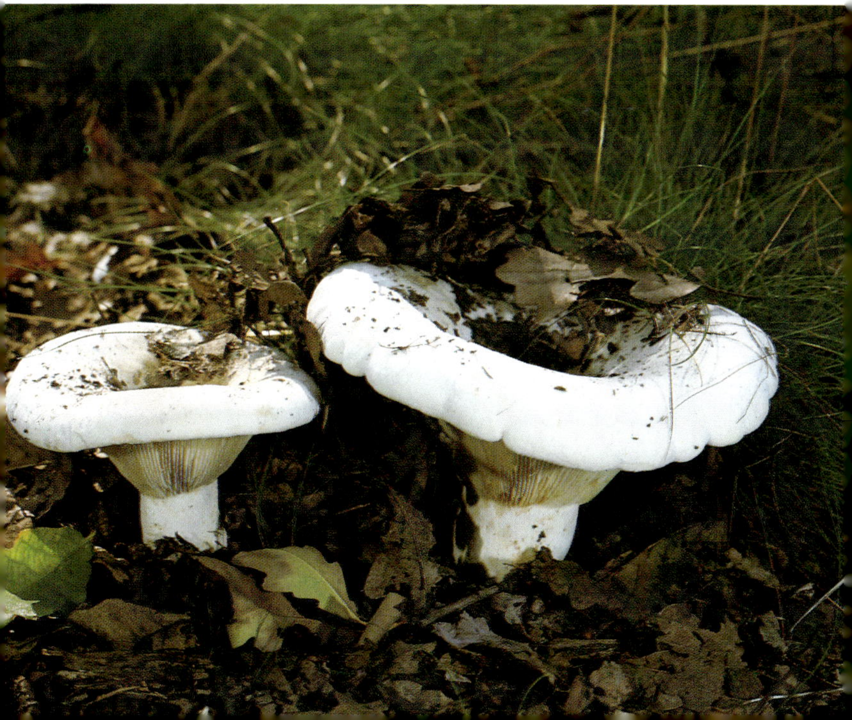

Wiesenchampignon, Feldegerling

eßbar ★

Agaricus campestris L.

Hut: Weißlich, glatt, faserig bis leicht angedrückt schuppig, recht veränderlich, ∅ 3–8 cm. **Lamellen:** Lange in jüngeren Stadien schön rosa aufblühend, im reifen Zustand schokoladenbraun. **Stiel:** Zylindrisch, häufig mit ausspitzender Basis, weißlich, mit schwachem vergänglichem Ring. Stielspitze oft etwas rosa. **Vorkommen:** Auf Wiesen, Feldern und an lichten Waldrändern, gern in Hexenringen und Reihen wachsend; Mai bis Oktober. **Verwechslung:** Mit anderen weißlichen Champignonarten, die auf Wiesen wachsen, möglich. Der zugespitzte Stiel und der schwach ausgebildete Ring sind gute Kennzeichen.

Bemerkungen: Der Wiesenchampignon gehört zu den Pilzarten, die nach einem auf eine längere Trockenperiode folgenden Regenguß plötzlich in Massen auftreten können. Oft ist er die einzige Art, die während einer solchen Periode auf den Wiesen von bewässerten Privatgärten wachsen kann.

Gattungsmerkmale: Siehe S. 108.

Schafchampignon, Weißer Anisegerling

eßbar ★

Agaricus arvensis Schff.

Geruch: Beim Reiben anisartig. **Hut:** Weißlich, meist glatt und kahl, auf Druck gilbend, ∅ 8–15 cm. **Lamellen:** Jung nicht rosa aufblühend, sondern blaß graurosa, reif schokoladenbraun. **Stiel:** Zylindrisch, Basis oft leicht knollig, weißlich, gilbend, in Stielknolle nicht chromgelb verfärbend, Ring bei geschlossenem Hut sternförmig gezackt, später hängend. **Vorkommen:** In lichten Wäldern unter Gebüsch, meist aber auf Weiden und Wiesen, auf Äckern, einzeln und büschelig wachsend; Mai bis Oktober. **Verwechslung:** Mit dem ebenfalls weißen, leicht giftigen Karbolegerling *(A. xanthodermus)*, der aber nicht nach Anis, sondern unangenehm nach Karbol oder Eisengallustinte riecht und an der Stielbasis beim Reiben intensiv chromgelb anläuft. Andere weißliche, gilbende Arten wie Dünnfleischiger und Schiefknolliger Anisegerling *(A. silvicola* und *A. abruptibulbus)* sind ähnlich und ebenfalls eßbar.

Bemerkungen: Das linke Exemplar ist noch geschlossen und zeigt den typisch zahnradartigen Ring.

Gattungsmerkmale: Siehe S. 108.

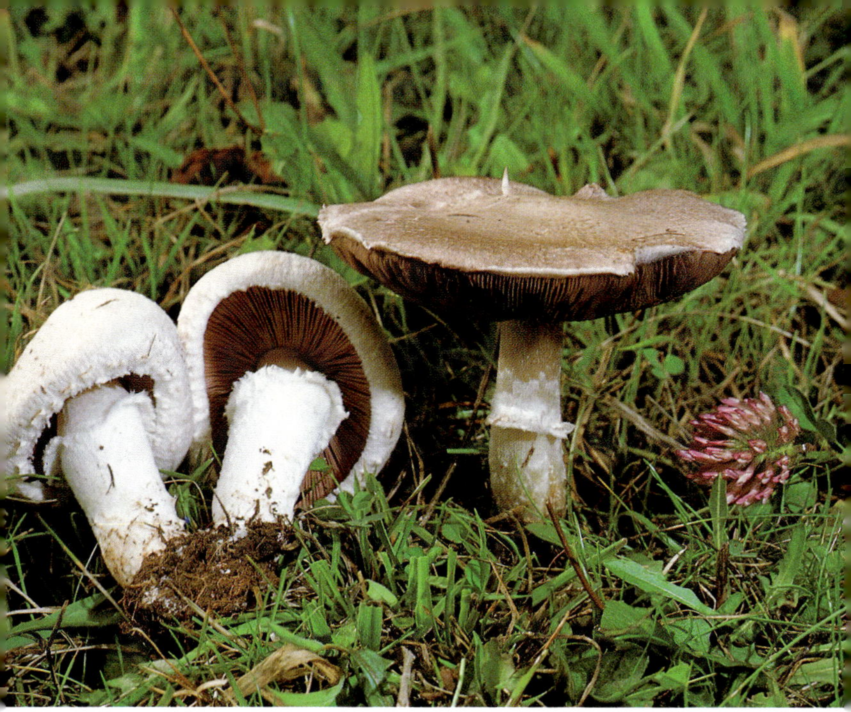

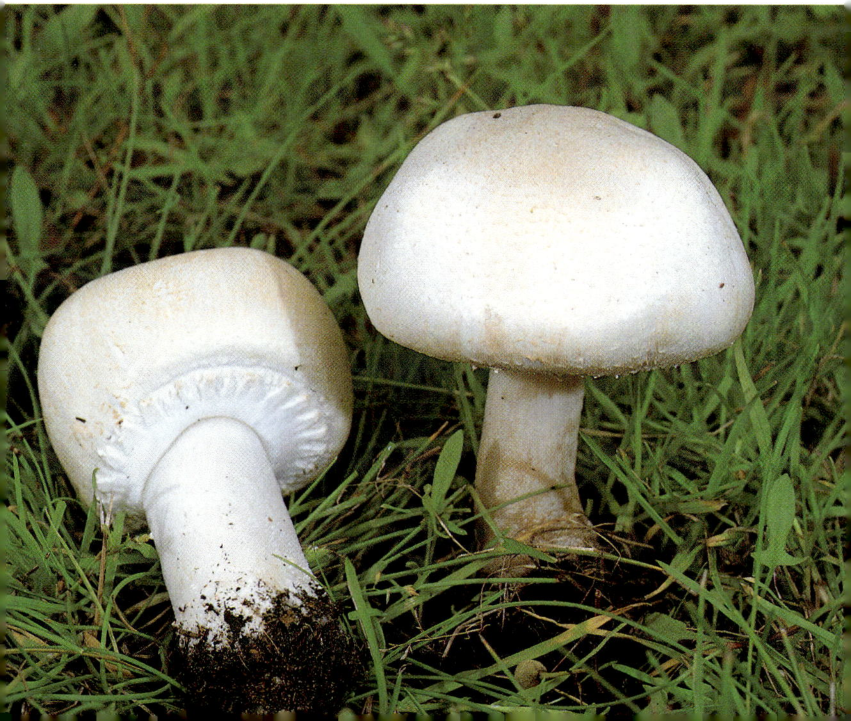

Großsporiger Champignon

eßbar ★

Agaricus macrosporus (Moeller & J. Schff.) Pil.

Geruch: Leicht anisartig. **Hut:** Weißlich, meist glatt, höchstens etwas schuppig aufbrechend, sehr groß und kompakt, ⌀ 15–25 cm. **Stiel:** Weiß, mit dauerhaftem Ring, der am Rande zahnradartig ausgebildet ist. **Fleisch:** Besonders im Stielbereich etwas safranfarben anlaufend, nicht eigentlich gilbend. **Vorkommen:** Auf Wiesen und Viehweiden, besonders in den Mittelgebirgen, in einigen Gegenden ortshäufig, nicht überall anzutreffen; August bis Oktober. **Verwechslung:** Der Pilz gehört in die Verwandtschaft des Schafchampignon *(A. arvensis)* und wurde früher als eine Varietät von diesem angesehen. Durch das nicht gilbende Fleisch und die konstante Größe ist er gut von ihm zu unterscheiden. – Die Abbildung stammt aus der Umgebung von Kassel.

Gattungsmerkmale: Siehe S. 108.

Stadtchampignon, Scheidenegerling

eßbar ★

Agaricus bitorquis (Quélet) Sacc.

Hut: Weißlich, oft ockerfleckig, kahl, Scheitel meist abgeflacht, ⌀ 5–10 cm. **Lamellen:** Jung rosa, reif schokoladenbraun. **Stiel:** Zylindrisch und oft gedrungen, mit aufsteigendem Ring, darunter mit zweitem meist deutlichem Ringansatz. **Fleisch:** Bei Verletzung nicht oder schwach rötend, festfleischig. **Vorkommen:** Gern an den Straßenrändern der Städte, jedenfalls nicht im Walde. Einzeln oder in kleinen Gruppen, sich meist tief im Erdreich entwickelnd, vor allem auf sandigen Böden; Mai bis September. **Verwechslung:** Die Art ist gut durch den aufsteigenden Ring und den zweiten Ringansatz sowie durch das feste Fleisch gekennzeichnet. Da der Zuchtchampignon auch einen aufsteigenden Ring besitzen kann, müssen in Zweifelsfällen die Basidien untersucht werden. Beim Stadtchampignon sind sie vier-, beim Zuchtchampignon zweisporig.

Bemerkungen: Dieser Pilz ist oft dafür verantwortlich, daß sich Betondecken und Pflastersteine hochheben, unter denen er wächst. Leider wird er sehr gern von Maden befallen, die sich schon entwickeln, wenn der junge Fruchtkörper noch im Erdboden steckt.

Gattungsmerkmale: Siehe S. 108.

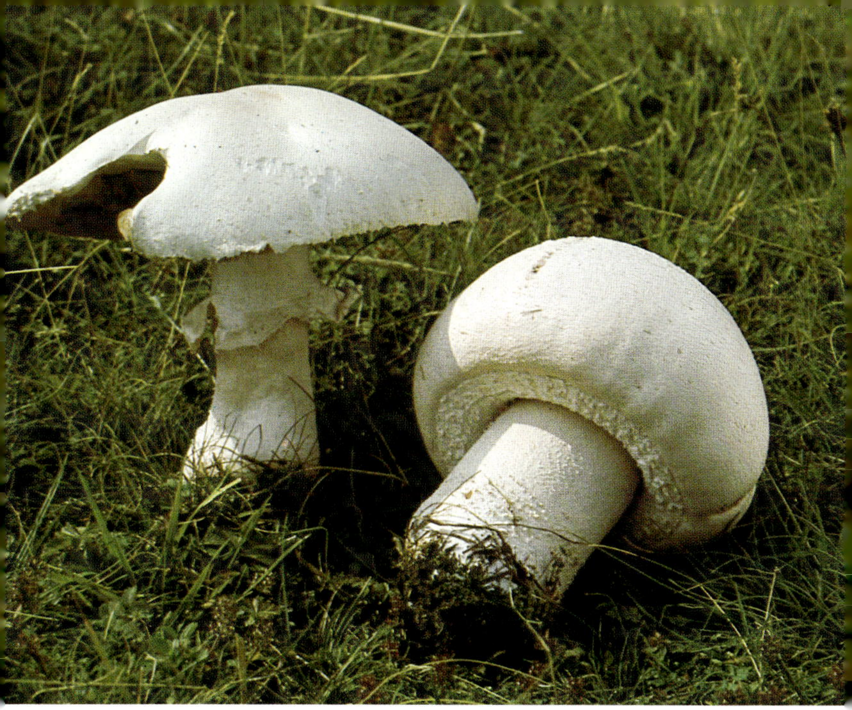

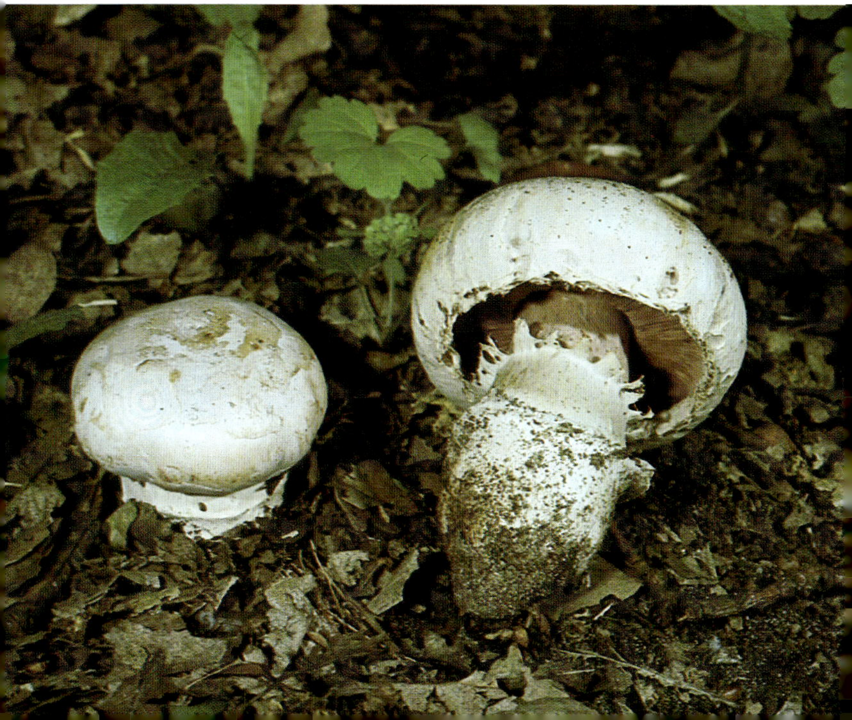

Karbolegerling

Agaricus xanthodermus Gen.

giftig

Geruch: Besonders bei Verletzung und beim Reiben der Stielbasis nach Karbol oder Eisengallustinte (auch »nach Krankenhaus«). Spätestens macht sich der unangenehme Geruch im Kochtopf bemerkbar. **Hut:** Weißlich, glatt und kahl, gilbend, ⌀ 4–12 cm. **Lamellen:** Im jugendlichen Zustand graufleischrosa, nicht schön lachsrosa aufblühend. Vgl. auch Schafchampignon! Reif schmutzig graubraun. **Stiel:** Weißlich, mit hängendem, häutigem Ring, der am Rande oft flockig ist; aber nicht sternförmig gezähnt wie beim Schafchampignon. Stielbasis meist knollig und beim Reiben intensiv chromgelb anlaufend! **Fleisch:** Oft nur leicht gilbend, in Stielbasis auffällig chromgelb verfärbend. **Vorkommen:** In lichten Wäldern, Wiesen, Gebüsch, gern in Parkanlagen und Gärten; Mai bis September.

Bemerkungen: Dieser Pilz kann üble Darmstörungen erzeugen; Alkohol soll die Wirkung noch verstärken. Von manchen Personen wird er auch ohne Schaden verzehrt. Der unangenehme Geruch, der beim Kochen noch stärker wird, lädt keinesfalls zum Essen ein.

Gattungsmerkmale: Siehe unten.

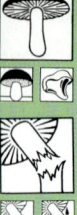

Perlhuhnegerling

giftig

Agaricus praeclaresquamosus Freeman
Syn.: *Agaricus placomyces* Peck

Geruch: Ähnlich wie beim Karbolegerling, oft aber schwächer. **Hut:** Mit feinen, braungrauen, anliegenden Schüppchen bedeckt, die an ein Perlhuhngefieder erinnern.

Bemerkungen: Die Hutfarbe variiert von graubraun bis schwärzlich, so daß mehrere Unterarten unterschieden werden. Die übrigen Merkmale ähneln sehr denen des weißen Karbolegerlings. Das wichtigste Erkennungsmerkmal ist die bei Verletzung auffällige chromgelbe Verfärbung an der Stielknolle. Auch braunschuppige Formen sind bekannt, die dann sehr den eßbaren Waldchampignons ähneln. Sie werden als eigenständige Art, *A. phaeolepidotus* abgetrennt.

Gattungsmerkmale: 65 Arten, Saprophyten, Lamellen erst rosa oder graurosa, dann schokoladenbraun, frei vom Stiel, Stiele mit hängendem oder aufsteigendem Ring, Basis oft knollig, doch immer ohne Hautreste; Sporenpulver schokoladenbraun, Sporen oval bis rundlich, glatt. Etwa 3 Arten sind leicht giftig und riechen unangenehm karbolartig.

Vorsicht wegen der Verwechslungsgefahr mit tödlich giftigen Knollenblätterpilzen, die immer weißliche Lamellen besitzen!

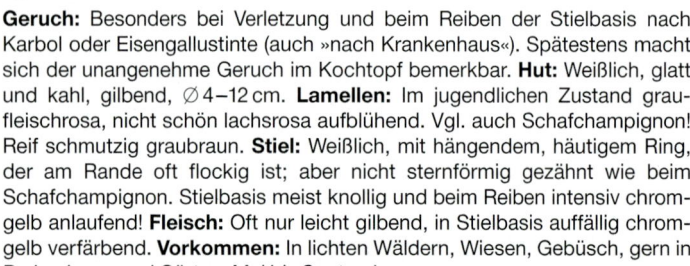

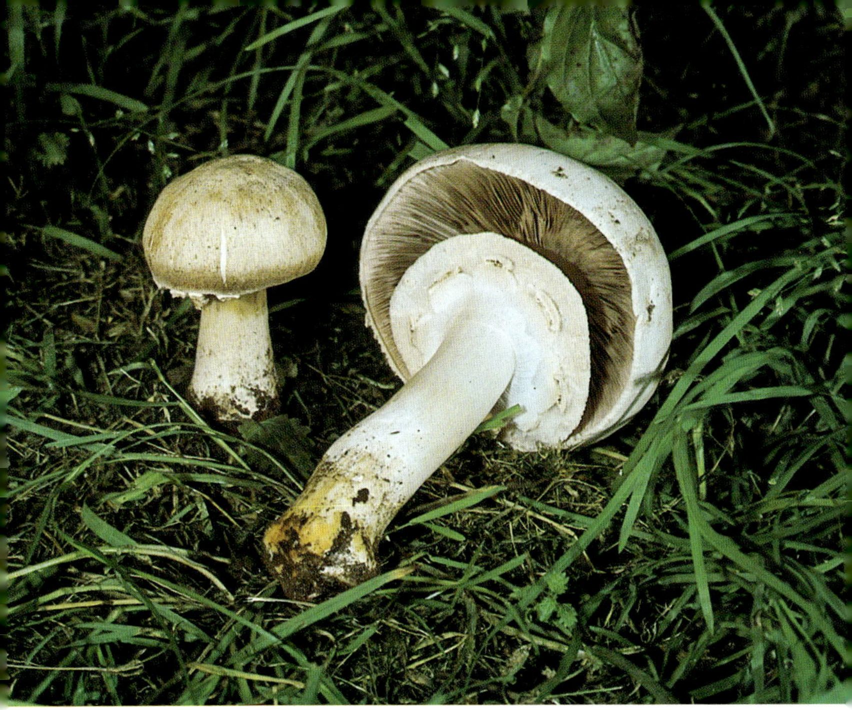
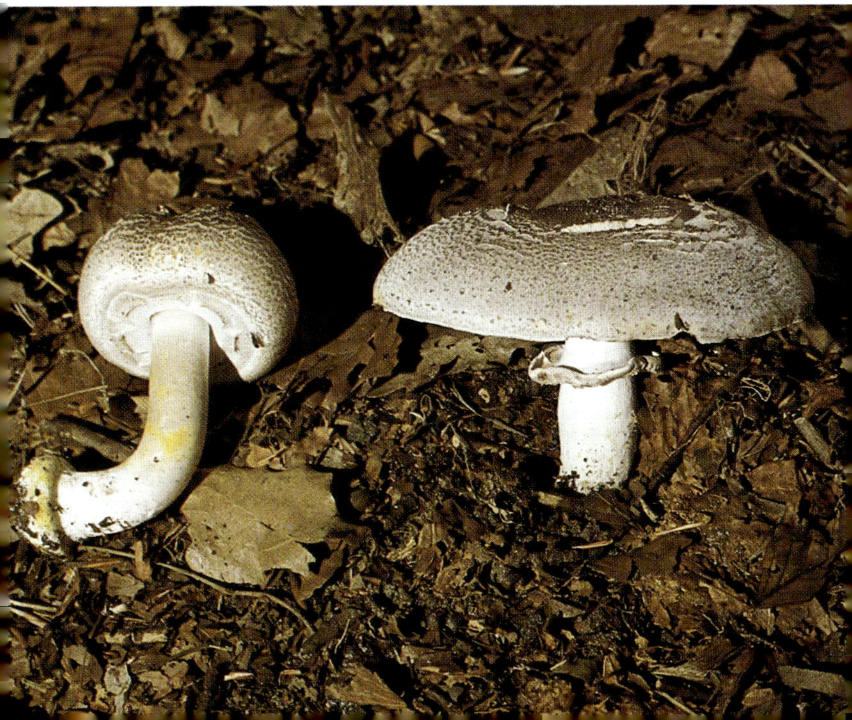

Breitschuppiger Egerling

eßbar ★

Agaricus lanipes (Moeller & J. Schff.) Singer

Geruch: Normal wie viele Egerlinge, in der Stielbasis jedoch nach bitteren Mandeln. **Hut:** Braun, von breiten, anliegenden Schuppen geziert, Scheitel oft niedergedrückt, ⌀ 5–10 cm. **Lamellen:** Erst rosa, dann schokoladenbraun. **Stiel:** An der Basis leicht knollig und dort mit kleinen Myzelrhizoiden oder einem wurzelförmigen Myzelstrang, mit häutigem, hängendem Ring, darunter bräunlich flockig-schuppig. Stielfarbe sonst weißlich. Der Ring ist an seiner Oberseite oft leicht längsgefaltet und wirkt dadurch etwas riefig. **Fleisch:** Im Schnitt leicht rötend, in der Stielbasis aber gilbend. **Vorkommen:** Meist in Laubwäldern, in sandigen Gegenden mit sauren Böden (Berlin und Umgebung) ersetzt er den stärker rötenden Waldchampignon; Juli bis Oktober. **Verwechslung:** Er kann mit anderen braunen Egerlingen, die im Walde wachsen, verwechselt werden, diese röten meist stärker und riechen in der Stielbasis nicht nach bitteren Mandeln. Dieses Merkmal unterscheidet den Breitschuppigen Egerling auch von dem leicht giftigen, ähnlichen, zur Gruppe der Karbolegerlinge gehörenden *A. phaeolepidotus*, der nach Karbol riecht. **Gattungsmerkmale:** Siehe S. 108.

Kleiner Blutegerling, Waldegerling

eßbar ★

Agaricus silvaticus Schff.

Hut: Auf weißlichem Grunde braun anliegend geschuppt, variierend von ocker bis dunkelbraun, am Hutrand oft heller, ⌀ 3–8 cm. **Lamellen:** Reif schokoladenbraun. **Stiel:** Weißlich, seltener leicht schuppig-flockig, mit hängendem Ring. **Fleisch:** Bei Berührung oder Verletzung schnell blutrot verfärbend. **Vorkommen:** Im Nadelwald, gern unter Fichten, auf Kalkboden, auch in der Nähe von Buchen; Juli bis Oktober. **Verwechslung:** Ähnlich, jedoch meist größer sind die Großen Blutegerlinge *A. haemorrhoidarius* und *A. langei*, die aber ebenfalls eßbar sind. Der Rebhuhnchampignon *(A. phaeolepidotus)* kann ähnlich aussehen, rötet aber nicht. Er riecht schwach karbolartig und färbt sich im Fleisch und vor allem in der Stielbasis chromgelblich. Sein Genuß kann zu Verdauungsstörungen führen. **Gattungsmerkmale:** Siehe S. 108.

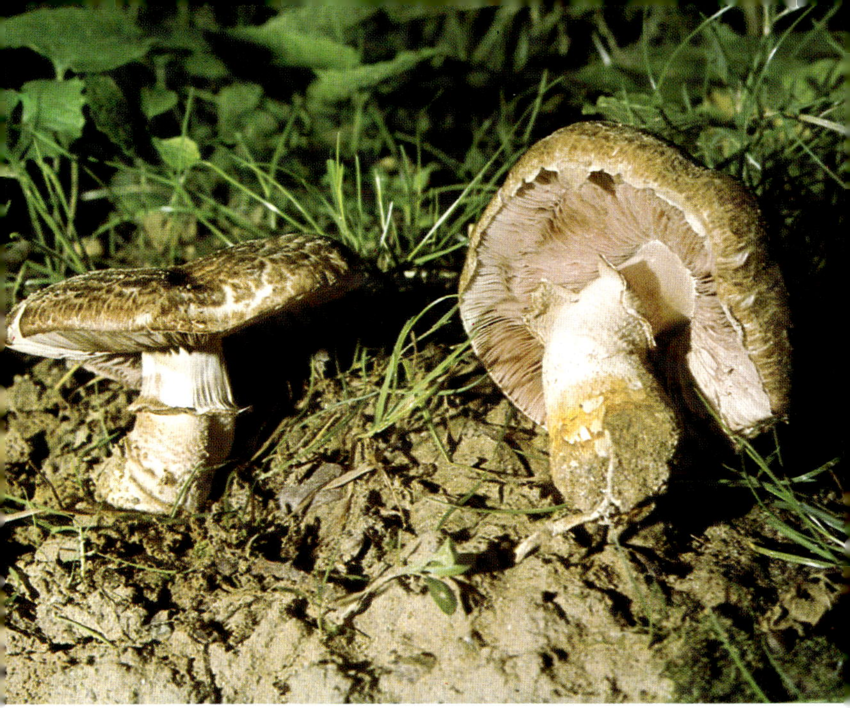

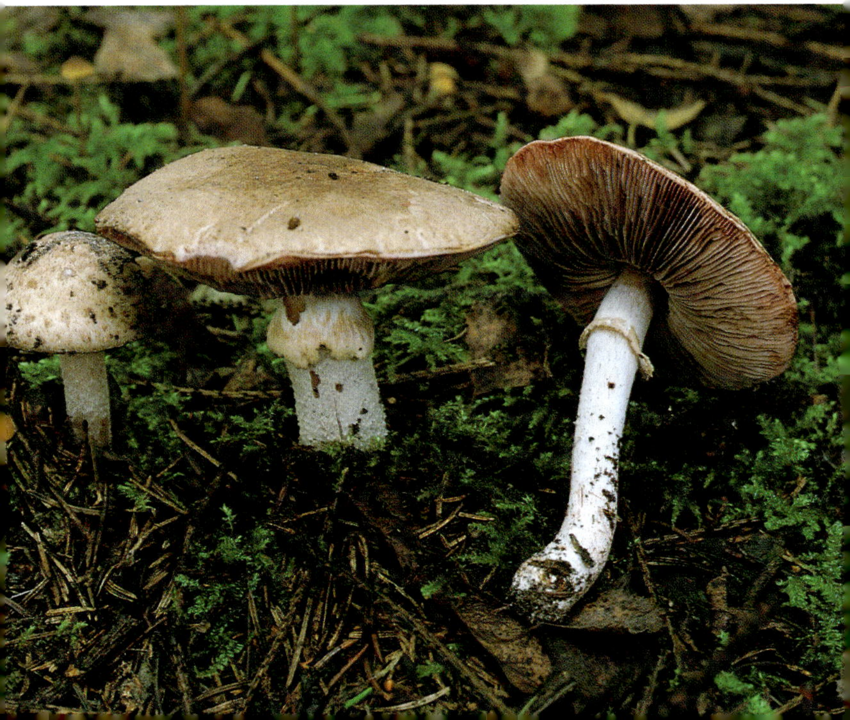

Rehbrauner Dachpilz

eßbar

Pluteus atricapillus (Batsch) Fayod

Geruch: Frisch leicht retticharitg, beim Eintrocknen kumarinartig. **Hut:** Dunkler oder heller braun, leicht eingewachsen, radialfaserig, kahl, oft seidig glänzend, ⌀ 5–12 cm. **Lamellen:** Erst cremeweißlich, bei Reife lachsrosa, frei vom Stiel. **Stiel:** Weißlich, etwas dunkler netzfaserig gezeichnet. **Fleisch:** Weichlich und weiß. **Sporenpulver:** Lachsrosa. **Zystiden:** An den Lamellen typisch hakenförmig an der Spitze, im Mikroskop sehr auffällig (Abb. S. 19). **Vorkommen:** An totem Laubholz; Mai bis November. **Verwechslung:** Schädliche Folgen könnte eine Verwechslung mit den bodenbewohnenden Rötlingen haben. Sie weisen im reifen Stadium die gleiche Lamellenfarbe auf, haben aber buchtig angewachsene Lamellen. Dem Rehbraunen Dachpilz sieht der ungefährliche Schwarzschneidige Dachpilz *(P. atromarginatus)* sehr ähnlich. Er ist an seiner schwärzlichen Lamellenschneide zu erkennen.

Gattungsmerkmale: Die Gattung der Dachpilze *(Pluteus)* besteht in Mitteleuropa aus 47 Arten, die teilweise schwer auseinanderzuhalten sind. Der Rehbraune Dachpilz ist einer der größten und häufigsten Arten. Wie er leben fast alle saprophytisch an Holz. Eine Gruppeneinteilung erfolgt durch den unterschiedlichen Aufbau der Huthaut, die aus liegenden Hyphen oder aus rundlichen Zellen bestehen kann. Sporen oval bis elliptisch, glatt.

Großer Scheidling

eßbar

Volvariella speciosa (Fr.: Fr.) Singer

Geruch und Geschmack: Retticharitg, im Alter süßlich. **Hut:** Elfenbeinweißlich oder grau-bräunlich, feucht klebrig, glatt und kahl, ⌀ 5–12 cm. **Lamellen:** Erst weißlich, bald durch die reifenden Sporen lachsrosa, frei vom Stiel. **Stiel:** Weißlich, an der Basis mit weißer, häutiger Volva, ohne Ring. **Fleisch:** Weiß, weichlich. **Sporenpulver:** Lachsrosa. **Vorkommen:** Auf Äckern, Friedhöfen und Parkanlagen, gern auf gedüngtem Boden; Juni bis Oktober. **Verwechslung:** In jüngeren Stadien kann dieser Pilz weißen Knollenblätterpilzen ähneln, vor allem, wenn die Lamellen noch nicht rosa gefärbt sind. Dem Großen Scheidling fehlt aber immer ein Stielring. Der Wollige Scheidling *(V. bombycina)* besitzt einen filzigen Hut.

Gattungsmerkmale: Die Scheidlinge (Gattung *Volvariella),* bestehend aus ca. 13 Arten, sind mit den Dachpilzen *(Pluteus)* eng verwandt. Wie bei diesen ist auch hier das Sporenpulver rosa, die Lamellen sind frei. Die saprophytisch lebenden Scheidlinge unterscheiden sich lediglich durch die namengebende Scheide (Volva) an der Stielbasis. Keine der Arten ist nachweislich giftig. In asiatischen Ländern werden Scheidlinge auf Reisstroh gezüchtet und kommen auf den Markt.

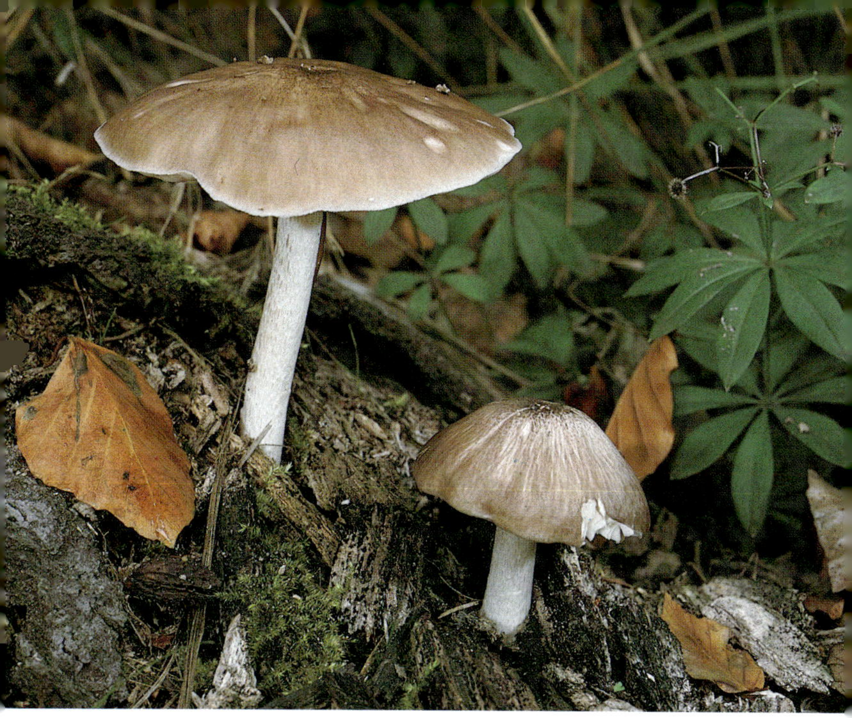

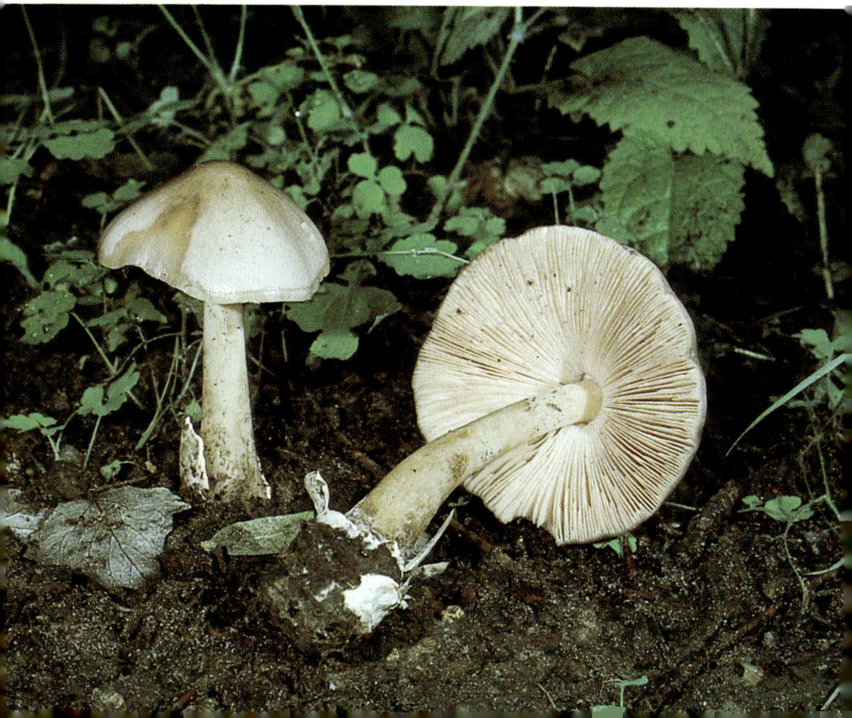

Stinkschirmling, Kammschirmling

Lepiota cristata (Bolt.: Fr.) Kummer

Geruch: Stark unangenehm, fast stechend-leuchtgasartig, manchmal auch schwächer, ähnlich dem Kartoffelbovist oder Birnenstäubling. **Hut:** Vorwiegend weißlich, mit bräunlichen, konzentrisch angeordneten Schüppchen, am Scheitel zusammenhängend rotbraun, $\varnothing$ 2–5 cm. **Lamellen:** Weiß, frei. **Stiel:** Mit meist trichterförmig aufsteigendem Ring, der manchmal etwas bräunt, Farbe sonst weißlich bis fleischfarben. **Vorkommen:** An lichten Laubwaldstellen, auf Wiesen, an Wegrändern, in Parkanlagen; Juni bis Oktober. **Verwechslung:** Der Wolliggestiefelte Schirmling (*L. clypeolaria*) und seine Verwandten besitzen keinen Ring und sind dafür am Stiel wollig-flockig überzogen, ihr Geruch ist anders oder weniger intensiv. Keine der Arten ist eßbar.

Bemerkungen: Die Huthaut des Stinkschirmlings ist eigentlich braun gefärbt. Sie ist aus länglichen, senkrecht nebeneinander stehenden Zellen aufgebaut (hymeniform) und kann sich deshalb beim Aufschirmen des Hutes nicht mitstrecken. Der dadurch hervortretende helle Untergrund läßt den Pilz weiß erscheinen, während die Huthaut als Schüppchen zurückbleibt.

Gattungsmerkmale: Siehe S. 116.

Fleischrötlicher Giftschirmling

Lepiota brunneoincarnata Chod. & Mart.

Geruch: Wenig auffällig, frisch bei Verletzung leicht säuerlich, alt etwas süßlich. **Hut:** Rosa- bis violettbräunlich, körnig-schuppig, unter der Huthaut weißlich, $\varnothing$ 2–5 cm. **Lamellen:** Weiß. **Stiel:** Weißlich bis blaß violettlich-rosa, ohne häutigen Ring; doch mit schuppigen Zonen, die dem Hut gleich gefärbt sind. **Fleisch:** Weißlich, nach einiger Zeit unter Huthaut und in der Stielrinde rötlich werdend. **Vorkommen:** An lichten, parkähnlichen Stellen, auf Wiesen; Juli bis Oktober. **Verwechslung:** In der Gruppe der violettlichen bis fleischrötlichen kleinen Schirmlinge gibt es mehrere ähnliche Arten, die alle zu meiden sind. Der Fleischbräunliche Giftschirmling (*L. helveola*) rötet stärker im Fleisch und besitzt einen häutigen Ring. Er hat eine mehr südliche Verbreitung, ist aber auch in Deutschland gefunden worden.

Bemerkungen: Die Arten der oben beschriebenen Schirmlingsgruppe sind durchweg selten. Aufgrund des Verlaufs der teilweise tödlichen Vergiftungen kann angenommen werden, daß die Giftstoffe denen des Grünen Knollenblätterpilzes ähneln. – Die abgebildeten Pilze stammen aus einem Laubwald in Berlin, in der Nähe standen Zitterpappeln und Schwarzpappeln, ein für Berlin typischer Standort für interessante Schirmlingsarten.

Beide Aufnahmen stammen vom selben Exemplar. Das rechte Bild zeigt deutlich die für Schirmlinge typischen »freien« Lamellen, die den Stiel nicht erreichen.

Gattungsmerkmale: Siehe S. 116.

Spitzschuppiger Schirmling, Rauher Schirmling

ungenießbar

Lepiota aspera (Pers.: Fr.) Quélet
Syn.: *Lepiota acutesquamosa* var. *furcata* Kühn.

Geruch: Unangenehm stechend, ähnlich dem Kartoffelbovist. **Hut:** Fleisch- bis rostbräunlich, lehmbräunlich, unter der Huthaut weißlich, mit kegelwarzigen bis spitzkegeligen Schuppen, die abwischbar sind, ⌀ 5–12 cm. **Lamellen:** Weiß, sehr gedrängt stehend, gegabelt, deutlich frei. **Stiel:** Weißlich-fleischfarben, mit lappig-häutigem, weißem Ring, darunter oft schuppig gebändert und dunkler bräunlich. **Vorkommen:** Im Nadel- und Laubwald, in Parkanlagen unter Gebüsch; September bis Oktober. **Verwechslung:** Die Gabelung der Lamellen ist ein eindeutiges Merkmal, welches aber wegen deren Feinheit nicht immer sofort zu erkennen ist. Eine sehr ähnliche Art mit ungegabelten Lamellen ist *L. perplexa*. Sie ist außerdem an ihrem kleineren Wuchs und kleineren Sporen zu unterscheiden, kommt aber ungleich seltener vor. Der Stachelschuppige Schirmpilz *(L. hystrix)* und der Igelschirmling *(L. echinacea)* sind sehr ähnlich, aber ebenfalls kleiner. Wegen seiner Größe könnte der Spitzschuppige Schirmling ein ungenießbarer Doppelgänger der Riesenschirmlinge sein *(Macrolepiota)*. Letztere besitzen aber einen verschiebbaren Ring und die Lamellen sind noch einmal durch einen Kollar vom Stiel getrennt. Sie riechen außerdem nicht so unangenehm.

Gattungsmerkmale: 50 Arten, Saprophyten, Pilze klein bis mittelgroß (nicht mit Riesenschirmlingen verwechseln), Lamellen frei, meist weißlich, Stiele oft beringt oder wollig überzogen, Sporenpulver weiß, dextrinoid, Sporen oval, spindelig oder mit seitlichem Sporn, glatt. Mehrere stark giftige Arten.

Ackerschirmpilz, Zerschundener Schirmpilz

eßbar

Macrolepiota excoriata (Schff.: Fr.) S. Wasser

Hut: Hell ockerbräunlich, gebuckelt, Huthaut besonders am Rande stark aufreißend, Hutfleisch darunter weißlich, ⌀ 5–12 cm. **Lamellen:** Weißlich, eng stehend. **Stiel:** Weißlich, auf Druck leicht bräunend, Oberfläche nicht genattert, Ring hängend, schwach ausgebildet, Stielbasis knollig. **Fleisch:** Weißlich, bei Verletzung nicht rötend. **Vorkommen:** An offenen Stellen, meist auf Äckern; August bis Oktober. **Verwechslung:** Eine gewisse Ähnlichkeit besitzt der Zitzenschirmpilz *(M. mastoidea)*, dessen Stiel ebenfalls glatt ist. Er unterscheidet sich aber durch aufrechteren Wuchs und den aufsteigenden Ring. Der Parasolpilz *(M. procera)* zeichnet sich durch den deutlich genatterten Stiel aus. Kleinere Spätherbstformen mit ausnahmsweise glattem Stiel können durch den doppelt gerandeten Stielring unterschieden werden, der bei dem Ackerschirmpilz einfach ausgebildet ist. Der Safranschirmling *(M. rachodes)* hat rötendes Fleisch.

Gattungsmerkmale: Siehe S. 118.

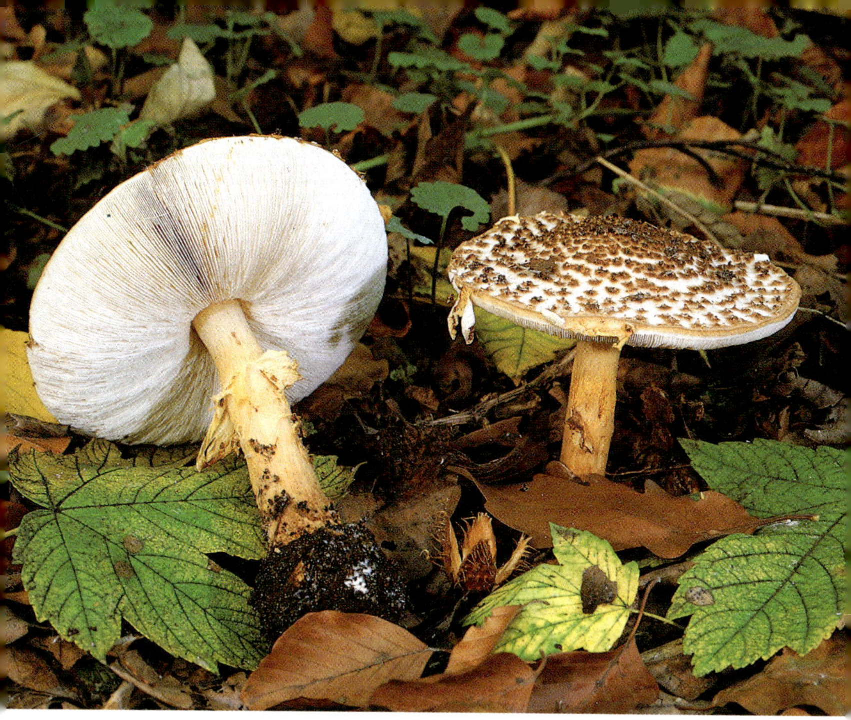

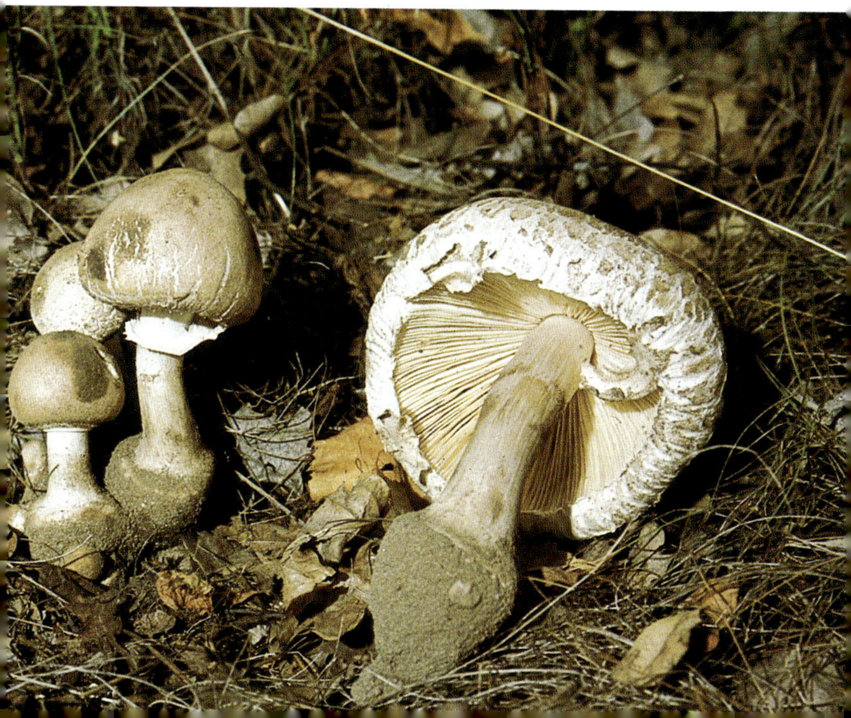

Parasolpilz, Riesenschirmling

eßbar ★★

Macrolepiota procera (Scop.: Fr.) Singer

Geruch: Angenehm nußartig. **Hut:** Hellbräunlich, ockerbräunlich, Huthaut schuppig aufbrechend, am Scheitel ganz bleibend, ⌀ 10–25 cm. **Lamellen:** Erst weißlich, dann leicht ockerlich, Schneide fein schartig, sehr gedrängt stehend. **Stiel:** Ockerbräunlich wie der Hut, genattert, Basis knollig, hohl, Ring aufsteigend, am Rande doppelt, bis 30 cm hoch. **Fleisch:** Bei Verletzung nicht rötend. **Vorkommen:** An lichten Laubwaldstellen an Waldrändern; Juli bis Oktober. **Verwechslung:** Wer auf die mit Kollar freien Lamellen und den beweglichen Ring achtet, wird den Pilz kaum verwechseln. Der eßbare Rötende Schirmling *(M. rachodes)* besitzt ein bei der geringsten Verletzung safranrötlich anlaufendes Fleisch. Eine gewisse Ähnlichkeit haben noch andere Pilze der gleichen Gattung. Sie sind aber meist viel seltener. Bezeichnend ist die Form der jungen Riesenschirmlinge. Durch den schon ziemlich langen Stiel und den gleichzeitig noch geschlossenen Hut sehen die Fruchtkörper wie ein Paukenschlegel aus.

Gattungsmerkmale: 10 Arten, Saprophyten, Pilze groß, hoher stattlicher Wuchs, Stiele mit verschiebbarem Ring, Sporenpulver weiß. Sporen oval, mit großem Keimporus, glatt.

Safranschirmling, Rötender Schirmling

eßbar

Macrolepiota rachodes (Vitt.) Singer

Hut: Stärker sparrig-schuppig als beim Riesenschirmling und mit weniger ausgeprägtem Buckel, ⌀ 10–15 cm. **Lamellen:** Weißlich, manchmal mit dunkelbrauner Lamellenschneide. **Stiel:** Weißlich, alt ockerbräunlich, nicht genattert, Ring ähnlich wie beim Riesenschirmling. **Fleisch:** Bei der geringsten Verletzung nach einer halben Minute intensiv safranrötlich anlaufend, dann bräunend. **Vorkommen:** Im Laub- und Nadelwald, oft an lichten Stellen; August bis Oktober. **Verwechslung:** Durch das rötende Fleisch ist diese Art gut gekennzeichnet. In Gärten auf Komposterde wächst eine besonders üppige Form, der Garten-Schirmpilz *(M. rachodes* var. *hortensis)*, welcher sich äußerlich durch zusammenhängendere Hutschuppung und eine üppige Stielknolle unterscheidet. Letztere bindet die in unmittelbarer Umgebung befindlichen Sand- und Humusteilchen und erscheint daher dunkel abgesetzt. Über die Genießbarkeit des Garten-Schirmpilzes gibt es unterschiedliche Meinungen. In einigen Fällen haben Sammler den Pilz nachweislich ohne Schaden verzehrt. Doch es wird auch von auftretenden Verdauungsstörungen berichtet. Französische Mykologen beschreiben einen ähnlichen Gift-Riesenschirmling *(M. venenata)*, dessen Fleisch ebenfalls röten soll. Diese Art erzeugt Verdauungsstörungen, ist aber in Deutschland bisher nicht sicher nachgewiesen und in ihrer Existenz eher umstritten. Der Jungfern-Schirmling *(M. puellaris)* ist kleiner und rötet fast nicht, die Farben sind in allen Teilen nahezu weißlich.

Gattungsmerkmale: Siehe oben.

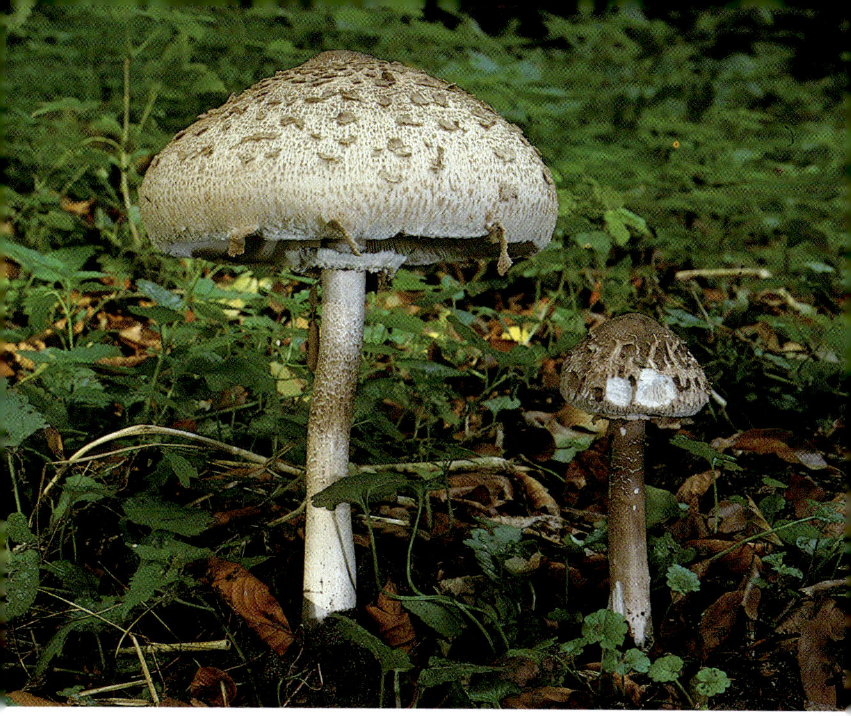

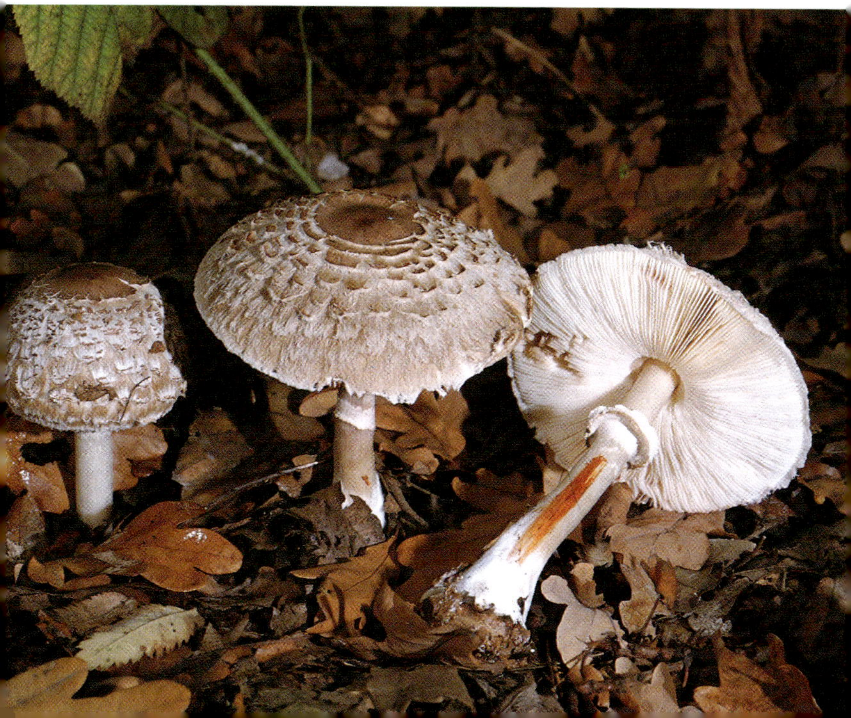

Rotbrauner Scheidenstreifling

Amanita fulva Singer

eßbar,
nach Abbrühen

Hut: Rotbräunlich, zartfleischig, am Rande gerieft, ⌀ 3–7 cm. **Lamellen:** Weiß. **Stiel:** Weißlich, glatt, ohne Ring, mit ausdauernder Volva an der Stielbasis, die außen weißlich, innen aber rotbräunlich gefärbt ist. **Chemische Reaktionen:** Stielfleisch mit Phenol schokoladenbraun. **Vorkommen:** Im Nadelwald, gern unter Kiefern auf saurem Boden, häufig in sumpfigen Gebieten; Juni bis Oktober. **Verwechslung:** Sehr ähnlich kann der Orangebräunliche Scheidenstreifling *(A. crocea)* sein. Er ist etwas stattlicher, heller orangebräunlich und besitzt einen genatterten, dem Hut ähnlich gefärbten Stiel. Das Stielfleisch färbt sich mit Phenol weinrot. Er wächst gern unter Eichen. *A. fulva* ist die einzige Art mit innen rotbraun gefärbter Volva.

Bemerkungen: Neben den oben beschriebenen existieren noch weitere Arten. Sie können weiß *(A. alba)*, grau *(A. vaginata)*, silbergrau *(A. argentea)* oder mehrfarbig gelb-oliv-graubraun *(A. umbrinolutea)* sein. Alle besitzen etwa den gleichen Habitus und wurden früher nur als Varietäten der Art *A. vaginata* betrachtet. Neben diesen relativ schmächtigen Formen kennen wir noch größere, kräftigere Arten, die zum Formenkreis des Doppeltbescheideten Scheidenstreiflings *(A. ceciliae)* gehören. Sie besitzen oft mehrere Volvazonen, und auf dem Hut bleiben meist Velumreste zurück. Keine der Arten ist ernstlich giftig; Scheidenstreiflinge müssen aber vor dem Verzehr abgekocht werden.

Gattungsmerkmale: Siehe S. 126.

Doppeltbescheideter Scheidenstreifling

eßbar

Amanita ceciliae (Berk. & Br.) Bas
Syn. *Amanita inaurata* »Secr.« ex Gill.

Hut: Gelbbräunlich, ockerbräunlich, graubraun, Rand deutlich gerieft, gegen den Scheitel oft mit grauen Velumresten; ⌀ 8–15 cm. **Lamellen:** Weißlich. **Stiel:** Meist leicht graublaß, ebenso wie die Volva, darüber mit weiteren scheidenartigen Zonen, ohne Ring, Oberfläche fein flockig. **Vorkommen:** Im Laubwald auf Kalk- und Tonböden; Juli bis September. **Verwechslung:** Sehr ähnlich und ebenfalls auf Kalkboden wachsend ist *A. beckeri*, dessen Volva zuerst weiß ist und dann etwas bräunt. Kürzlich wurde eine weitere sehr ähnliche Art beschrieben, *A. submembranacea*. Diese Art soll auf sauren Böden in Bergnadelwäldern wachsen.

Bemerkungen: Die Gruppe um *A. ceciliae* ist dadurch gekennzeichnet, daß sich im Velum (Volva und Hutflocken) viele rundliche Zellen befinden (Sphaerocysten). Dadurch ist das Velum brüchig und Teile davon können auf dem Hut zurückbleiben. Bei den kleineren Scheidenstreiflingen fehlen die Sphaerocysten und die Volva ist elastisch. Deshalb bleiben auf dem Hut kaum Reste davon zurück.

Gattungsmerkmale: Siehe S. 126.

Kegelhütiger Knollenblätterpilz

Amanita virosa (Fr.) Bert.

Hut: Weiß, jung meist typisch kegelig, feucht leicht schmierig, ohne Velumreste, ⌀ 5–10 cm. **Lamellen:** Weiß und so bleibend. **Stiel:** Weiß, mit häutiger, meist eng anliegender Volva, Ring schwach ausgebildet, dafür ist der Stiel oft stark wolligfilzig, zumindest aber schuppig-faserig, besonders im Jugendstadium. **Vorkommen:** Im Nadelwald, selten auch im Laubwald; Juni bis September. **Verwechslung:** Es existiert noch eine weitere weiße Wulstlingsart, der tödlich giftige Frühlingsknollenblätterpilz *(A. phalloides* var. *verna)*. Dieser unterscheidet sich durch einen mehr flachen Hut und einen ausgeprägten häutigen Ring. Alle übrigen Merkmale gleichen denen des Grünen Knollenblätterpilzes, so auch der süßliche Geruch und der genatterte Stiel. Der Frühlingsknollenblätterpilz scheint eine wärmeliebende Art zu sein und erscheint in klimatisch bevorzugten Gebieten manchmal schon im Frühling. Nach moderner Auffassung wird diesem Pilz der Rang einer selbständigen Art aberkannt. Der Grüne Knollenblätterpilz neigt oft auch im Herbst dazu, weißliche Albinoformen auszubilden. In mediterranen Gebieten existieren noch weitere sehr ähnliche Arten, die z. T. sogar eßbar sind. Eine weiße Varietät von Gilberts Wulstling *(A. gilberti* var. *subverna)* kann unseren giftigen Arten sehr ähnlich sehen, besitzt aber keine rundlichen, sondern zylindrische Sporen. Sein Fleisch verfärbt sich leicht rotbräunlich, bleibt aber manchmal auch weiß.

Der Kegelhütige Knollenblätterpilz ist in Mittel- und Nordeuropa nicht gerade häufig. Er unterscheidet sich von weißen Formen des Grünen Knollenblätterpilzes vor allem durch den lange kegelförmig bleibendem Hut, der erst sehr spät (wenn überhaupt) gänzlich aufschirmt. Ferner ist der vor allem in der Jugend wollig-faserige Stiel kennzeichnend. Auch der Geruch ist zunächst eher rettichartig und erhält erst später eine unangenehm süßliche Komponente. Wegen des oft nicht deutlich ausgebildeten Stielringes könnte *A. virosa* auch für einen weißen Scheidenstreifling gehalten werden. Ihm fehlt aber stets die Hutrandriefung. In sehr jungem Zustand ist auch eine Verwechslung mit Champignons nicht auszuschließen. Von dieser Gefahr ist vor allem der Neuling bedroht.

Gattungsmerkmale: Siehe S. 126.

Grüner Knollenblätterpilz

tödlich giftig

Amanita phalloides (Fr.) Link

Geruch: Besonders bei reifen Exemplaren unangenehm süßlich honigartig. **Hut:** Heller oder dunkler grün, gelbgrün, dabei typisch eingewachsen, radialstreifig (auch Albinos kommen vor); meist ohne Velumreste, selten mit weißen Hautfetzen; ⌀ 5–15 cm. **Lamellen:** Weiß. **Stiel:** Meist etwas grünlich gefärbt und genattert, seltener fast weiß (je nach Intensität der Hutfarbe); Ring weiß, oberseits etwas gerieft, manchmal bleibt die Manschette auch am Hutrand hängen, Basis mit häutiger, weißlicher Volva. **Fleisch:** Weiß, unter der Huthaut etwas gelbgrünlich. **Vorkommen:** Unter Eichen und Rotbuchen (selten auch im Nadelwald); August bis Oktober, manchmal schon im Juli. **Verwechslung:** Im Jugendstadium, wenn der Pilz noch gänzlich von der weißen Schutzhülle umschlossen ist, könnte er von unachtsamen Sammlern für einen weißen Bovist gehalten werden. Im Längsschnitt werden aber sofort die Lamellenanlagen sichtbar. Im ausgewachsenen Zustand achte man besonders auf den Geruch, den Stielring und die häutige Scheide an der Stielbasis. Die weißen Lamellen sind manchmal nur undeutlich frei vom Stiel. Eine Verwechslung mit grünen Täublingen kommt kaum in Frage, da diese weder eine bescheidete Stielknolle noch einen Ring besitzen. Champignons haben keine weißen Lamellen! (Verwechslung mit weißhütigen Formen).

Bemerkungen: Schon die Menge eines einzigen mittelgroßen Exemplars reicht aus, um einen Menschen zu töten. Die wirksamen Gifte lassen sich durch Kochen oder Trocknen nicht zerstören.

Die beiden Fotos lassen erkennen, wie unterschiedlich der Grüne Knollenblätterpilz aussehen kann. Die Exemplare des unteren Bildes haben eine viel kräftigere Form.

Gattungsmerkmale: Siehe S. 126.

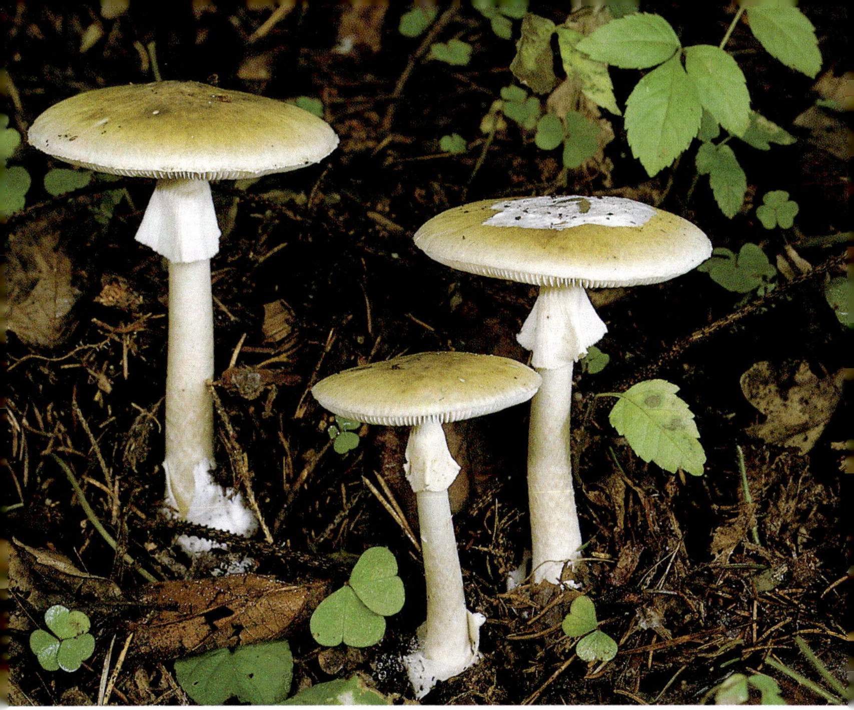

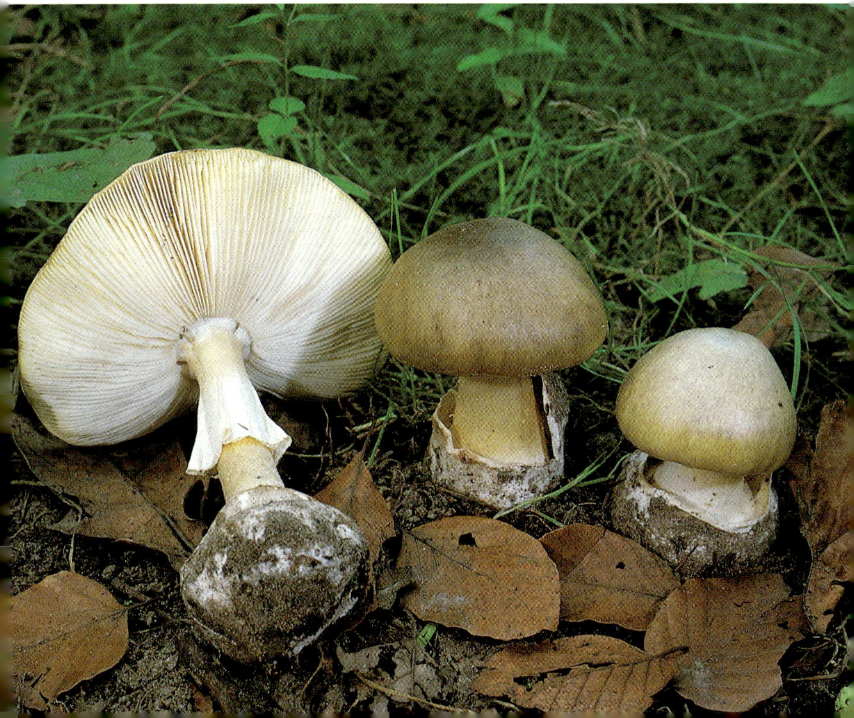

Gelblicher Knollenblätterpilz

leicht giftig

Amanita citrina (Schff.) Pers.

Geruch: Auffällig nach Kartoffelkeimen oder Kartoffelkeller. **Hut:** Blaß zitronengelblich, meist mit relativ großflächigen, gelblichen Velumfetzen, die etwas bräunen (sie können auch fehlen), Rand ungerieft, ⌀ 4–10 cm. **Lamellen:** Weißlich. **Stiel:** Wie der Hut gefärbt, an der Basis oft typisch rundknollig. Knolle mit abgesetzter ringförmiger Kante, meist ohne Volvareste, da diese schon im Boden abfallen. Manschette ausdauernd, ungerieft. **Vorkommen:** Gern unter Kiefern, seltener unter Laubbäumen, häufig auf saurem, sandigen Boden; August bis November. **Verwechslung:** Dieser Pilz wird oft für die tödlich giftigen Arten wie Grüner und Weißer Knollenblätterpilz gehalten. Vor allem rein weiße Albinoformen werden oft verkannt. Das sicherste Erkennungsmerkmal ist der Geruch nach Kartoffelkeimen. Der Grüne Knollenblätterpilz und seine weißen Varietäten riechen unangenehm süßlich, ähnlich Kunsthonig.

Bemerkungen: Der Gelbliche Knollenblätterpilz ist deshalb nicht so gefährlich, weil seine Giftstoffe durch starkes Erhitzen (Kochen, Braten) zerstört werden. Er enthält Bufotenin, welches den Herzschlag beschleunigt und Blutgefäße verengt.

Gattungsmerkmale: Siehe unten.

Porphyrbrauner Wulstling

leicht giftig

Amanita porphyria A. & S.: Fr.

Geruch: Dumpf kartoffelartig, ähnlich *A. citrina*. **Hut:** Porphyrbraun bis grauviolett, meist mit häutigen grauen Velumresten, ⌀ 3–8 cm. **Lamellen:** Weißlich. **Stiel:** Weißlich oder dem Hut ähnlich gefärbt, oft etwas genattert, mit hängendem Ring, Knolle wie bei *A. citrina* meist ohne Hüllreste und mit scharfer umlaufender Kante. **Sporenpulver:** Weiß, amyloid. **Vorkommen:** Im Nadelwald auf saurem Boden; August bis Oktober. **Bemerkungen:** Der Porphyrbraune Wulstling stimmt in vielen Merkmalen mit dem Gelblichen Knollenblätterpilz *(A. citrina)* überein. Er enthält, wie dieser, das Gift Bufotenin, welches durch Kochen weitgehend zerstört wird.

Gattungsmerkmale: 35 Arten, Mykorrhizapilze, Fruchtkörper durch Gesamt- und Teilhüllen geschützt (Hutflocken, Stielscheide und Stielring), Scheidenstreiflinge ohne Ring, Lamellen deutlich oder undeutlich frei, meist weiß und so bleibend, Sporenpulver weiß, amyloid oder nicht, Sporen rundlich bis oval, selten fast zylindrisch, glatt. Einige Arten sind tödlich giftig!

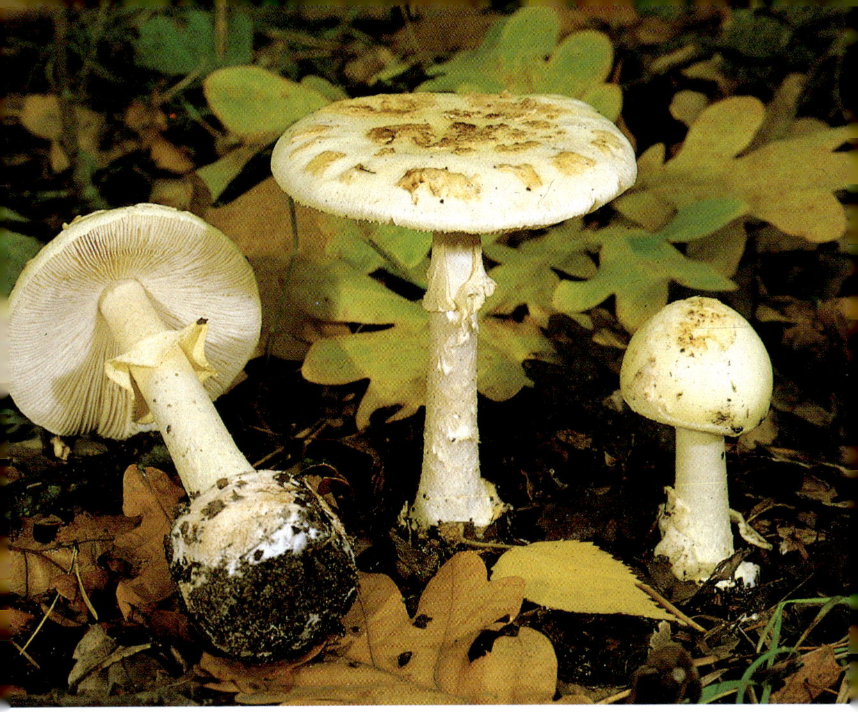

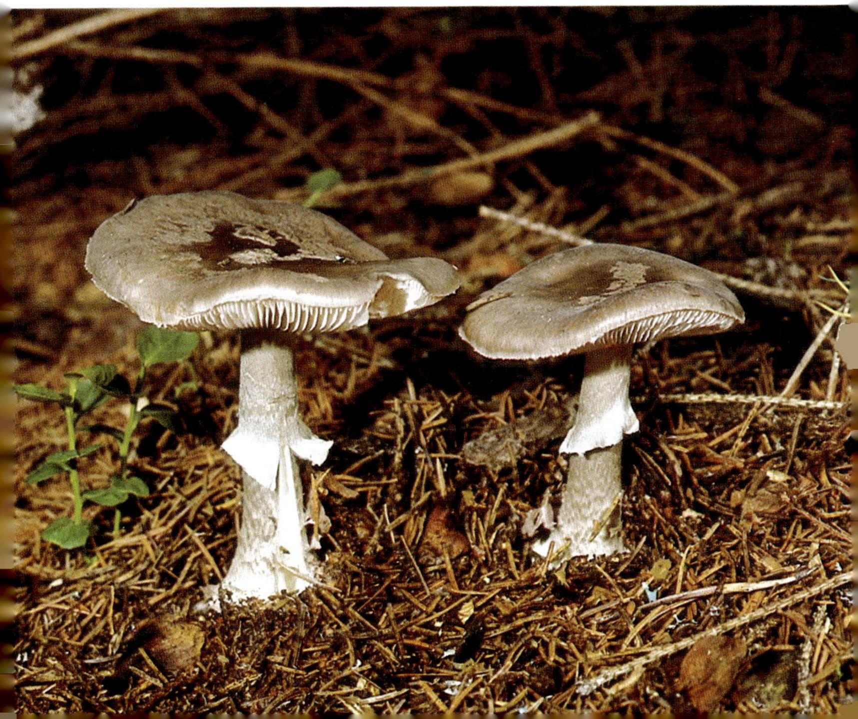

Narzissengelber Wulstling

giftverdächtig

Amanita gemmata (Fr.) Bert.

Hut: Zitronengelb bis ockergelblich, oft mit scholligen, eng anliegenden weißlichen Velumresten, Hutrand kurz gerieft, ∅ 3–10 cm. **Lamellen:** Weißlich, mit flockiger Schneide. **Stiel:** Weißlich, fein flockig-schuppig, mit schwachem, vergänglichem Ring (dieser oft fehlend); Knolle leicht verdickt, ohne häutige Velumreste, nur mit eng anliegendem, abgesetztem Wulst (ähnlich wie beim Pantherpilz). **Sporenpulver:** Nicht amyloid. **Vorkommen:** Im Laub- und Nadelwald, gern unter Kiefern auf Sandboden, eine wärmeliebende Art; Juni bis Oktober. **Verwechslung:** Durch das häufige Fehlen des Stielringes kann der Narzissengelbe Wulstling leicht für einen Scheidenstreifling gehalten werden. Wegen der fast gleichen Beschaffenheit der Stielbasis (stulpenförmiger Rand) kann auch eine Verwechslung mit dem Pantherpilz *(A. pantherina)* vorkommen.
Bemerkungen: Die Giftigkeit des Narzissengelben Wulstlings ist umstritten. Eventuelle Vergiftungen könnten auf die Verwechslung mit Pantherpilzen zurückzuführen sein.
Gattungsmerkmale: Siehe S. 126.

Fliegenpilz

giftig

Amanita muscaria (L.) Pers.

Hut: Meist schön leuchtend rot; aber auch orange oder gelb (wenn einige Farbkomponenten fehlen). Oberfläche, wenn nicht vom Regen abgewaschen, mit feinen, regelmäßig verteilten weißen Warzen (Velum universale) bedeckt; Hutrand gerieft; ∅ 6–15 cm. **Lamellen:** Weiß. **Stiel:** Rein weiß, mit ausdauerndem Ring; Knolle nur mit weißen Warzenkränzen. **Fleisch:** Im Längsschnitt unter der Huthaut deutlich gelb (!), sonst weiß. **Vorkommen:** Häufig unter Birken auf sauren Böden, seltener auch im reinen Nadelwald unter Fichten; August bis Oktober (November). **Verwechslung:** Der Fliegenpilz ist durch seine auffallend rote Hutfarbe gut gekennzeichnet. Er könnte mit dem ebenfalls rothütigen Kaiserling *(A. caesarea)* verwechselt werden, der als einer der besten Speisepilze gilt. Dieser besitzt aber deutlich gelbe Farben an Stiel und Lamellen und eine gelbliche, häutige Volva an der Stielbasis. Weiße Hutflocken fehlen. Der Kaiserling ist in Deutschland eine große Seltenheit und kommt nur in klimatisch bevorzugten Gebieten vor (z. B. Oberrheingebiet). Viel häufiger ist er im Mittelmeerraum anzutreffen. Der braunhütige Königsfliegenpilz *(A. regalis)* zeigt ebenfalls das typische Fliegenpilzmerkmal: die gelbe Linie unter der Huthaut im Längsschnitt.
Bemerkungen: Der auf das menschliche Nervensystem wirkende Giftstoff des Fliegenpilzes ist vor allem die Ibotensäure (neben anderen Stoffen). In entsprechender Menge genossen, wäre eine tödliche Vergiftung nicht ausgeschlossen. Muskarin ist nur in fast unwirksamer Menge vorhanden. Durch Abziehen der Huthaut kann der Pilz nicht entgiftet werden.
Gattungsmerkmale: Siehe S. 126.

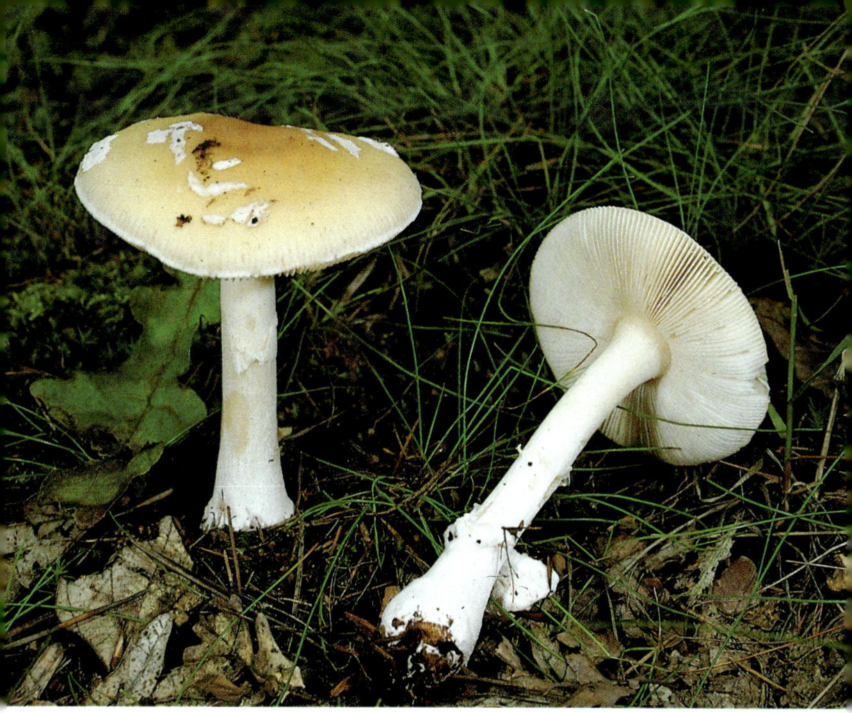

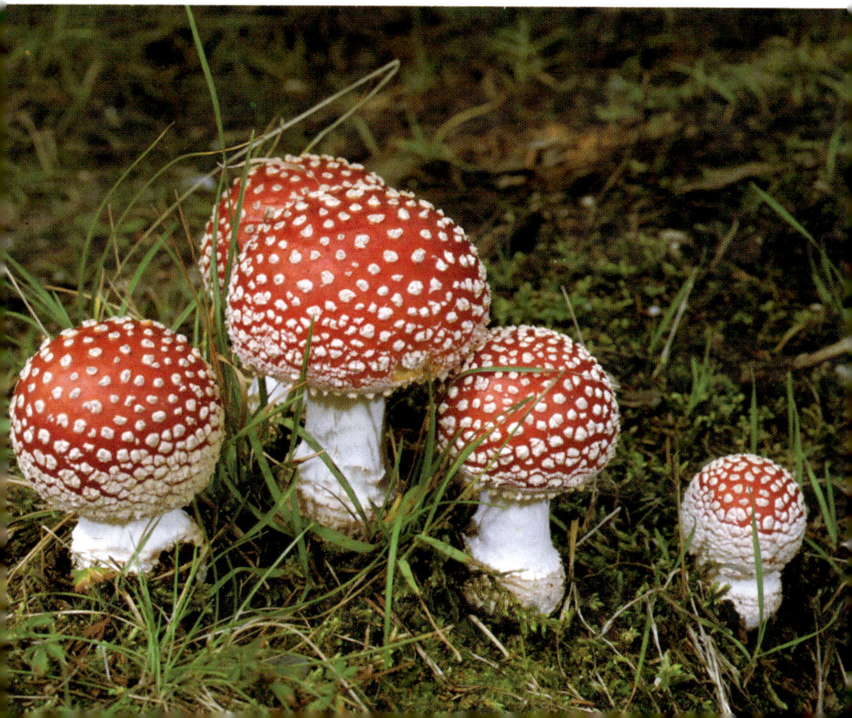

Pantherpilz

giftig

Amanita pantherina (DC.: Fr.) Krbh.

Geruch: Wie Rettich oder Rüben. **Hut:** Variierend von ockerbräunlich bis graubraun, seltener auch weißlich (Albino), mit weißen feinen Velumflöckchen bedeckt (falls nicht vom Regen abgewaschen); Rand bei aufgeschirmtem Hut deutlich gerieft; ⌀ 4–10 cm. **Lamellen:** Weiß. **Stiel:** Weiß, mit nicht sehr breiter, hängender Manschette, die oberseits nicht gerieft ist. Der Stiel erscheint in die oft tief im Boden eingesenkte Knolle wie eingepfropft, am Übergang entsteht ein Ringwulst, der wie ein heruntergerolltes Bergsteigersöckchen wirkt. Im unteren Stielteil befinden sich manchmal noch weitere Ringzonen. **Fleisch:** Weiß. **Chemische Reaktionen:** Fleisch mit Phenol weinrot. **Vorkommen:** im Laubwald; Juli bis Oktober. **Verwechslung:** In den Nadelwäldern der höheren Berglagen existiert eine kompakte Varietät (*A. pantherina* var. *abietinum*), dessen Hutrand kaum gerieft ist. Die typische Stielknolle ist aber auch hier vorhanden.

Bemerkungen: Der Pantherpilz hat in einigen Fällen schon tödliche Vergiftungen hervorgerufen. Die Wirkung ist ähnlich, aber viel stärker als beim Fliegenpilz. Aus dem Pantherpilz konnte ein »Pantherin« genannter Stoff isoliert werden. Jugendform des Pantherpilzes siehe S. 258.

Gattungsmerkmale: Siehe S. 126.

Grauer Wulstling, Gedrungener Wulstling

eßbar, gut erhitzen

Amanita excelsa (Fr.) Bert.
Syn.: *Amanita spissa* (Fr.) Kummer

Geruch: Leicht rübenartig. **Hut:** Hellgrau bis dunkel grau-braun, mit meist großflächigen, mehligen, grauen, seltener weißlichen Velumresten, Rand ungerieft, ⌀ 5–15 cm. **Lamellen:** Weiß. **Stiel:** Weißlich, manchmal graulich im unteren Teil überzogen; Ring breit, anliegend und deutlich längsriefig (wie beim Perlpilz); Stielknolle ohne Velumreste, allmählich in den Stielschaft übergehend. **Fleisch:** Weiß, nicht rötend, wie beim Perlpilz; bei einigen Formen aber etwas bräunend. **Vorkommen:** Im Nadelwald, gern unter Fichten; Juli bis Oktober. **Verwechslung:** Der Graue Wulstling ist dem Pantherpilz noch ähnlicher als der Perlpilz. Die grauen, nicht so regelmäßig angeordneten Hutschuppen (beim Pantherpilz rein weiß und klein), der ungeriefte Hutrand (beim Pantherpilz gerieft), die breite, geriefte Manschette (beim Pantherpilz ungerieft) und die glatte Stielknolle unterscheiden ihn.

Bemerkungen: Der Graue oder Gedrungene Wulstling hat seinen Namen von seiner gedrungenen, kompakten Gestalt erhalten. Schwieriger wird das Erkennen bei einigen schlanken Formen, die früher var. *excelsa* hießen. Die var. *valida* neigt stärker zum Bräunen. Ihr gelegentlich geriefter Hutrand läßt die Verwechslungsgefahr zum Pantherpilz besonders groß werden.

Gattungsmerkmale: Siehe S. 126.

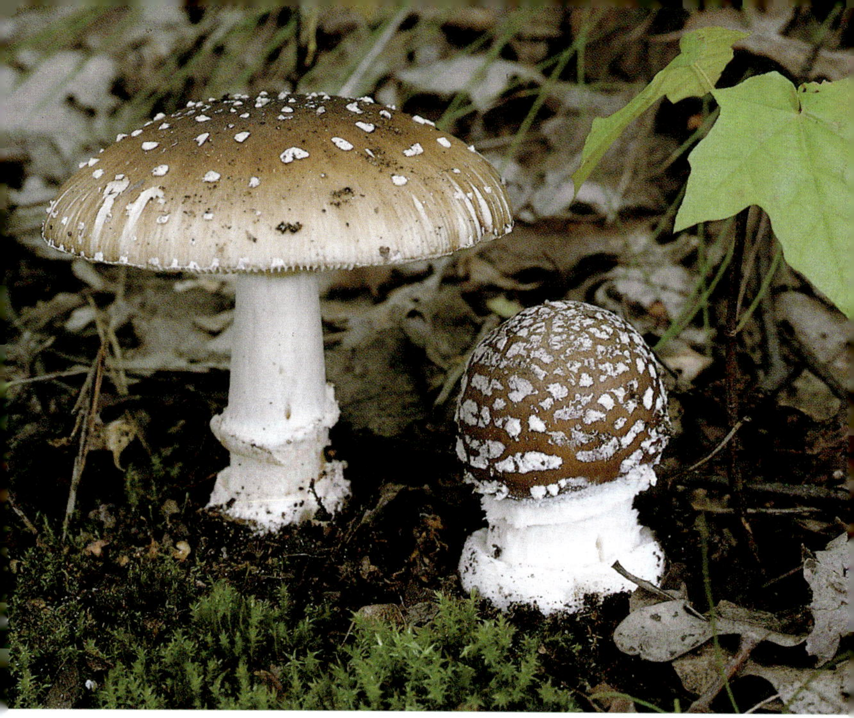

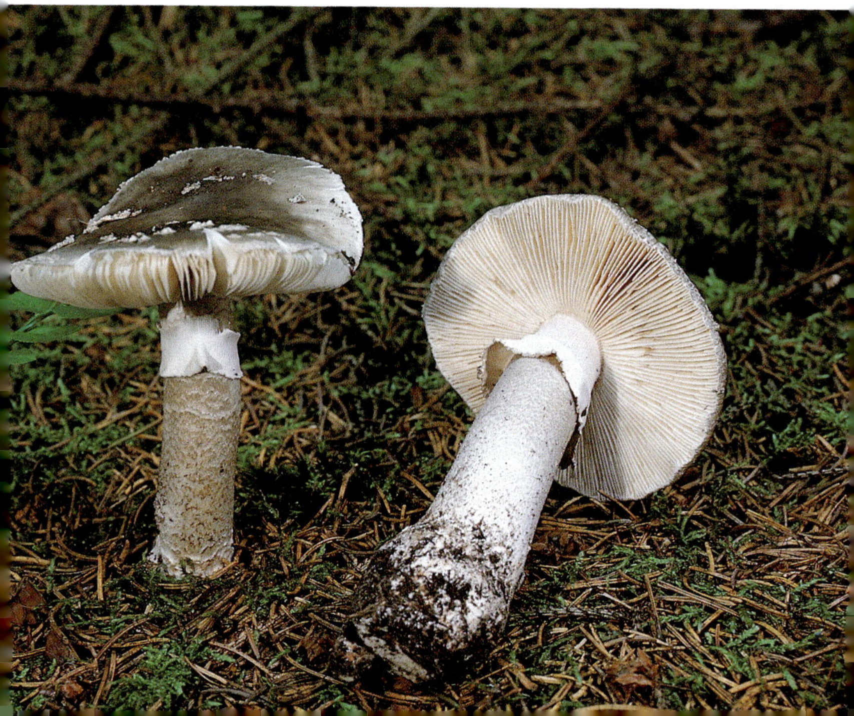

Perlpilz, Rötender Wulstling

Amanita rubescens Pers. (: Fr.)

eßbar,
gut erhitzen

Hut: Fleischbräunlich, rotbraun; Hutschuppen nie rein weiß, sondern fleischfarben, rosabräunlich oder gelblich-fleischfarben, meist in größeren Stücken zusammenhängend, beim Abziehen der Huthaut ist das darunterliegende Fleisch rosa durchgefärbt, ⌀ 6–15 cm. **Lamellen:** Weißlich, alt mit rosa Flecken. **Stiel:** Erst weißlich, bald aber rosa bis rosabräunlich verfärbend, mit großer, anliegender, oberseits geriefter Manschette. Stielbasis knollig, glatt ohne Absatz in den Stielschaft übergehend. **Fleisch:** Weißlich, bald etwas rötend, vor allem in den Madengängen der Stielbasis! **Vorkommen:** Im Nadel- und Laubwald; manchmal schon ab Juni bis Oktober. Der Perlpilz ist eine häufige Art, die in kaum einer Gegend fehlt. **Verwechslung:** Der Neuling, der sich nicht ganz genau mit den Merkmalen aller wichtigen Wulstlinge auskennt, sollte den Perlpilz für Speisezwecke meiden. Seine wichtigsten Erkennungszeichen sind das rötende Fleisch und die ohne Absatz in den Stiel übergehende Knolle. Vor allem kann eine Verwechslung mit dem giftigen Pantherpilz erfolgen, der nicht rötet und eine ungeriefte Manschette besitzt. Stielknolle dort mit »Bergsteigersöckchen«.

Gattungsmerkmale: Siehe S. 126.

Fransenwulstling, Einsiedlerwulsting

Amanita strobiliformis (Paulet ex Vitt.) Bert.

eßbar ★

R 3

Geruch: Angenehm nußartig. **Hut:** Rein weiß bis blaß grauweißlich, mit meist dicken, flockigen Velumresten, die auch am Hutrand hängen, ⌀ 10–25 cm. **Lamellen:** Rein weiß, mit fein schartiger Schneide, deutlich frei, sehr gedrängt stehend. **Stiel:** Weiß, kompakt, mit knolliger und rübenartig wurzelnder Basis, Ring anliegend, oberseits gerieft, mehr mehlig-flockig, Stiel unter dem Ring flockig-faserig bis wollig, gegen die Basis mit oft mehreren Gürtellinien, ohne häutige Hüllreste. **Sporenpulver:** Amyloid, weiß. **Vorkommen:** Im Laubwald, gern unter Eichen, wärmeliebende Art, die im Mittelmeergebiet häufiger vorkommt. In Deutschland ist der Pilz nur sehr zerstreut zu finden. In feuchtwarmen Sommern erscheint er gelegentlich auch im Raum Niedersachsen oder Berlin. Juli bis September. **Verwechslung:** Der Fransenwulstling besitzt einprägsame Merkmale. Er kann jedoch von Neulingen mit anderen giftigen Wulstlingen verwechselt werden. Wegen seiner Seltenheit sollte man ihn unbedingt schonen.

Gattungsmerkmale: Siehe S. 126.

junge Exemplare von **Rehbrauner Dachpilz** und **Großer Scheidling**   S. 112

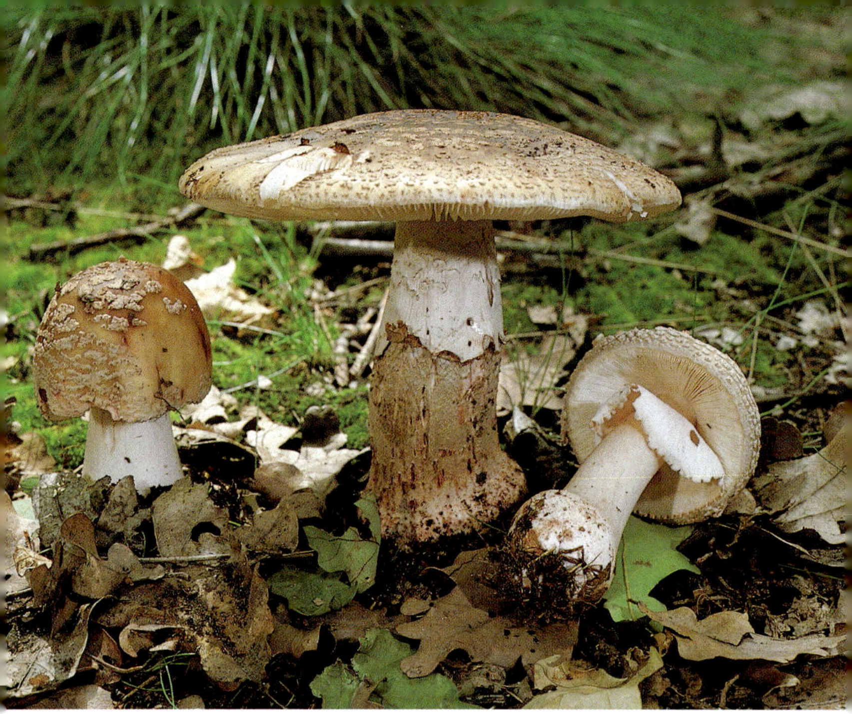

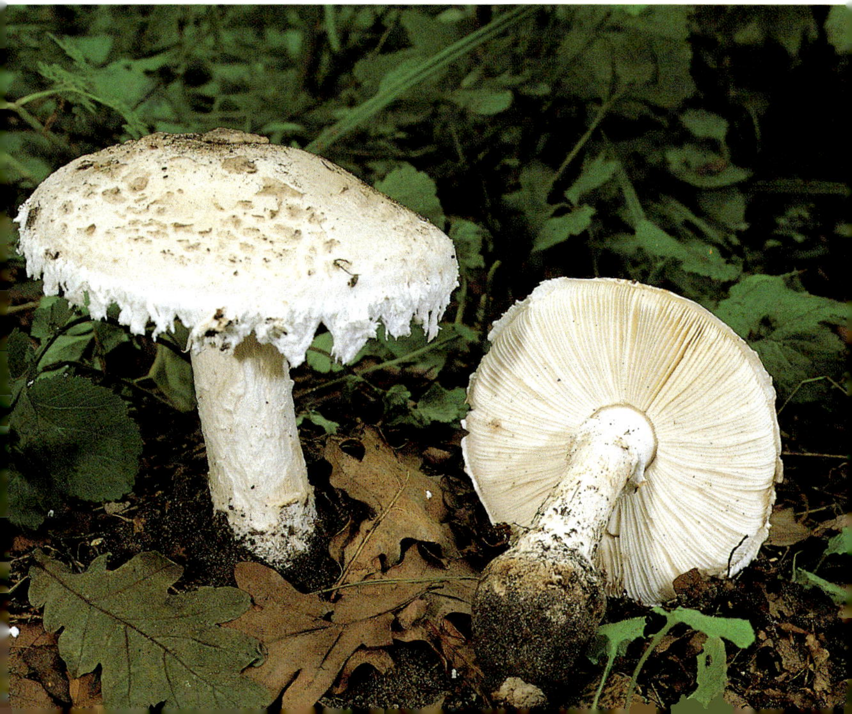

Buchen-Schleimrübling, Beringter Schleimrübling

Oudemansiella mucida (Schrad.: Fr.) v. Hoehnel

Hut: Elfenbeinweiß, stark schleimig bei feuchtem Wetter, ⌀ 3–10 cm. **Lamellen:** Wie der Hut gefärbt, entfernt stehend, dicklich. **Stiel:** Weißlich, im unteren Teil oft olivgrau überhaucht, dort auch schleimig, mit häutigem, oberseits gestreiftem Ring. **Sporenpulver:** Weiß, nicht amyloid, Sporen rundlich. **Vorkommen:** An totem oder absterbendem Laubholz, meist an Buchen oder Eichen, in großen Gruppen; August bis November.

Bemerkungen: Die Gattung *Oudemansiella* ist recht heterogen. Sie besteht aus ungefähr 12 noch nicht vollends geklärten Arten, die sich nach ihrer Hutbeschaffenheit in Schleim- oder Samtrüblinge aufteilen. Der Buchenschleimrübling ist die einzige beringte Art. Mehrere samtige oder schleimighütige Arten zeichnen sich durch einen stark wurzelartig verlängerten Stiel aus. Ein Beispiel dafür ist der häufige Grubige Schleimrübling *(O. radicata)*, dessen Stiel eine unterirdische Verbindung zu Buchenwurzeln hat. Für die Samtrüblinge wird von einigen Mykologen die Gattung *Xerula* anerkannt.

Hallimasch

Armillaria mellea (Vahl.: Fr.) Kummer ss. lat.

Geschmack: Wer ein kleines rohes Stück des Pilzes einige Zeit kaut und dann ausspeit, spürt nach kurzer Zeit ein eigenartiges seifig-kratzendes Gefühl tief im Rachen. Dies ist ein typisches Merkmal, an dem der Hallimasch und seine Verwandten erkannt werden können. **Hut:** Fleischbräunlich, honigbraun, rotbräunlich; mit kleinen, sparrigen Schüppchen dicht bedeckt, die abwischbar sind; ⌀ 3–8 cm. **Lamellen:** Fleischfarben, am Stiel herablaufend. **Stiel:** Schlank zylindrisch, glatt, mit häutigem, weißlichem, aufsteigendem Ring; Stielfarben fleischbräunlich, an der Basis meist gelblich. **Myzel:** Der Pilz bildet auffällige, bräunliche Stränge (Rhizoiden) aus, die unter der Rinde von Bäumen entlangkriechen. Oft werden sie freigelegt und sind dann sehr auffällig! **Sporenpulver:** Weiß bis schwach cremefarbig, nicht amyloid; Sporen oval. **Vorkommen:** In dichten Büscheln an Laubholz, an dem er parasitiert; Oktober bis Dezember. **Verwechslung:** Sehr ähnlich ist der Sparrige Schüppling *(Pholiota squarrosa)*, der ebenfalls als Parasit büschelig an Laubholz wächst. Er besitzt aber nicht den laugenhaften Geschmack im rohen Zustand, riecht würzig und hat braunes Sporenpulver.

Bemerkungen: Bisher war immer nur »der Hallimasch« bekannt *(A. mellea)*. Inzwischen ist dieser Pilz in 5 Kleinarten unterteilt worden, deren genaue Abgrenzung noch nicht ganz eindeutig erscheint. Da der Hallimasch im rohen Zustand leicht giftig ist, soll er kurz abgekocht und das Kochwasser weggeschüttet werden. Darüber hinaus sollen bei einigen Personen allergieartige Erscheinungen nach Hallimaschgenuß aufgetreten sein, die an jene des Kahlen Kremplings erinnerten. Nach derartigen Anzeichen ist der Genuß sofort einzustellen!

Die Gattung *Armillaria* besteht, Kleinarten mitgerechnet, aus 8 Arten. Die meisten sind gefährliche, büschelig an Holz wachsende Parasiten, 2 Arten sind Moorbewohner.

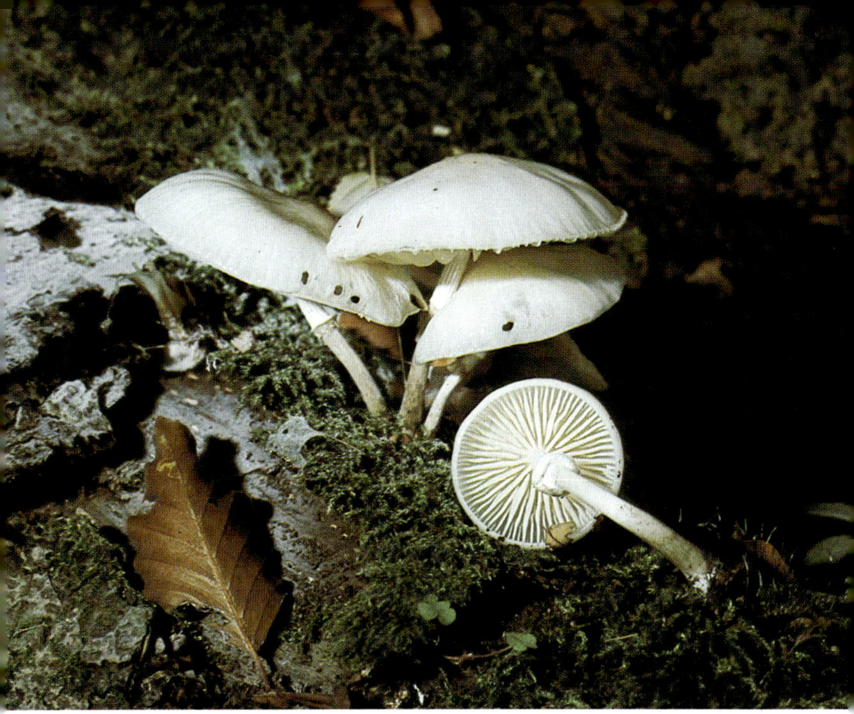
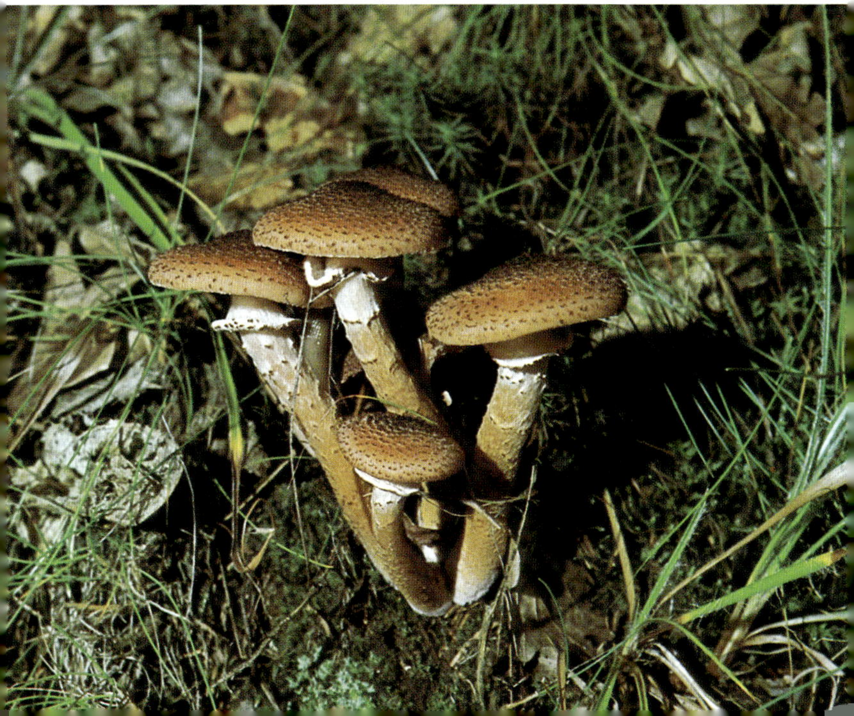

Stockschwämmchen

eßbar ★

Kuehneromyces mutabilis (Schff.: Fr.) Singer & Smith

Hut: Gelbbräunlich, hygrophan, beim Austrocknen von der Mitte her hell beige, schnell zweifarbig und dadurch typisch konzentrisch gezont; meist kahl, seltener leicht flockig; ⌀ 3–6 cm. **Lamellen:** Reif rostbraun, jung blasser, leicht herablaufend. **Stiel:** Braun, mit aufsteigendem Ring, darunter schuppig. **Sporenpulver:** Kräftig rostbraun; Sporen elliptisch, mit Keimporus. **Vorkommen:** An totem Laubholz in großen Büscheln; Mai bis November. **Verwechslung:** Mehrere Pilzarten wachsen, ähnlich wie das Stockschwämmchen, büschelig an Holz. Ein schmächtigerer, giftiger Doppelgänger ist der Nadelholzhäubling *(Galerina marginata)*, der nur sehr selten Laubholz besiedelt und nach Mehl riecht. Die etwas ähnlichen Schwefelköpfe (vgl. Grünblättriger Schwefelkopf, *Hypholoma fasciculare*) besitzen keinen Ring. Sehr ähnlich kann der eßbare Wässerige Saumpilz *(Psathyrella piluliformis)* aussehen, der auch einen braunen, hygrophanen Hut besitzt. Der ringlose weiße Stiel ist ein gutes Unterscheidungsmerkmal.

Bemerkungen: Das Stockschwämmchen ist ein guter Suppenpilz, von dem nur die Hüte verwendet werden, da die Stiele zäh sind. Die Gattung *Kuehneromyces* besteht nur aus 2 Arten.

Nadelhäubling

giftig
(in Mengen tödlich?)

Galerina marginata (Fr.) Kühner

Geruch: Bei Verletzung mehlartig. **Geschmack:** Mehlartig. **Hut:** Ocker- bis gelbbraun, hygrophan, beim Trocknen heller werdend und zweifarbig, kahl und glatt, Rand leicht durchscheinend gerieft, ⌀ 1–4 cm. **Lamellen:** Leicht ockergelblich, fast gerade angewachsen. **Stiel:** Bräunlich, zur Basis dunkler, dünn, zylindrisch, mit zartem, häutigem, meist aufsteigendem Ring. **Sporenpulver:** Rostbräunlich. **Vorkommen:** An Nadelholz, sehr selten auch an Laubholz; August bis Oktober. **Verwechslung:** Der Nadelholzhäubling sieht wie eine kleine Ausgabe des eßbaren Stockschwämmchens *(Kuehneromyces mutabilis)* aus. Vor allem, wenn die Exemplare etwas größer ausfallen. Das Stockschwämmchen ist unter dem deutlicher ausgeprägten Ring schuppig und riecht nicht nach Mehl. Es wächst fast nur auf Laubholz.

Bemerkungen: Kürzlich konnte entdeckt werden, daß in *G. marginata* Alpha-Amanitin enthalten ist, also ein Gift, das auch im Grünen Knollenblätterpilz vorkommt!

Gattungsmerkmale. Die Gattung *Galerina* besteht in Mitteleuropa aus ungefähr 55 schwer zu bestimmenden Arten. Nur 3 davon, darunter auch die oben beschriebene Art, weisen einen Ring am Stiel auf. Viele Häublinge sind sehr klein und wachsen zwischen Moosen, etliche sind Sumpfbewohner. Sie sind mit den Schleierlingen verwandt und haben rostbraunes bis zimtbraunes Sporenpulver und meist warzige Sporen ohne Keimporus (selten mit kleinem Porus). Unter ihnen gibt es vielleicht noch einige unerkannte Giftpilze.

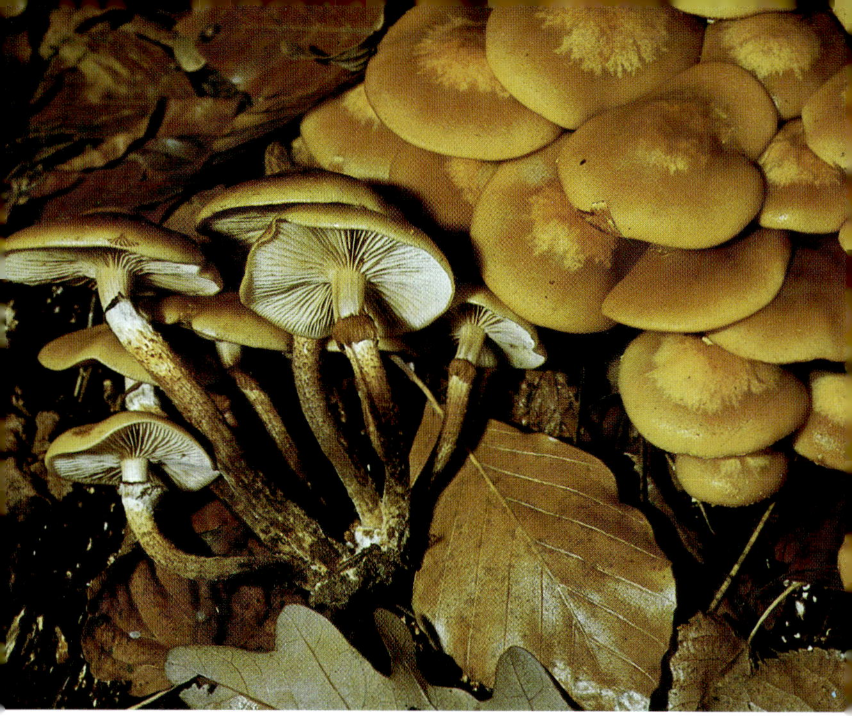

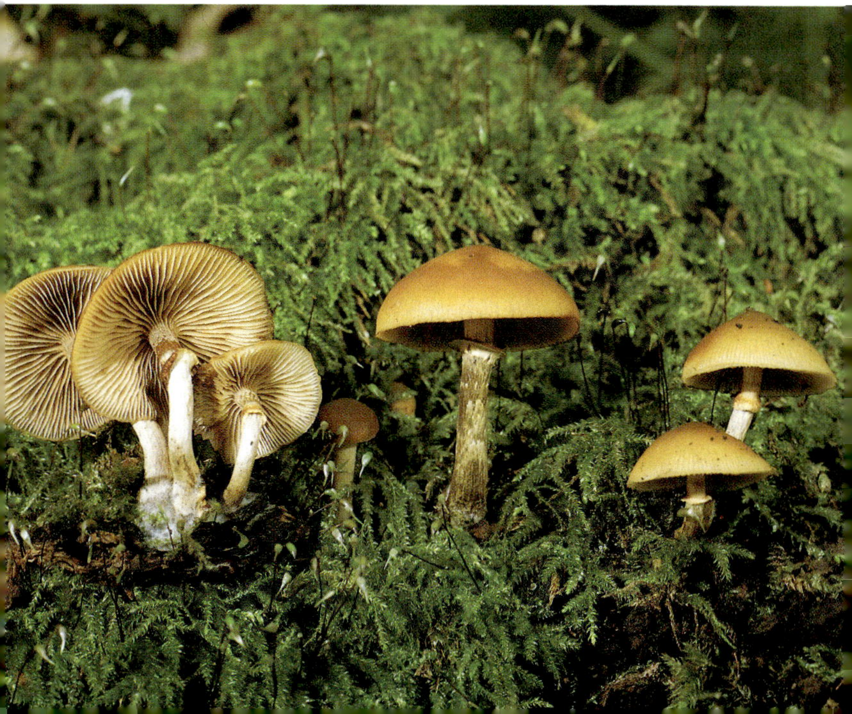

Reifpilz, Zigeuner, Runzelschüppling

eßbar ★

Rozites caperatus (Pers.: Fr.) Kummer

Hut: Strohgelblich, ockergelblich, durch eine vor allem jung vorhandene Bereifung weißlich bis lilaweißlich überzogen, oft gerunzelt, ⌀ 6–10 cm. **Lamellen:** Erst blaß-, dann rostocker, mit gekerbter Schneide, am Stiel angewachsen. **Stiel:** Schmutzig weißlich, gestreift-faserig, mit schmalem, häutigem Ring. **Sporenpulver:** Rostbraun; Sporen mandelförmig, rauh, ohne Keimporus. **Vorkommen:** Im Nadelwald auf sauren Böden, gern zwischen Heidelbeeren; August bis Oktober.
Bemerkungen: Der Reifpilz gilt als guter Speisepilz, der allerdings oft madig ist. Die Gattung *Rozites* ist in Mitteleuropa nur mit einer einzigen Art vertreten. Sie gehört in die Verwandtschaft der Schleierlinge.

Glimmerschüppling

eßbar

Phaeolepiota aurea (Matt.: Fr.) Maire

Hut: Goldbraun bis leuchtend löwengelb, konvex oder gebuckelt, mit glimmerig-körnigem Belag, der im Mikroskop aus rundlichen Elementen besteht, ⌀ 5–15 cm. **Lamellen:** Rostgelblich, am Stiel angewachsen. **Stiel:** Wie der Hut gefärbt, zylindrisch-keulig, aufsteigend beringt, körnig-flockig wie der Hut, über dem Ring kahl, heller gefärbt. **Fleisch:** Weißlich-gelblich, nachdunkelnd. **Sporenpulver:** Rostbräunlich; Sporen elliptisch-spindelförmig, glatt, ohne sichtbaren Keimporus. **Vorkommen:** In lichten Wäldern, in Parkanlagen und Friedhöfen, auf saurem Boden; September bis November. **Verwechslung:** Der Glimmerschüppling ist durch sein auffälliges Äußeres nicht zu verwechseln. In gewisser Beziehung ähnelt er den Körnchenschirmlingen *(Cystoderma)*, die viel kleiner sind und weißes Sporenpulver besitzen.
Bemerkungen: Die Gattung *Phaeolepiota* wird nur von der oben beschriebenen, auffälligen, aber seltenen Art gebildet. Der Glimmerschüppling lebt saprophytisch im Boden und sollte trotz seiner Ungiftigkeit für Speisezwecke verschont bleiben. – Die abgebildeten Exemplare wuchsen auf dem Gelände eines Friedhofes in Berlin.

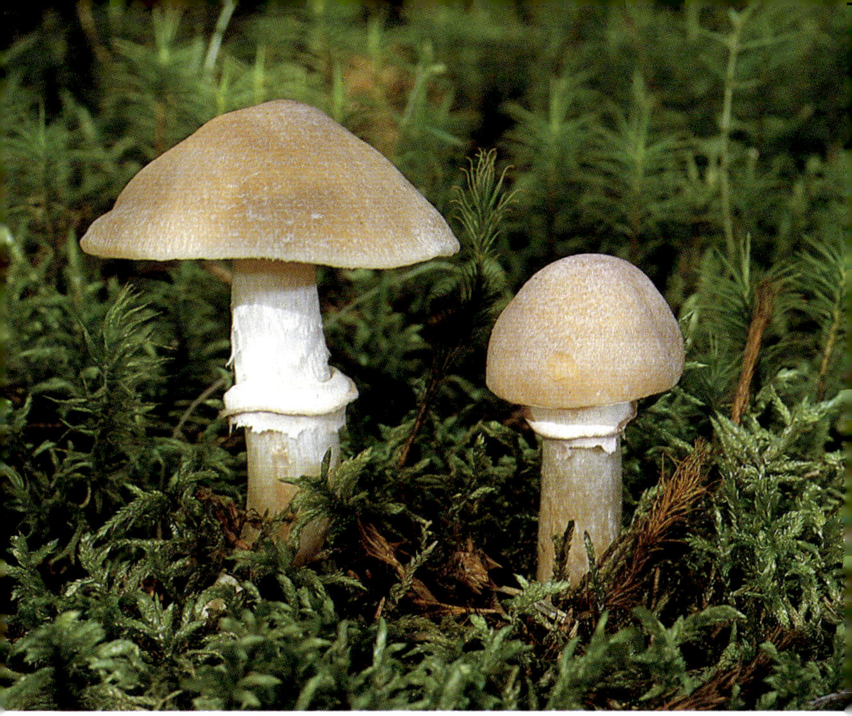

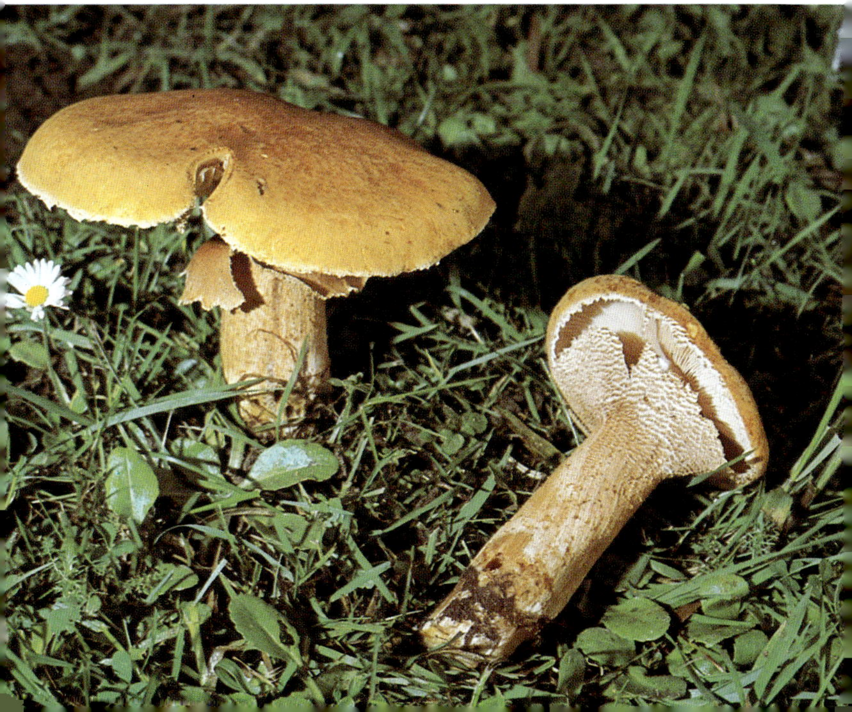

Grünspanträuschling

Stropharia aeruginosa (Curt.: Fr.) Quélet

Hut: Kräftig blaugrün oder dunkelgrün, senfgelblich ausblassend, weiße vergängliche Velumflocken am Hutrand, Huthaut stark schleimig-schmierig, ⌀ 3–8 cm. **Lamellen:** Erst grauviolettlich, dann dunkel violettbraun, breit angewachsen, mit deutlich hellerer Schneide. **Stiel:** Blaugrünlich, mit häutigem, aufsteigendem Ring, darunter weißlich schuppig-flockig. **Fleisch:** Weißlich. **Sporenpulver:** Purpurbraun. **Zystiden:** An der Lamellenschneide schlank keulenförmig. **Vorkommen:** In Laub- und Nadelwäldern, vor allem unter Buchen, manchmal in Verbindung mit totem Holz; August bis November. **Verwechslung:** Der Grünspanträuschling ist durch seine blaugrünen Farben sehr auffällig. Deshalb wird häufig übersehen, daß noch eine weitere täuschend ähnliche Art, *S. caerulea*, existiert. Dieser Doppelgänger ist mehr außerhalb des Waldes zu finden, an Ruderalstellen, gern unter Brennesseln. Er ist ebenfalls eßbar. Die äußeren Unterschiede sind wenig auffällig: Die Lamellen sind blasser gefärbt und es fehlt die hellere Lamellenschneide; der Stiel weist keinen häutigen Ring auf, sondern nur einen kleinen Absatz an der entsprechenden Stelle. Das sicherste Unterscheidungsmerkmal ist mikroskopischer Art: Die Zystiden an der Lamellenschneide haben eine flaschenförmige Form und sind im unteren Teil bauchig.
Gattungsmerkmale: Siehe unten.

Krönchenträuschling

Stropharia coronilla (Bull.: Fr.) Quélet

Hut: Weißlich, blaßocker oder gelblich, meist halbkugelig, glatt, feucht klebrig, ⌀ 2–4 cm. **Lamellen:** Erst blaßlila, dann purpurviolett, Schneide heller. **Stiel:** Weißlich, mit schmalem, eng anliegendem Ring, der an der Oberseite gerieft ist (wie ein kleines Krönchen). Er kann auch fehlen. **Vorkommen:** An grasigen Wegrändern, auf Wiesen, in Parkanlagen; Juli bis Oktober. **Verwechslung:** Eine gewisse Ähnlichkeit können die Zwergchampignon-Arten haben (*Agaricus comtulus* u. a.). Ihre Lamellen sind aber frei vom Stiel und ein eventuell vorhandener Ring ist oberseits nicht gerieft.
Gattungsmerkmale: 16 Arten, Saprophyten, boden- oder holzbewohnend, Hüte schmierig, Stiele oft beringt, Sporenpulver braun, purpurbraun bis schwarzbraun-violett, Sporen oval, glatt, mit undeutlichem oder deutlichem Keimporus. Wenige Arten sind giftverdächtig, doch sind keine ernsthaften Vergiftungsfälle aus dieser Gattung bekannt.

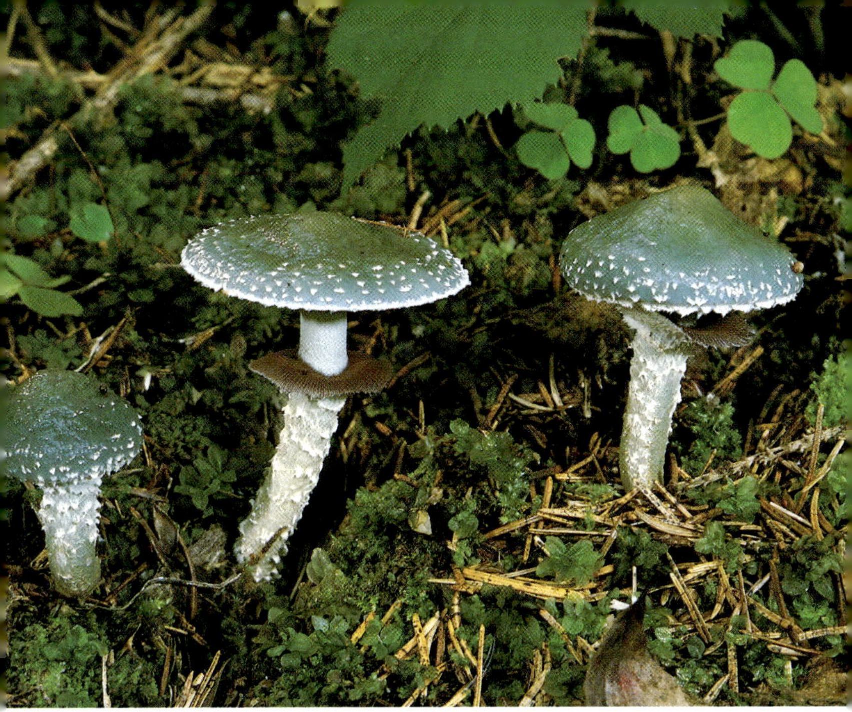

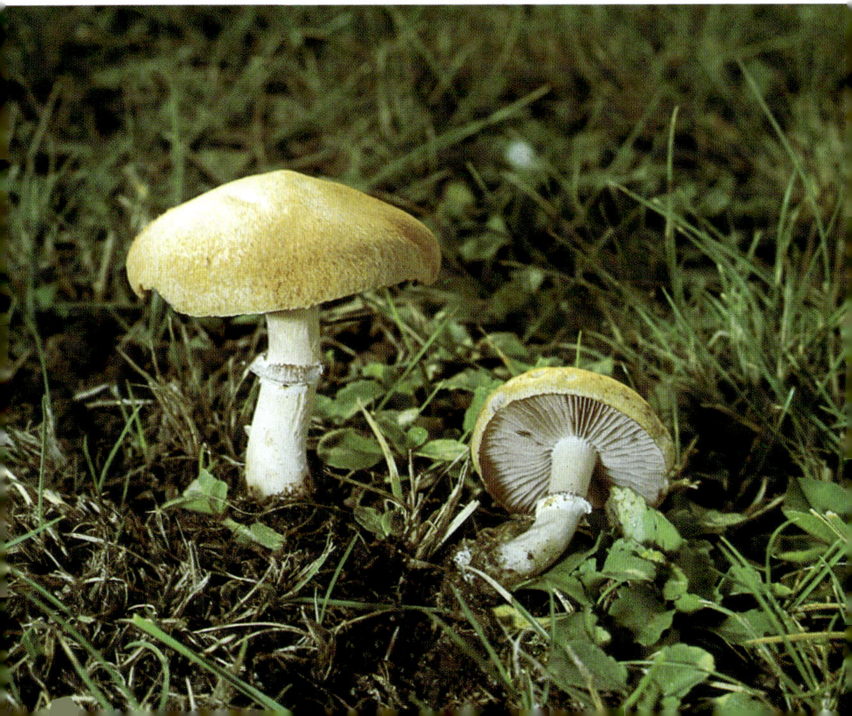

Rotbrauner Riesenträuschling

eßbar

Stropharia rugosoannulata Farlow

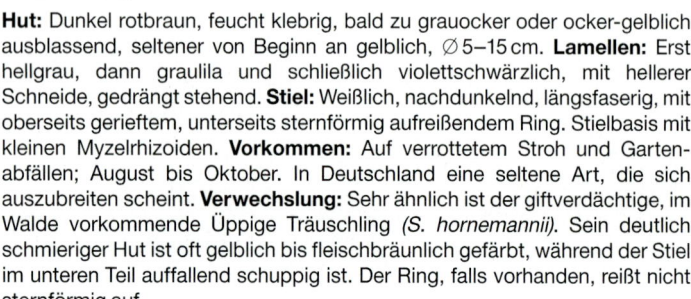

Hut: Dunkel rotbraun, feucht klebrig, bald zu grauocker oder ocker-gelblich ausblassend, seltener von Beginn an gelblich, ⌀ 5–15 cm. **Lamellen:** Erst hellgrau, dann graulila und schließlich violettschwärzlich, mit hellerer Schneide, gedrängt stehend. **Stiel:** Weißlich, nachdunkelnd, längsfaserig, mit oberseits geriertem, unterseits sternförmig aufreißendem Ring. Stielbasis mit kleinen Myzelrhizoiden. **Vorkommen:** Auf verrottetem Stroh und Gartenabfällen; August bis Oktober. In Deutschland eine seltene Art, die sich auszubreiten scheint. **Verwechslung:** Sehr ähnlich ist der giftverdächtige, im Walde vorkommende Üppige Träuschling *(S. hornemannii)*. Sein deutlich schmieriger Hut ist oft gelblich bis fleischbräunlich gefärbt, während der Stiel im unteren Teil auffallend schuppig ist. Der Ring, falls vorhanden, reißt nicht sternförmig auf.

Bemerkungen: Der Rotbraune Riesenträuschling wurde in letzter Zeit öfter auf Strohballen kultiviert und im Handel unter dem Namen »Braunkappe« angeboten. Er ist jedoch geschmacklich den Zuchtchampignons unterlegen. Einige Personen scheinen den Pilz nicht gut zu vertragen. Er sollte bei der Zubereitung ausreichend erhitzt werden.

Gattungsmerkmale: Siehe S. 140.

Üppiger Träuschling

giftverdächtig

R 4

Stropharia hornemannii (Fr.: Fr.) Lund. & Nannf.

Hut: Elfenbeinweißlich, graugelblich oder fleischbräunlich, feucht sehr schleimig, am Rande manchmal mit Velumfetzen, ⌀ 5–12 cm. **Lamellen:** Erst hell grau-violettlich, dann dunkel purpurbraun. **Stiel:** Weißlich bis blaß gelblich, mit oberseits geriertem Ring, der nicht sternförmig aufreißt, aber recht vergänglich ist. Unter dem Ring sparrig-schuppig. Oft fehlt der Ring gänzlich, dafür ist der Hutrand von Velumfetzen behangen. **Vorkommen:** Im Nadelwald, auf moderigem Fichtenholz oder in dessen Nähe, vor allem in höheren Gebirgslagen; August bis Oktober. **Verwechslung:** Der Rotbraune Riesenträuschling *(S. rugosoannulata)* kann sehr ähnlich aussehen, vor allem, wenn die Exemplare gelblich ausgeblaßt sind und der Ring fehlt. Ein im Zweifel gutes Unterscheidungsmerkmal ist der schuppige untere Stielteil des Üppigen Träuschlings. Beide Arten sind sehr eng miteinander verwandt, so daß es kaum glaubhaft erscheint, daß der eine giftig und der andere ein guter Speisepilz sein soll, zumal Vergiftungen mit dem Üppigen Träuschling literaturmäßig nicht erfaßt sind.

Bemerkungen: In Kärnten (Österreich) wurden in höherer Gebirgslage unter Lärchen etwa 30 Exemplare angetroffen, denen durchweg der Ring fehlte!

Gattungsmerkmale: Siehe S. 140.

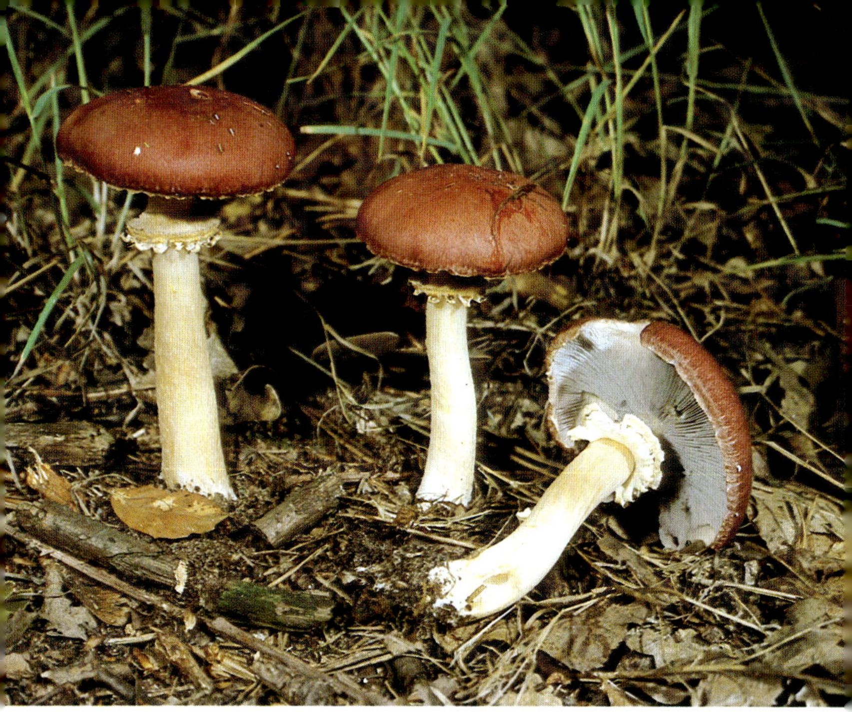

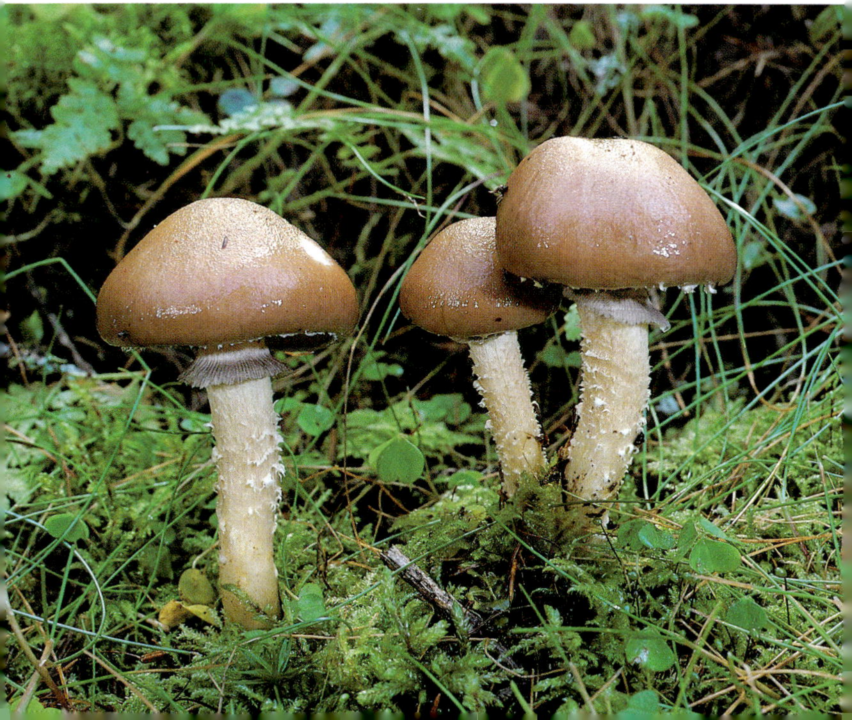

Schopftintling

Coprinus comatus (Müll.: Fr.) Pers.

eßbar ★
in jungem Zustand

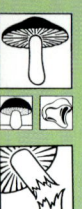

Hut: Weiß, mit weißen bis leicht bräunlichen (am Scheitel) abstehenden Schuppen, erst walzenförmig, dann glockig, schließlich vom Rande her zerfließend. Höhe des geschlossenen Hutes 10–15 cm. **Lamellen:** Erst weiß, dann rosa, schließlich schwarz und zerfließend, aufsteigend angeheftet. **Stiel:** Weiß, zylindrisch, mit bald losem Ring, der oft abfällt, tief im Boden wurzelnd, hohl. **Vorkommen:** Auf gedüngten Wiesen, an Waldrändern, auf Schuttplätzen, an Misthaufen; einzeln oder büschelig; ab Mai bis November. **Verwechslung:** An den gleichen Stellen wächst der mit Alkohol giftig wirkende Faltentintling *(C. atramentarius)*. Er besitzt einen meist hellgrauen Hut, dem die sparrigen Schüppchen fehlen. Der Stiel ist ringlos und zeichnet sich lediglich im unteren Teil durch eine knotenförmige Anschwellung aus. Wie eine kleine Ausgabe des Schopftintlings sieht der Ring-Tintling *(C. sterquilinus)* aus, der für Speisezwecke unbedeutend ist.

Bemerkungen: Wer Schopftintlinge, die recht gute Speisepilze sind, zum Essen sammelt, achte darauf, daß er nur ganz geschlossene, rein weiße Exemplare verwendet. Angefärbte Pilze zerfließen manchmal noch im Korb und sind dann unbrauchbar. Schopftintlinge müssen deshalb möglichst sofort zubereitet werden.

Gattungsmerkmale: 90 Arten, Saprophyten, Boden- oder Holzbewohner, viele Arten auf Mist, Lamellen oder ganzer Hut bei der Reife meist zu einem tintenartigen Brei zerfließend, Hüte radial gefaltet. Sporenpulver schwarz oder schwarzbraun. Sporen meist glatt, selten rauh, mit deutlichem Keimporus. Einige Arten sind zusammen mit Alkohol giftig.

Samtfußkrempling

ungenießbar

Paxillus atrotomentosus (Batsch: Fr.) Fr.

Hut: Einfarbig heller oder dunkler braun, Oberfläche feinsamtig, matt, Mitte oft vertieft, ⌀ 10–25 cm. **Lamellen:** Cremegelblich. **Stiel:** Wie der Hut gefärbt, deutlich samtig überzogen, kompakt, oft exzentrisch. **Vorkommen:** Im Nadelwald, auf Stümpfen; Juli bis November. **Verwechslung:** Der braunsamtige Hut weckt von weitem beim Speisepilzsammler einige Hoffnungen, er hätte eventuell einen Steinpilz vor sich. Ein leichtes Anheben der Hutkante, ohne den Pilz auszureißen, reicht völlig aus, sich durch einen Blick auf die Lamellen eines Besseren zu belehren!

Bemerkungen: Der Samtfußkrempling ist zähfleischig und besitzt keinen Wohlgeschmack.

Gattungsmerkmale: 4 Arten, boden- oder holzbewohnend, Mykorrhizabildner oder saprophytisch lebend, Hutrand oft lange eingekrempelt, Lamellen am Stiel herablaufend, bei Berührung braunfleckend, Sporenpulver ocker bis rostbraun, Sporen elliptisch, glatt. Alle Arten ungenießbar, 1 Art kann tödlich giftig sein.

Rötlicher (Purpurfilziger) Holzritterling

eßbar
in kleinen Mengen

Tricholomopsis rutilans (Schff.: Fr.) Singer

Geruch und Geschmack: Dumpf, nicht sehr angenehm. **Hut:** Auf gelbem Grund purpurfarben bis lilarötlich, filzig, ⌀ 5–15 cm. **Lamellen:** Leuchtend gelb, Schneide auffallend flockig (durch mit der Lupe sichtbare Zystiden), leicht ausgebuchtet angewachsen. **Stiel:** Purpurfilzig wie der Hut oder blasser, besonders im oberen Teil, oder nur gelb, zylindrisch. **Fleisch:** Überall deutlich gelb. **Sporenpulver:** Weiß, nicht amyloid; Sporen elliptisch, glatt, ohne Keimporus. **Vorkommen:** Auf Nadelholzstümpfen; Juli bis November. **Verwechslung:** Obwohl der Rötliche Holzritterling in den Farben sehr veränderlich ist, teilweise auch in fast rein gelblichen Exemplaren vorkommen kann, ist er doch gut an seinem Wachstum an Nadelholz und der flockigen Lamellenschneide zu erkennen. Der Olivgelbliche Holzritterling *(T. decora)* ist in allen Teilen olivgelblich gefärbt und besitzt auf dem Hut dunklere, weniger auffallende Schüppchen. Er ist viel seltener als *T. rutilans*.

Bemerkungen: Der Pilz sollte nur in kleineren Mengen im Mischgericht verwendet werden, da er, abgesehen von seinem nicht sehr angenehmen Geschmack, auch leichte Verdauungsstörungen erzeugen kann. Die Gattung *Tricholomopsis* besteht aus 4 Arten, die im Aussehen den Ritterlingen ähneln, sich von ihnen aber durch das saprophytische Wachstum auf Holz und die immer gelben Grundfarben unterscheiden.

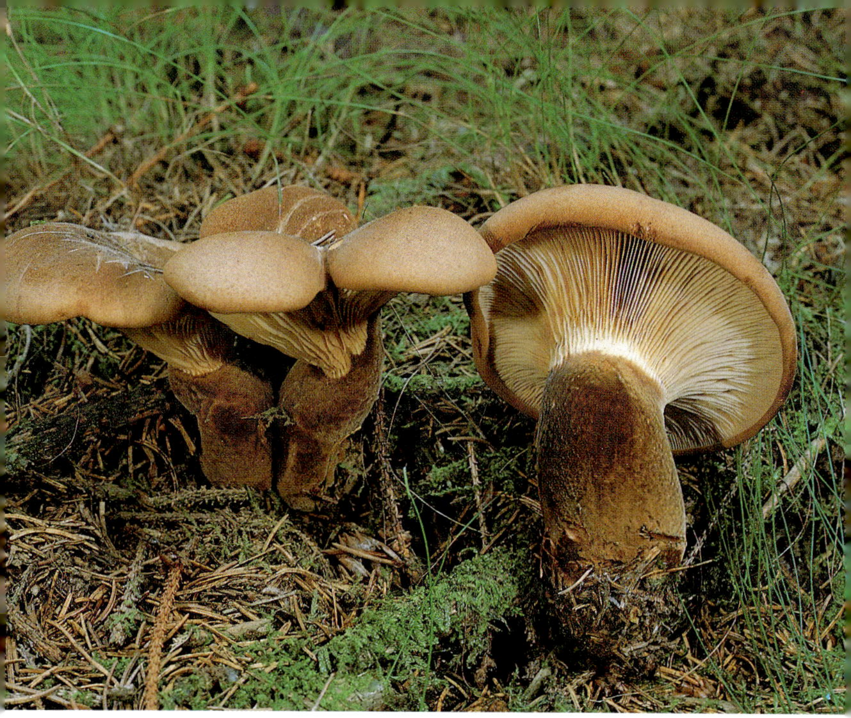

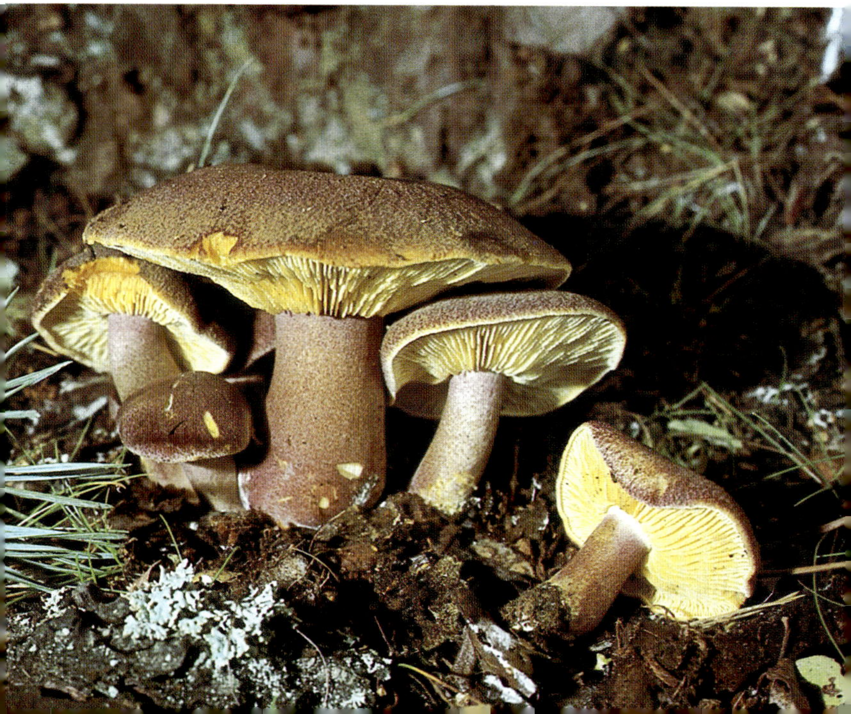

Ölbaumtrichterling

Omphalotus olearius (DC.: Fr.) Singer

giftig

R 4

Hut: Lebhaft orangegelb bis orangebraun, in der Mitte meist etwas trichterig vertieft, Rand lange eingerollt, seidig, ⌀ 3–10 cm. **Lamellen:** Goldbraun, am Stiel herablaufend, eng stehend. **Stiel:** Orangegelb bis gelbbraun, meist an der Basis zugespitzt. **Fleisch:** Gelb bis orangegelblich. **Sporenpulver:** Blaß gelblich; Sporen rundlich-oval, ohne Keimporus, glatt. **Vorkommen:** Der Pilz ist wärmeliebend und hat südliche Verbreitung. In Deutschland ist er seltener anzutreffen und dann nur in klimatisch bevorzugten Gebieten wie z. B. dem Oberrheingebiet oder den Südalpen. Im Mittelmeerraum gehört er zu den häufigen Pilzen und wächst dort meist an Ölbäumen. In Deutschland findet man ihn gern an Eichen und anderen Laubbäumen. Er wächst büschelig, aber auch vereinzelt; Juli bis September. **Verwechslung:** Der Ölbaumtrichterling wird in der Literatur oft als mit dem Pfifferling verwechselbar angegeben, der aber kein Holzbewohner ist und an der Hutunterseite entferntere, dickliche Leisten besitzt. Eine verblüffende Ähnlichkeit mit dem Fuchsigen Trichterling *(Lepista flaccida)* bemerkte ich bei dunklen, einzeln am Boden stehenden Exemplaren, die ich auf Sardinien sah.

Bemerkungen: Der Ölbaumtrichterling erzeugt keine tödlichen Vergiftungen, er enthält Giftstoffe, die eine ähnliche Wirkung wie das Muskarin zeigen (Atromentin, Atromentinsäure und Gyroporin). *O. olearius* leuchtet im Dunkeln etwas. Die Gattung *Omphalotus* besteht in Europa aus nur 1 Art.

Spindeliger Rübling

Collybia fusipes (Bull: Fr.) Quélet

ungenießbar

Geruch: Etwas unangenehm, aufdringlich. **Hut:** Fleischbbraun bis dunkel rotbraun, verblassend, ungerieft; ⌀ 3–8 cm. **Lamellen:** Leicht fleischfarben, oft fleckig, dicklich und entfernt stehend, am Stiel aufsteigend angeheftet. **Stiel:** Wie der Hut gefärbt, alt nachdunkelnd, spindelig wurzelnd, verdreht. **Vorkommen:** Am Fuße von lebenden und abgestorbenen Eichen- und Buchenstämmen; Juli bis Oktober. **Verwechslung:** Der Pilz unterscheidet sich von ähnlichen Arten durch den auffallend spindelig-wurzelnden, verdrehten Stiel und die entfernten, nicht weißen Lamellen. Eine heller gefärbte Art, deren Lamellenschneide gesägt ist, wächst im Nadelwald: *Collybia fodiens.* Sie ist selten zu finden und kommt z. B. im Südschwarzwald vor. Der Verdrehte Rübling *(C. distorta)* ist zierlicher und wächst an ähnlichen Standorten. Beide sind Bodenbewohner.

Bemerkungen: Der Spindelige Rübling kann manchmal für einen Bodenbewohner gehalten werden, hat aber stets eine Verbindung zu Holz.

Gattungsmerkmale: Siehe S. 186.

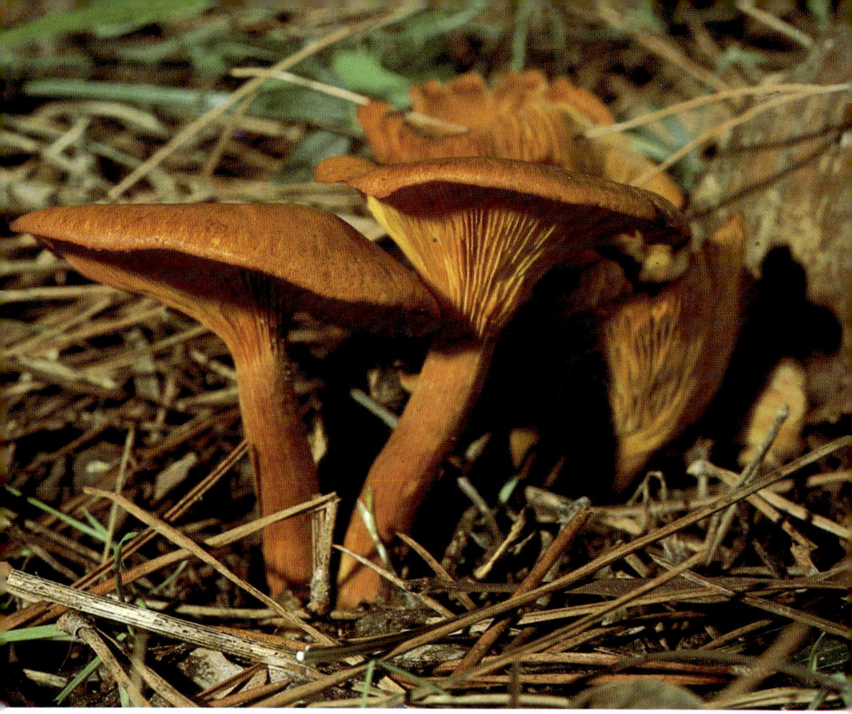

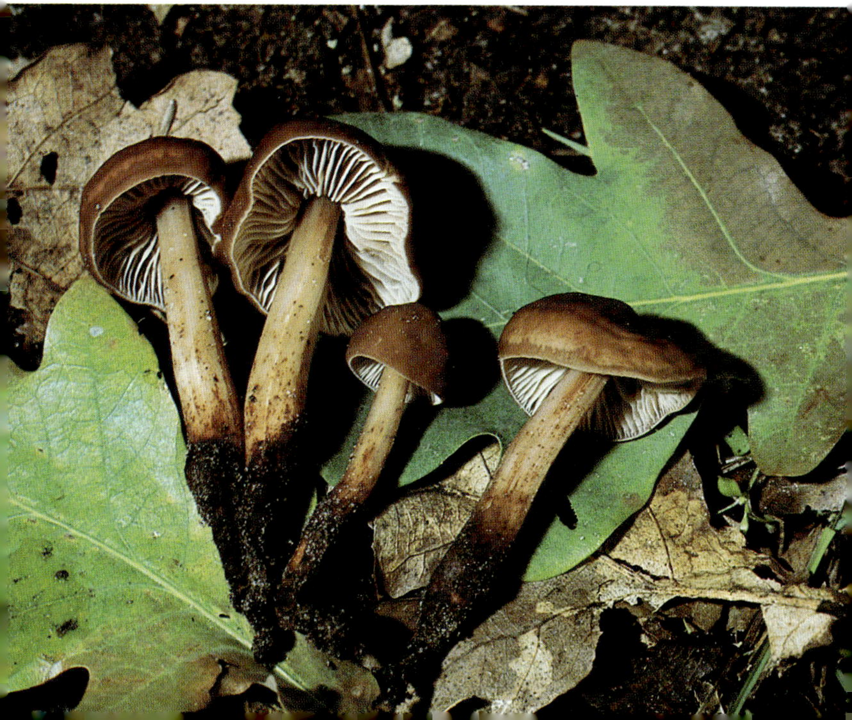

Samtfußrübling, Winterpilz

eßbar

Flammulina velutipes (Curt.: Fr.) Singer

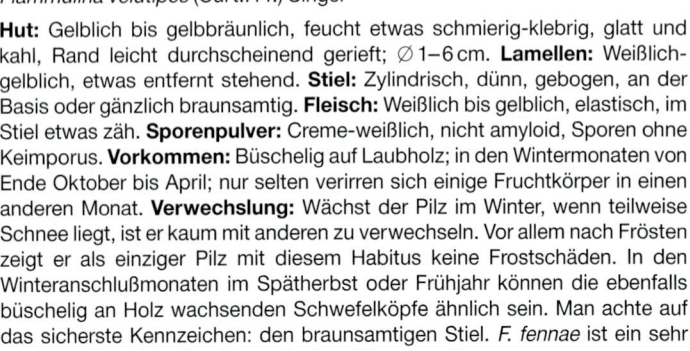

Hut: Gelblich bis gelbbräunlich, feucht etwas schmierig-klebrig, glatt und kahl, Rand leicht durchscheinend gerieft; $\varnothing$ 1–6 cm. **Lamellen:** Weißlich-gelblich, etwas entfernt stehend. **Stiel:** Zylindrisch, dünn, gebogen, an der Basis oder gänzlich braunsamtig. **Fleisch:** Weißlich bis gelblich, elastisch, im Stiel etwas zäh. **Sporenpulver:** Creme-weißlich, nicht amyloid, Sporen ohne Keimporus. **Vorkommen:** Büschelig auf Laubholz; in den Wintermonaten von Ende Oktober bis April; nur selten verirren sich einige Fruchtkörper in einen anderen Monat. **Verwechslung:** Wächst der Pilz im Winter, wenn teilweise Schnee liegt, ist er kaum mit anderen zu verwechseln. Vor allem nach Frösten zeigt er als einziger Pilz mit diesem Habitus keine Frostschäden. In den Winteranschlußmonaten im Spätherbst oder Frühjahr können die ebenfalls büschelig an Holz wachsenden Schwefelköpfe ähnlich sein. Man achte auf das sicherste Kennzeichen: den braunsamtigen Stiel. *F. fennae* ist ein sehr ähnlicher Pilz mit hellem Hut und reinweißen Lamellen.

Bemerkungen: Die Gattung *Flammulina* ist den echten Rüblingen *(Collybia)* sehr ähnlich. Sie unterscheidet sich von diesen durch das Wachstum an Holz und die hymeniform aufgebaute Huthaut. Bei Rüblingen besteht sie aus liegenden Hyphen. Die Gattung *Flammulina* umfaßt etwa 3 Arten.

Auf der Holzoberfläche sind im Foto sehr schön die Rhizomorphen des Hallimasch zu sehen!

Breitblättriger Rübling

nicht empfehlenswert

Megacollybia platyphylla (Pers.: Fr.) Kotl. & Pouzar

Hut: Graubraun, variierend von schwarzbraun bis fast weißlich, faserig ge-streift, dünnfleischig, $\varnothing$ 5–15 cm. **Lamellen:** Schmutzig weißlich, sehr breit, queradrig. **Stiel:** Erst weißlich, dann zunehmend graubräunlich, meist jedoch heller als der Hut, längsgestreift, an der Basis mit auffallenden schnurartigen Myzelsträngen. **Sporenpulver:** Weiß, nicht amyloid. **Zystiden:** An der Lamel-lenschneide blasig-flaschenförmig. **Vorkommen:** An stark vermorschtem Laubholz, seltener an Nadelholz, auch in der Nähe von Stümpfen oder auf vergrabenem Holz; Mai bis Oktober, auch in trockenen Zeiten erscheinend. **Verwechslung:** In Gebirgsfichtenwäldern wächst an Stümpfen der ähnliche kleinere Gestreifte Rübling *(Clitocybula lacerata)*, der keine Zystiden, aber amyloides Sporenpulver besitzt.

Bemerkungen: Beim Breitblättrigen Rübling wußten die Mykologen nie, in welche der vorhandenen Gattungen er gehört. Er wurde zu den Holzritterlin-gen *(Tricholomopsis)* und zu den Samtrüblingen *(Oudemansiella)* gestellt. In all diesen Gruppen ist er jedoch ein Außenseiter, weshalb die neue Gattung *Megacollybia* aufgestellt wurde. Da in Nordamerika durch diesen Pilz leich-tere Vergiftungen vorgekommen sind (Durchfälle, Magen- und Darmverstim-mung), kann er als Speisepilz nicht empfohlen werden.

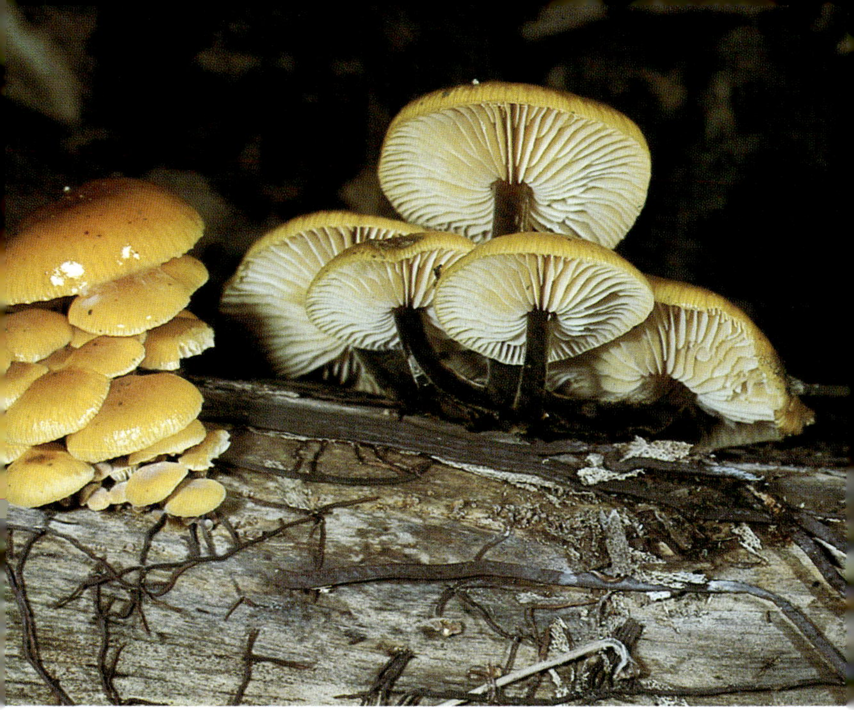

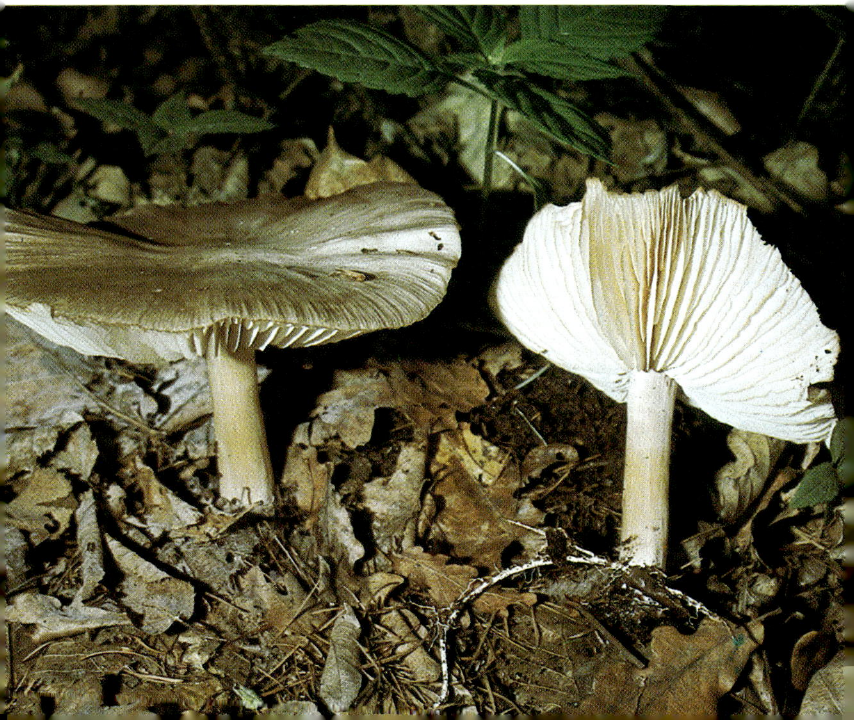

Schuppiger Sägeblättling, Anis-Sägeblättling

ungenießbar

Lentinus lepideus (Fr.: Fr.) Fr.

Geruch: Eigentlich nicht nach Anis, sondern ehe wie Perubalsam, manchmal auch obstig oder lerchenspornartig. **Hut:** Erst weißlich, dann gelblich-weißlich, oft groß abstehend-schuppig, ⌀ 5–12 cm. **Lamellen:** Weiß, später etwas gilbend, breit, entfernt stehend, gerade angewachsen bis herablaufend, an der Schneide grob gesägt. **Stiel:** Weißlich, zur Basis bräunend, schuppig oder kahl, wurzelnd. **Fleisch:** Sehr zäh und elastisch. **Sporenpulver:** Weiß, nicht amyloid; Sporen länglich, glatt. **Vorkommen:** Meist auf totem Nadelholz, aber auch an Laubholz; Mai bis Oktober.

Gattungsmerkmale: Die Gattung *Lentinus* besteht aus 4 saprophytisch an Holz lebenden Arten. Der Schuppige Sägeblättling ist hier der weitaus häufigste Vertreter. Die moderne Mykologie bezweifelt eine echte Zugehörigkeit von *L. lepideus* zur Gattung *Lentinus*, da dieser im Holz eine Braunfäule erregt. Alle anderen Arten erzeugen Weißfäule.

Getigerter Knäueling

ungenießbar

Lentinus tigrinus (Bull. : Fr.) Fr.
Syn.: *Panus tigrinus* (Bull.: Fr.) Singer

Hut: Auf weißem Untergrund mit feinen, schwärzlichen, haarigen Schüppchen, Mitte oft leicht genabelt, ⌀ 3–8 cm. **Lamellen:** Weißlich, gilbend, gedrängt, am Stiel herablaufend, Lamellenschneide fein schartig. **Stiel:** Weiß, mit schwärzlichen Faserschüppchen. **Fleisch:** Zäh und elastisch, weißlich, manchmal gilbend. **Sporenpulver:** Weiß, nicht amyloid. **Vorkommen:** Auf Laubholz, gern auf Weidenstrünken oder -stämmen in der Nähe von Gewässern, meist büschelig; April bis Oktober.

Bemerkungen: Der Getigerte Knäueling gehörte früher zur Gattung *Panus*, wurde aber in modernen Werken wieder zu *Lentinus* transferiert. Der Pilz erzeugt im Holz eine Weißfäule.

Gattungsmerkmale: Siehe oben.

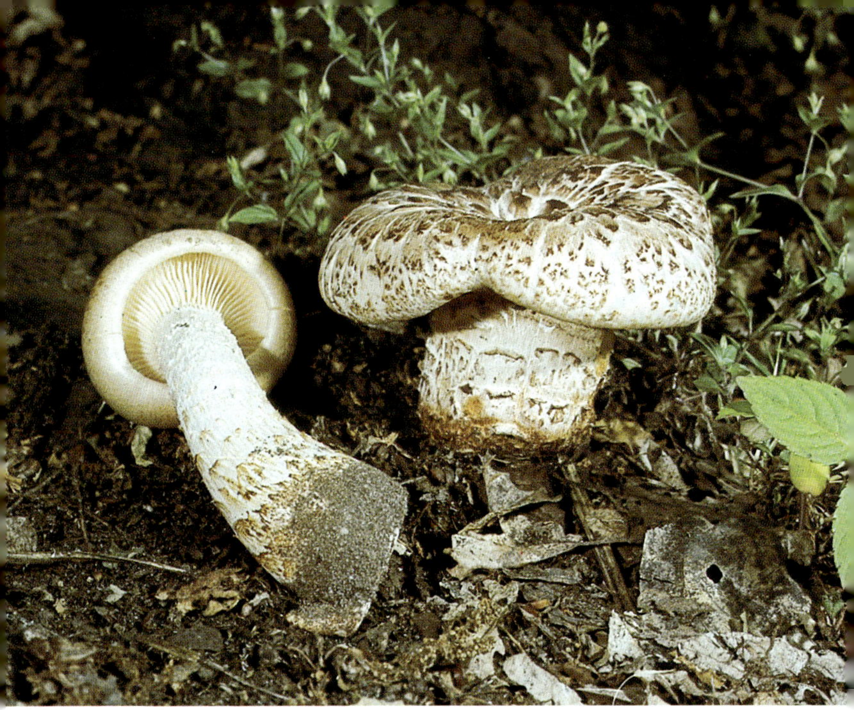

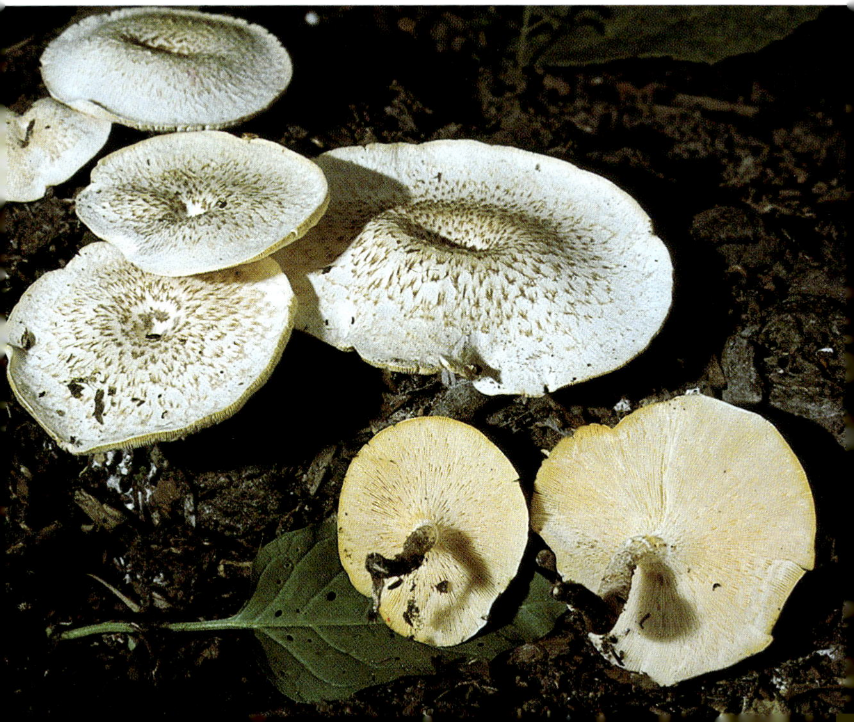

Austernseitling

Pleurotus ostreatus (Jacq.: Fr.) Kummer

Hut: Grau, graulila oder graubraun, spatel- bis halbkreisförmig, Oberseite glatt und kahl, Breite 5–15 cm. **Lamellen:** Weißlich, am Stiel kurz herablaufend, in Stielnähe anastomosierend. **Stiel:** Weißlich, kurz, oft exzentrisch sitzend, Basis stark striegelig-filzig. **Vorkommen:** Meist an Laubholz, in gedrängten Büscheln, muschelförmig übereinanderwachsend (wie Austernbänke); im Spätherbst von Oktober bis Dezember, fruktifiziert erst nach den ersten Nachtfrösten, erscheint manchmal im Frühjahr noch einmal. **Verwechslung:** Die Hutfarben dieses leicht erkennbaren Pilzes variieren sehr. Eine schön taubenblaue Form wird als eigene Art, *P. columbinus*, betrachtet. Der weißliche bis blaß graue Eichenseitling *(P. dryinus)* unterscheidet sich durch seinen leicht filzigen Hut, der in der Jugend durch ein häutiges Velum mit dem Stiel verbunden ist. Das Fleisch gilbt im Alter. Der hell gefärbte Rillstielige Seitling *(P. cornucopiae)* besitzt einen mit weitem Netz gezeichneten Stiel. Er riecht beim Durchschneiden leicht mehlartig.

Bemerkungen: Der Austenseitling ist inzwischen zu einem beliebten Kulturpilz geworden. Im Handel wird er oft als »Kalbfleischpilz« angeboten.

Gattungsmerkmale: Die Gattung *Pleurotus* besteht in Mitteleuropa aus 8 Arten. Sie leben saprophytisch, können aber auch als Schwächeparasiten auftreten. 2 Arten besitzen ein Velum, bei den anderen fehlt es. Sporenpulver weiß, cremefarbig bis weißlich-lilagrau, nicht amyloid; Sporen zylindrisch, glatt.

Eichenseitling, Berindeter Seitling

Pleurotus dryinus (Pers.: Fr.) Kummer

Hut: Weiß oder blaß grau, Oberfläche flzig-faserig bis schuppig, Rand besonders jung mit häutigen Velumresten behangen, ⌀ 6–10 cm. **Lamellen:** Weißlich, später gilbend, am Stiel herablaufend. **Stiel:** Weißlich, meist exzentrisch, jung mit häutigen Velumresten. **Fleisch:** Weißlich, gilbend. **Vorkommen:** An verschiedenen Laubhölzern, besonders an Eichen und Buchen; August bis November. **Verwechslung:** Der Eichenseitling unterscheidet sich vom Austernseitling durch das Vorhandensein des Velums und das gilbende Fleisch. *P. calyptratus* besitzt einen glatten Hut, der ebenfalls ein Velum aufweist. Das Fleisch gilbt wie bei *P. dryinus*.

Gattungsmerkmale: Siehe oben.

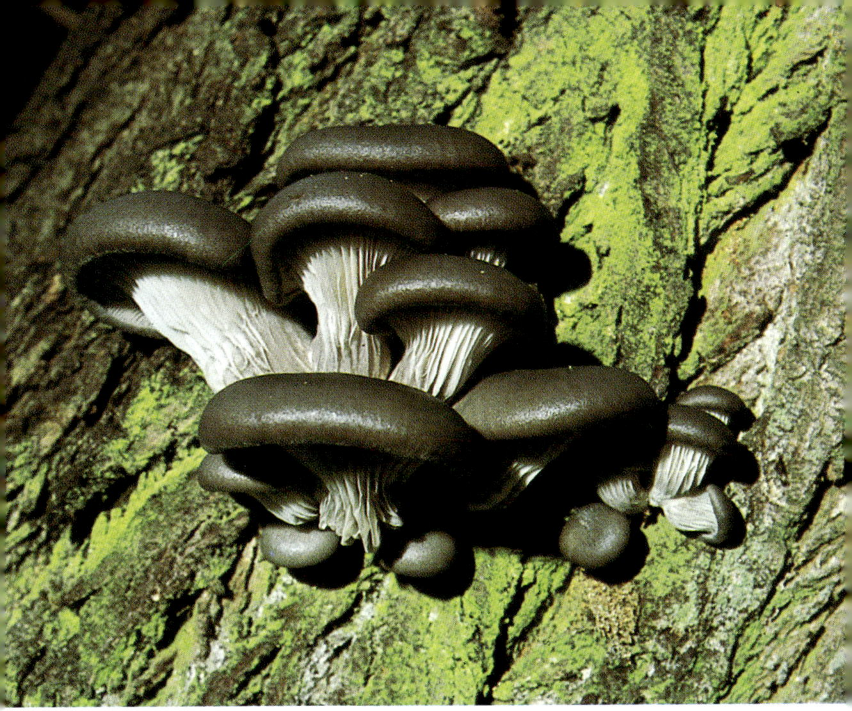

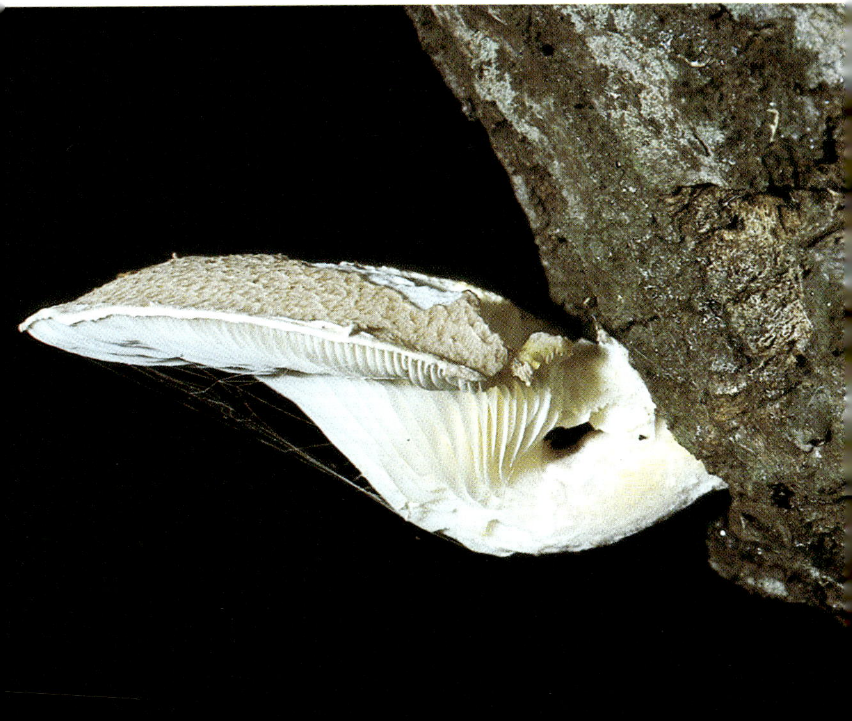

Sparriger Schüppling

Pholiota squarrosa (Müll.: Fr.) Kummer

eßbar
nach Abkochen

Geruch: Auffallend würzig-zimtartig. **Hut:** Einfarbig gelbbraun, mit sparrigen, nicht abwischbaren Schuppen dicht besetzt, ⌀ 5–10 cm. **Lamellen:** Olivgelblich. **Stiel:** Dem Hut gleichfarbig, sparrig schuppig, mit zerfetzter Ringzone, darüber glatt und dadurch deutlich abgesetzt. **Fleisch:** Leicht gelblich. **Sporenpulver:** Rostbraun. **Vorkommen:** An Laub-, seltener an Nadelhölzern, in Büscheln; September bis November. Der Pilz wächst auch gern an Apfelbäumen, die er zum Absterben bringt. **Verwechslung:** Der Sparrige Schüppling ist als der klassische Doppelgänger des Hallimasch *(Armillariella mellea)* anzusehen. Letzterem fehlt der typisch würzige Geruch, und der Stiel ist meist mit einem deutlich ausgeprägten, häutigen Ring versehen. Auch sind die Lamellen, bedingt durch das weißliche Sporenpulver, heller. Hier fehlt vor allem der für den Sparrigen Schüppling charakteristische Olivton. In Zweifelsfällen kann der Hallimasch an seinem laugenartigen, kratzenden Nachgeschmack erkannt werden, wenn man ein kleines Stück roh zerkaut und dann ausspeit. Der Goldfellschüppling *(Ph. aurivella)* unterscheidet sich durch den schmierigen Hut, der mit dunkleren (wie aufgeklebt erscheinenden) Schuppen besetzt ist. Sein Stiel ist wenigstens im Alter ± glatt, ein Ring fehlt. Er ist ebenfalls eßbar, wenn auch von minderer Qualität. Einen anliegend beschuppten Hut besitzt der kompaktfleischige Pappelschüppling *(Ph. destruens).* Er erscheint im Spätherbst als Parasit an Pappelstämmen. Wegen seines ausgeprägten bitteren Geschmacks ist er ungenießbar.

Gattungsmerkmale: 30 Arten, Saprophyten oder Parasiten, Holz- und Brandstellenbewohner, Hüte trocken oder schmierig, kahl oder schuppig. Stiele ohne oder mit undeutlichem Ring, dieser jedoch eher als angedeutete Ringzone vorhanden, Sporenpulver ocker- bis rostbraun, Sporen glatt, mit oft undeutlichem Keimporus. Keine ausgesprochenen Giftpilze, einige Arten schmecken bitter.

Tonweißer Schleimschüppling

eßbar

Pholiota lenta (Pers.: Fr.) Singer

Hut: Tonblaß, blaß lehmfarben, feucht stark schleimig, mit weißen, im Schleim schwimmenden Schüppchen, die auch abgewaschen sein können, am Hutrand oft mit häutigem Velumsaum; ⌀ 4–8 cm. **Lamellen:** Erst blaß olivgelblich, bald zimtgelblich. **Stiel:** Weißlich, im unteren Teil bräunend, oft flockig-faserig, im oberen Teil mit cortinaartiger Zone (einen Schleierling vortäuschend). **Sporenpulver:** Ockerbräunlich. **Vorkommen:** Im Laub- und Nadelwald, immer mit Verbindung zu abgestorbenem Holz; im Spätherbst besonders häufig, September bis November. **Verwechslung:** Der Tonweiße Schleimschüppling wird oft für einen Schleierling der Untergattung *Phlegmacium* (Schleimköpfe) gehalten. Er ist aber, sofern die Verbindung zum Holz nicht sichtbar ist, an den olivgelblichen Lamellen zu erkennen. Schleimköpfe weisen zumindest im reifen Zustand einen solchen Farbton nicht auf. Außerdem besitzen Schleierlinge warzige Sporen ohne Keimporus. Der Weißflockige Schleimschüppling *(Ph. lubrica)* unterscheidet sich durch rötlichbräunliche Hutfarben und wächst in Gebirgsgegenden.
Gattungsmerkmale: Siehe S. 156.

Rauchblättriger Schwefelkopf, Milder Schwefelkopf

eßbar

Hypholoma capnoides (Fr.: Fr.) Kummer

Geschmack: Mild. **Hut:** Blaß ockergelblich, gelbbräunlich, ohne grünlichen Beiton, kahl, ⌀ 3–6 cm. **Lamellen:** Jung blaß rauchgrau, ohne grüngelblichen Beiton, auch bei der Reife noch relativ blaß graubräunlich. **Stiel:** Blaß ockergelblich, zur Basis hin deutlicher bräunlich als beim Grünblättrigen Schwefelkopf, schwach längsfaserig, Ringzone sehr schwach bis fehlend. **Fleisch:** Gelblich-weiß, in Stielbasis deutlich bräunlich. **Vorkommen:** Nur auf Nadelholz, büschelig, besonders an Fichten; Oktober bis Dezember. **Verwechslung:** Milder Geschmack in Verbindung mit dem Standort auf Nadelholz und fehlende grüngelbliche Töne auf den Lamellen sind die Kennzeichen dieses guten Speisepilzes. Sehr ähnlich sind die bitter schmeckenden Schwefelkopfarten, vor allem der Grünblättrige Schwefelkopf *(H. fasciculare).*
Gattungsmerkmale: 17 Arten, Saprophyten, büschelig an Holz oder an Torfmoosen wachsend, Hüte meist kahl, Stiele ringlos, bisweilen mit cortinaartiger Zone, Lamellen bei der Reife dunkel umbrabraun bis schwarzviolett, Sporenpulver meist violettbraun, Sporen oval, glatt, mit Keimporus. Einige Arten bitter, 1 Art nachgewiesen stark giftig.

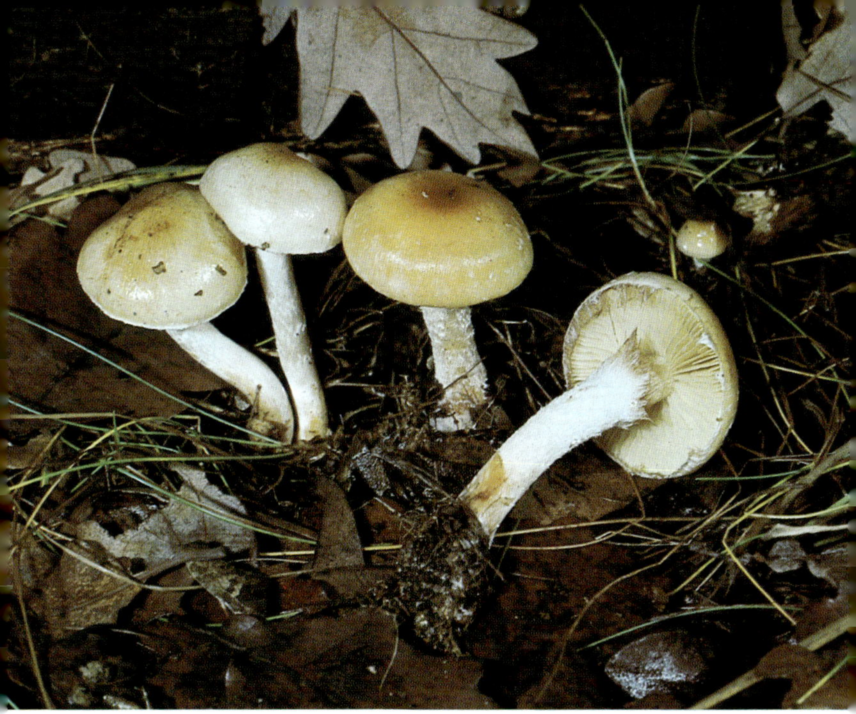

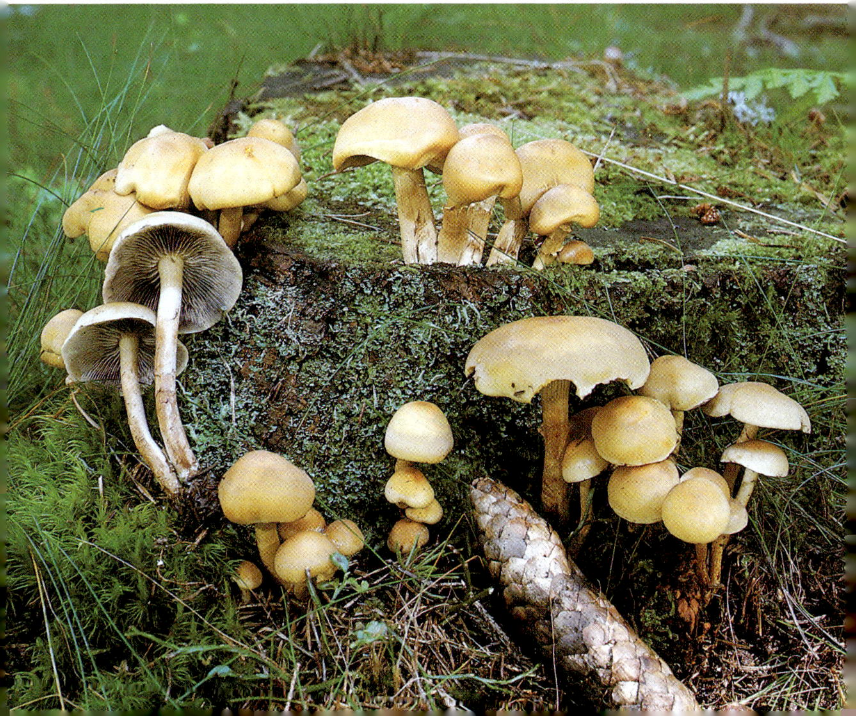

Grünblättriger Schwefelkopf

Hypholoma fasciculare (Huds.: Fr.) Kummer

stark giftig

Geschmack: Stark bitter (möglichst nicht kosten). **Hut:** Rein schwefelgelblich bis ziegelgelblich, kahl, Rand bisweilen vom Velum schwach gesäumt, ⌀ 3–6 cm. **Lamellen:** Immer mit grüngelblichen Beitönen, jung fast schwefelgelblich, dann dunkel grünlich-braun. **Stiel:** Schwefelgelblich, Basis kaum dunkler mit schwacher, faseriger Ringzone. **Fleisch:** Im ganzen Pilz deutlich schwefelgelblich. **Vorkommen:** Büschelig an Laub- und Nadelholzstümpfen; ab Mai bis tief in die Wintermonate, sehr häufig. **Verwechslung:** Der Grünblättrige Schwefelkopf kann vor allem an seiner Lamellenfarbe und dem glatten (nicht flockigen) Hut erkannt werden, im Zweifel an seinem bitteren Geschmack. Ebenfalls bitter schmeckt der kompakte Ziegelrote Schwefelkopf *(H. sublateritium)*, der auf dem Hut meist gelbgrünliche Velumflocken besitzt. Der milde Rauchblättrige Schwefelkopf *(H. capnoides)* hat nie einen grüngelblichen Schein auf den Lamellen und wächst nur an Nadelholz. Das Stockschwämmchen zeichnet sich durch einen häutigen Ring und warme braungelbliche Farbtöne am Hut aus.

Bemerkungen: Erst wurde lange Zeit angenommen, daß der Grünblättrige Schwefelkopf aufgrund seiner Bitterkeit nur ungenießbar ist. Inzwischen ist aber bekannt, daß er Giftstoffe enthält, die denen des Grünen Knollenblätterpilzes ähnlich sind. Wegen der starken Bitterkeit wird der Pilz wohl kaum gegessen.

Gattungsmerkmale: Siehe S. 158.

Ziegelroter Schwefelkopf

Hypholoma sublateritium (Fr.) Quélet

giftig

Geschmack: Deutlich bitter, selten fast mild. **Hut:** Ziegelrot, mit gelbgrünlichen Velumflocken, vor allem in jungem Zustand am Hutrande; fleischig, ⌀ 4–10 cm. **Lamellen:** Grau-olivgrünlich, reif dunkel purpurbraun, Schneide heller. **Stiel:** Gelblich, zur Basis immer dunkler werdend und dort braun, Oberfläche oft vom Velum schuppig-faserig überzogen, mit cortinaartiger Ringzone. **Fleisch:** Weißgelblich, heller als bei *H. fasciculare*, in der Stielbasis deutlicher braun. **Vorkommen:** An Laubholz, büschelig; September bis November. **Verwechslung:** Der Ziegelrote Schwefelkopf ist der kompakteste unter den büscheligen Holzbewohnern seiner Gattung. Das beste Kennzeichen ist, sofern nicht vom Regen abgewaschen, das flockige Hutvelum, welches hier besonders üppig ausgeprägt ist, und die ziegelrote Farbe, die aber auch an jungen Exemplaren des Grünblättrigen Schwefelkopfes *(H. fasciculare)* vorkommen kann.

Gattungsmerkmale: Siehe S. 158.

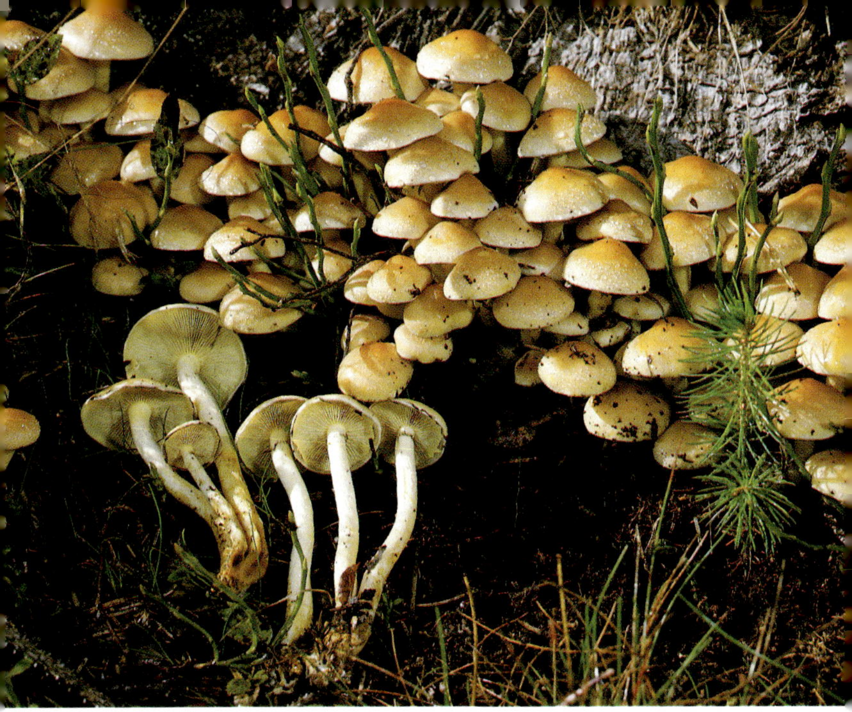

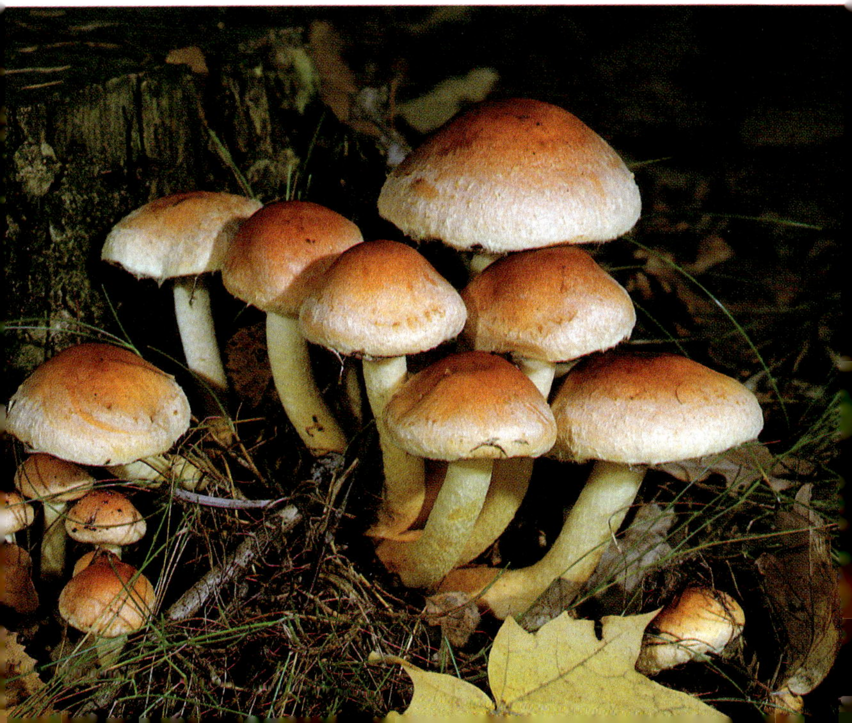

Behangener Faserling, Lilablättriger Saumpilz

eßbar

Psathyrella candolleana (Fr.: Fr.) Maire

Hut: Blaß honiggelblich, hygrophan, weißlich ausblassend, am Rande von häutigen bis flockigen, weißen Velumresten behangen, manchmal auch zart am ganzen Hut verteilt, ⌀ 3–6 cm. **Lamellen:** Erst weißlich, dann purpur- bis lilabräunlich. **Stiel:** Weißlich, meist kahl, selten bleiben ringförmige Velumreste zurück, hohl und gebrechlich, manchmal etwas wurzelnd. **Fleisch:** Überall dünn und gebrechlich, weißlich. **Zystiden:** Nur an der Lamellenschneide vorhanden, an der Fläche fehlend. **Vorkommen:** Auf totem Holz oder am Boden, wenn dort Holzreste vergraben sind, büschelig bis gesellig; Mai bis Oktober, im Frühjahr besonders auffällig. **Verwechslung:** Ähnlich ist der Wäßrige Saumpilz *(P. piluliformis)*, der aber deutlich dunkler gefärbt ist und im Spätherbst wächst. Er besitzt außerdem etwas kleinere Sporen.

Gattungsmerkmale: 100 Arten Saprophyten, holz- oder bodenbewohnend, Fruchtkörper sehr grazil bis fleischig, den Tintlingen ähnlich, aber nicht zerfließend, Hüte nicht radial gefaltet, meist zerbrechlich, Sporenpulver dunkelbraun, schwarzbraun oder fleischbraun, Sporen meist glatt, selten rauh, oft mit deutlichem Keimporus.

Wäßriger Saumpilz, Weißstieliges Stockschwämmchen

eßbar, nicht jedem bekömmlich

Psathyrella piluliformis (Bull.: Fr.) Orton
Syn.: *Psathyrella hydrophila* (Bull.) Maire

Hut: Feucht dunkelbraun, hygrophan, trocken heller ocker-beige, Hut oft gerunzelt, am Rande durch einen häutigen Saum behangen, ⌀ 2–5 cm. **Lamellen:** Erst hell beige, dann braunschwarz, ohne lila Ton. **Stiel:** Weiß, oft etwas wellig-uneben, hohl, gebrechlich. **Zystiden:** An Schneide und Fläche der Lamellen vorhanden. **Vorkommen:** an Laubholz, gern an Buchen, büschelig bis gesellig; September bis November. **Verwechslung:** Durch den oft zweifarbigen, durchwässerten Hut kann eine Ähnlichkeit mit dem Stockschwämmchen *(Kuehneromyces mutabilis)* entstehen. Dieses besitzt aber einen braunen, beringten, im unteren Teil schuppigen Stiel. Der Lilablättrige Saumpilz *(P. candolleana)* ist auch in feuchtem Zustand viel heller honiggelb gefärbt. Andere Arten der Gattung *Psathyrella* können ebenfalls ähnlich aussehen und sind dann oft nur mit dem Mikroskop zu unterscheiden. Eine Verwechslung ist aber ungefährlich.

Gattungsmerkmale: Siehe oben.

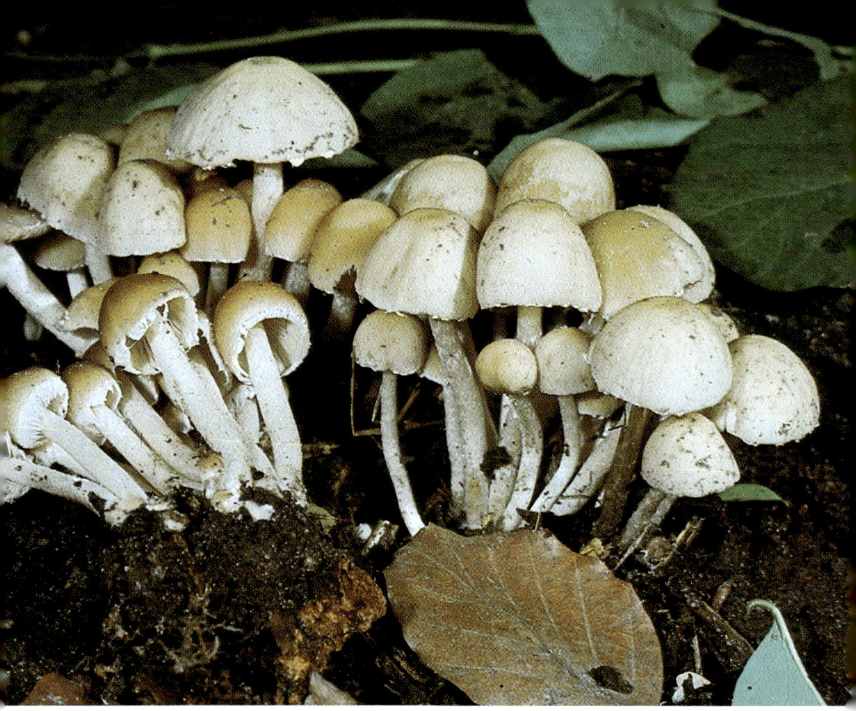

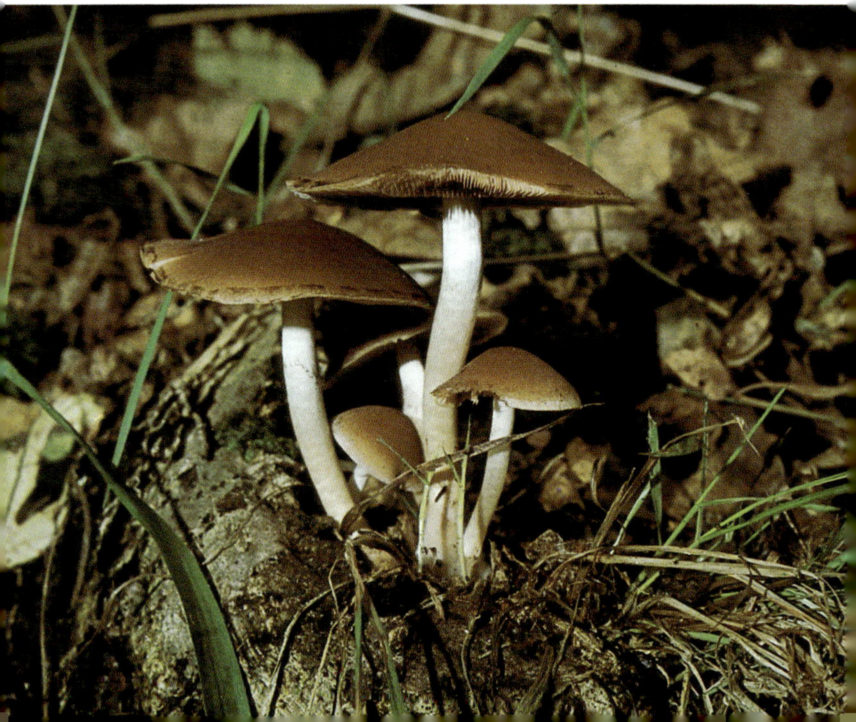

Glimmertintling

eßbar
ohne Alkohol

Coprinus micaceus (Bull.: Fr.) Fr.

Hut: Gelbbräunlich, weit gefaltet-gefurcht, besonders jung mit einem feinkörnigen Belag, der bei auffallendem Licht glitzert (wie Glimmer), es handelt sich hier um einen Velumbelag, der im Mikroskop betrachtet, aus rundlichen Zellen besteht. Durch Regen wird er oft abgewaschen. Höhe der noch glockigen oder geschlossenen Hüte 2–4 cm. Bei feuchtem Wetter zerfließen die Hüte rasch. **Stiel:** Weiß, dünn und gebrechlich, hohl. **Vorkommen:** In dichten Büscheln an Baumstümpfen; Mai bis November. **Verwechslung:** Sehr ähnlich und mit bloßem Auge nicht sicher unterscheidbar ist der Weidentintling *(C. truncorum)*. Er besitzt einen meist stärker gefalteten Hut, vor allem aber sind die Sporen im Umriß regelmäßig oval, der Keimporus ist nicht verlängert. Gewisse Ähnlichkeit hat auch *C. radians*, zumal er auch an Holz wächst. Sein Hut zeigt aber mehr flockige Schüppchen, die bräunen. An seiner Stielbasis befindet sich ein sehr typischer rostbrauner Filz, das sog. Ozonium. Der Filz kann manchmal unter der Holzrinde versteckt sein. Der Kleine Rauhsportintling *(C. silvaticus)* ist ebenfalls recht ähnlich, weist aber auch in jungem Stadium keine Hutflocken auf und hat rauhe Sporen.

Bemerkungen: Der Glimmertintling soll, genau wie der Faltentintling, zusammen mit Alkohol Giftwirkungen zeigen.

Gattungsmerkmale: Siehe S. 144.

Gesäter Tintling

ungenießbar

Coprinus disseminatus (Pers.: Fr.) S. F. Gray

Hut: Erst ockergelblich, dann hellgrau, sehr zart und dünn, stark gefaltet-gefurcht, kahl, nicht zerfließend und glockig bleibend, ⌀ 1–1,5 cm. **Lamellen:** Entfernt stehend. **Stiel:** Weißlich, dünn gebrechlich. **Vorkommen:** In dichten, rasigen Gruppen an Baumstümpfen und am Boden, oft zu mehreren Hundert an einer Stelle; Mai bis Oktober. **Verwechslung:** Wenn der sehr häufige Gesäte Tintling in dichten Gruppen zu Hunderten wächst, ist er kaum zu verwechseln. Man achte auf den gefalteten, nicht zerfließenden Hut. Eine Reihe von anderen Tintlingen oder Zärtlingen *(Psathyrella)* können ähnlich aussehen, wachsen aber nicht in so dichten Gruppen.

Bemerkungen: Der Gesäte Tintling besitzt, wie einige andere Vertreter seiner Gattung, einen braunen Myzelfilz. Er ist aber nicht immer deutlich sichtbar.

Gattungsmerkmale: Siehe S. 144.

| Falscher Pfifferling   S. 166 |

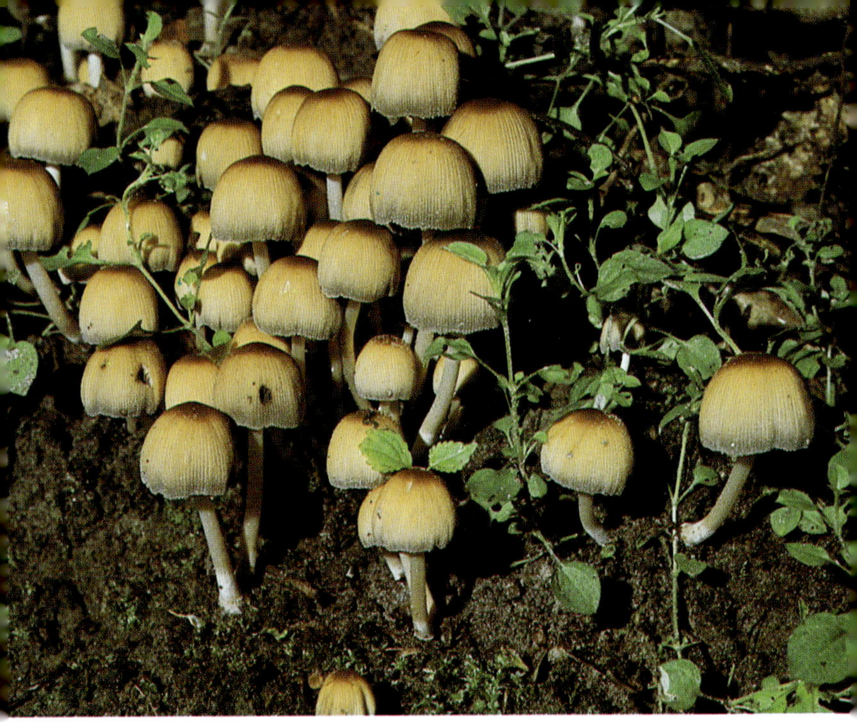

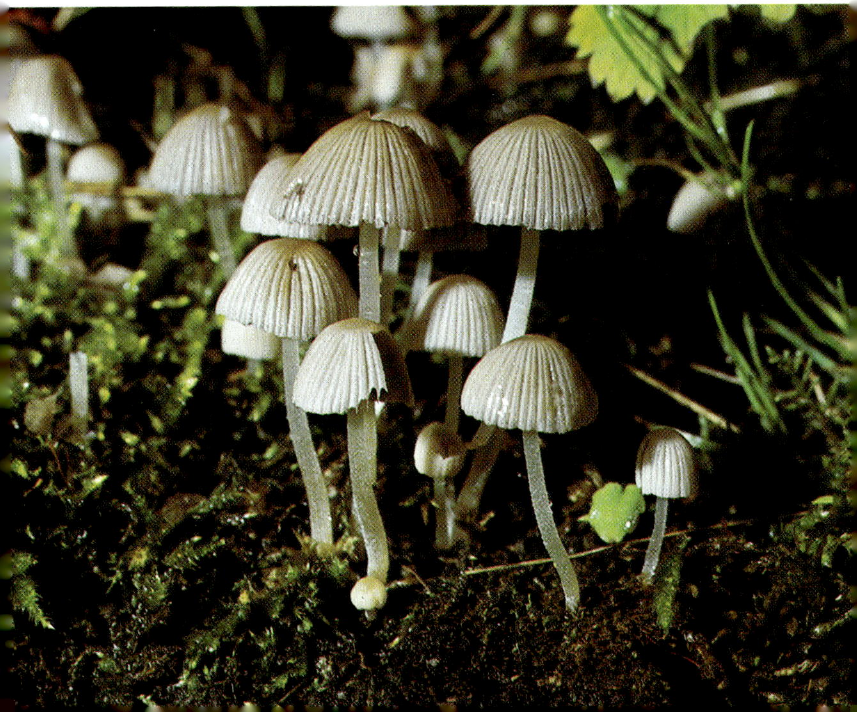

Falscher Pfifferling, Orangegelber Gabelblättling

Hygrophoropsis aurantiaca (Wulf.: Fr.) Maire

Geruch: Etwas dumpf, unbedeutend. **Hut:** Weißlich, meist jedoch gelb bis orangegelb, leicht filzig, ⌀ 2–6 cm. **Lamellen:** Orangegelb oder blasser, gedrängt, gegabelt, herablaufend. **Stiel:** Dem Hut ähnlich gefärbt, zuspitzend, zäh. **Sporenpulver:** Weiß, dextrinoid; Sporen elliptisch. **Vorkommen:** Im Nadelwald am Boden oder an Holz; im späteren Herbst (September bis November). **Verwechslung:** Der Pilz sieht oft einem echten Pfifferling *(Cantharellus cibarius)* täuschend ähnlich und ist sein ungefährlicher Doppelgänger. Der Pfifferling erscheint früher, hat entfernter stehende, dickere Leisten (keine Lamellen), die auch gegabelt sein können, und riecht typisch mirabellenähnlich.

Bemerkungen: Der Falsche Pfifferling kann bei manchen Personen Brechdurchfälle erzeugen.

Die kleine Gattung *Hygrophoropsis* enthält nur 4 Arten. *H. olida*, der Duftende Afterleistling, riecht stark nach Fruchtbonbons und ist in allen Teilen zart rosa gefärbt.

Mehlräsling

Clitopilus prunulus (Scop.: Fr.) Kummer

Geruch und Geschmack: Angenehm mehlartig, mild. **Hut:** Weiß, fleischig, flach, konvex oder leicht gebuckelt, kahl, matt; ⌀ 3–10 cm. **Lamellen:** Erst weißlich, dann rosa-fleischfarben, gedrängt, am Stiel herablaufend. **Stiel:** Weiß, meist recht kurz, an der Basis zugespitzt und oft leicht gebogen. **Sporenpulver:** Rosa; Sporen länglich, glatt, ohne Keimporus. **Vorkommen:** Meist an grasigen Stellen im Laub- und Nadelwald; Juni bis Oktober. **Verwechslung:** Der Mehlräsling ist durch seine herablaufenden Lamellen den oft giftigen weißen Trichterlingen ähnlich. Die Rosafärbung tritt erst in reifem Zustand auf.

Bemerkungen: Die Gattung *Clitopilus* besteht bei uns aus ca. 9 Arten, die außer *C. prunulus* wegen ihrer Kleinheit nicht für Speisezwecke in Frage kommen. Vom Mehlräsling existiert noch eine schmächtigere, bitter schmeckende var. *amarus*, die sonst gleiche Merkmale aufweist. Deshalb empfiehlt sich vorher eine kleine Kostprobe.

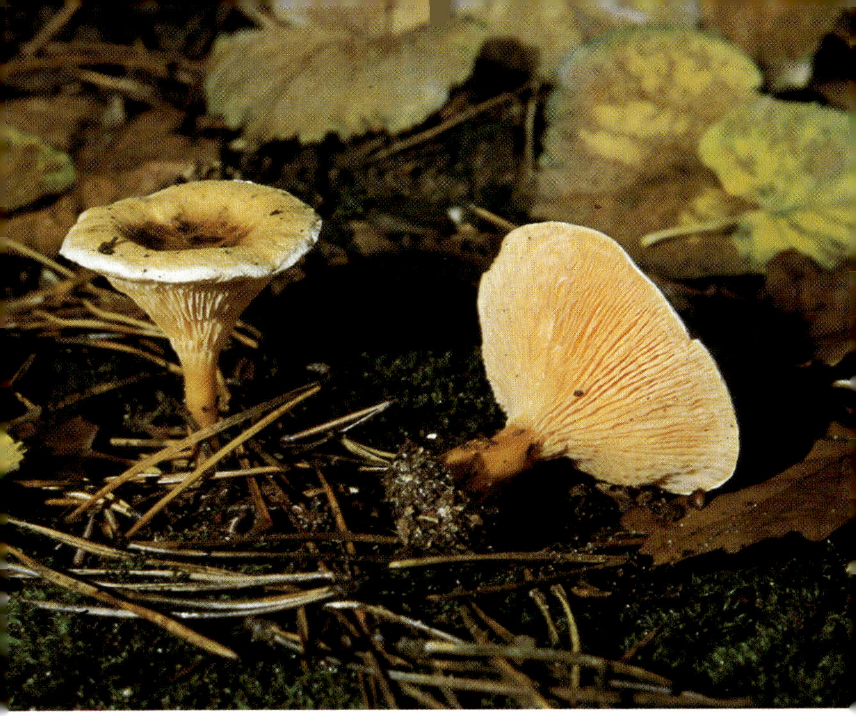

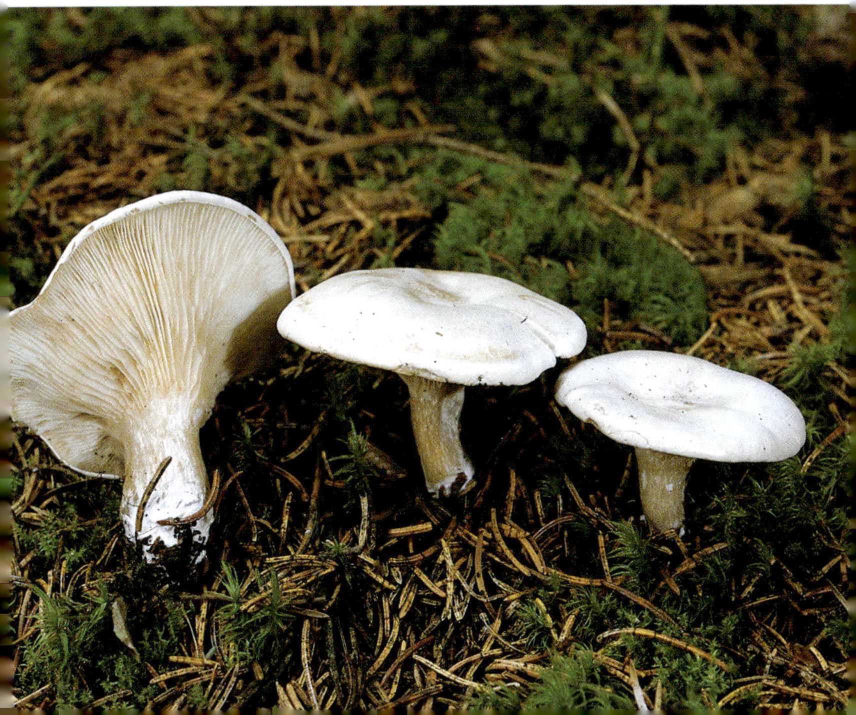

Fuchsiger Röteltrichterling

eßbar (?)

Lepista flaccida (Sow.: Fr.) Pat.
Syn.: *Lepista inversa* (Scop.: Fr.) Pat.

Hut: Blaß ocker-orange bis fuchsig, in der Mitte trichterig vertieft, glatt und kahl, ⌀ 3–8 cm. **Lamellen:** Erst blaß weißlich, dann ocker-orange oder noch dunkler, gedrängt, am Stiel herablaufend. **Stiel:** Dem Hut etwa gleichfarbig, meist kurz, zylindrisch. **Sporenpulver:** Weiß. **Vorkommen:** Im Laub- und Nadelwald; August bis Oktober. **Verwechslung:** Ähnlich ist der Wasserflek-kige Trichterling, *L. gilva*, der auf dem Hut auffallende Wasserflecken besitzt. Er erscheint vor allem im Mittelgebirge. Verblüffend ähnlich können einzeln am Boden stehende Exemplare vom giftigen Leuchtenden Ölbaumtrichterling *(Omphalotus olearius)* sein. Er ist gewöhnlich ein Holzbewohner. Solche Formen wurden auf Sardinien gefunden.
Bemerkungen: Der Fuchsige Röteltrichterling sollte scharf gebraten zuberei-tet werden, da er sonst zäh wird. In letzter Zeit ist seine uneingeschränkte Eßbarkeit umstritten, ohne daß aber ein Gift nachgewiesen werden konnte.
Gattungsmerkmale: Siehe S. 196.

Nebelgrauer (Rötel-)Trichterling

eßbar
nach Abkochen

Lepista nebularis (Batsch: Fr.) Harmaja

Geruch und Geschmack: Aufdringlich süßlich-mehlartig, für einige Per-sonen sehr unangenehm. **Hut:** Heller oder dunkler grau, selten weißlich, flei-schig, gebuckelt, jung deutlich bereift, ⌀ 5–15 cm. **Lamellen:** Blaß weißlich-cremefarben, herablaufend, gedrängt. **Stiel:** Weißlich bis hellgrau, kräftig, etwas keulig, außen längsfaserig. **Sporenpulver:** Cremeweißlich. **Vor-kommen:** Meist im Laubwald zwischen Fallaub; September bis November. **Verwechslung:** Der eigenartige Geruch und die späte Erscheinungszeit lassen diesen Massenpilz leicht erkennen. Der Veilchen-Rötelritterling *(L. irina)* hat eine gewisse Ähnlichkeit, ist aber kleiner und riecht angenehmer nach Veilchenwurzel, ohne mehlige Komponente. Er ist eßbar. Unangenehme Folgen kann eine Verwechslung mit dem giftigen Riesenrötling *(Entoloma eulividum)* haben. Der Habitus beider Arten kann täuschend ähnlich sein, zumal sich auch die Erscheinungszeit überschneidet. Der Riesenrötling riecht angenehmer nach Mehl und zeigt an der Hutunterseite entferntere Lamellen, die ausgebuchtet angewachsen sind und in der Jugend einen gelblichen Schein (!) aufweisen. Später wechselt die Farbe zu lachsrosa wegen der rosa Sporen.
Bemerkungen: Durch Kochen und Wegschütten des Kochwassers wird der unangenehme Geruch gemildert, aber nicht gänzlich beseitigt. Unabgekocht kann der Nebelgraue Trichterling Darmstörungen verursachen.
Gattungsmerkmale: Siehe S. 196.

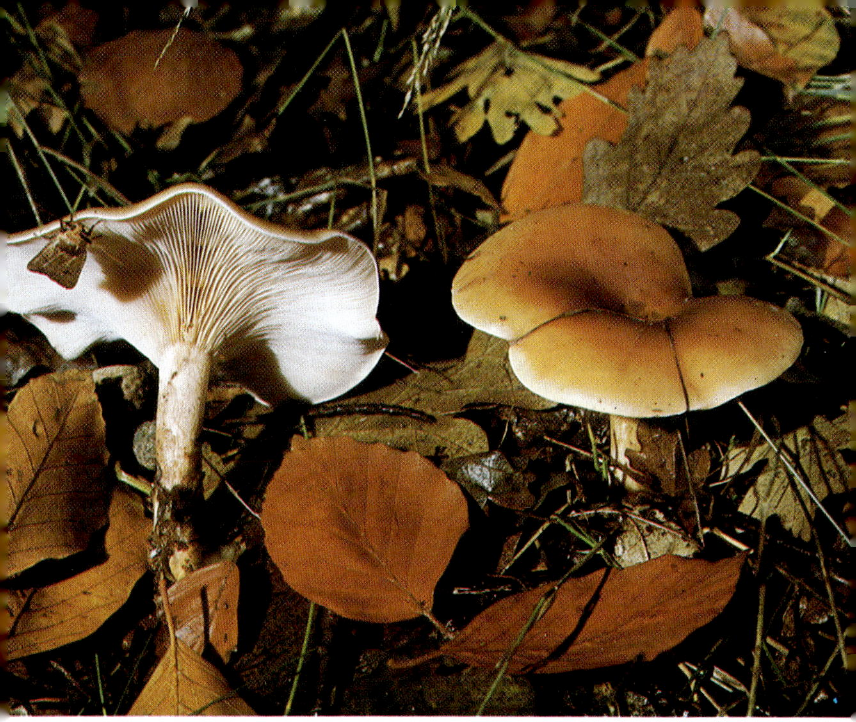

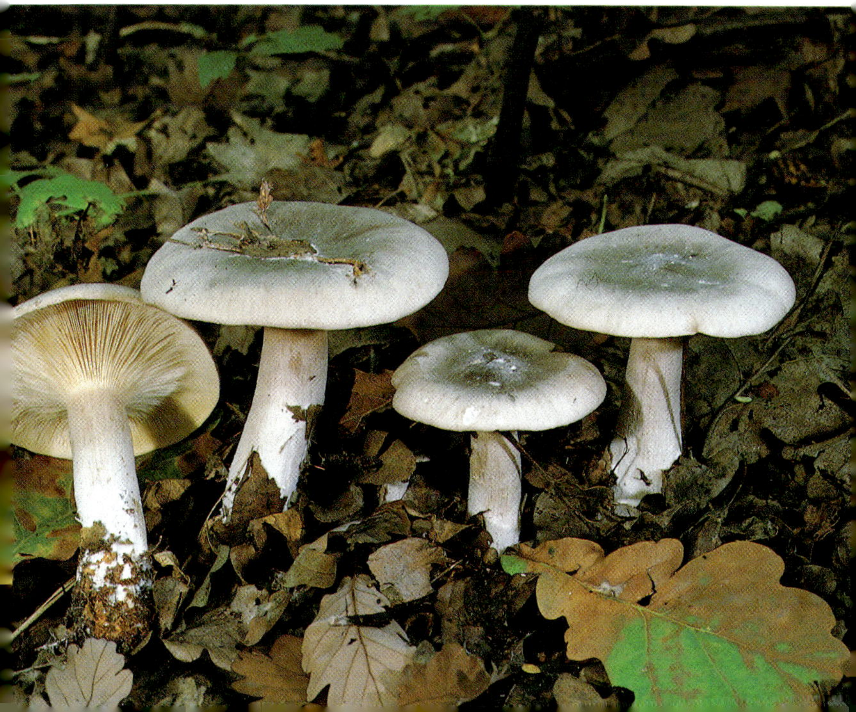

Ranziger Trichterling

giftig

Clitocybe phaeophthalma (Pers.) Kuyper
Syn.: *Clitocybe hydrogramma* (Bull.: Fr.) Kummer

Geruch: Unangenehm süßlich-ranzig (ähnlich wie alte Exemplare vom Grünen Knollenblätterpilz). **Geschmack:** Bitter. **Hut:** In feuchtem Zustand blaß fleischgrau, leicht durchscheinend gerieft, hygrophan, ausblassend oder von Anfang an weißlich, ∅ 3–6 cm. **Lamellen:** Weißlich, entfernt stehend, deutlich herablaufend. **Stiel:** Weißlich, an der Basis meist gekrümmt und weißfilzig. **Vorkommen:** Im Laubwald, auf liegenden Blättern; August bis Oktober. **Verwechslung:** Der Ranzige Trichterling ist durch Geruch und Geschmack gut gekennzeichnet. Er kann rein äußerlich mit anderen weißlichen Trichterlingen verwechselt werden, die alle für Speisezwecke zu meiden sind. *C. phaeophthalma* kann leicht mit dem Mikroskop bestimmt werden. Sie besitzt auf der Huthaut (in der Gattung einmalig) sog. Dermatochrysozystiden. Es sind Anschwellungen in den Hyphen der Huthaut, die einen lichtbrechenden Inhalt aufweisen.
Gattungsmerkmal: Siehe S. 172.

Ockerbräunlicher Trichterling

eßbar

Clitocybe gibba (Pers.: Fr.) Kummer

Geruch: Angenehm nach Kuchengewürz, mit Anklang an bittere Mandeln. **Hut:** Hell ocker bis ockerbräunlich, matt, am Rande etwas feinfilzig und manchmal leicht gerippt, oft stark trichterig vertieft, am Grunde aber mit kleinem charakteristischem Buckel, nicht hygrophan; ∅ 3–8 cm. **Lamellen:** Weißlich, gedrängt stehend, deutlich herablaufend. **Stiel:** Zylindrisch bis leicht keulig, heller als der Hut, stets weißlich. **Fleisch:** Weißlich, zäh. **Vorkommen:** Im Laub- und Nadelwald; von Juni bis September, seltener auch später erscheinend. **Verwechslung:** Der kleine Buckel (Papille) inmitten der Hutvertiefung ist ein gutes Merkmal, welches aber auch fehlen kann. Die Abgrenzung gegenüber mehreren ähnlichen Arten ist dann schwierig. *C. squamulosa* ist ähnlich, riecht aber mehlartig. *Lepista gilva* hat einen glatten wasserfleckigen Hut und rauhe Sporen. Am ähnlichsten ist wohl der Gerippte Trichterling *(C. costata)*, der zur gleichen Zeit an ähnlichen Standorten auftreten kann. Dieser Pilz wirkt etwas kräftiger und besitzt entferntere Lamellen. Der stets rissig-faserige Stiel ist nicht weißlich, sondern dem Hut etwa gleichfarbig. In einigen Fällen kann sogar in der vertieften Hutmitte ein kleiner Buckel auftreten wie beim Ockerbräunlichen Trichterling. Eine Verwechslung ist aber ungefährlich, da auch der Gerippte Trichterling ungiftig ist. Der Keulenfußtrichterling *(C. clavipes)* besitzt einen fleischigen, in der Mitte nicht vertieften Hut.
Gattungsmerkmale: Siehe S. 172.

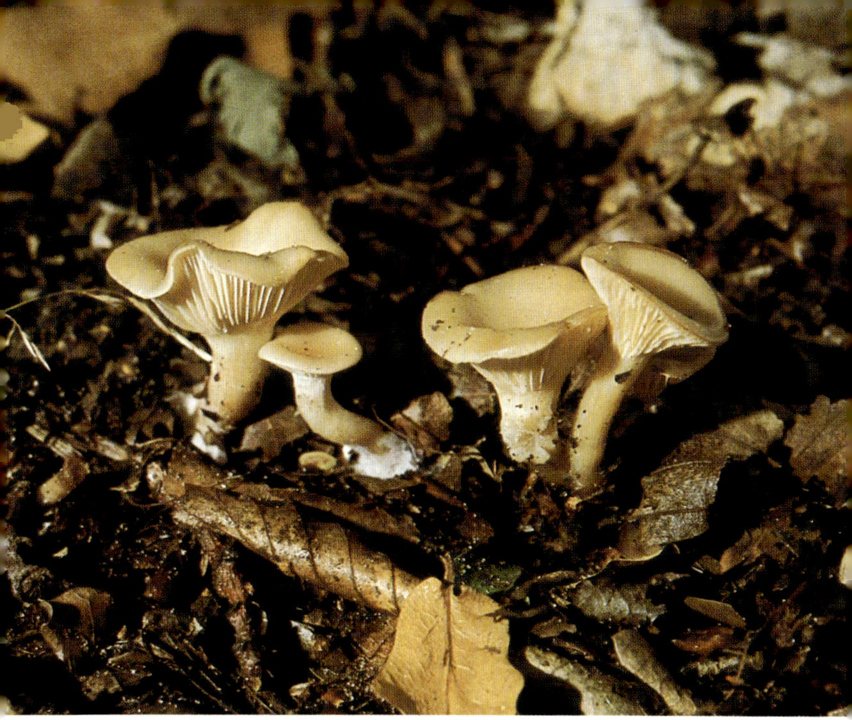

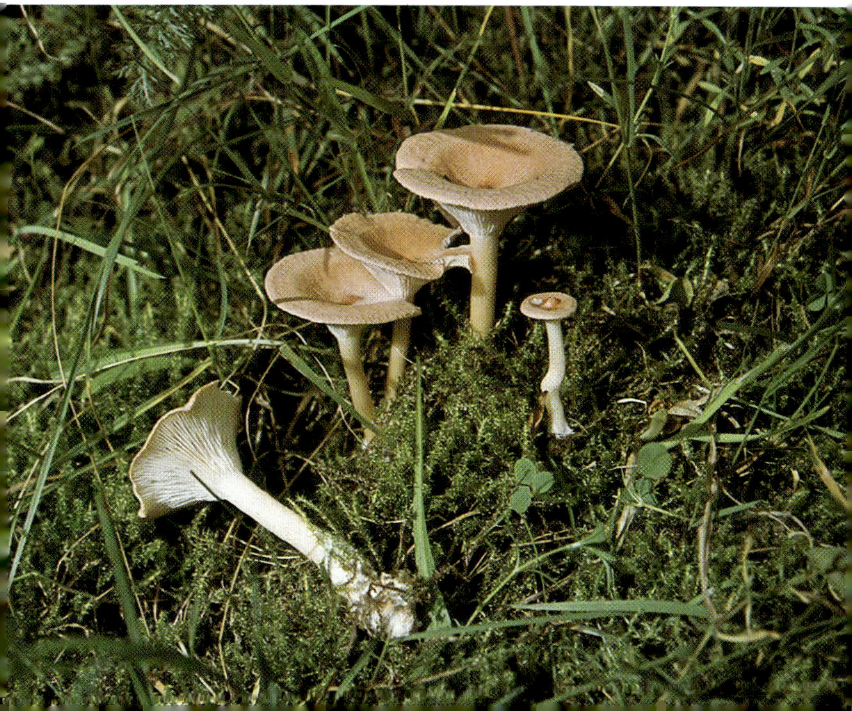

Mönchskopf, Riesentrichterling

eßbar

Clitocybe geotropa (Bull.) Quélet

Geruch: Süßlich-aromatisch, mit leichter Bittermandelkomponente. **Hut:** Weißgelblich, ledergelblich, matt, leicht trichterig, in der Mitte mit brustwarzenförmigem Buckel (der auch fehlen kann), ⌀ 5–25 cm. **Lamellen:** Weißlich bis lederfarben, deutlich herablaufend. **Stiel:** Dem Hut ähnlich gefärbt, zylindrisch-keulig, in typischer Weise recht lang und derb. Bei jungen Exemplaren fällt ein regelrechtes Mißverhältnis des langen Stieles zu dem erst kleinen Hut auf. **Vorkommen:** Im Laub- und Nadelwald an lichten Stellen, auf Kalkboden, gern in Ringen und Reihen wachsend; September bis November. **Verwechslung:** Der Mönchskopf fällt durch seine Größe und das Wachstum in Hexenringen auf. Der brustwarzenförmige Buckel ist artcharakteristisch. Wenn dieser fehlt, kann der oft noch größere Riesenkrempentrichterling *(Leucopaxillus giganteus)* ähnlich sein. Er ist durch sein amyloides Sporenpulver zu unterscheiden.

Gattungsmerkmale: Siehe unten.

Keulenfußtrichterling

eßbar
ohne Alkohol

Clitocybe clavipes (Pers.: Fr.) Kummer

Geruch: Etwas süßlich oder geruchlos. **Hut:** Heller oder dunkler graubräunlich, gebuckelt oder flach, kahl, nicht hygrophan, Hutrand oft leicht gerippt, ⌀ 4–5 cm. **Lamellen:** Weißlich, gedrängt stehend, deutlich am Stiel herablaufend. **Stiel:** Schwach ähnlich dem Hut gefärbt, zur Basis keulenförmig erweitert. **Fleisch:** Weißlich, weich. **Vorkommen:** Im Nadel- oder Mischwald; August bis November. **Verwechslung:** Der Pilz ist durch seinen keulenförmigen Stiel und den gebuckelten, fleischigen Hut gut gekennzeichnet, ebenso durch den fehlenden Mehlgeruch, der ihn von dem vielleicht manchmal ähnelnden Nebelgrauen Trichterling *(Lepista nebularis)* unterscheidet.

Gattungsmerkmale: 90 Arten, Saprophyten, Bodenbewohner, Lamellen oft am Stiel herablaufend, seltener fast gerade angewachsen. Sporenpulver weiß oder selten cremefarbig, nicht amyloid, Sporen elliptisch, glatt. Einige Arten, vor allem die kleineren weißlichen, enthalten Muskarin und sind giftig.

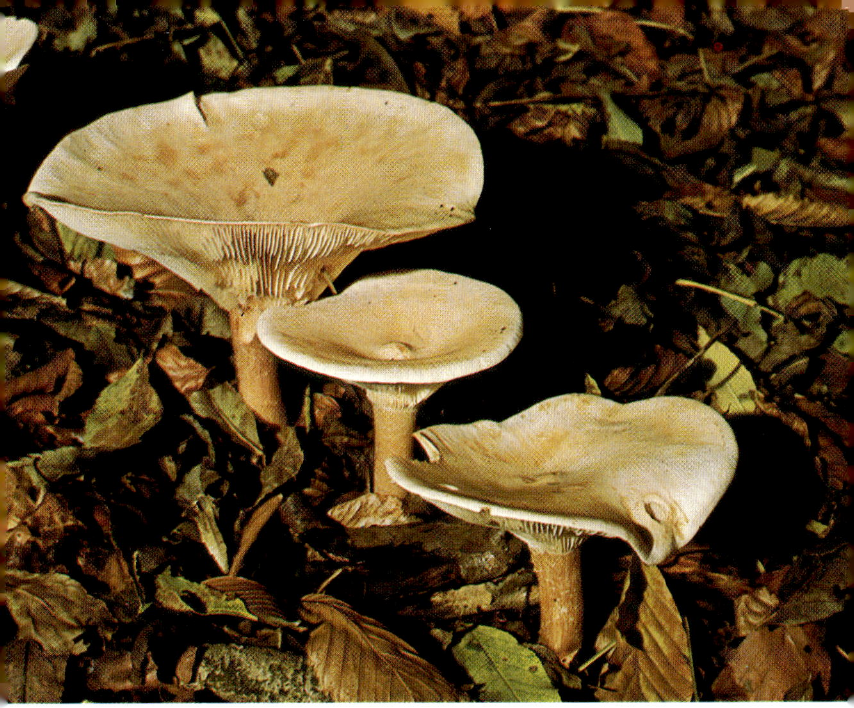

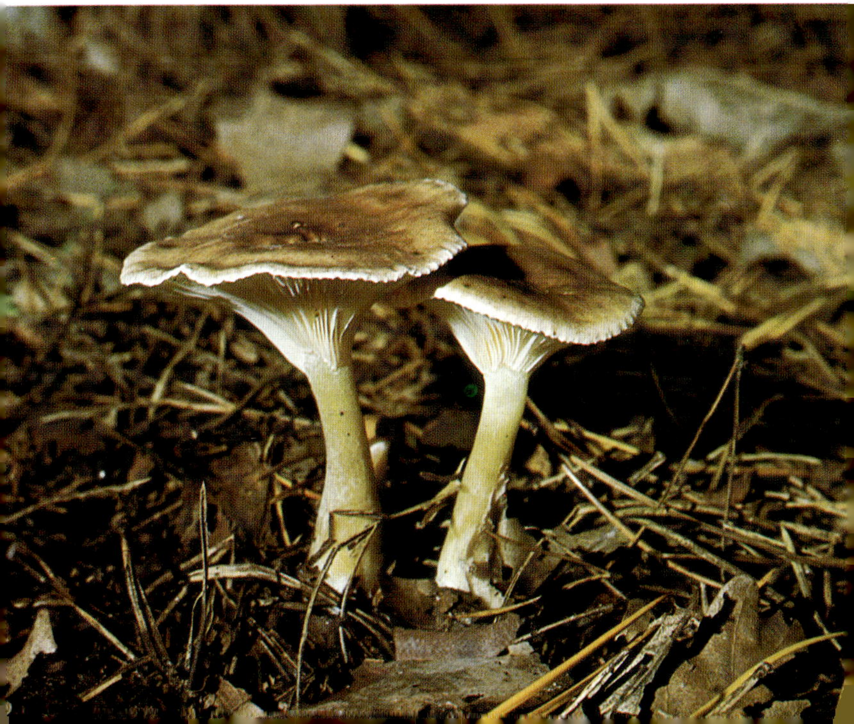

Kahler Krempling

Paxillus involutus (Batsch: Fr.) Fr.

giftig,
vor allem roh

Hut: Gelb- bis rostbräunlich, Mitte erst leicht gebuckelt, später vertieft, Rand lange eingerollt und leicht gekerbt, ⌀ 4–12 (18) cm. **Lamellen:** Ockerbräunlich bis rostbraun, herablaufend, gedrängt stehend, auf Druck braun fleckend. **Stiel:** Wie der Hut gefärbt, zylindrisch, kahl. **Fleisch:** Gelblich-weiß, bräunend wie die anderen Teile des Pilzes. **Vorkommen:** Im Laub- und Nadelwald, am Boden und seltener an Stümpfen; Juni bis November. **Verwechslung:** Sehr ähnlich ist der Erlenkrempling *(P. filamentosus)*, der heller gefärbt ist, einen eingewachsen-schuppigen Hut und in jungem Zustand einen weniger stark eingerollten Hutrand besitzt. Er ist dünn- und blaßfleischiger und an Erlen gebunden. Im Mikroskop kann er an den kleineren Sporen sicher erkannt werden. Der größere Samtfußkrempling *(P. atrotomentosus)* hat hellere, cremegelbliche Lamellen und einen braunsamtigen Stiel. Er ist häufig in Nadelwäldern an Baumstümpfen zu finden.
Bemerkungen: Die Giftwirkung des Kahlen Kremplings ist nicht einfach zu definieren. Sie beruht auf allergischen Reaktionen des menschlichen Organismus auf Pilzeiweiß. Im rohen Zustand ist der Pilz stark giftig (siehe S. 30).
Gattungsmerkmale: Siehe S. 146.

Großer Gelbfuß, Kuhmaul

Gomphidius glutinosus (Schff.: Fr.) Fr.

eßbar

Hut: Grau bis braun, mit dicker Schleimschicht überzogen, ⌀ 5–10 cm. **Lamellen:** Erst grau-weißlich, bei der Reife schwärzlich, dicklich, entfernt stehend, am Stiel herablaufend, jung durch ein schleimiges Velum geschützt. **Stiel:** Weiß, an Stielbasis chromgelb, zylindrisch, unter den Lamellen meist mit schleimiger Ringzone, die einen Absatz bildet. **Sporenpulver:** Schwärzlich. **Vorkommen:** Im Nadelwald, besonders unter Fichten; August bis Oktober. **Verwechslung:** Sehr ähnlich ist der Fleckende Schmierling *(G. maculatus)*, der ein Lärchenbegleiter ist. Sein Hut ist oft schwarzfleckig, und die Stielbasis läuft bei Verletzung weinrot an.
Bemerkungen: Die Gattung *Gomphidius* umfaßt in Mitteleuropa 4 Arten, alle sind Mykorrhizapilze und eßbar. Hut und Velum sind schleimig; Lamellen dicklich, herablaufend; Sporen länglich-spindelig, glatt. Sporenpulver fast schwarz. Die sehr schleimige Huthaut des Pilzes, an der oft Schmutzteilchen haften, sollte möglichst schon im Walde abgezogen werden. Dies geschieht am besten von der Hutmitte aus. Mit dem Taschenmesser wird am Hutscheitel ein kleines Kreuz eingeschnitten. Die 4 entstehenden Hautsegmente können dann in einem Arbeitsgang abgezogen werden.

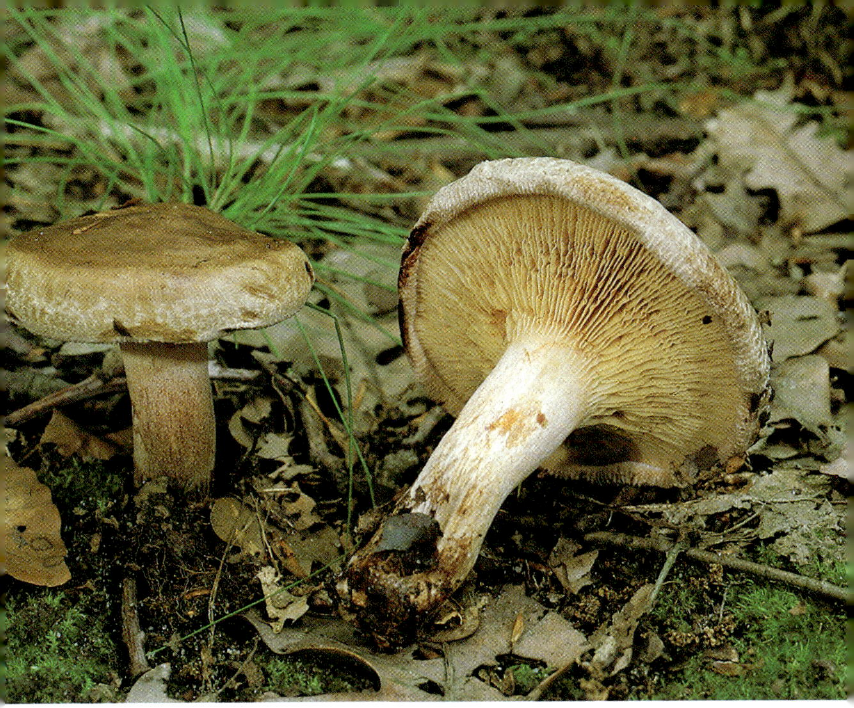

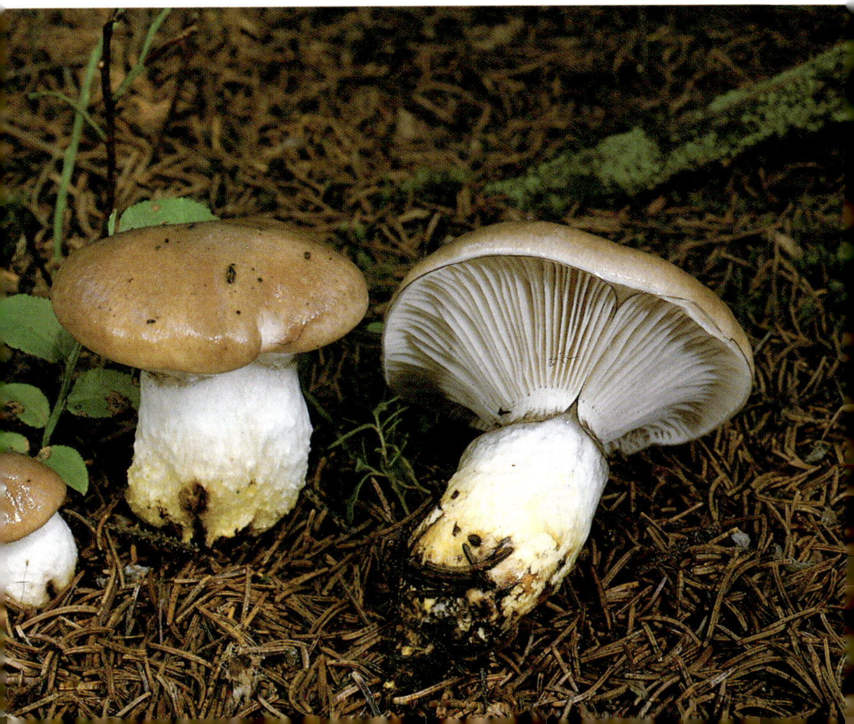

Kupferroter Gelbfuß eßbar

Chroogomphus rutilus (Schff.: Fr.) O. K. Miller

Hut: Kupferrötlich, kupferbräunlich, braunorange, feucht schmierig, in der Mitte typisch spitz gebuckelt, ⌀ 4–10 cm. **Lamellen:** Bei der Reife dunkelpurpurbraun, durch die Sporen schwärzlich, dicklich, deutlich herablaufend. **Stiel:** Bald kupferrötlich wie der Hut, an der Basis safrangelblich, nicht schmierig. **Fleisch:** In der Stielbasis deutlich gelb, sonst kupferorange. **Sporenpulver:** Schwärzlich. **Vorkommen:** Im Nadelwald unter Kiefern; Juli bis November. **Verwechslung:** Der Filzige Gelbfuß *(Ch. helveticus)* besitzt einen fein filzigen, fast trockenen Hut und wächst im Gebirge unter Fichten. **Gattungsmerkmale:** Siehe unten.

Filziger Gelbfuß eßbar

Chroogomphus helveticus (Singer) Moser

Hut: Safrangelblich, im Alter zunehmend weinrötlich verfärbend, fein filzig und trocken, Mitte stumpf gebuckelt oder flach gewölbt, ⌀ 2–6 cm. **Lamellen:** Dem Hut zunächst gleichfarbig, bald deutlich dunkler durch die reifenden Sporen, weinrötlich verfärbend, dicklich, entfernt stehend, deutlich am Stiel herablaufend. **Stiel:** Wie der Hut gefärbt, etwas filzig, besonders jung mit orangegelblichem, cortinaartigem Velum. **Fleisch:** Orangegelblich, später weinrötlich werdend. **Sporenpulver:** Schwärzlich. **Vorkommen:** Unter Fichten, vor allem im Mittel- und Hochgebirge, dort ein Charakterpilz; August bis Oktober. **Verwechslung:** Der Filzige Gelbfuß ersetzt im Fichtenwald den unter Kiefern wachsenden Kupferroten Gelbfuß *(Ch. rutilus)*. In gemischten Nadelwäldern treten dann beide Arten nebeneinander auf. Hier läßt sich der Filzige Gelbfuß durch seinen trockenen, matt wirkenden Hut unterscheiden. Der Hut des Kupferroten Gelbfußes ist bei feuchtem Wetter deutlich schmierig-klebrig und zeigt bei Trockenheit einen gewissen Glanz. Alte Exemplare des Filzigen Gelbfußes sind gut an der meist deutlichen weinroten Verfärbung zu erkennen.

Gattungsmerkmale: 3 Arten, Mykorrhizapilze mit Nadelbäumen, Lamellen dicklich, herablaufend; von *Gomphidius* durch trockene oder nur leicht schmierige Hüte, trockenes Velum und weniger auffallende Gelbtöne in der Stielbasis sowie durch abweichende chemische Reaktionen getrennt. Sporenpulver schwärzlich, Sporen länglich-spindelig, glatt.

Pfifferling S. 234,   Trompetenpfifferling S. 234

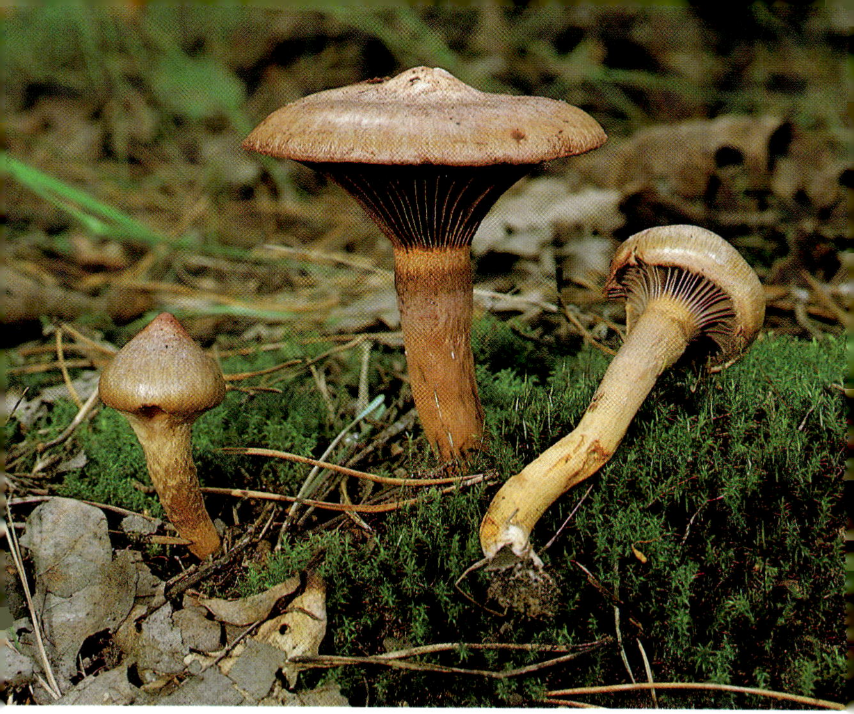

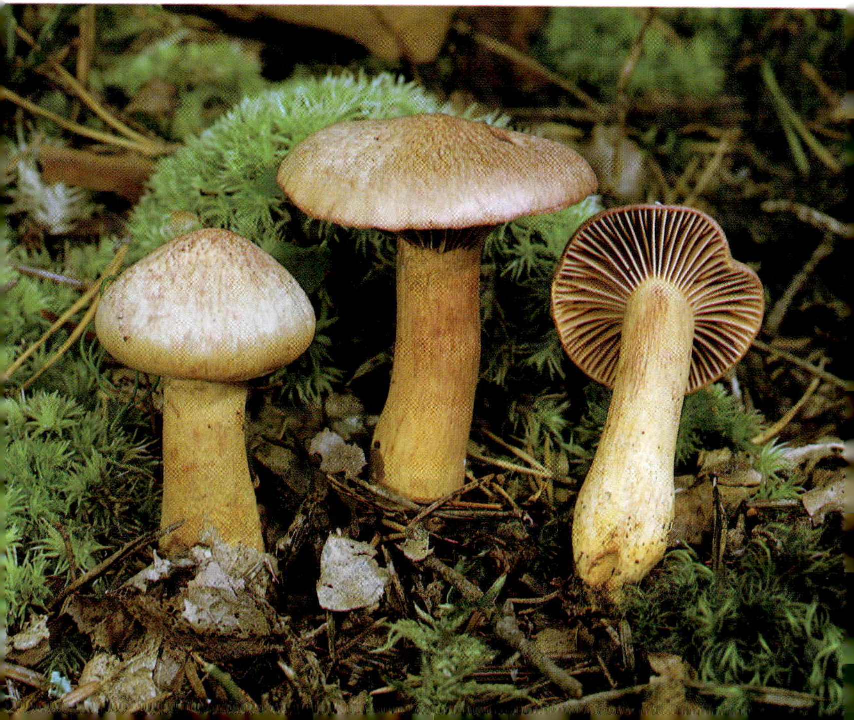

Ergänzungsschlüssel

für bodenbewohnende, ringlose Lamellenpilze mit auffaserndem Stiel und angewachsenen, aber nicht bogig herablaufenden Lamellen (Arten auf den Seiten 180–220).

Kleinere, dünnfleischige Arten

In dichten Büscheln wachsende Arten

Schleimighütige Weißsporer (Schnecklinge)

Schleimighütige Braunsporer

Ritterlinge und ritterlingsartige Weißsporer

Ritterlingsähnliche Rosasporer (inklusive Rötlinge)

Braunsporer

Schwarzsporer (inklusive Tintlinge)

Amethystblauer Lacktrichterling

Laccaria amethystea (Bull.) Murrill

Hut: Violett, hygrophan, beim Trocknen ausblassend, feucht durchscheinend gerieft, ⌀ 2–5 cm. **Lamellen:** Violett, entfernt stehend, dicklich, ausgebuchtet angewachsen. **Stiel:** wie der Hut gefärbt, an der Basis mit blaßviolettem Myzel, längsfaserig. **Sporenpulver:** Weiß, nicht amyloid. **Vorkommen:** Meist im Laubwald, gern an moorigen Stellen zwischen Moosen, häufig unter Buchen; August bis Oktober. **Verwechslung:** Der Amethystblaue Lacktrichterling ist aufgrund seiner violetten Farben der am leichtesten erkennbare Lacktrichterling. Die meisten Arten der Gattung sind rosa-fleischfarben. Stark ausgeblaßte Exemplare sind oft nur mit etwas Erfahrung sofort zu erkennen. **Bemerkungen:** *L. amethystea* speichert relativ viel radioaktives Cäsium! **Gattungsmerkmale:** Die Gattung *Laccaria* setzt sich aus 11 ungiftigen Arten zusammen, die teilweise früher als Varietäten zu dem häufigen Rötlichen Lacktrichterling *(L. laccata)* gehörten. Es handelt sich um zarte, hygrophane Pilze, die farblose, rundliche bis leicht elliptische, stachelige (selten glatte) Sporen ausbilden, die keinen Keimporus besitzen. Das Sporenpulver kann bei einigen Arten auch blaß lila gefärbt sein, meist ist es weiß.

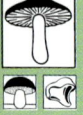

Rettichhelmling

Mycena pura (Pers.: Fr.) Kummer

Geruch: Stark rettichartig. **Hut:** Violettlich oder rosa-fleischfarben, hygrophan, feucht durchscheinend gerieft, trocken blasser, ungerieft und matt, ⌀ 2–4 cm. **Lamellen:** Wie der Hut gefärbt, dicklich, entfernt stehend und queraderig. **Stiel:** Wie der Hut gefärbt, hohl, gebrechlich, Basis filzig. **Vorkommen:** Im Laub- und Nadelwald, am Boden; Juli bis Oktober. **Verwechslung:** Der sehr veränderliche Rettichhelmling ist immer an seinem Geruch zu erkennen. *M. pelianthina* gehört in die gleiche Gruppe, riecht aber süßlich-blütenartig, mit Anklang an den Geruch von *Lepista nuda*. Seine Lamellenschneide ist auffallend purpur-bräunlich gezähnelt durch entsprechend gefärbte Zystiden. **Bemerkungen:** Der Rettichhelmling enthält halluzinogen wirkende Stoffe, während ein größerer rosafarbener Verwandter *(M. rosea)* Muskarinvergiftungen erzeugt. **Gattungsmerkmale:** Die Helmlinge *(Mycena)* sind mit etwa 125 Arten eine der größten Lamellenpilzgattungen. Es handelt sich hier um durchweg zarthäutige Pilze mit dünnen, glockenförmigen bis kegeligen Hüten. Es sind Saprophyten, von denen eine große Zahl an totem Holz, andere am Erdboden wachsen. Die genaue Bestimmung muß mit dem Mikroskop erfolgen. Sporen oval bis elliptisch, ohne Keimporus. Die Lamellen sind auf verschiedene Weise am Stiel angewachsen, sie können ausgebuchtet, aufsteigend angeheftet oder herablaufend angeordnet sein. Einige sondern bei Verletzung einen weißen oder roten Saft ab. Bestimmte Arten riechen auffällig ammoniakalisch (nitrös). Bei einer kleinen Gruppe der nach Rettich riechenden Helmlinge ist Vorsicht geboten, da in ihnen Muskarin entdeckt worden ist.

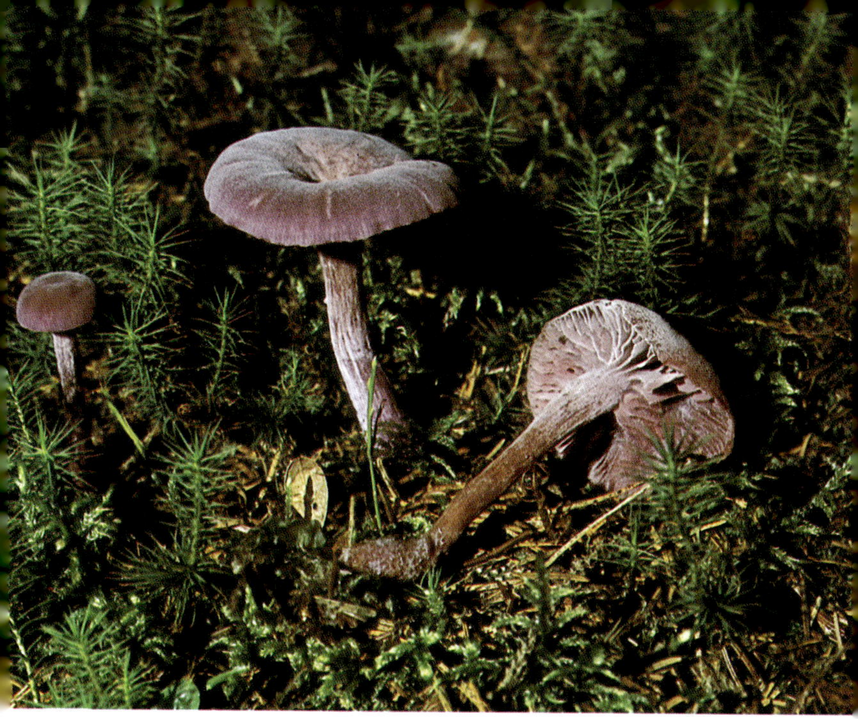

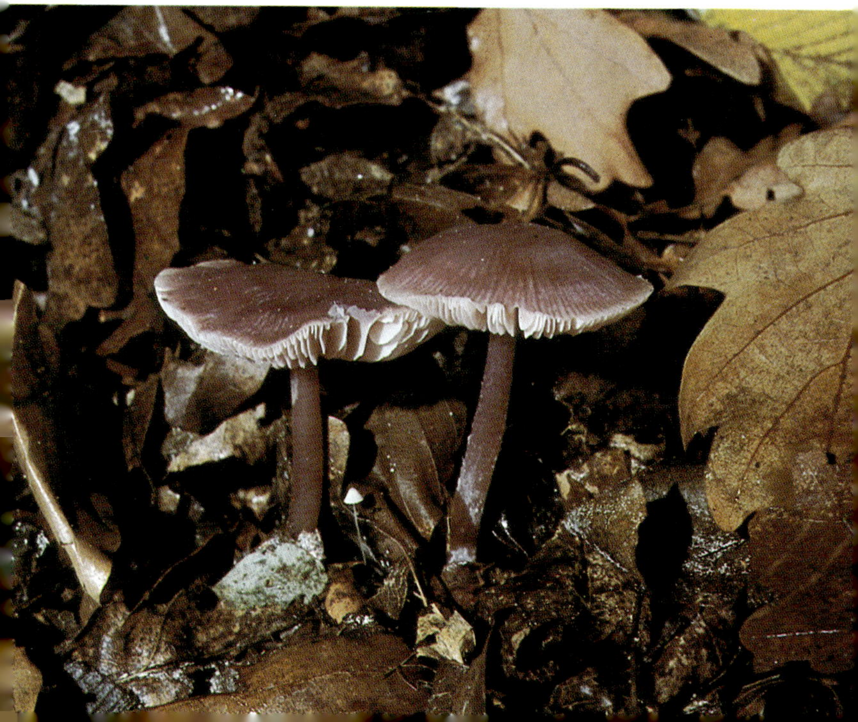

Feldschwindling, Nelkenschwindling

eßbar

Marasmius oreades (Bolt.: Fr.) Fr.

Geruch: Schwach nach Blausäure (bittermandelartige Komponente), auch wie frisch gesägtes Holz. **Hut:** Blaß lederocker, feucht am Rande kurz durchscheinend gerieft und zusätzlich oft gekerbt, ⌀ 2–5 cm. **Lamellen:** Wie der Hut gefärbt, trocken fast weißlich, dicklich, entfernt stehend. **Stiel:** Lederocker, dünn, zylindrisch, Basis weißzottig, voll. **Fleisch:** Zäh und elastisch, vor allem im Stiel. **Vorkommen:** Meist auf Wiesen in Kreisen und Reihen, seltener an lichten Laubwaldstellen; Mai bis November. **Verwechslung:** Der Feldschwindling wurde schon mehrmals mit giftigen weißlichen Trichterlingen verwechselt, die aber nie so dickliche, entfernte Lamellen besitzen. Ein untrügliches Kennzeichen des Feldschwindlings ist auch das elastische Fleisch und vor allem der sehr zähe Stiel. Der Ledergelbe Schwindling *(M. lupuletorum)* sieht aus wie eine kleine Ausgabe von *M. oreades*; der Violettliche Schwindling *(M. wynnei)* kann in seiner weißlichen Form ebenfalls ähnlich sein. Beide Arten wachsen jedoch kaum auf Wiesen und nicht in Hexenringen. Eine Verwechslung wäre ohnehin ungefährlich.

Gattungsmerkmale: 30 Arten, Saprophyten, Holz oder Bodenbewohner mit zäher Konsistenz, nach dem Trocknen bei Regenwetter wieder auflebend, einige mit auffallendem Knoblauchgeruch, Lamellen oft entfernt und dicklich, Sporenpulver weiß, nicht amyloid. Sporen elliptisch, oval oder kommaförmig, glatt.

Knoblauchschwindling, Mousseron

eßbar

Marasmius scorodonius (Fr.: Fr.) Fr.

Geruch und Geschmack: Nach Knoblauch. **Hut:** Fleischbräunlich bis fast weißlich, runzelig, häutig dünn, ⌀ 1–2 cm. **Lamellen:** Weißlich, etwas entfernt stehend und dicklich. **Stiel:** Dunkel rotbraun bis schwarzbraun, zur Basis dunkler werdend, kahl und glänzend, hornartig, dünn. **Vorkommen:** Im Nadelwald, den Nadeln aufsitzend, auch an anderen Pflanzenresten; Juni bis Oktober. **Verwechslung:** Durch den auffallenden Knoblauchgeruch ist der Pilz gut gekennzeichnet. Der Saitenstielige Knoblauchschwindling *(M. alliaceus)* mit schwarzem, hornartigem Stiel ist größer und kräftiger. Er wächst meist auf Holz und ist ein Bewohner des Buchenwaldes auf Kalkböden. Der Große Knoblauchschwindling *(M. prasiosmus)* wächst im Spätherbst auf toten Blättern und hat einen helleren, nicht so deutlich hornartigen Stiel, der an der Basis filzig ist. Die beiden letzteren nach Knoblauch riechenden Arten sollten nicht für die Küche verwendet werden, da ihre Verträglichkeit nicht eindeutig nachgewiesen ist. Andere Pilzarten, die *M. scorodonius* ähneln, sind der Nadelschwindling *(Micromphale perforans)*, der unangenehm nach faulendem Kohl riecht, und der geruchlose Roßhaar-Schwindling *(M. androsaceus)*.

Bemerkungen: Der Knoblauchschwindling ist vor allem ein Gewürzpilz, der in getrocknetem Zustand lange aufbewahrt werden kann und beim Aufweichen seinen Knoblauchgeschmack wieder entfaltet.

Gattungsmerkmale: Siehe oben.

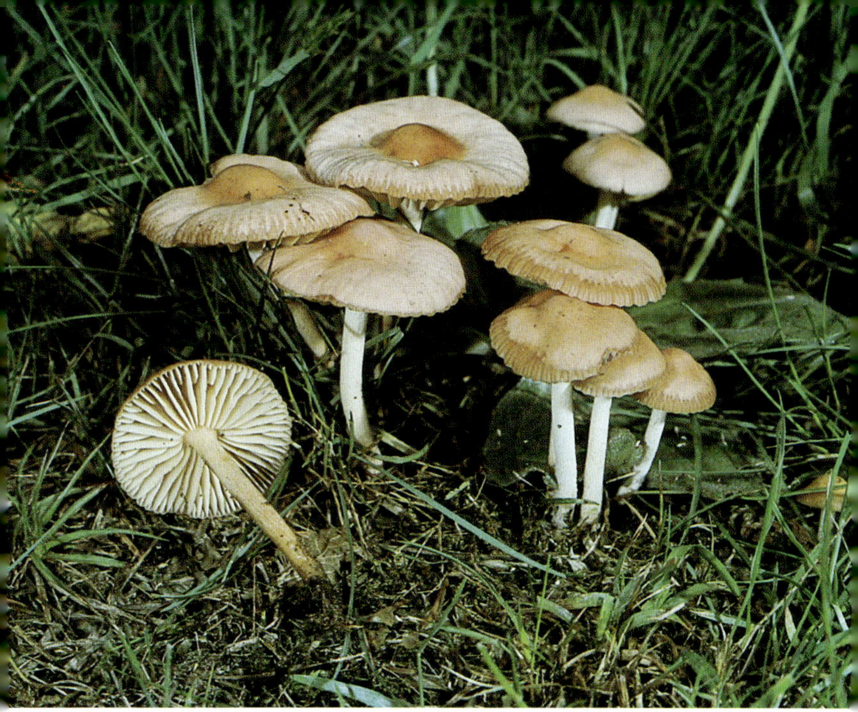

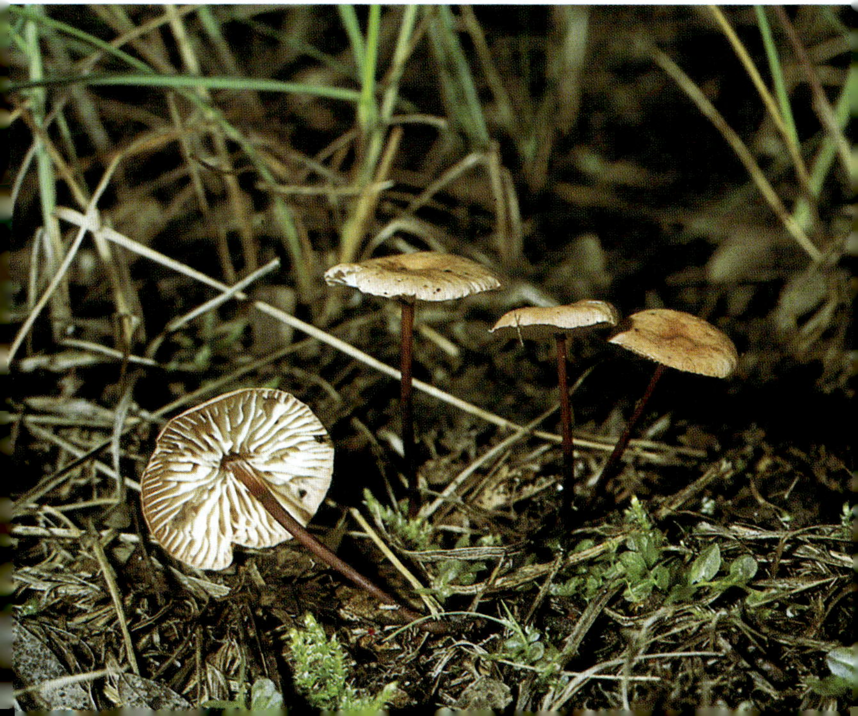

Waldfreundrübling

eßbar

Collybia dryophila (Bull.: Fr.) Kummer

Hut: Meist hell gelbbräunlich, jedoch sehr variierend, von fast weißlich bis dunkelbraun, etwas hygrophan; nicht gerieft, ∅ 2–5 cm. **Lamellen:** Weißlich, tonblaß oder gelblich, kurz am Stiel angeheftet. **Stiel:** Dem Hut ähnlich gefärbt, kahl, nur im unteren Teil etwas striegelig oder ganz kahl und an der Basis mit feinen Myzelsträngen, hohl. **Sporenpulver:** Weiß. **Vorkommen:** In verschiedenen Wäldern und Parkanlagen, besonders häufig auch auf feuchten Torfböden, gesellig, aber nicht büschelig; Mai bis Oktober. **Verwechslung:** Eine Abart besitzt einen dünneren, durchscheinend gerieften Hutrand: var. *aquosa*, sie ist seltener als die Hauptform. Eine Verwechslung ist mit dem unangenehm nach faulendem Kohl riechenden Striegeligen Rübling *(C. hariolorum)* möglich, der erhebliche Magenbeschwerden hervorrufen kann.

Gattungsmerkmale: Siehe S. 186.

Knopfstieliger Rübling

eßbar

Collybia confluens (Pers.: Fr.) Kummer

Hut: Fleischbräunlich bis blaß beige, sehr dünnfleischig, ausblassend; ∅ 2–4 cm. **Lamellen:** Erst weißlich, dann blaß fleischfarben, sehr gedrängt stehend, Schneide durch Zystiden fein gewimpert (Lupe), kurz am Stiel angeheftet. **Stiel:** Dem Hut ähnlich gefärbt, oft lang und steif, über die ganze Länge flockig (besonders trocken gut zu sehen), hohl. **Sporenpulver:** Weiß. **Vorkommen:** Im Laub- und Nadelwald, in auffallenden Büscheln, meist am Boden zwischen Laub; August bis Oktober. **Verwechslung:** Der Rotbraunstielige Büschelrübling *(C. acervata)* wächst ebenfalls stark büschelig. Sein rotbrauner Stiel ist zumindest im oberen Teil kahl. Er kommt im Nadelwald vor. Der Rotstielige Rübling *(C. marasmioides)* kann ebenfalls in Büscheln auftreten. Sein Stiel ist typisch glänzend rotbraun und der Standort Laubholz.

Bemerkungen: Wenn man beim Knopfstieligen Rübling den Hut mit einem Ruck nach oben abzieht, so bleibt am Stiel eine knopfförmige Verdickung zurück, daher der Name!

Gattungsmerkmale: Siehe S. 186.

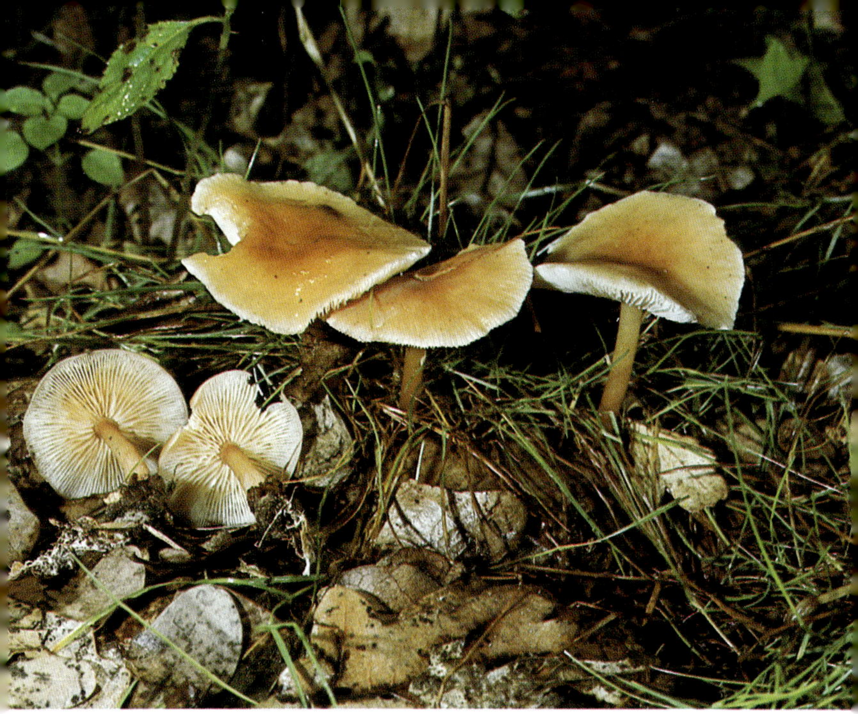

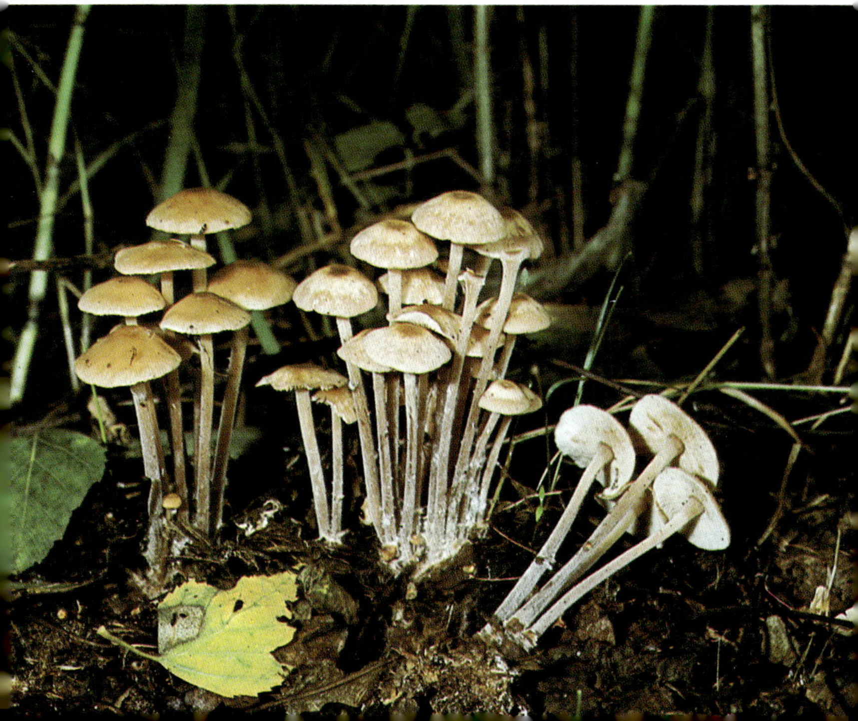

Horngrauer Rübling

eßbar

Collybia butyracea var. *asema* Fr.

Hut: Rotbraun, dunkelbraun, hygrophan, beim Trocknen ausblassend, Huthaut glatt und kahl, feucht glänzend; ∅ 3–8 cm. **Lamellen:** Rein weiß, Schneide leicht schartig, kurz aufsteigend angeheftet. **Stiel:** Dem Hut meist fast gleichfarbig, an der Basis typisch aufgeblasen, im unteren Teil längsstreifig, Basis vom Myzel weiß-striegelig. **Sporenpulver:** Cremefarbig. **Vorkommen:** In Laub- und Nadelstreu; Juli bis November.
Bemerkungen: Die Hauptform dieses Pilzes, der Butterrübling *(C. butyracea* var. *butyracea),* ist an Hut und Stiel rotbraun gefärbt und blaßt weniger aus. Der Stiel ist gleichzeitig stärker wollig-faserig überzogen. Die abgebildete var. *asema* ist jedoch in fast allen Gegenden viel häufiger.
Gattungsmerkmale: 30 Arten, Saprophyten, Boden- und Holzbewohner, kleine bis mittelgroße, kahlhütige Arten, Stiele knorpelig und biegsam, Sporenpulver weiß bis cremefarbig, nicht amyloid, Sporen oval, rundlich oder kommaförmig, glatt.

Schwärzender Saftling

giftig

G

Hygrocybe nigrescens (Quélet) Kühner

Hut: rot bis orangegelb, im Alter schwärzend, stumpf-kegelig, Oberfläche matt, fast fein filzig-faserig, ∅ 4–8 cm. **Lamellen:** Lebhaft gelb oder blaßgelb, aufsteigend angeheftet. **Stiel:** Gelb, an der Basis weißlich, schwärzend. **Fleisch:** Glasig durchscheinend (daher auch der Name »Glasköpfe«), gebrechlich, im Alter oder bei Berührung in allen Teilen schwärzend. **Sporenpulver:** Weiß, nicht amyloid. **Vorkommen:** Meist an grasigen Waldrändern oder auf Wiesen; Juli bis Oktober. **Verwechslung:** Der Kegelige Saftling *(H. conica)* ist sehr ähnlich, unterscheidet sich aber durch seine geringere Größe, den spitzkegeligen, glatten Hut und das schwächere Schwärzen. Seine Basidien sind oft zweisporig, die von *H. nigrescens* immer viersporig.
Bemerkungen: Der Schwärzende und Kegelige Saftling haben, in größeren Mengen genossen, leichte Vergiftungen hervorgerufen und sind deshalb zu meiden.
Gattungsmerkmale: Die Gattung *Hygrocybe* beinhaltet in etwa 55 saprophytisch lebende Arten, die sich durch meist leuchtende Farben auszeichnen. Das Fleisch ist glasig-durchscheinend und gebrechlich. Hut und Stiel können schmierig oder trocken sein. Das Sporenpulver ist weiß, die Sporen sind olliptisch, glatt und besitzen keinen Keimporus. Nur 1 Art hat amyloides Sporenpulver.

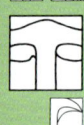

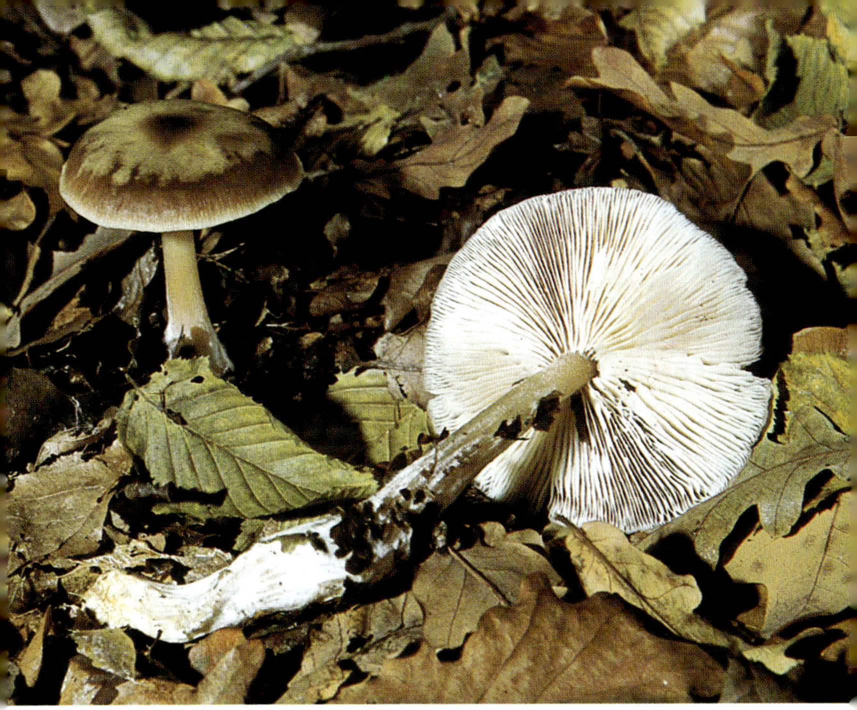

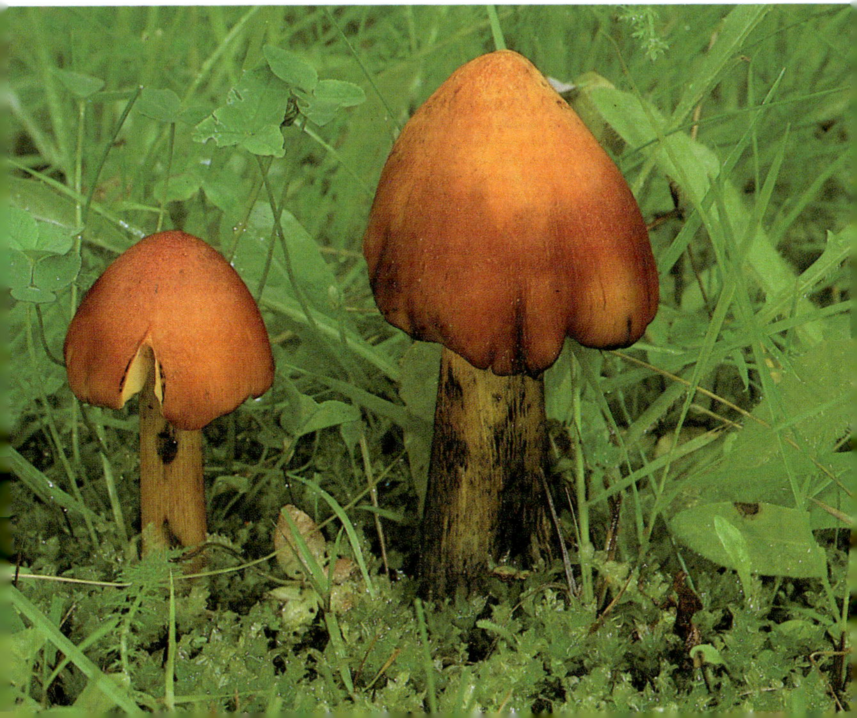

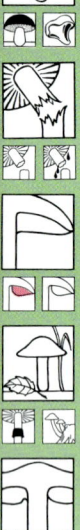

Rinnigbereifter Trichterling

giftig

Clitocybe rivulosa (Pers.: Fr.) Kummer

Geruch: Leicht süßsäuerlich, mit eigenartiger, schwer beschreibbarer Komponente; nicht aber »mehlartig«, wie oft angegeben. **Hut:** Weißlich, firnisartig bereift, Reif oft konzentrisch-rinnig vergehend, so daß der blaß fleischfarbene Untergrund sichtbar wird, Hutmitte etwas trichterig vertieft; ⌀ 2–4 cm. **Lamellen:** Weiß, gedrängt stehend, kaum am Stiel herablaufend. **Stiel:** Weißlich, dünn, bald hohl. **Vorkommen:** Auf Wiesen und grasigen, lichten Waldstellen; August bis Oktober. **Verwechslung:** Dieser und ähnliche Trichterlinge sind klassische Doppelgänger des ebenfalls auf Wiesen wachsenden Nelkenschwindlings *(Marasmius oreades)*. Dabei sehen sie diesem kaum ähnlich. Nelkenschwindlinge besitzen viel dickere, entferntere Lamellen, die nicht weiß sind. Der Anfänger, der sich der Vielfalt der Pilze nicht bewußt ist, kann beide Arten anscheinend doch verwechseln. Der eßbare Mehlräsling ist viel ähnlicher, hat aber bei der Reife rötliche Lamellen und riecht auffällig nach Mehl. Seine Lamellen laufen deutlich am Stiel herab.

Bemerkungen: Der Rinnigbereifte Trichterling und sehr ähnliche weiße Arten der gleichen Gattung (*C. dealbata, C. phyllophila* u.a.) enthalten erhebliche Mengen Muskarin. Weißliche Trichterlinge sind daher alle für Speisezwecke zu meiden.

Gattungsmerkmale: Siehe S. 172.

Verfärbender Schneckling

eßbar

Hygrophorus chrysaspis Métr.

Syn.: *Hygrophorus cossus* (Sow.: Fr.) Fr.

Geruch: Stark nach der Raupe des Weidenbohrers *(Cossus cossus)*. **Hut:** Weiß, feucht schmierig, im Alter rostgelb bis rost-bräunlich verfärbend, ⌀ 2–5 cm. **Lamellen:** Weiß, entfernt stehend, dicklich, etwas herablaufend, wie Hut verfärbend. **Stiel:** Weiß, verfärbend, Basis zugespitzt, feucht schmierig. **Fleisch:** Weiß, vor allem beim Trocknen stark verfärbend und dann braun. **Chemische Reaktionen:** Das Fleisch färbt sich mit Kalilauge gelb. **Vorkommen:** Besonders unter Buchen auf Kalkboden; August bis Oktober. **Verwechslung:** Eine Verwechslung ist mit anderen weißlichen Schnecklingen möglich. *H. hedrychii* wächst unter Birken und verfärbt sich nicht so stark. *H. eburneus*, der Elfenbeinschneckling, wächst ebenfalls im Buchenwald, bleibt aber auch beim Trocknen farblos. Seine Stielbasis färbt sich mit Kalilauge kräftig orange, während jene von *H. chrysaspis* nur gelb wird. Alle 3 Arten riechen nach Weidenbohrer-Raupe. Es handelt sich hierbei um einen etwas stechenden und doch (meiner Empfindung nach) nicht unangenehmen Geruch.

Gattungsmerkmale: Siehe S. 190.

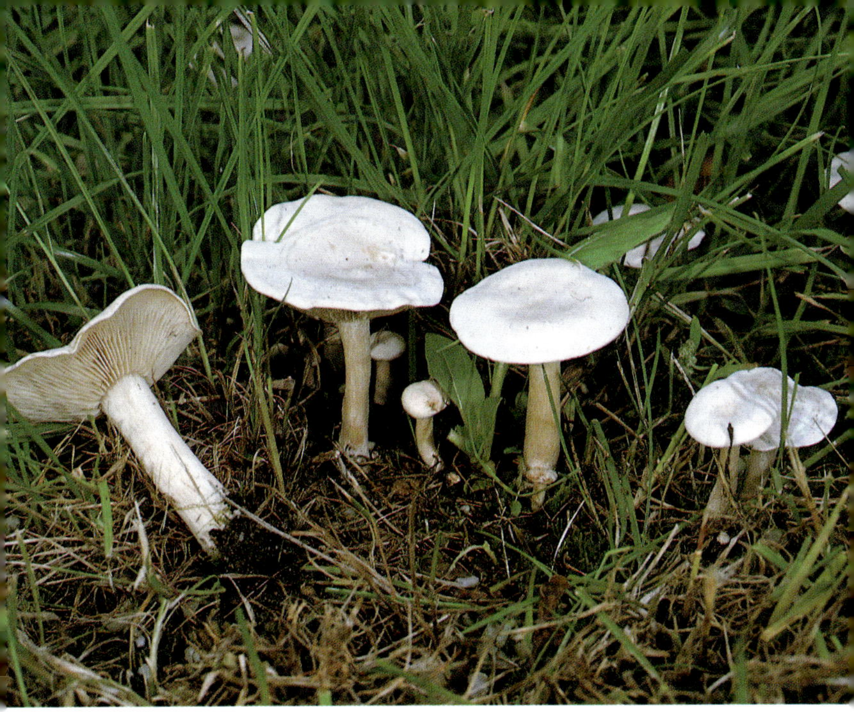
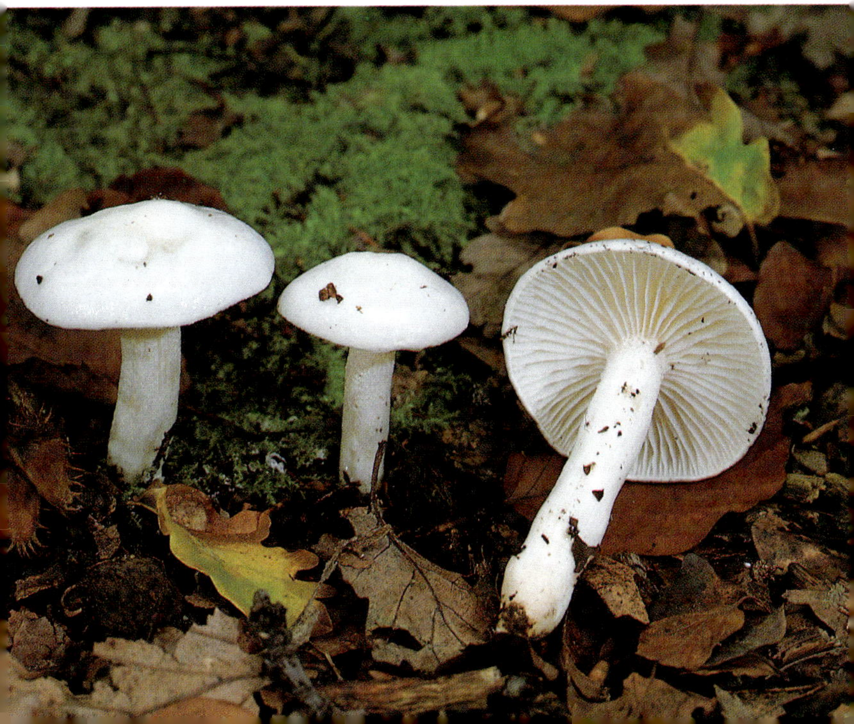

Orangeschneckling

Hygrophorus pudorinus (Fr.) Fr.

Geruch: Auffallend süßlich, ähnlich wie beim Grünen Knollenblätterpilz. **Geschmack:** Unangenehm terpentinartig und zugleich bitterlich. **Hut:** Blaß oder kräftig rosa-orange, am Rand leicht gekerbt, feucht leicht schmierig, bald fast trocken, $\varnothing$ 4–8 cm. **Lamellen:** Weißlich-lachsfarben. **Stiel:** Ähnlich wie der Hut gefärbt, klebrig-schmierig. **Fleisch:** Im Hut lachsorange, im Stiel weißlich, in der Basis gelblich. **Vorkommen:** Auf Kalkböden, im Fichten-Tannen-Buchen-Mischwald, vorwiegend im Mittelgebirge; August bis Oktober. **Verwechslung:** Der Orangeschneckling ist durch seine kräftige Gestalt in Verbindung mit dem süßlichen Geruch unverkennbar. Der ähnliche *H. poetarum* riecht angenehm obstartig. Der Hain-Schneckling *(H. nemoreus)* wächst im Laubwald und riecht im frischen Schnitt mehlartig. Beide sind eßbar.

Gattungsmerkmale: Siehe unten.

Frostschneckling

Hygrophorus hypothejus (Fr.: Fr.) Fr.

Geruch: Unbedeutend, manchmal leicht obstartig. **Hut:** Olivbräunlich bis olivgelblich, oft mit kleiner Papille, feucht schleimig, $\varnothing$ 2–6 cm. **Lamellen:** Erst weißlich, dann gelegentlich gelblich, oft schwach herablaufend. **Stiel:** Dem Hut ähnlich gefärbt, meist aber heller, von einer aufreißenden Schleimschicht manchmal gebändet oder einfarbig, Basis zugespitzt. **Fleisch:** Leicht gelblich. **Vorkommen:** Im Nadelwald, meist unter Kiefern, oft erst nach den ersten Nachtfrösten erscheinend; von Oktober bis Dezember. **Verwechslung:** Durch die späte Erscheinungszeit kaum möglich, wenn der Sammler die Merkmale der Schnecklinge kennt.

Bemerkungen: Der Frostschneckling speichert relativ viel radioaktives Cäsium!

Gattungsmerkmale: 47 Arten, Mykorrhizapilze, viele Arten stark schleimig, Lamellen dicklich und entfernt, am Stiel angewachsen bis herablaufend, Sporenpulver weiß, nicht amyloid, Sporen elliptisch, glatt.

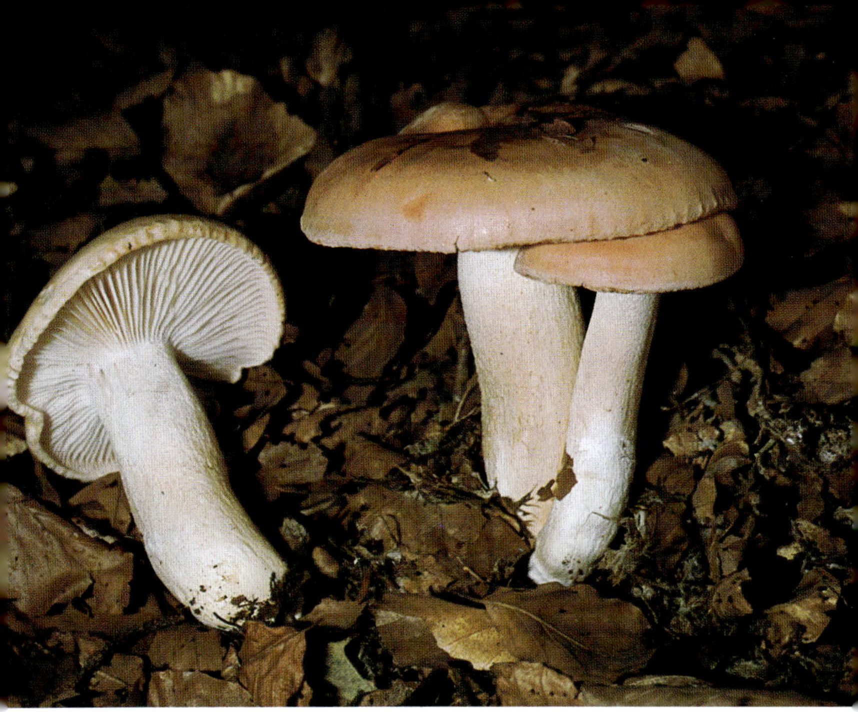

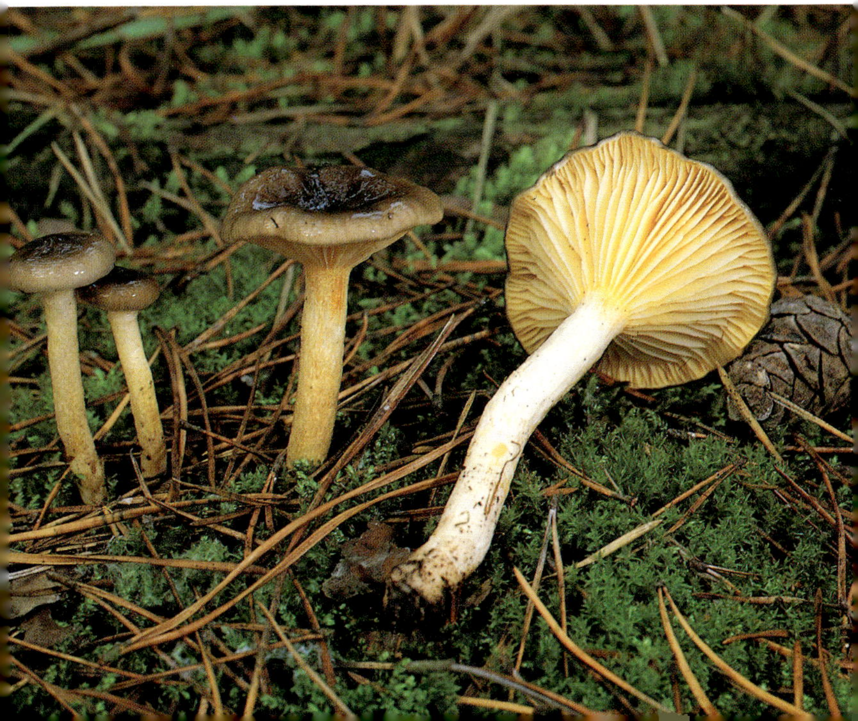

Weißer Rasling, Lerchenspornritterling

Lyophyllum connatum (Schum.: Fr.) Singer

Geruch: Auffallend nach Lerchensporn-Blüten. **Hut:** Weiß, matt im trockenen Zustand, bereift, ⌀ 3–8 cm. **Lamellen:** Weiß; später cremeweißlich, gedrängt stehend, gerade angewachsen bis herablaufend. **Stiel:** Weiß, später oft rahmgelblich. **Fleisch:** Weiß, etwas elastisch. **Chemische Reaktionen:** Fleisch mit Eisen-II-Sulfat auffallend blau bis violettblau. **Vorkommen:** Im Laub- und Nadelwald, gern an feuchten Stellen und dann auch in trockenen Zeiten wachsend, an Bachufern, meist büschelig; August bis Oktober, nicht überall häufig. **Verwechslung:** Der Lerchenspornritterling macht ganz den Eindruck eines weißlichen Trichterlings, zumal die Lamellen manchmal herablaufen und der Hut bereift ist. Der Geruch und die chemische Reaktion lassen ihn gut unterscheiden.

Bemerkungen: Der Weiße Rasling galt bisher als ergiebiger Speisepilz. Inzwischen wurde aber entdeckt, daß er einen Stoff enthält, genannt Lyophyllin, der Zellen zu unkontrolliertem Wachstum anregt (sog. mutagene Wirkung). Dies könnte bedeuten, daß der Pilz im menschlichen Organismus Krebs erzeugen kann. Sicher sind hier noch weitere Untersuchungen nötig. Bis dahin sollte der Pilz für Speisezwecke gemieden werden.

Gattungsmerkmale: Siehe unten.

Büschelrasling

Lyophyllum decastes (Fr.: Fr.) Singer

Syn.: *Lyophyllum aggregatum* (Schff.: Fr.) Kühner

Hut: Heller oder dunkler bräunlich, ocker-bräunlich, elastisch, glatt, kahl, ⌀ 4–12 cm. **Lamellen:** Weißlich bis creme-ockerlich, ausgebuchtet angewachsen. **Stiel:** Blaß, weißlich, heller als der Hut, zylindrisch, elastisch-zäh. **Sporenpulver:** Weiß, nicht amyloid. **Vorkommen:** In Parkanlagen und im Laubwald, in dichten Büscheln wachsend; September bis November, manchmal auch schon im April/Mai. **Verwechslung:** Der Büschelrasling, der an seinem büscheligen Wachstum, der Ritterlingsgestalt und dem elastisch-zähen Fleisch zu erkennen ist, hat einige sehr ähnliche ebenfalls eßbare Verwandte. *L. fumosum* soll im Gegensatz zu *decastes* mehlartig riechen, und *L. loricatum* besitzt eine dick gepanzerte Oberhaut und ist sehr dunkel gefärbt. Der weiße *L. connatum* riecht auffallend nach Lerchensporn.

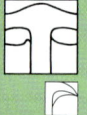

Gattungsmerkmale: Die Gattung *Lyophyllum* ist recht heterogon. Außer den einprägsamen büschelig wachsenden Arten besteht sie noch aus einer größeren Anzahl nicht büscheliger, schwärzender Pilze, die teilweise recht selten zu finden sind. Sporen rundlich bis elliptisch. Insgesamt gibt es 19 Arten in dieser Gattung.

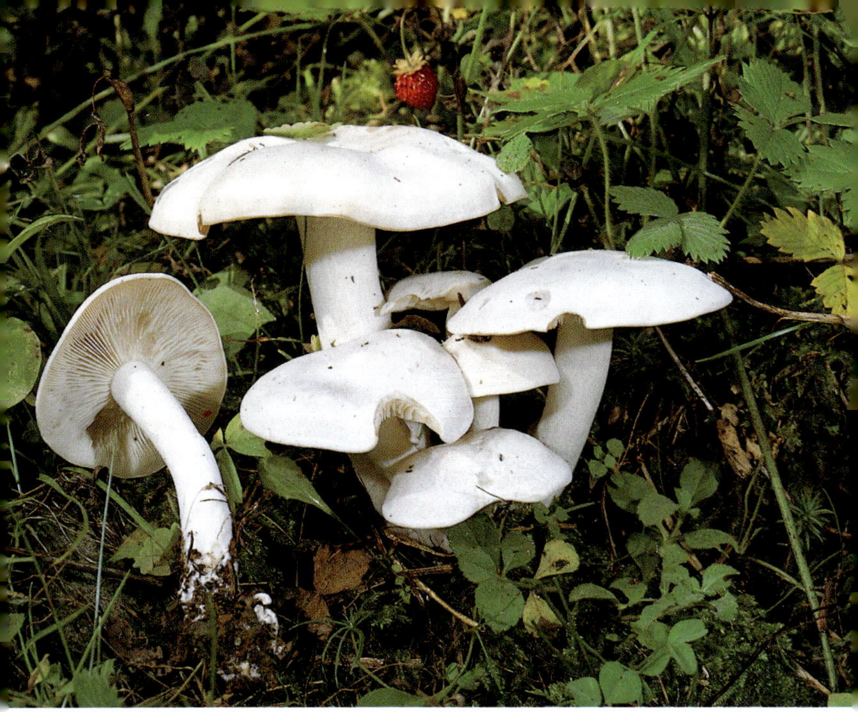
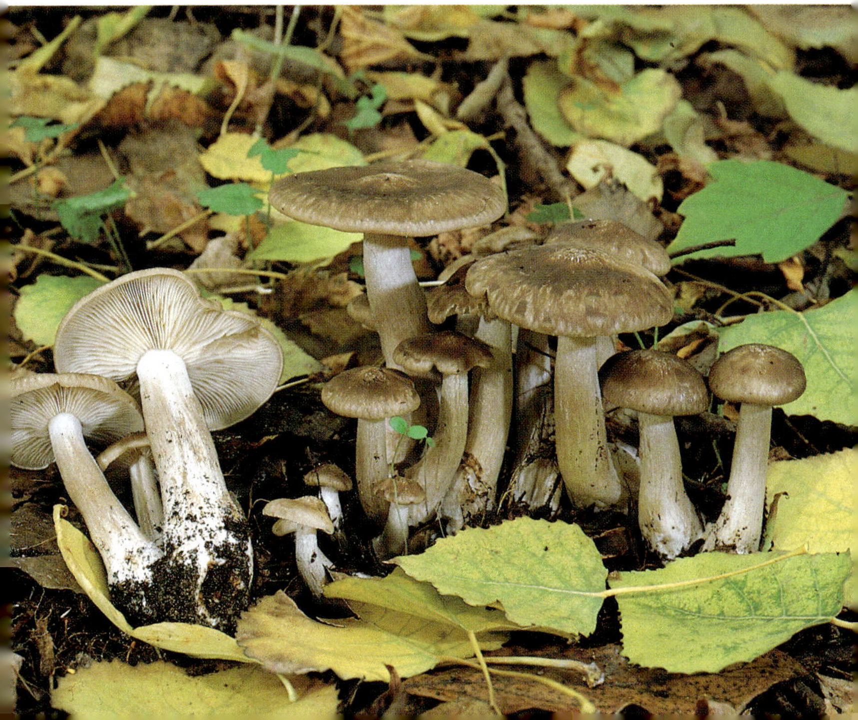

Violetter Rötelritterling

Lepista nuda (Bull.: Fr.) Cke.

eßbar,
blutdrucksenkend

Geruch: Süßlich-aromatisch. **Hut:** Violett bis bräunlich, kahl, ⌀ 5–10 cm. **Lamellen:** Violettlich, oft verblassend, ausgebuchtet angewachsen. **Stiel:** Violettlich, oft verblassend, nicht bräunlich wie der Hut, zylindrisch-keulig, im unteren Teil mit violettlichem Myzel bedeckt. **Fleisch:** Blaß violettlich, wässerig durchzogen. **Sporenpulver:** Rosa-fleischfarben. **Vorkommen:** Im Laub- und Nadelwald; September bis November, manchmal schon im Mai (in der Zwischenzeit ausbleibend). **Verwechslung:** Sehr ähnlich ist der Lilastiel-Rötelritterling (*L. saeva*), der nicht in allen Teilen, sondern meist nur am Stiel violett gefärbt ist. Der Schmutzige Rötelritterling *(L. sordida)* ist dünnfleischiger und blasser und riecht nicht so aromatisch, sondern dumpf. Er wächst meist außerhalb des Waldes. Eine Verwechslung ist auch mit violetten Schleierlingen möglich (z. B. mit dem Lila Dickfuß *[Cortinarius traganus]),* die aber braunes Sporenpulver und ein schleierartiges Velum besitzen. *L. glaucocana* ist in allen Teilen blaß violettlich und deshalb auch leicht verwechselbar, riecht aber nicht so würzig-aromatisch. Er ist ein Gebirgspilz.
Gattungsmerkmale: Siehe S. 196.

Lilafarbener Rötelritterling

Lepista sordida var. *lilacea* (Quélet) Bon
Syn.: *Lepista nuda* var. *lilacea* Quélet

eßbar

Geruch: Unauffällig, etwas dumpf bis muffig-erdartig. **Hut:** Kräftig violett bis fliederfarben, im Alter oder bei Trockenheit ausblassend, Oberfläche meist matt und kahl, ungerieft, relativ dünnfleischig, ⌀ 2–5 cm. **Lamellen:** Violett bis fleischfarben-violett, ausgebuchtet angewachsen, weniger gedrängt als bei *L. nuda*. **Stiel:** Oft kräftig violett, Basis oft mit weißlich-violettlichem Myzel überzogen, mit rissig-faseriger Oberfläche, innen meist enghohl. **Fleisch:** Blaßviolett bis graulila, beim Trocknen ausblassend. **Sporenpulver:** Rosa-fleischfarben. **Vorkommen:** Im Laub- und Mischwald, im Blätter- oder Nadelhumus, gelegentlich auch außerhalb des Waldes, auf Wiesen und neben Komposthaufen; September bis November. **Verwechslung:** Der Lilafarbene Rötelritterling wird oft für den kräftigeren Violetten Rötelritterling *(L. nuda)* gehalten, von dem er früher als Varietät abgetrennt wurde. Aufgrund des fehlenden Geruchs scheint aber eine Verwandtschaft mit dem Schmutzigen Rötelritterling *(L. sordida)* wahrscheinlicher. Letzterer wächst gewöhnlich mehr außerhalb des Waldes an stickstoffreichen Stellen, z. B. gedüngten Wiesen oder Kompostplätzen. Seine Farben sind eher schmutzig fleischbräunlich bis graubraun und enthalten meist so gut wie kein Violett. Der Geruch ist im Gegensatz zum Verwandtschaftskreis um *L. nuda* stets dumpf bis muffig, nie aber angenehm würzig.
Bemerkungen: Diese Varietät des Schmutzigen Rötelritterlings ist bei feuchtem Wetter gänzlich lila gefärbt und blaßt dann zunächst am Hut etwas aus. Im Gegensatz zum Violetten Rötelritterling *(L. nuda)* fehlt ihr der würzig-aromatische Geruch. Die Standorte liegen oft ebenfalls im Walde, meist auf Blätterhumus. Der Speisewert steht dem von *L. nuda* wegen des faden Geschmacks deutlich nach. **Gattungsmerkmale:** Siehe S. 196.

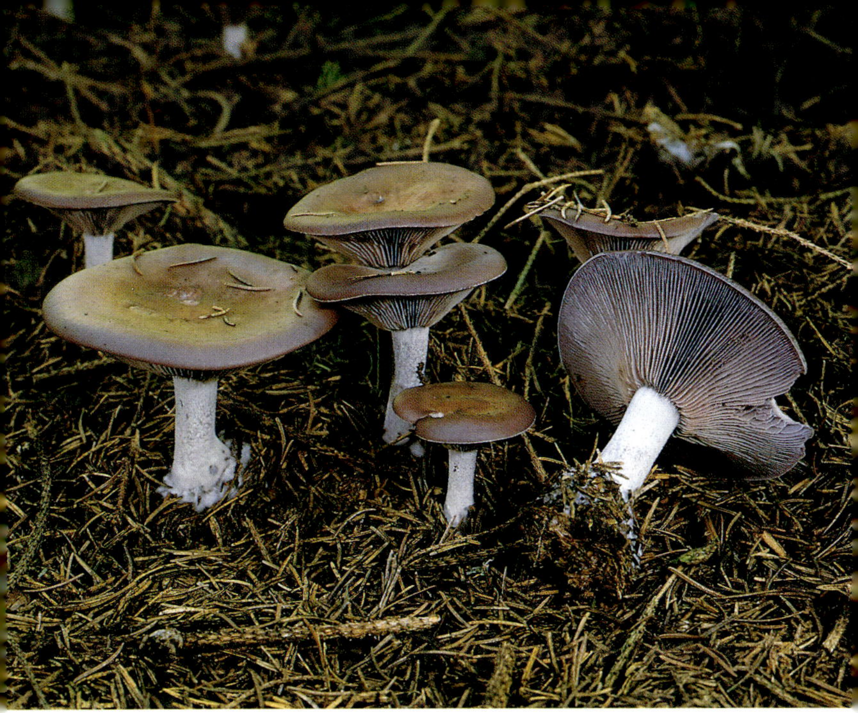

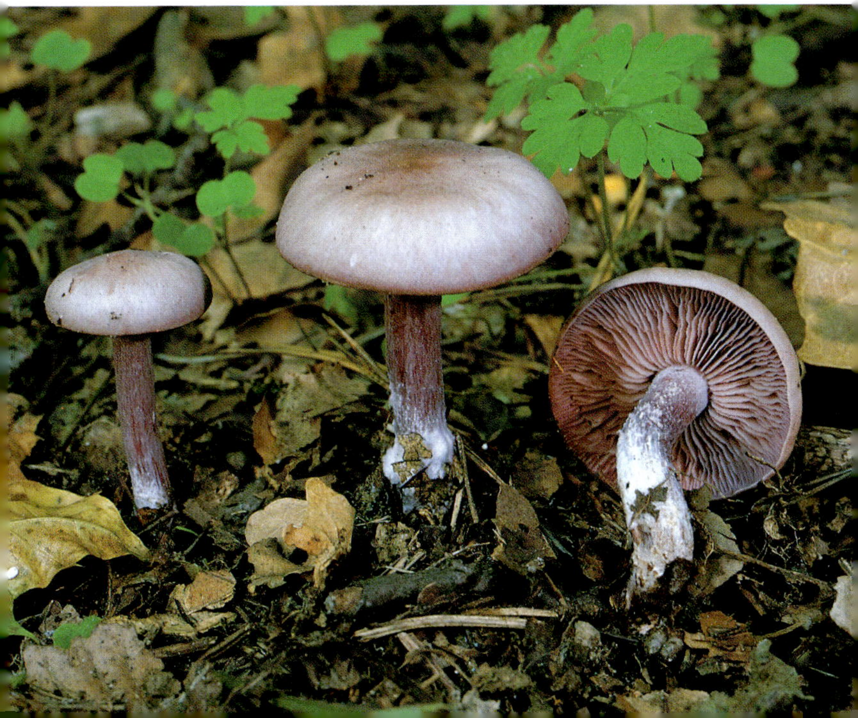

Lilastiel-Rötelritterling, Maskierter Rötelritterling

eßbar ★

Lepista saeva (Fr.) Orton
Syn.: *Lepista personata* (Fr.: Fr.) Cke.

Geruch: Angenehm, nicht so würzig wie beim Violetten Rötelritterling. **Hut:** Fast weißlich, blaßgrau, blaß beige, eventuell mit schwachem lila Schein (jung), fleischig, ⌀ 5–12 cm. **Lamellen:** Weißlich bis blaßgrau, kaum lila, ausgebuchtet angewachsen. **Stiel:** Meist deutlich, seltener undeutlich lila, zylindrisch-keulig. **Fleisch:** Weißlich. **Sporenpulver:** Rosa-fleischfarben.
Vorkommen: Gern auf Wiesen oder grasigen Waldstellen, erscheint später als der Violette Rötelritterling; Oktober bis November. **Verwechslung:** Blasse Exemplare von *L. nuda* sind an ihrem süßlich-aromatischen Geruch zu erkennen.
Gattungsmerkmale: 18 Arten, Saprophyten, Pilze mit Trichterlings- oder Ritterlingshabitus, Lamellen ausgebuchtet angewachsen bis herablaufend, Sporenpulver meist blaß rosa-fleischfarben, seltener cremefarbig oder weißlich, nicht amyloid, Sporen leicht rauh, selten glatt.

Veilchen-Rötelritterling

eßbar

Lepista irina (Fr.) Bigelow

Geruch: Süßlich-aromatisch, wie getrocknete Veilchenwurzel *(Iris florentina)*. **Hut:** Feucht blaß fleischfarben, hygrophan, beim Trocknen schnell weißlich, ⌀ 3 bis 10 cm. **Lamellen:** Schmutzig-weißlich bis isabellfarben, gedrängt stehend. **Stiel:** Weißlich bis schmutzig gelbbräunlich, Oberfläche deutlich längsfaserig und oft netzfaserig. **Sporenpulver:** Blaß creme-fleischfarben.
Vorkommen: In Laub- und Mischwäldern, im späteren Herbst; September bis Oktober. **Verwechslung:** Der Veilchenritterling ähnelt sehr dem Maipilz *(Calocybe gambosa)*, der jedoch immer zu einer ganz anderen Zeit wächst, nämlich im Frühjahr. Auch riecht der Maipilz aufdringlich mehlartig. Der Würzige Tellerling *(Rhodocybe truncata)* besitzt einen nicht hygrophanen, matten Hut und eckig-warzige Sporen. Er ist viel seltener als der Veilchenritterling.
Bemerkungen: Der häufige »Veilchenritterling« stand bislang in der Gattung *Tricholoma* und nahm dort wegen seines fleischfarbenen Sporenpulvers eine Sonderstellung ein. Auch die leichten Sporenrauheiten, die manchmal schwer sichtbar sind, lassen eine Überführung in die Gattung *Lepista* gerechtfertigt erscheinen. Die abgebildeten Exemplare wurden bei trockener Witterung aufgenommen und sind daher recht blaß. Der typische fleischfarbene Ton ist auf dem Hutscheitel noch zu erkennen.
Gattungsmerkmale: Siehe oben.

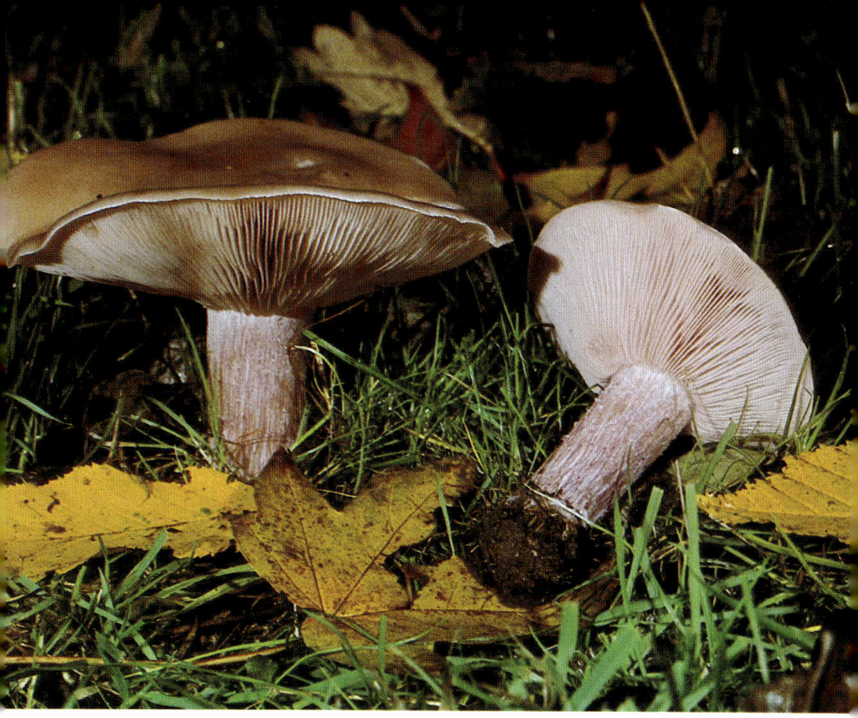

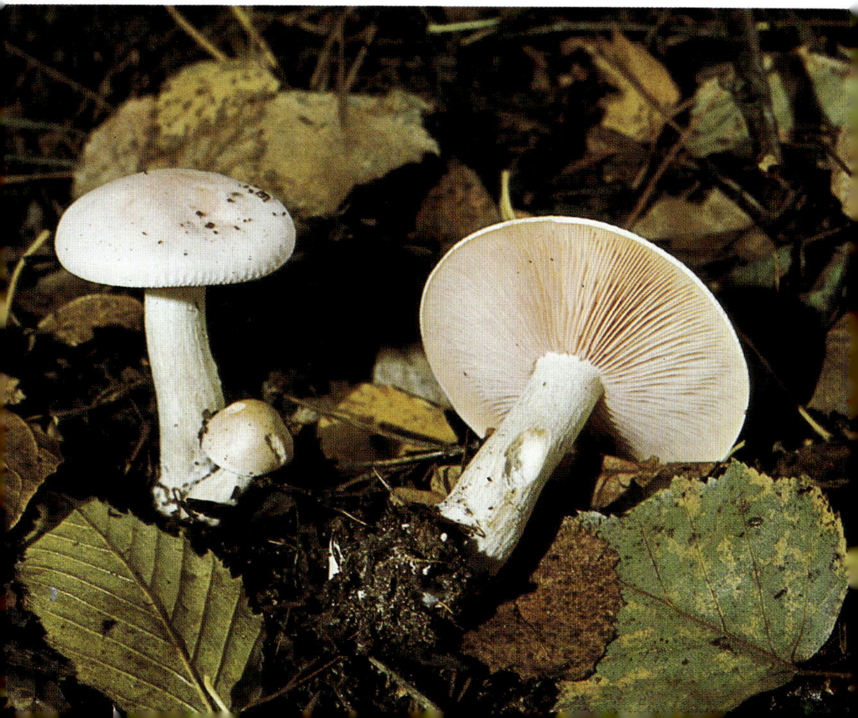

Riesenrötling

giftig

Entoloma eulividum Noordel.

Geruch: Angenehm mehlartig. **Hut:** Elfenbeinweißlich bis hellocker, seidig, kompakt, $\varnothing$ 5–15 cm. **Lamellen:** Erst blaß, mit gelblichem Schein, reif lachsrosa, ausgebuchtet angewachsen. **Stiel:** Weiß, etwas längsfaserig, kompakt. **Vorkommen:** Im Laubwald auf Lehm- und Kalkböden; Juli bis September, ausnahmsweise auch früher oder später. Der Riesenrötling ist eine wärmeliebende Art. In der Schweiz und in Frankreich ist der Pilz häufiger als in Deutschland, weswegen dort auch öfter schwere Vergiftungen bekannt wurden. **Verwechslung:** Der Riesenrötling ist der giftige Doppelgänger des Nebelgrauen Trichterlings *(Lepista nebularis)*, der ebenfalls mehlartig riecht, allerdings mit aufdringlich süßlicher Komponente. Seine Lamellen laufen etwas am Stiel herab und sind bei der Reife nie rosa gefärbt. Der gelbliche Schein auf den unreifen Lamellen des Riesenrötlings ist ein gutes Kennzeichen. Im Frühjahr wächst bei uns eine dem Riesenrötling täuschend ähnliche Art unter Rosaceengebüsch, die eßbar ist: *E. sepium*, Schlehenrötling. Helle Exemplare dieser Art sind äußerlich eine kleine Ausgabe des Riesenrötlings und besitzen auch den Mehlgeruch. Es fehlt aber der gelbliche Schein auf den jungen Lamellen. Das Fleisch rötet etwas in den Madengängen. – Das Foto entstand im September in der Nähe von Emmendingen im Schwarzwald. **Gattungsmerkmale:** Siehe S. 200.

Schlehenrötling

eßbar

Entoloma sepium (Noullet & Dassier) Richon & Roze

Geruch: Verletzt mehlartig, frisch und unverletzt in den Lamellen manchmal obstartig. **Hut:** Schmutzig weißlich, grau-weißlich, feucht schwach durchscheinend gerieft, trocken ungerieft, $\varnothing$ 3–10 cm. **Lamellen:** Erst weißlich, dann rosa; jung nicht mit gelblichem Ton (vgl. Riesenrötling), ausgebuchtet angewachsen. **Stiel:** Weißlich, außen faserig; die Fasern färben sich bei trockenem Wetter etwas rotbräunlich. **Fleisch:** Weißlich, in Madengängen leicht rötend, festfleischig. **Chemische Reaktionen:** Fleisch mit Guaiak-Tinktur fast sofort blau, mit Phenol intensiv rotbraun. **Vorkommen:** Unter Schlehengebüsch und anderen Rosengewächsen *(Rosaceae)*, oft in Gärten und Parkanlagen; Mai bis Juni. **Verwechslung:** Der Schlehenrötling gleicht einem kleinen Riesenrötling, wächst aber im Frühjahr und ist nicht an Kalkboden gebunden. Gute Kennzeichen sind die fehlenden Gelbtöne auf den jungen Lamellen und das Röten der Madengänge. Der Schildrötling *(E. clypeatum)* und der Silbergraue Rötling *(E. saundersii)* wachsen ebenfalls im Frühjahr und sind eßbar. Beide besitzen dunklere Farben. Der häufige Schildrötling ist dünnfleischiger und weicher. Alle erwähnten Arten sind zwar eßbar, dürfen aber wegen der großen Verwechslungsgefahr mit dem giftigen Riesenrötling oder anderen Rötlingen nur von Kennern gesammelt werden. **Gattungsmerkmale:** Siehe S. 200.

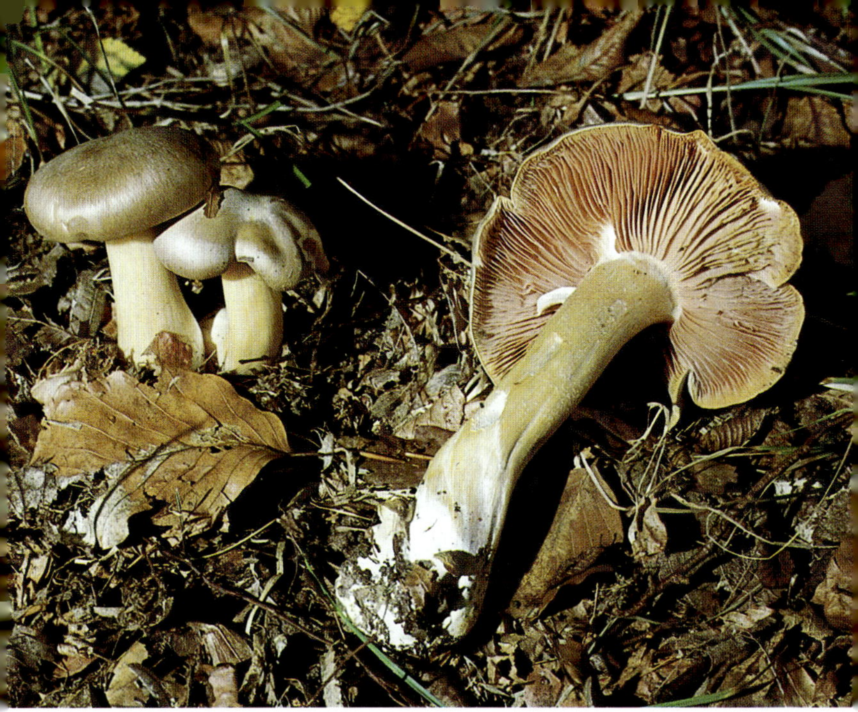

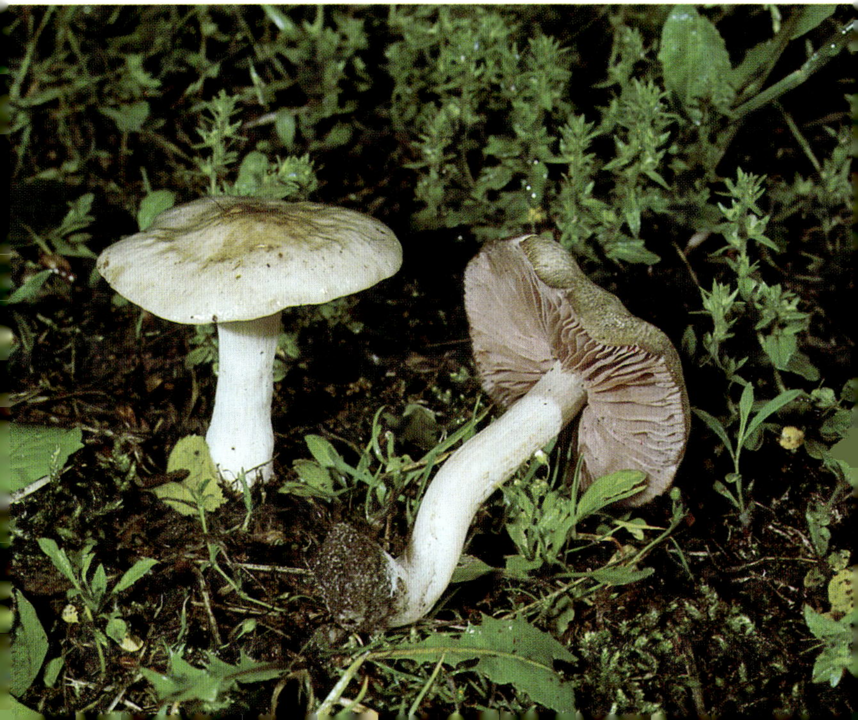

Schildrötling

eßbar

Entoloma clypeatum (L.) Kummer

Geruch: Mehlartig. **Hut:** Heller oder dunkler grau-bräunlich, kahl, nur bei trockener Witterung schuppig aufbrechend, meist mit breitem Buckel (Schild), hygrophan, streifig ausblassend, seidig, trocken, durchscheinend gerieft oder ungerieft, ∅ 4–10 cm. **Lamellen:** Erst weißlich, bald rosa, ausgebuchtet angewachsen, breit. **Stiel:** Weißlich, etwas längsstreifig und manchmal verdreht. **Vorkommen:** Unter Rosaceen in lichten Wäldern und Parkanlagen, nur im Frühjahr; April bis Juni. **Verwechslung:** Der Schildrötling ist vor allem durch seine frühe Erscheinungszeit gekennzeichnet. Sehr ähnlich aussehende, im Herbst wachsende Arten, unter denen es Giftpilze gibt, dürfen nicht mit ihm verwechselt werden. Schon im Juni sollte man diesen Pilz nicht für Speisezwecke verwenden, der ohnehin nur von guten Kennern gesammelt werden darf. Der deutlich kleinere Frühlingsgiftrötling *(E. vernum)* wächst ebenfalls schon im April, riecht nicht nach Mehl und hat auf dem Hut meist eine kleine Papille.

Gattungsmerkmale: Siehe unten.

Frühlings-Giftrötling

giftig

Entoloma vernum Lundell

Geruch: Nicht nach Mehl, unbedeutend. **Hut:** Braun bis graubräunlich, seidig, ausblassend, feucht leicht durchscheinend gerieft, oft mit kleiner Papille, ∅ 2–5 cm. **Lamellen:** Reif rosa, aufsteigend angeheftet. **Stiel:** Dem Hut ähnlich gefärbt, oft flachgedrückt, kahl. **Vorkommen:** In lichten Laubwäldern; März bis Mai. **Verwechslung:** Kräftigere Exemplare könnten mit kleinen Individuen des eßbaren Schildrötlings verwechselt werden, der zur gleichen Jahreszeit wächst, aber nach Mehl riecht. Mehrere im Herbst vorkommende Rötlingsarten sehen *E. vernum* sehr ähnlich. Sie alle sind für Speisezwecke unbrauchbar.

Gattungsmerkmale: 226 Arten (nach der neuesten Monographie von Noordeloos, 1987), Saprophyten, meist bodenbewohnend, selten an Holz, Pilze grazil bis fleischig (und dann mit Ritterlingshabitus), Lamellen erst blaß (seltener bräunlich oder violettlich), bald aber rosa werdend, am Stiel ausgebuchtet angewachsen, aufsteigend angeheftet oder herablaufend, Sporenpulver lachsrötlich, Sporen typisch eckig im Umriß; viele Arten giftig.

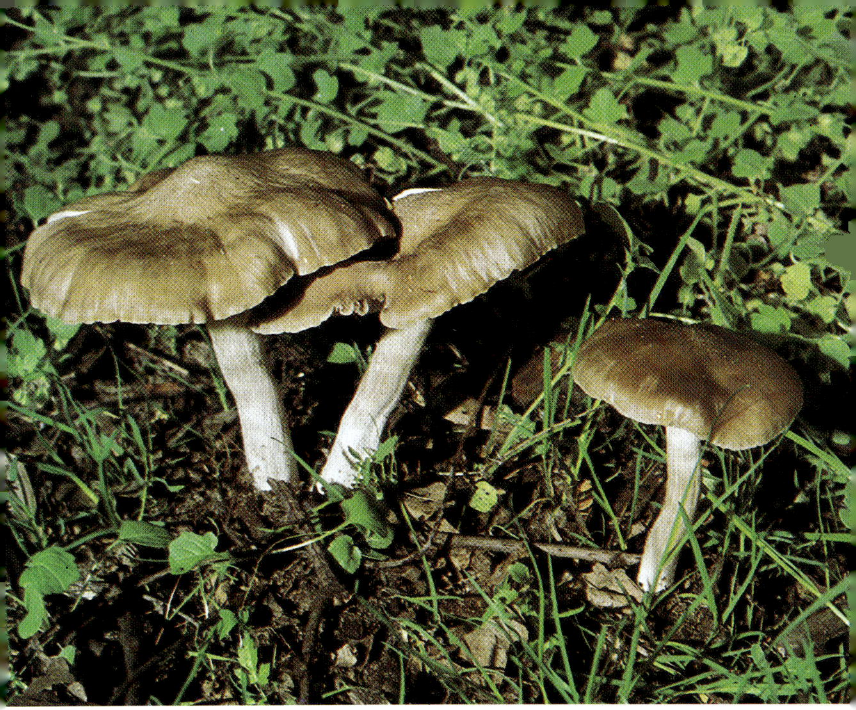

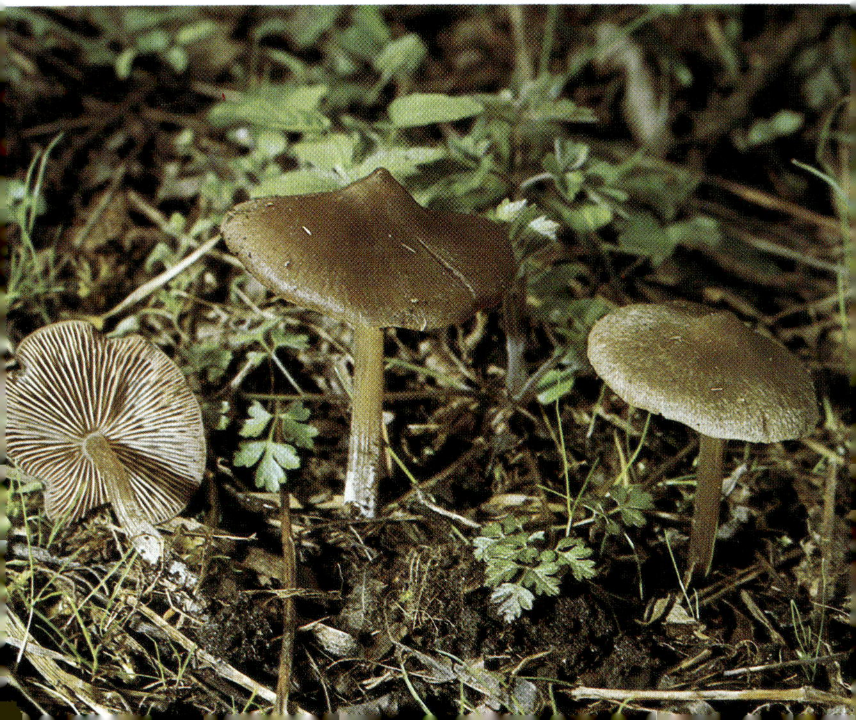

Kurzstieliger Weichritterling

eßbar

Melanoleuca brevipes (Bull.: Fr.) Pat.

Hut: Graubräunlich, matt, etwas hygrophan, beim Trocknen heller ocker-bräunlich werdend, oft längere Zeit mit dunklerem Buckel, ∅ 4–10 cm. **Lamellen:** Schmutzig weißlich, mit leichtem Grauton, ausgebuchtet ange-wachsen, wie bei den Ritterlingen. **Stiel:** Dem Hut ähnlich gefärbt, leicht längsfaserig, im Querschnitt dunkler berindet, fast immer kürzer als die Hutbreite! **Fleisch:** Weißlich, in der Stielbasis deutlich bräunlich, besonders in der Stielrinde leicht knorpelig. **Sporenpulver:** Weißlich, amyloid. **Zystiden:** An der Lamellenschneide fein nadelförmig, kaum hervorschauend, an der Spitze meist mit kleinen Kristallen besetzt (brennhaarförmig). **Vorkommen:** An Wegrändern, in Parkanlagen, auf Wiesen; April bis Mai, dann erst wieder im Spätherbst von November bis Dezember. **Verwechslung:** Der Kurzstielige Weichritterling hat mehrere sehr ähnliche Verwandte, die nur mit dem Mikro-skop sicher zu unterscheiden sind. Keiner der Weichritterlinge ist aber ernst-lich giftig.

Gattungsmerkmale: Die Gattung *Melanoleuca* besteht aus rund 30 schwer bestimmbaren Arten, die aber als Weichritterling leicht zu erkennen sind. Sie ähneln den Ritterlingen, besitzen aber elastisches, fast knorpeliges Fleisch und zeigen so Anklänge an die Rüblinge (anderer Name: Rüblingsritterlinge). Das Sporenpulver ist weiß oder cremegelblich und immer amyloid. Die Sporen sind warzig. Die Hyphen im Fruchtkörper sind schnallenlos, im Gegensatz zu den ähnlichen Krempenritterlingen *(Leucopaxillus).*

Grünling

eßbar

G, R 3

Tricholoma equestre (L.) Kummer

Geruch und Geschmack: Mehlartig. **Hut:** Gelbgrünlich, Scheitel oft mit leicht bräunlichen Beitönen, bei feuchtem Wetter schmierig, ∅ 5–10 cm. **Lamellen:** Hell schwefelgelb bis grünlichgelb, gedrängt stehend. **Stiel:** Grünlichgelb, an der Spitze heller, kahl. **Fleisch:** Weiß, nur in den Randzonen (Längsschnitt) gelblich. **Vorkommen:** In sandigen Kiefernwäldern, doch auch unter Laub-bäumen; September bis Oktober. **Verwechslung:** Der leicht giftige Schwefel-ritterling *(T. sulphureum)* gilt als klassischer Doppelgänger. Er riecht aber stark unangenehm nach Leuchtgas (oder Skatol), seine Lamellen stehen entfernter als beim Grünling. *T. sulphureum* wächst im Laub- und Nadelwald. Der im Nadelwald wachsende, giftige Gelbgrüne Ritterling *(T. sejunctum)* schmeckt meist bitter und hat weiße Lamellen.

Bemerkungen: Der exakte Name und die Abgrenzung des Grünlings ist immer noch umstritten. Zwischenzeitlich glaubten einige Mykologen, *T. equestre* in zwei unterscheidbare Arten *(auratum* und *flavovirens)* aufteilen zu können. Dem konnte ich mich nie so recht anschließen, da der Grünling in seinen äußeren Merkmalen wie in seinem Standortanspruch sehr variabel zu sein scheint.

Der Sammler beachte, daß der Grünling absolut geschützt ist. Man will so dem rückläufigen Auftreten entgegenwirken. Der Art wäre aber sicher mehr gedient, die zentnerweise Einfuhr aus dem benachbarten Ausland zu unter-binden. Dies gilt meines Erachtens generell für den Handel mit Wildpilzen.

Gattungsmerkmale: Siehe S. 204.

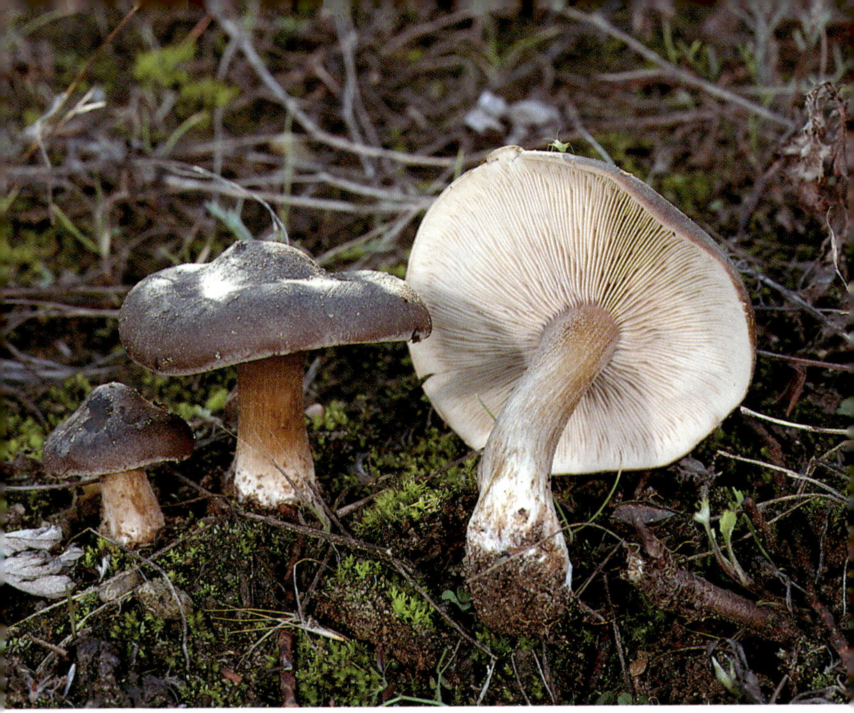
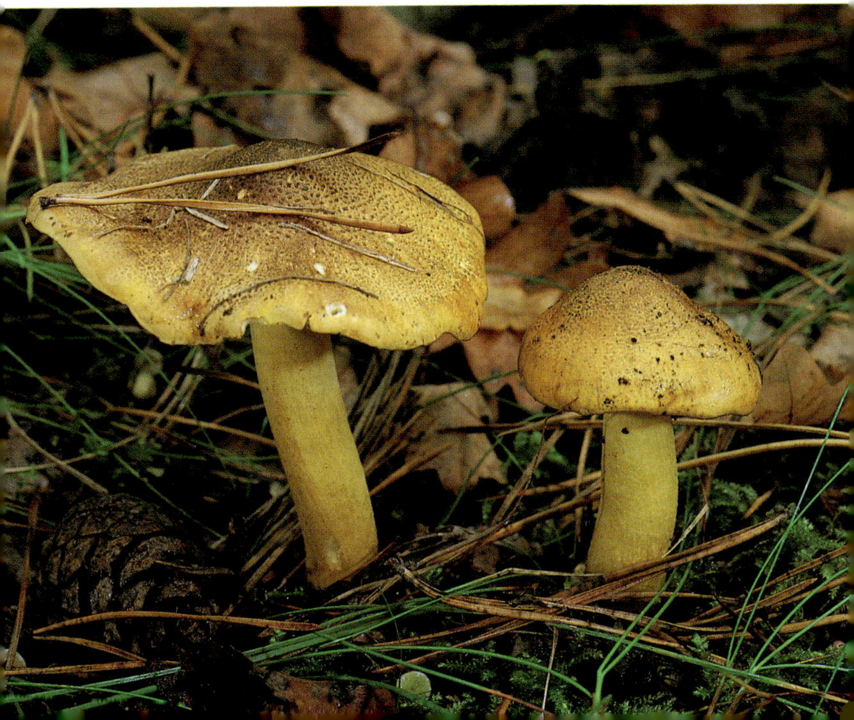

Schwefelritterling

giftig

Tricholoma sulphureum (Bull.: Fr.) Kummer

Geruch: Widerlich nach Leuchtgas oder Skatol. **Hut:** Schwefelgelb bis oliv-gelb, matt, trocken, ∅ 3–7 cm. **Lamellen:** Schwefelgelb, dicklich und etwas entfernt stehend. **Stiel:** Schwefelgelb, manchmal schwach bräunlich über-fasert, oft schlank. **Fleisch:** Schwefelgelb. **Vorkommen:** Im Laub- und Nadelwald; Juli bis Oktober. **Verwechslung:** Er ist der Doppelgänger des eßbaren, nach Mehl riechenden Grünlings. Vom Schwefelritterling existiert noch eine braunhütige Varietät, die heute auch als eigene Art angesehen wird: *T. bufonium*. Sie unterscheidet sich lediglich dadurch, daß der Hut purpur-braun bis violettbraun gefärbt ist. Der auffällige Geruch ist derselbe.

Gattungsmerkmale: 65 Arten, Mykorrhizapilze, Stiele meist ohne, seltener mit Ring oder Cortina, Lamellen ausgebuchtet angewachsen, Sporenpulver weiß, nicht amyloid, Sporen oval, glatt; mehrere Giftpilze, vor allem bei braun- und grauhütigen Arten.

Seifenritterling

giftig

Tricholoma saponaceum (Fr.) Kummer

Geruch: Nach einigem Liegen wie Seifenlauge. **Geschmack:** Manchmal mehlartig-bitterlich. **Hut:** In den Farben sehr veränderlich, variierend von reinweiß bis zu schwarzbraun, meist jedoch grau-grünlich, dunklere Exem-plare besitzen stets einen deutlich helleren Hutrand, ∅ 4–10 cm. **Lamellen:** Weißlich bis blaß grüngelblich, etwas dicklich und entfernt stehend. **Stiel:** Meist heller als der Hut, aber ähnlich gefärbt, schuppig oder glatt. **Fleisch:** Nach einiger Zeit in allen Teilen mehr oder weniger stark rötend. **Vorkommen:** Im Laub- und Nadelwald, auf allen Böden; September bis November. **Ver-wechslung:** Der Seifenritterling ist einer der veränderlichsten Pilze über-haupt. Er wird daher in viele Varietäten unterteilt, kann aber immer an seinem typischen Seifenlaugengeruch und dem rötenden Fleisch erkannt werden. Beide Merkmale treten oft erst nach einigen Stunden auf!

Bemerkungen: Der Seifenritterling ist nur schwach giftig. In geringer Menge wird er manchmal für ein Mischgericht empfohlen. In größeren Mengen oder schlecht erhitzt erzeugt er Übelkeit und Erbrechen.

Gattungsmerkmale: Siehe oben.

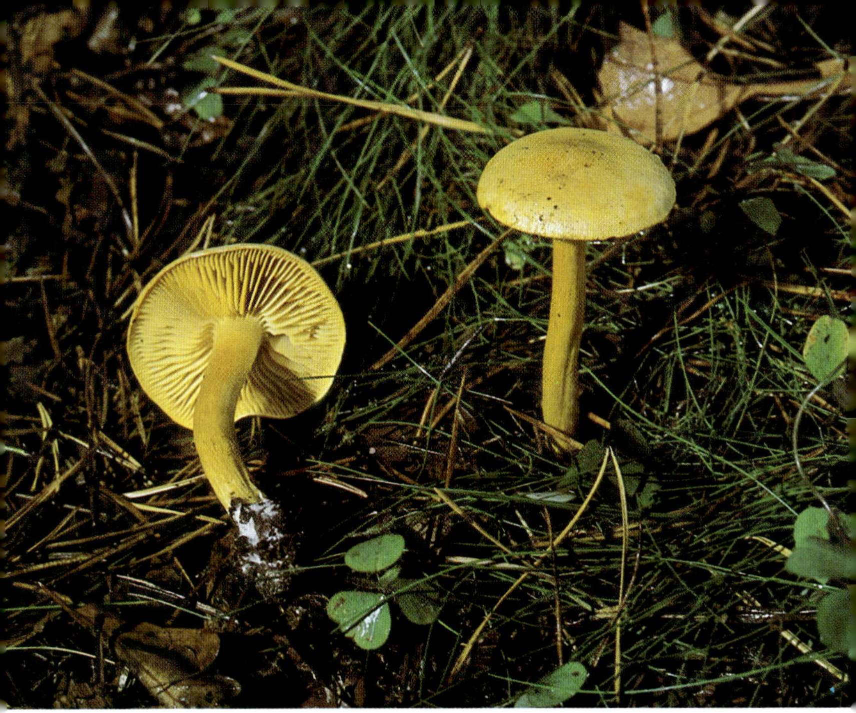

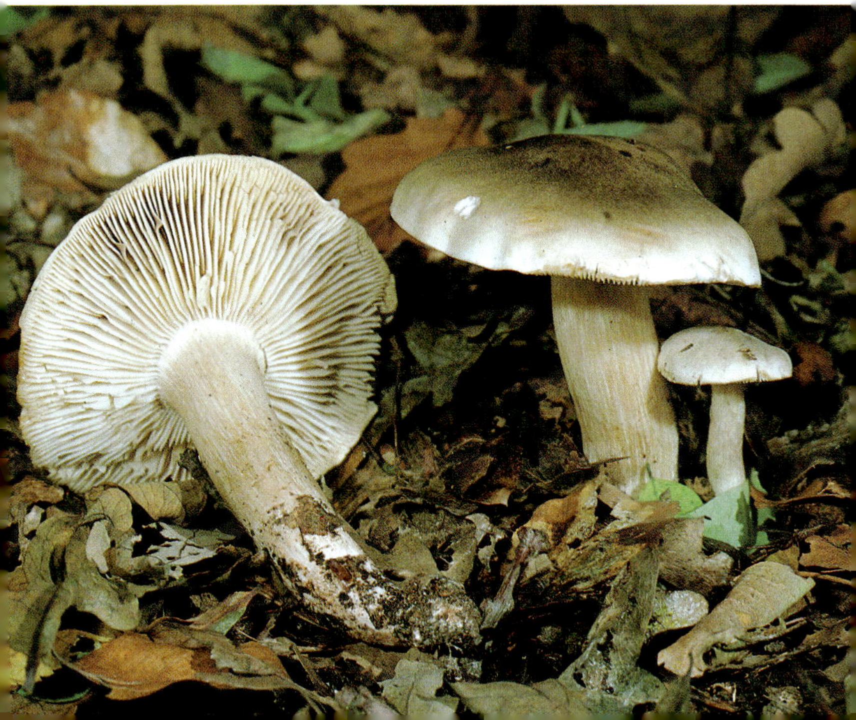

Erdritterling

eßbar

Tricholoma terreum (Schff.: Fr.) Kummer

Geruch: Unbedeutend, nicht nach Mehl. **Hut:** Grau, trocken, fein filzig, ⌀ 3–8 cm. **Lamellen:** Grauweißlich, mit gekerbter Schneide. **Stiel:** Weißlich, später etwas graulich, ohne deutlich erkennbare Velumreste. **Vorkommen:** Im Nadelwald, unter Kiefern; Oktober bis Dezember. **Verwechslung:** Vorsicht bei grauen Ritterlingen! Der stark giftige Tigerritterling *(T. pardalotum)* ist ebenfalls grau, riecht nach Mehl und hat einen schuppigen Hut. Er wächst auf Kalkböden im Laubwald. Der unbekömmliche Brennende Ritterling *(T. virgatum)* unterscheidet sich durch glatten, spitz gebuckelten Hut und brennend scharfen Geschmack. Sehr häufig ist auch der nach Mehl riechende Gilbende Erdritterling *(T. scalpturatum)*, dessen Lamellen nach einiger Zeit gelblich werden. Der Rötende Ritterling *(T. orirubens)*, der auf Kalkboden wächst, besitzt rötlich verfärbende Lamellen. Der Behangene Ritterling *(T. triste)* sieht dem Erdritterling am ähnlichsten, zumal er, genau wie dieser, nicht nach Mehl riecht. Er unterscheidet sich durch die feine, faserige Cortina, die am Stiel zurückbleibt. Eine Verwechslung mit den 3 zuletzt genannten Arten wäre ungefährlich.

Gattungsmerkmale: Siehe S. 204.

Tigerritterling

giftig

Tricholoma pardalotum Herink & Kotl.
Syn: *Tricholoma pardinum* (Pers.) Quélet

Geruch: Mehlartig. **Hut:** Grau bis graubraun, mit anliegenden, deutlich ausgeprägten Schuppen, kompakt, ⌀ 5–12 cm. **Lamellen:** Weißlich, etwas schmutzig, Schneide oft tränend. **Stiel:** Weißlich, an der Spitze durchsichtige Tröpfchen ausscheidend (tränend). **Vorkommen:** Im Laub- und Mischwald auf Kalkböden, im südlicheren Teil Deutschlands örtlich stärker verbreitet, im Norden fast fehlend; August bis Oktober. **Verwechslung:** Der Tigerritterling kann mit anderen grauhütigen Arten verwechselt werden, die aber durchweg keine guten Speisepilze darstellen oder unbekömmlich sind. Der eßbare Erdritterling riecht nicht nach Mehl und ist zierlicher gebaut. Weitere Verwechslungsmöglichkeiten siehe dort.

Bemerkungen: Der Tigerritterling erzeugt sehr heftige Darmstörungen, die lange anhalten können. Er ist der am stärksten giftige Ritterling. Der typische kräftige Habitus und der geschuppte Hut kennzeichnen den Pilz gut.

Gattungsmerkmale: Siehe S. 204.

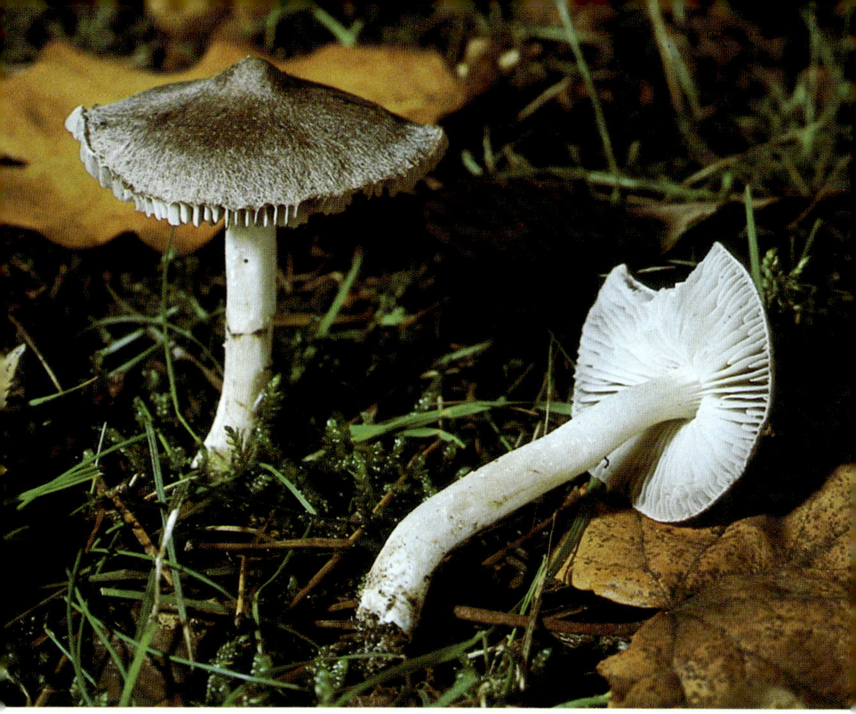

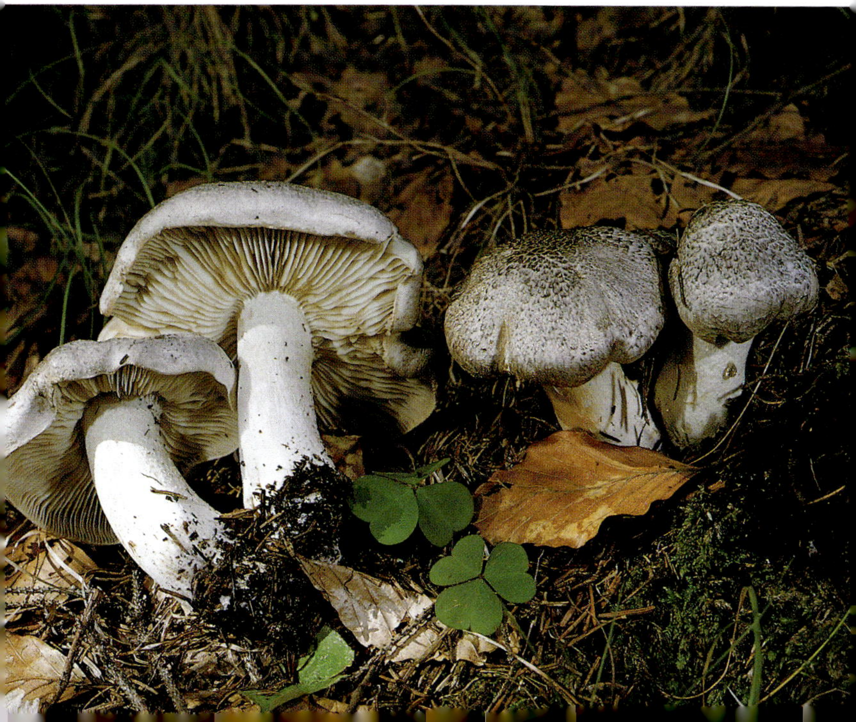

Orangeroter Ritterling

ungenießbar

Tricholoma aurantium (Schff.: Fr.) Ricken

Geruch: Angenehm mehlartig. **Geschmack:** Bitter. **Hut:** Lebhaft orangerot oder orangebräunlich, feucht klebrig-schmierig, ⌀ 5–10 cm. **Lamellen:** Rein weiß, sehr gedrängt stehend, später rotbraun fleckig. **Stiel:** Orangerot wie der Hut, oft etwas genattert-schuppig, mit scharf abgesetzter, weißer Spitze, unterhalb dieser oft mit orangeroten Tröpfchen. **Vorkommen:** Im Nadelwald, gern unter Fichten, auch im Mischwald; bevorzugt Kalkboden; August bis November. **Verwechslung:** Der Orangerote Ritterling ist wegen seiner auffallenden Farben kaum zu verwechseln. Eine ähnliche Färbung besitzt der Zinnoberrote Körnchenschirmling *(Cystoderma cinnabarinum)*. Der Hut ist aber körnig-bestäubt und der Mehlgeruch fehlt. Sein Fleisch ist dünner und weicher. Außerdem zeigen sich im Mikroskop bei *C. cinnabarinum* an der Lamellenschneide auffällige Zystiden, die dem Orangeroten Ritterling fehlen.
Gattungsmerkmale: Siehe S. 204.

Pappelritterling

eßbar

R 3

Tricholoma populinum Lange

Geruch: Angenehm mehlartig. **Geschmack:** Mild, bei älteren Fruchtkörpern oft bitterlich. **Hut:** Rotbräunlich, feucht schmierig, ⌀ 6–12 cm. **Lamellen:** Weißlich, im Alter leicht bräunlich werdend. **Stiel:** Erst weißlich, dann bräunlich, vor allem im unteren Teil. **Vorkommen:** Außerhalb des Waldes unter Pappeln, oft büschelig, spät im Jahr; Oktober bis November. **Verwechslung:** Die rotbraunen Ritterlinge sind kritisch, da es unter ihnen einige unbekömmliche Arten gibt. Der Weißbraune Ritterling *(T. albobrunneum)* und der Getropfte Ritterling *(T. pessundatum)* gelten als giftig und erzeugen unangenehme Darmstörungen. Sie wachsen im Nadelwald. Andere rotbraune Arten wie der Brandige Ritterling *(T. ustale)* und andere sind deutlich bitter und deshalb ungenießbar. Beim Pappelritterling, der nur von guten Kennern gesammelt werden darf, ist darauf zu achten, daß auch wirklich Pappeln in unmittelbarer Nähe stehen!
Gattungsmerkmale: Siehe S. 204.

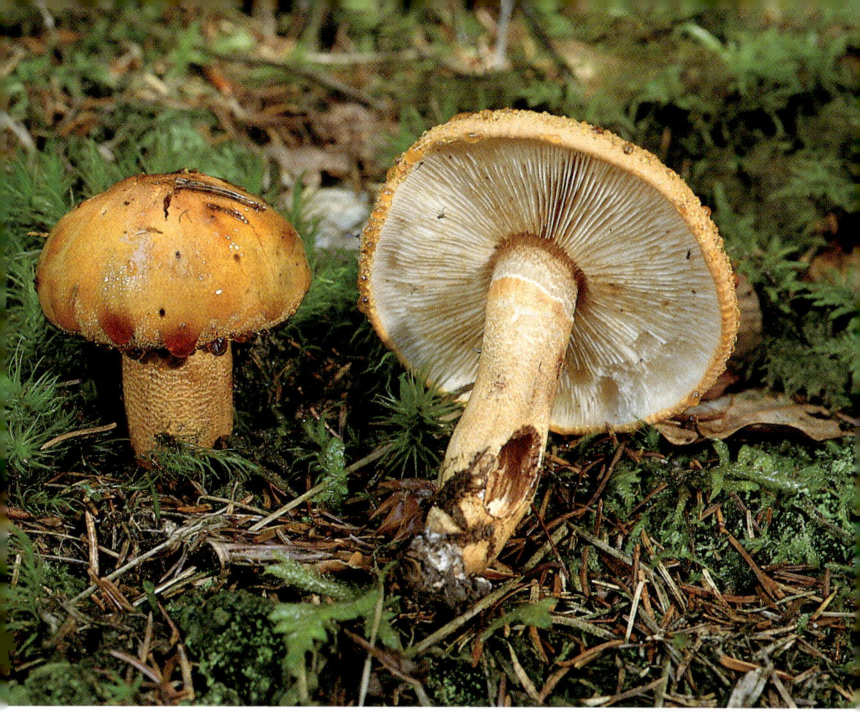

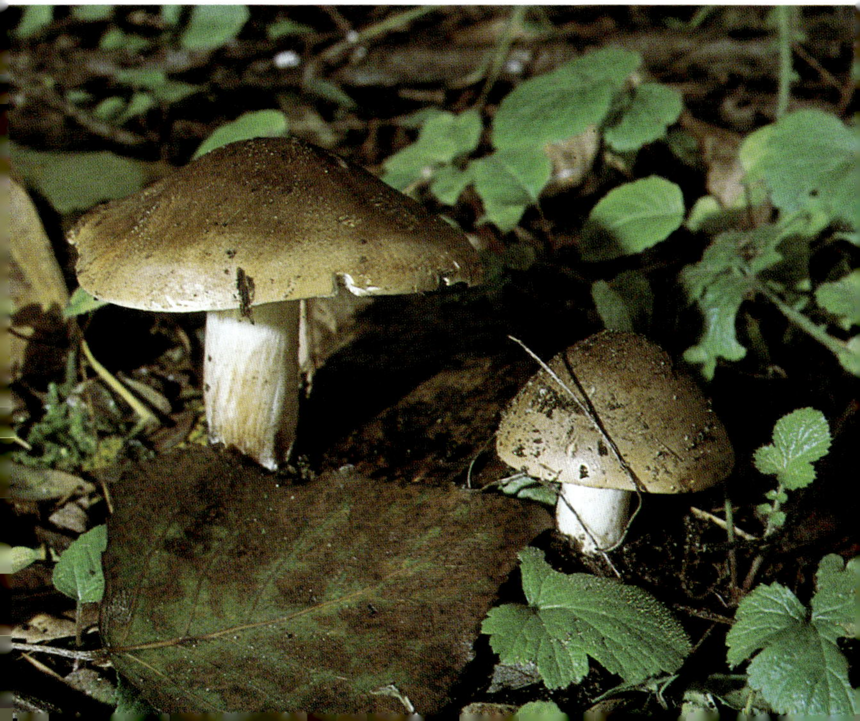

Maipilz, Georgsritterling

eßbar

Calocybe gamosa (Fr.) Donk

Geruch und Geschmack: Stark mehlartig, etwas aufdringlich. **Hut:** Cremeweißlich, seltener ocker-gelblich, manchmal auch bräunlich, fleischig, matt und kahl, ⌀ 3–10 cm. **Lamellen:** Weißlich, sehr gedrängt stehend, ausgebuchtet angewachsen. **Stiel:** Weißlich, zylindrisch, kompakt, oft recht kurz. **Sporenpulver:** Nicht amyloid, weiß. **Vorkommen:** An grasigen Waldstellen, unter Gebüsch, gern in Parkanlagen, in Auwäldern. Auffallend ist seine frühe Erscheinungszeit, die von Ende April bis Mitte Juni reicht; nicht im Herbst. **Verwechslung:** Durch die frühe Erscheinungszeit ist die Verwechslungsgefahr gering. Sehr ähnlich kann der im Herbst wachsende Veilchenritterling *(Lepista irina)* sein, dem aber der strenge Mehlgeruch fehlt. Schwerwiegende Folgen könnte ein Verwechseln mit dem ebenfalls im Mai–Juni wachsenden Ziegelroten Rißpilz *(Inocybe erubescens)* haben. Im Jugendzustand ist er auch wie der Maipilz weißlich gefärbt, riecht aber eher obstartig und später unangenehm spermatisch und rötet vor allem bei trockenem Wetter. Der Hut ist dünnfleischiger und radialfaserig. Auch werden die Lamellen im reifen Zustand schmutzig bräunlich.

Gattungsmerkmale: Die Schönköpfe *(Calocybe)* bestehen in Mitteleuropa aus 13 Arten. Die meisten von ihnen zeichnen sich durch leuchtende Farben wie violett, goldgelb oder rosa aus und sind zierlicher als der Maipilz und meist selten.

Ziegelroter Rißpilz, Mairißpilz

giftig

Inocybe erubescens Blytt
Syn: *Inocybe patouillardii* Bres.

Geruch: Erst fast angenehm obstartig, bald widerlich spirituös bis spermatisch. **Hut:** Anfangs weißlich, dann ockerbräunlich, besonders bei trockenem Wetter rötend, Huthaut radialfaserig und beim Aufschirmen einreißend, ⌀ 3–8 cm. **Lamellen:** Bald graugelblich bis olivbräunlich, rötend, ausgebuchtet angewachsen. **Stiel:** Weißlich, weißlichrosa, blaß ocker, alt stärker rötend, leicht faserig-flockig; aber nirgends durch Zystiden bereift. **Zystiden:** Nur an der Lamellenschneide vorhanden, dünnwandig, keulig und nicht mit Kristallen besetzt. **Vorkommen:** Gern in Parkanlagen, unter Gebüsch; Ende Mai bis Anfang Juli, kaum später. **Verwechslung:** Der Ziegelrote Rißpilz wächst zu der selben Zeit wie der eßbare Maipilz *(Calocybe gambosa)*. Er wurde schon mit ihm verwechselt und erzeugte tödliche Vergiftungen. Der Sammler kann sich nicht irren, wenn er auf den starken Mehlgeruch des Maipilzes achtet. Junge, noch weiße Rißpilze können auch für Champignons gehalten werden, die aber freie Lamellen besitzen. Die sichere Abgrenzung des Ziegelroten Rißpilzes gegen andere Arten der gleichen Gattung ist nur mit dem Mikroskop möglich.

Gattungsmerkmale: 150 Arten, Mykorrhizapilze (?), viele sicher Saprophyten, Hüte oft typisch radial eingerissen und faserig, Geruch meist unangenehm, Stiel oder Hutrand oft mit Cortina, Sporenpulver braun, Sporen glatt und oval bis eiförmig oder typisch rundhöckerig; viele Arten giftig.

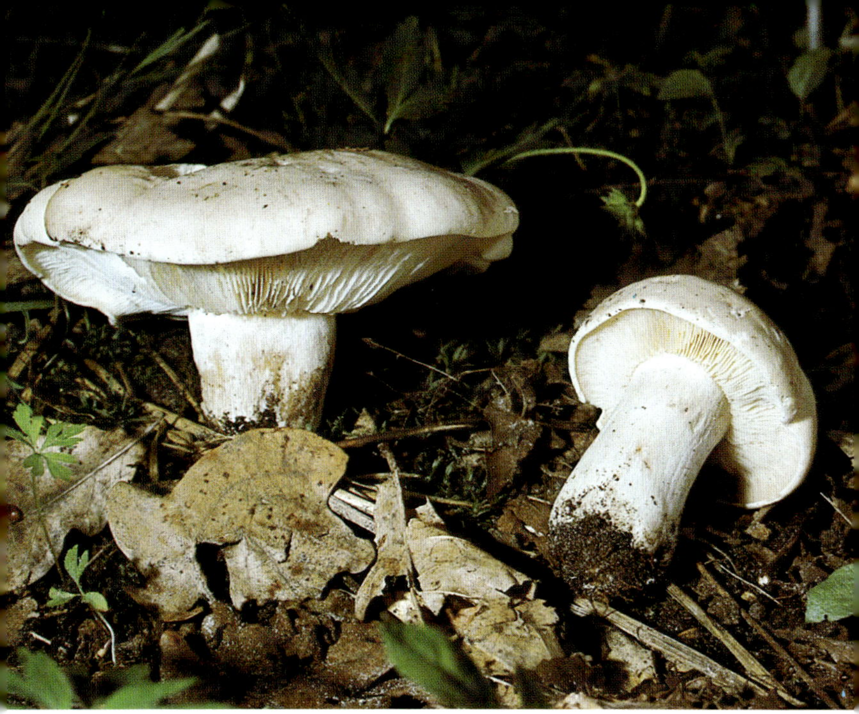
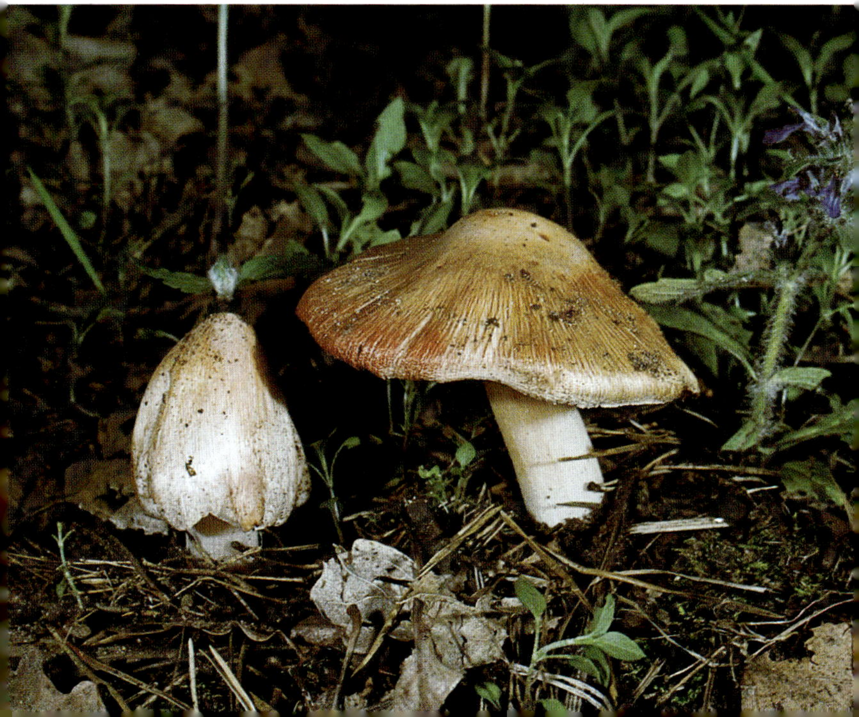

Geschmückter Gürtelfuß

Cortinarius armillatus (Fr.: Fr.) Fr.
(Untergattung *Telamonia*)

eßbar

R 3

Hut: Rostbraun bis fuchsbraun, fein filzig, ⌀ 5–12 cm. **Lamellen:** Ockerbräunlich, dann zimtbraun, etwas entfernt stehend. **Stiel:** Untergrund hell beige bis ockerbräunlich, mit mehreren zinnoberroten Velumgürteln. Basis meist leicht keulig-knollig. **Vorkommen:** Stets unter Birken, auf sauren Böden, gern in der Nähe von Mooren; Juli bis Oktober. **Verwechslung:** Der geschmückte Gürtelfuß gehört zu den Arten, die aufgrund ihrer Größe, des Standorts unter Birken und vor allem wegen des roten Stielvelums gut zu erkennen sind. Vorsicht aber bei einer Verwechslung mit der giftigen *Dermocybe phoenicea*.

Gattungsmerkmale: Etwa 500 Arten, meist Mykorrhizapilze, Fruchtkörper fleischig oder grazil, immer mit Cortina, Lamellen rostbräunlich, Sporen oval, apfelkern- oder zitronenförmig, warzig bis punktiert. Die Riesengattung *Cortinarius* wird in verschiedene, leicht erkennbare Untergattungen eingeteilt. Gürtelfüße oder Wasserköpfe *(Telamonia)*: Hut meist hygrophan und Stiel trocken, Stiel oft gegürtelt. Rauhköpfe *(Leprocybe)*: Nirgends schmierig, Hut rauhfaserig, Farben oft orangegelblich. Dickfüße *(Sericeocybe)*: Hut und Stiel trocken, Hut seidig wirkend, nicht hygrophan. Schleimköpfe *(Phlegmacium)*: Hut schleimig, Stiel trocken, oft mit abgesetzter Knolle. Schleimfüße *(Myxacium)*: Hut und Stiel schleimig. In der Untergattung *Leprocybe* sind die gefährlichsten Giftpilze enthalten. Man hüte sich daher vor dem Genuß von Schleierlingen mit orangegelblichen Farben!

Strohgelber Klumpfuß, Strohgelber Schleimkopf

Cortinarius elegantior Fr.
(Untergattung *Phlegmacium*)

eßbar

Hut: Strohgelb bis goldgelb oder olivgelblich, bei feuchtem Wetter schmierig, ⌀ 5–12 cm. **Lamellen:** Erst gelblich, dann olivbräunlich, nie violettlich. **Stiel:** Strohgelblich, mit abgesetzt-knolliger Basis, jung mit deutlich ausgeprägter, gelblicher Cortina, die von Stiel und Stielknolle zum Hutrand verläuft. **Fleisch:** Blaß gelblich. **Chemische Reaktionen:** Fleisch mit Ammoniak rosa. **Vorkommen:** Im Nadelwald, besonders im Gebirge; September bis Oktober. **Verwechslung:** Der Strohgelbe Klumpfuß hat mehrere ähnlich aussehende Verwandte, die ebenfalls nicht giftig sind und nur von Fachleuten auseinandergehalten werden können. Gewöhnlich gelten die milden, angenehm riechenden Phlegmacien als eßbar. Die Verwechslungsgefahr mit anderen Schleierlingen, die sogar tödlich giftig sein können, ist jedoch viel zu groß, so daß eigentlich kein Schleierling für den Anfänger empfohlen werden kann. Außerdem werden bei den Schleierlingen immer wieder Arten als giftig erkannt, die früher als eßbar galten.

Gattungsmerkmale: Siehe oben.

Ziegelgelber Schleimkopf, Semmelbrauner Schleimkopf

eßbar

Cortinarius varius (Schff.: Fr.) Fr.

(Untergattung *Phlegmacium*)

Hut: Semmelfarben, gelbbräunlich oder fuchsig, bei feuchtem Wetter schmierig, ⌀ 4–10 cm. **Lamellen:** Lange deutlich violett, auch meist noch im reifen Zustand. **Stiel:** Weißlich, keulig. **Fleisch:** Weißlich. **Chemische Reaktionen:** Fleisch mit Laugen chromgelb. **Vorkommen:** Im Nadelwald auf Kalkboden, besonders im Gebirge; August bis Oktober. **Verwechslung:** Der Ziegelgelbe Schleimkopf ist durch sein weißes Fleisch, lila-violettliche Lamellen und die Hutfarbe gekennzeichnet. In Gegenden, in denen er häufig vorkommt, ist er gut wiederzuerkennen.
Gattungsmerkmale: Siehe S. 212.

Blaustielschleimfuß

eßbar

Cortinarius collinitus (Sow.: Fr.) Fr.

(Untergattung *Myxacium*)

Hut: Heller oder dunkler braun, feucht sehr schleimig, Rand ungerieft, ⌀ 3–6 cm. **Lamellen:** Reif ockerbraun bis rostbraun, nie violettlich. **Stiel:** Schlank, von violettlichem Schleim strumpfartig überzogen. Bei trockenem Wetter reißt die Schleimschicht natterig auf. **Fleisch:** Blaß holzfarben, weichlich. **Vorkommen:** Im Nadelwald, meist unter Fichten, auf saurem Boden; August bis Oktober. **Verwechslung:** Der Runzeliggeriefte Schleimfuß *(C. mucifluus)* und mehrere Verwandte können sehr ähnlich sein, besitzen aber teilweise einen gerunzelten Hutrand. Der Blaustielschleimfuß unterscheidet sich von ihnen durch das Vorhandensein von Schnallen, ist also nur mit dem Mikroskop sicher zu trennen. In die gleiche Gruppe der schnallenlosen Schleimfüße gehört der Heideschleierling *(C. mucosus)*, dem die violetten Farben auf dem Stiel fehlen. Er ist ein Kiefernbegleiter.
Gattungsmerkmale: Siehe S. 212.

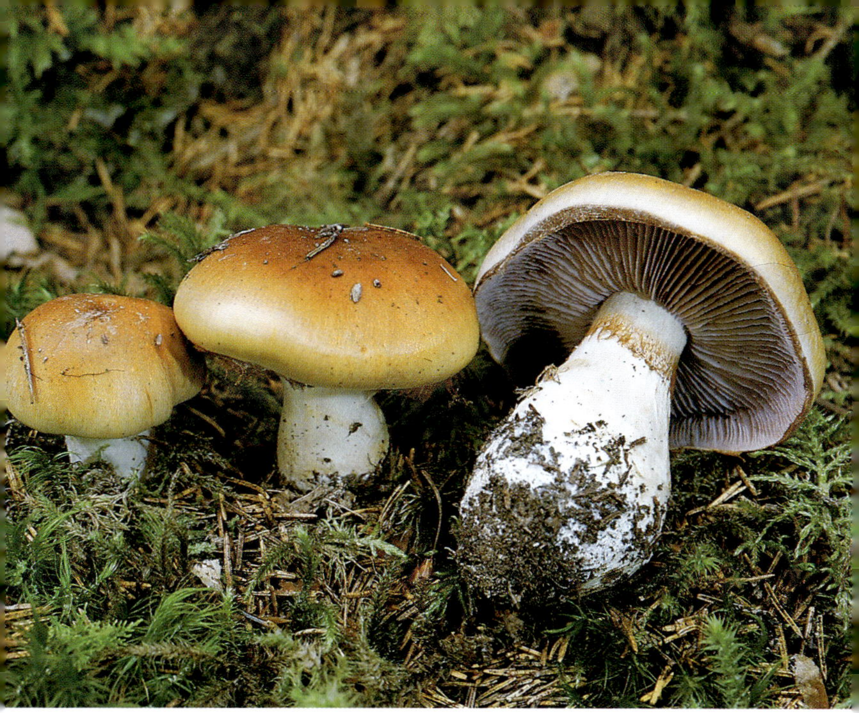
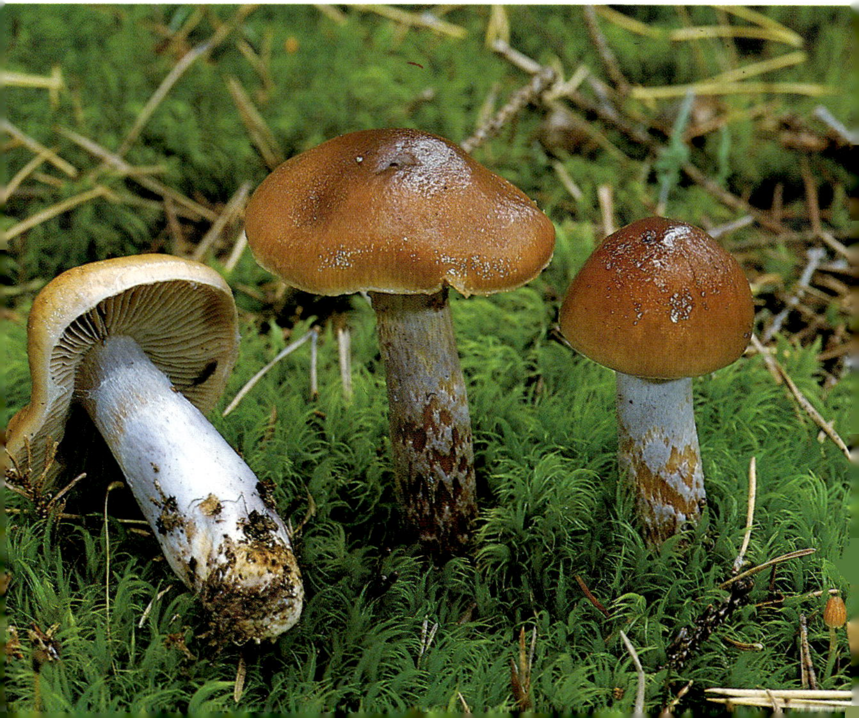

Lila Dickfuß, Safranfleischiger Dickfuß

giftig

Cortinarius traganus (Fr.: Fr.) Fr.
(Untergattung *Sericeocybe*)

Geruch: Süßlich-karbidartig, nach Acetylen. **Hut:** Lila-violett, bald stark zu hell ockerlich verblassend, fleischig, am Rande oft mit schleierartigen Velumresten; ∅ 4–10 cm. **Lamellen:** Erst ocker, dann dunkelbraun, nicht violett. **Stiel:** Violett, dann wie der Hut verblassend, mit schleierartigen Velumzonen, dick keulig-knollig. **Fleisch:** Im Gegensatz zu einigen ähnlichen Arten nicht violettlich, sondern safrangelblich (Name), besonders im Stiel. **Vorkommen:** Im Nadelwald, besonders unter Fichten auf saurem Boden; August bis September. **Verwechslung:** Sehr ähnlich ist der Bocksdickfuß *(C. camphoratus),* der seinen Namen von dem unangenehm süßlichen Bockgestank erhalten hat. Sein Fleisch ist violettlich gefärbt. Wegen der violetten Farben kann er als giftiger Doppelgänger des Violetten Rötelritterlings *(Lepista nuda)* angesehen werden.

Bemerkungen: Neben der unangenehm nach Acetylen riechenden Hauptform gibt es angenehm fruchtartig riechende Varianten (var. *finitimus* und *odoratum*), die aber auch an dem safranfarbenen Fleisch erkannt werden können.

Gattungsmerkmale: Siehe S. 212.

Orangefuchsiger Schleierling, Orangefuchsiger Hautkopf

tödlich giftig

R 3

Cortinarius orellanus (Fr.) Fr.
(Untergattung *Leprocybe*)

Geruch: Leicht rettichartig. **Hut:** Orangefuchsig, freudig rotbräunlich, gebukkelt, Oberfläche fein filzig-faserig; nur sehr jung mit einigen Schleierresten am Rand: ∅ 3–8 cm. **Lamellen:** Rostbraun, etwas entfernt stehend und dicklich. **Stiel:** Zylindrisch, mit oft zugespitzter Basis, gelblich, meist ohne Velumreste. **Fleisch:** Leicht gelblich, in Madengängen etwas rötlich-bräunlich. **Vorkommen:** In Laubwäldern auf Kalkboden, selten; August bis Oktober. **Verwechslung:** Dieser Giftpilz ist aufgrund seiner wenig einprägsamen Merkmale schwer erkennbar. Er könnte mit anderen Schleierlingen oder Hautköpfen verwechselt werden. Es ist zu raten, alle Pilze für Speisezwecke zu meiden, die eine entfernte Ähnlichkeit mit ihm haben.

Bemerkungen: Der Orangefuchsige Schleierling ist ein recht seltener Pilz, dessen Giftigkeit erst sehr spät entdeckt wurde. In den Jahren 1952–1957 gab es durch ihn in Polen eine Massenvergiftung, da er anscheinend in diesem Jahre sporadisch in Mengen auftrat. Von 132 Patienten starben 19 Personen. Interessant war, daß die ersten Vergiftungssymptome erst nach 2–15 Tagen auftraten, der Tod gewöhnlich nach 2–3 Wochen, selten nach mehreren Monaten. Heute weiß man, daß aus der gleichen Untergattung noch weitere Arten ähnliche Giftigkeit zeigen, z. B. *C. speciosissimus,* der Spitzbucklige Orangeschleierling.

Gattungsmerkmale: Siehe S. 212.

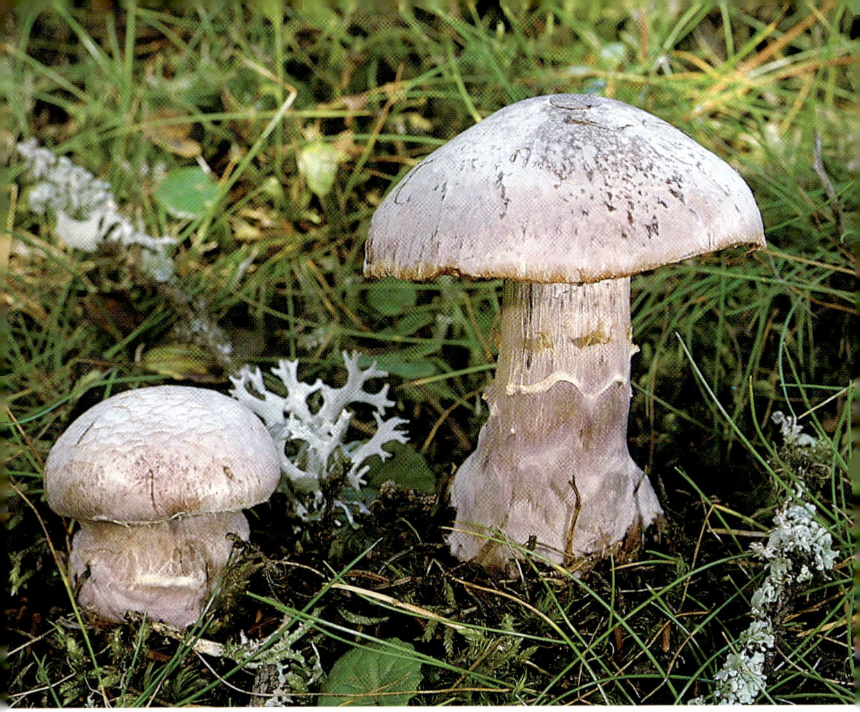

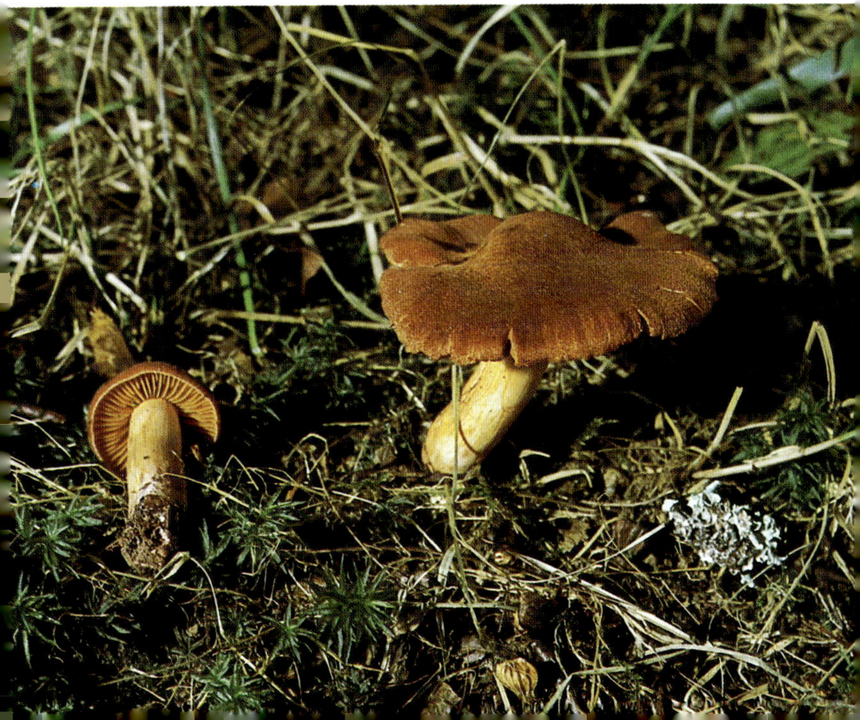

Langstieliger Fälbling

Hebeloma longicaudum (Pers.: Fr.) Kummer

Geruch: Im Schnitt schwach rettichartig. **Geschmack:** Leicht bitterlich. **Hut:** Blaß ockerlich, manchmal mit leicht hellerem Rand, ohne Velumreste, feucht deutlich schmierig, ⌀ 3–6 cm. **Lamellen:** Erst weißlich, dann milchkaffeefarben, manchmal tränend. **Stiel:** Weißlich, auf ganzer Länge flockig, an der Basis oft typisch abrupt verdickt, im unteren Teil im Alter bräunend. **Sporenpulver:** Tonbräunlich; Sporen mandelförmig, sehr fein rauhlich (fast glatt erscheinend), ohne Keimporus. **Vorkommen:** In feuchten Wäldern und Mooren, oft zwischen Torfmoosen; September bis November. **Verwechslung:** Sehr ähnlich ist der häufige Tongraue Fälbling *(H. crustuliniforme)*, der aber an trockenen Stellen wächst und dessen Lamellen meist deutlicher tränen. Sein Geschmack ist viel stärker bitter.

Bemerkungen: Die Gattung *Hebeloma* besteht aus rund 50 Arten, die recht schwierig zu bestimmen sind. Fast alle zeichnen sich durch bitteren Geschmack und schmierige Huthaut aus. Für Speisezwecke kommt keine Art in Frage. Eine Gruppeneinteilung der Fälblinge erfolgt danach, ob im aufgeschirmten Zustand ein Velum (in Form eines Schleiers wie bei den Schleierlingen) vorhanden ist oder nicht.

Tränender Saumpilz

Psathyrella velutina (Pers.: Fr.) Singer

Geruch: Frisch angenehm würzig, alt aber unangenehm spermatisch wie viele Rißpilze. **Hut:** Gelbbraun, ockerbraun oder fuchsig-braun, Oberfläche filzighaarig, radialfaserig, am Rande faserig behangen, ⌀ 3–10 cm. **Lamellen:** Fleischbraun bis schwarzbraun, fleckig, da die Sporen nicht gleichzeitig reifen, an der weißlichen Schneide besonders jung auffallend verwässerte Tröpfchen ausscheidend (tränend). **Stiel:** Weißlich-ocker, angedrückt schuppig-faserig, mit cortinaartiger Ringzone, deutlich hohl. **Sporen:** Rauh-warzig. **Fleisch:** Gelblich-ocker. Obwohl der Pilz einen kräftigen, stämmigen Eindruck macht, ist das Fleisch doch sehr gebrechlich und überall dünn. Deshalb ist der Pilz auffallend leicht. **Vorkommen:** Auf Wiesen, in Gärten und Parkanlagen; Juli bis Oktober.

Bemerkungen: Über die Eßbarkeit bestehen noch Uneinigkeiten. Ich selbst probierte eine kleinere Menge (normal zubereitet), die ausgezeichnet schmeckte. Ein anderes Mal, als die Pilze vom starken Regen durchwässert waren, schmeckten sie zubereitet leicht bitterlich.

Gattungsmerkmale: Siehe S. 162.

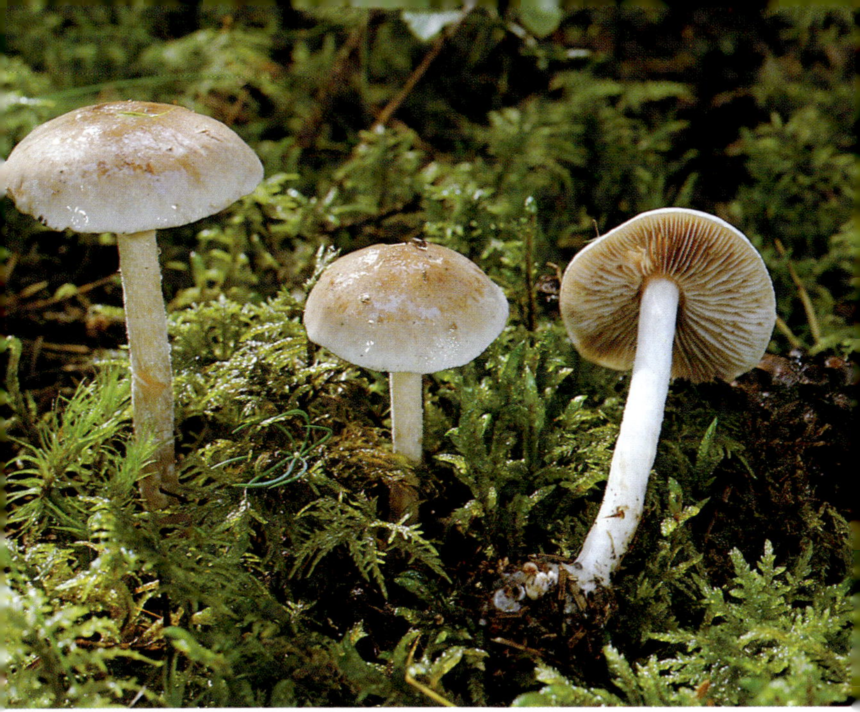
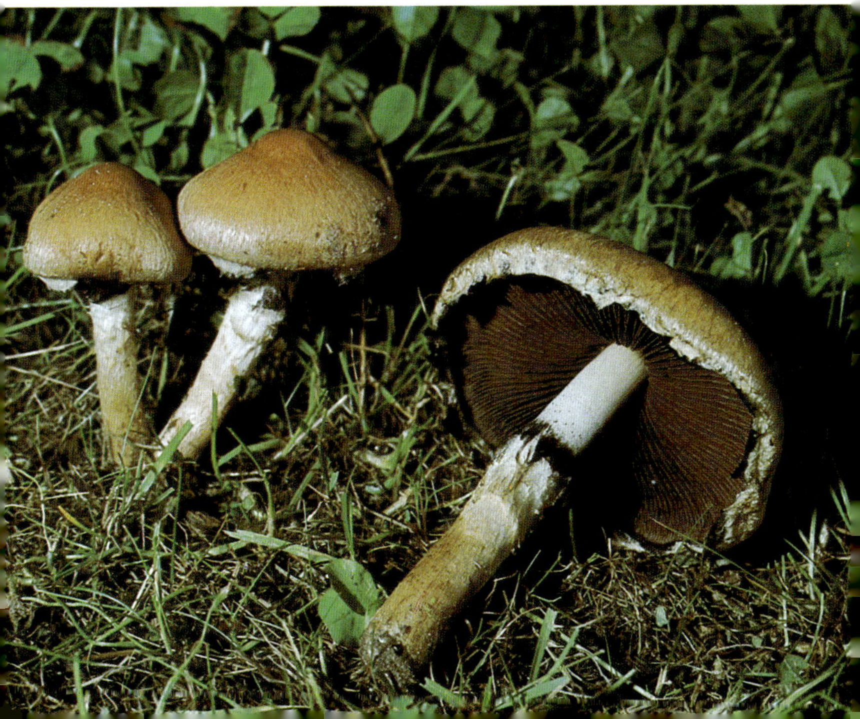

Spechttintling

Coprinus picaceus (Bull.: Fr.) S. F. Gray

Hut: Jung dicht von einem weißen, flockigen Velum bedeckt, welches durch die Hutstreckung schnell aufreißt und die schwarzbraune Huthaut sichtbar macht. Der Hut vermittelt dann den Eindruck eines Spechtgefieders, Huthöhe 5–8 cm. **Lamellen:** Erst grau, dann schwarz und zerfließend. **Stiel:** Weiß, flockig. **Sporenpulver:** Schwarz. **Vorkommen:** Meist im Laubwald auf Kalkboden, gern unter Buchen, selten auch unter Nadelbäumen; August bis Oktober. **Verwechslung:** Junge, vom Velum gänzlich überzogene Exemplare ähneln dem Schopftintling, der aber selten im Walde wächst und unter den Hutschuppen nicht schwarz gefärbt ist. Der Flockige Tintling *(C. flocculosus)* sieht wie ein kleine Ausgabe des Spechttintlings aus.

Gattungsmerkmale: Siehe S. 144.

Faltentintling, Knotentintling, Grauer Tintling

Coprinus atramentarius (Bull.: Fr.) Fr.

Hut: Hell grau bis graubräunlich, kahl bis leicht angedeutet schuppig, längsgefaltet; erst länglich eiförmig, dann glockig, reif stark zerfließend; Hut bis 10 cm hoch, dünnfleischig. **Lamellen:** Erst hellgrau, aufsteigend angeheftet, sehr gedrängt stehend, breit. **Stiel:** Zylindrisch, weißlich, im unteren Teil mit knotenförmiger Anschwellung, hohl. **Sporen:** Schmalelliptisch, glatt. **Vorkommen:** Offene Stellen, Ruderalstellen, auf gedüngten Wiesen, einzeln oder büschelig; Mai bis November, meist erst im Frühjahr und dann wieder im Herbst erscheinend. **Verwechslung:** Der Faltentintling ist ein Doppelgänger des Schopftintlings *(C. comatus)*, der ein besserer Speisepilz ist. Dieser besitzt einen helleren, sparrig-schuppigen Hut. Ein giftiger oder zumindest giftverdächtiger, sehr ähnlicher Pilz ist der Große Rauhsportintling *(C. alopecia)*. Er unterscheidet sich durch den Standort auf Holz und die rauhen Sporen. Der zuerst aus Nordamerika bekannte Tintling ist in Deutschland seltener. Er ist Holzbewohner.

Bemerkungen: Beim Genuß des Faltentintlings ist darauf zu achten, daß vor und nach der Mahlzeit kein Alkohol genossen wird, da sonst Vergiftungserscheinungen auftreten können (Antabuswirkung, siehe Abschnitt Pilzvergiftungen).

Gattungsmerkmale. Siehe S. 144.

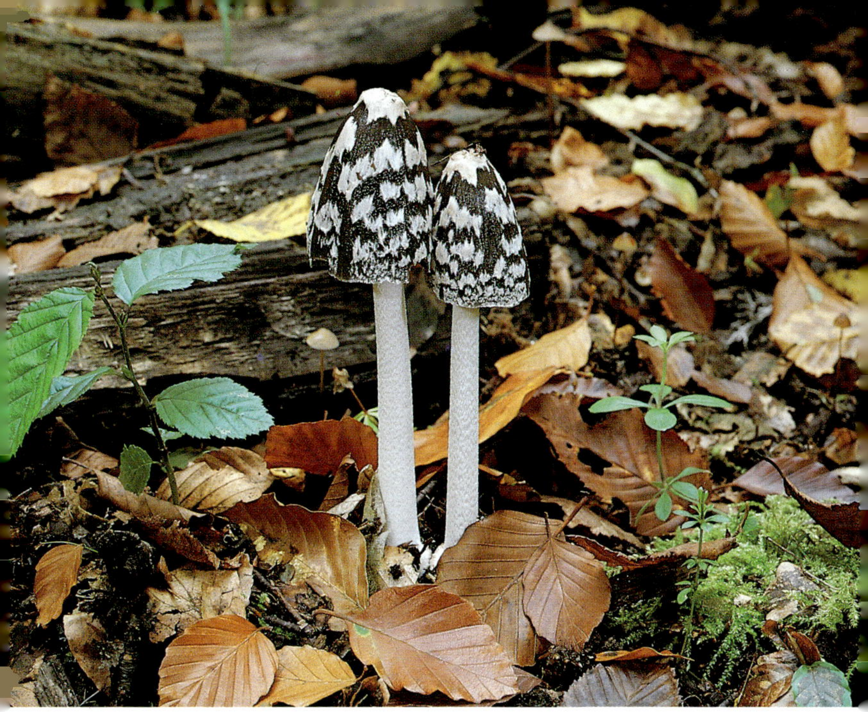

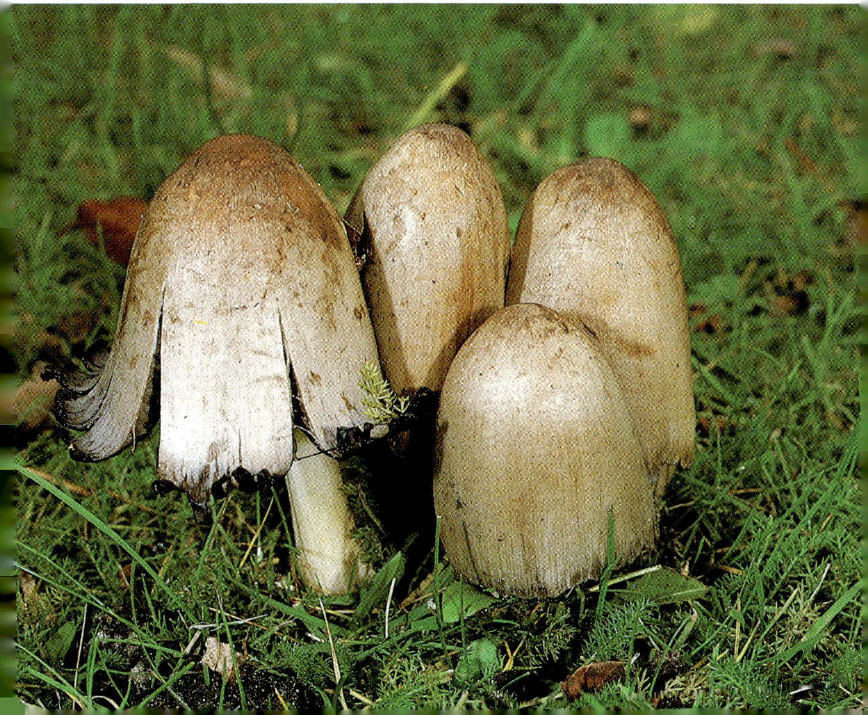

Schuppiger Schwarzfußporling, Schuppiger Porling

jung eßbar

Polyporus squamosus (Huds.): Fr.

Geruch und Geschmack: Auffallend gurkenartig-mehlartig. **Fruchtkörper:** Zentral oder seitlich gestielt, Hut grob schuppig, gelbbraun, Schuppen dunkler braun; Röhren auf der Hutunterseite auffallend weit, eckig, cremegelblich, am Stiel herablaufend; Stiel weißlich, an der Basis (manchmal undeutlich) schwärzlich samtig. Hutbreite 10–30 cm oder größer. **Sporenpulver:** Weiß; Sporen langelliptisch, glatt. **Vorkommen:** An verschiedenen Laubbäumen; junge Fruchtkörper erscheinen von Mai bis Juni, selten später.
Bemerkungen: Der Schuppige Schwarzfußporling ist in der Gattung *Polyporus*, die etwa 13 Arten umfaßt, der größte Pilz. Die 1jährigen Porlinge (im engeren Sinne) wachsen parasitisch oder saprophytisch auf Holz. Da die Fruchtkörper nicht in der Lage sind, störende Gegenstände zu umwachsen, und sich die Röhrenschicht relativ leicht vom Hutfleisch löst, hält man sie für verwandt mit den Blätterpilzen. Sie erzeugen im Holz eine Weißfäule.

Winterporling

ungenießbar

Polyporus brumalis (Pers.): Fr.

Hut: Ockerbraun bis schwarzbraun, kahl bis fein filzig, $\varnothing$ 2–6 cm. **Röhren:** Sehr kurz, leicht am Stiel herablaufend; Poren mittelweit (ca. 0,5–1 mm) und oft etwas rhombisch, in Stielnähe leicht verlängert, weißlich-cremefarbig. **Stiel:** Ocker bis dunkelbraun, fein filzig, meist zentralständig, seltener auch fehlend. **Fleisch:** Zäh, gummiartig elastisch, weißlich. **Sporen:** Zylindrisch gekrümmt. **Vorkommen:** An totem Holz, meist an liegenden Ästchen; in den Wintermonaten (November bis März), selten später. **Verwechslung:** Der Winterporling wird oft mit dem Maiporling *(P. lepideus)* verwechselt, der im unmittelbaren Anschluß an die Vegetationsperiode des Winterporlings wächst (etwa ab April). Er unterscheidet sich durch sehr feine, mit dem Auge bei jungen Pilzen kaum wahrnehmbare Poren. Weitere, rhombische Poren besitzt dagegen der Weitlöcherige Porling *(P. arcularius),* der ebenfalls im Frühjahr wächst. Er ist seltener.

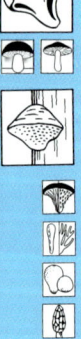

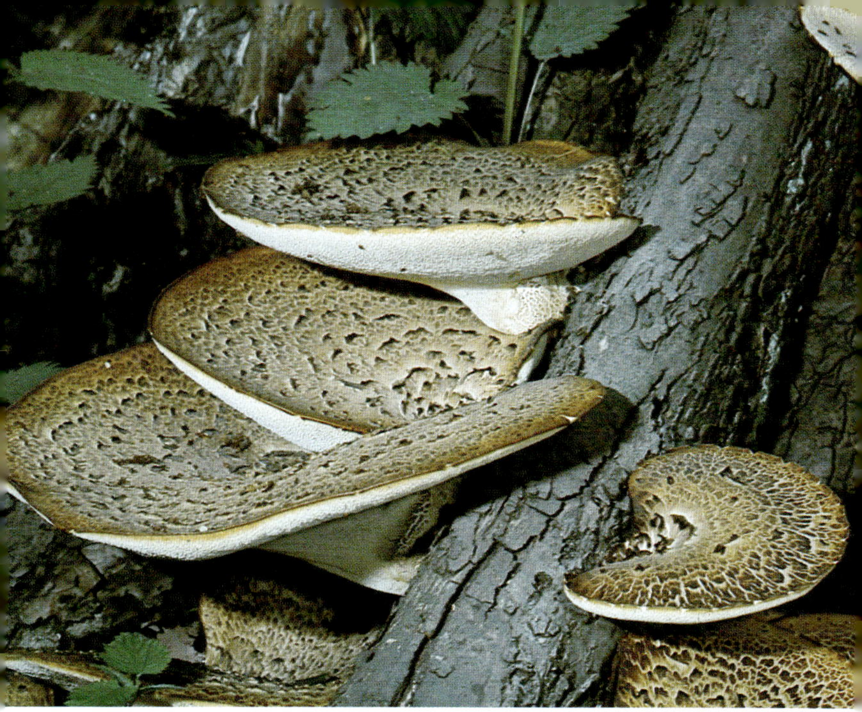

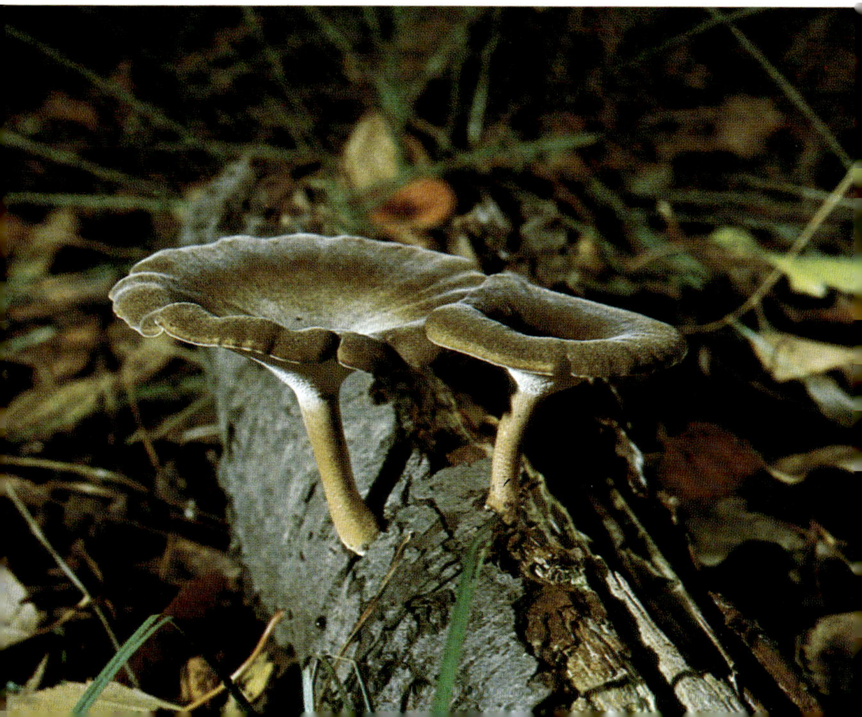

Dauerporling

ungenießbar

Coltricia perennis (L.) Murrill

Hut: Meist flach trichterförmig, zimtbräunlich, fein konzentrisch gezont, samtig, in der Mitte oft genabelt, dünnfleischig, ⌀ 3–8 cm. **Röhren:** Meist sehr kurz, am Stiel herablaufend, mit erst hellgrau bereiften, dann zimtbraunen Poren. **Stiel:** Rostbraun, samtig-filzig. **Fleisch:** Holzig zäh, rostbräunlich. **Sporenpulver:** Rostgelblich; Sporen elliptisch. **Vorkommen:** Der Dauerporling ist ein häufiger Bewohner sandiger Böden und ist im Flachland wie in den Mittelgebirgen zu finden. **Verwechslung:** Der Filzige Porling *(Onnia tomentosa)* unterscheidet sich durch den meist ungezonten Hut und das Vorkommen von rotbraunen, nadelförmigen Seten im Hymenium. Er ist ein Bewohner der Gebirgsnadelwälder. Auf Kiefernstümpfen wächst der Dreieckige Filzporling *(Onnia triqueter)*. Er besitzt weitere Poren und hakenförmig gekrümmte Seten im Hymenium.

Bemerkungen: Die Gattung *Coltricia* besteht aus 2 bodenbewohnenden saprophytischen Arten.

Schmetterlingstramete

ungenießbar

Trametes versicolor (L.) Pilát

Fruchtkörper: Flach fächerförmig, stiellos in Gruppen neben- und übereinander wachsend, Oberseite oft bunt gezont, striegelhaarige Bänder wechseln mit Glanzzonen ab; Farbe unterschiedlich, von hell beige bis schwarzbraun variierend, oft durch Algen grün gefärbt; Poren weißlich; Trama weißlich, durchgehend dünn, zäh; Hutbreite 3–10 cm. **Sporenpulver:** Weißlich-cremefarbig; Sporen zylindrisch-gekrümmt, glatt. **Vorkommen:** Sehr häufig auf verschiedenen Laubhölzern, ganzjährig. **Verwechslung:** Sehr ähnlich ist der Zonenporling *(T. multicolor)*. Er kann durch das Fehlen von Glanzzonen und die dickere Anwachsstelle unterschieden werden. Oft wachsen beide Arten am gleichen Stamm. Die Striegelige Tramete *(T. hirsuta)* unterscheidet sich durch die stark striegelhaarige Hutoberfläche und den grauen Schein auf den Poren.

Bemerkungen: Die 1jährigen Trameten (Gattung *Trametes*, etwa 7 Arten) leben saprophytisch und parasitisch und erzeugen eine intensive Weißfäule im Holz. Die Schmetterlingstramete ist einer der häufigsten »Porlinge« überhaupt.

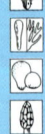

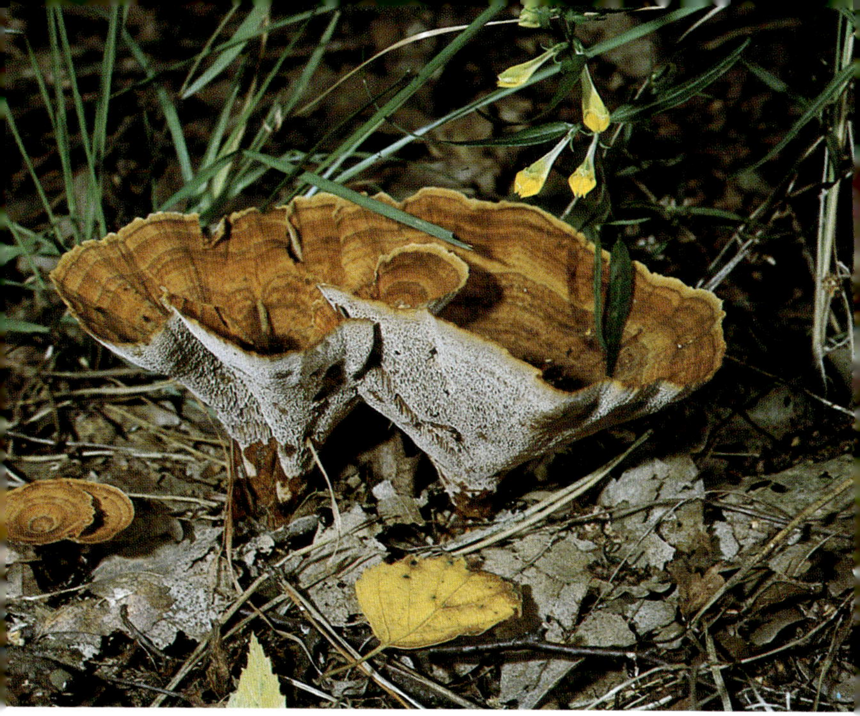

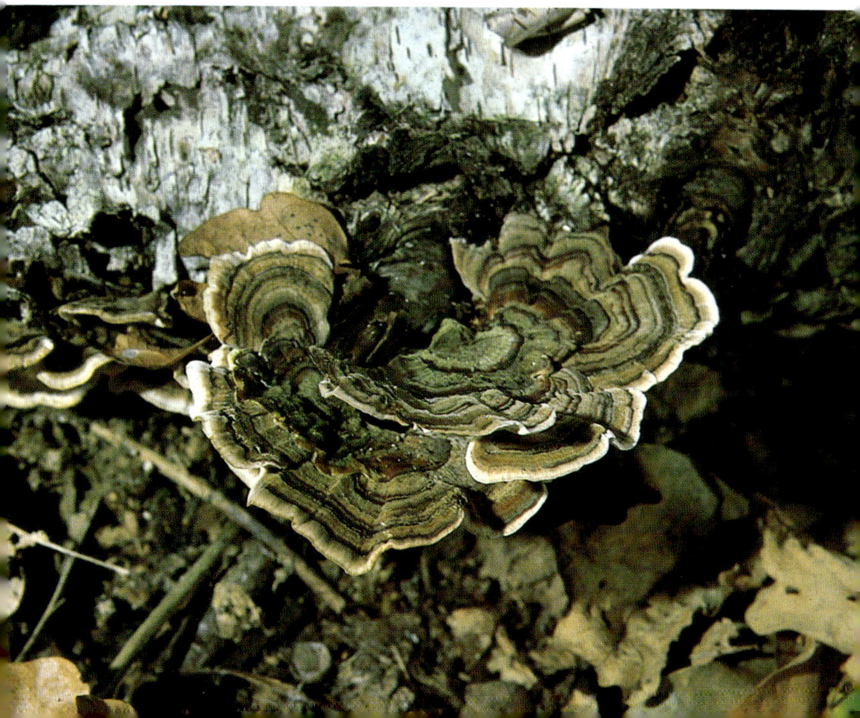

Leberreischling, Ochsenzunge

jung eßbar

Fistulina hepatica (Schff.): Fr.

Fruchtkörper: Zungen- bis konsolenförmig, Oberseite blutrot bis rotbraun, matt, Unterseite blaß gelblich, mit dicht stehenden Röhren (wie bei einem Stachelpilz, bei dem die Stacheln hohl sind), Breite 10–30 cm. **Fleisch:** Blutrot, mit ebenso gefärbtem, in jungem Zustand austretendem Saft, im Schnitt auffallend längsfaserig gezeichnet (an rohes Fleisch erinnernd). **Sporenpulver:** Hellbräunlich; Sporen eiförmig. **Vorkommen:** Fast nur an alten Eichen, seltener an anderen Laubbäumen; August bis Oktober.

Bemerkungen: Der Leberreischling ist in jungem Zustand eßbar, wenn er zuvor gewässert wurde, um die Gerbsäure zu entfernen. Der porlingsähnliche Pilz ist der einzige Vertreter der Gattung *Fistulina*, dessen Unterseite aus vielen für sich getrennten Röhrchen besteht. Er lebt als Parasit und geht am umgefallenen Stamm in eine saprophytische Lebensweise über. Er erzeugt eine Braunfäule.

Riesenporling

jung eßbar

Meripilus giganteus (Pers.: Fr.) Karsten

Furchtkörper: Aus fächerförmigen verwachsenen Einzelhüten bestehend oder rosettenartig auf waagerechter Unterlage sitzend, Oberseite gelbbräunlich bis dunkelbraun, Poren weiß, sehr fein, auf Druck schwärzend, Konsistenz weichlichzäh, Breite der Sammelfruchtkörper bis gut einen Meter, einzelne Hüte 15–50 cm. **Fleisch:** Weißlich, im Alter schwärzend. **Sporenpulver:** Weiß; Sporen elliptisch-rundlich, glatt. **Vorkommen:** An Laubholz, gern an Buchen, selten an Nadelholz; August bis Oktober. **Verwechslung:** Eine gewisse Ähnlichkeit hat der Bergporling *(Bondarzewia montana).* Er parasitiert an Nadelhölzern im Gebirge und unterscheidet sich durch größere Poren und den schärflichen Geschmack. Seine Sporen sind amyloid und gratig ornamentiert. Der Klapperschwamm *(Grifola frondosa)* unterscheidet sich durch kleine Einzelhüte und nicht schwärzende Poren.

Bemerkungen: Der Riesenporling ist in ganz jungem Zustand in seiner Konsistenz weichlich und dadurch auch eßbar. Die Gattung *Meripilus* beinhaltet nur die 1 Art, die parasitisch lebt und Weißfäule hervorruft. Die Fruchtkörper sind 1jährig.

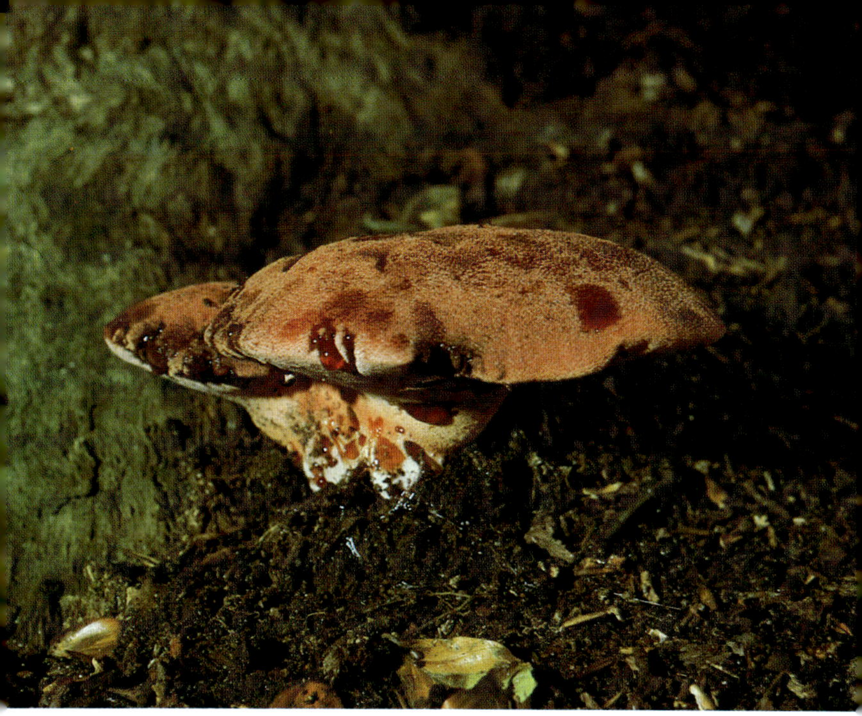

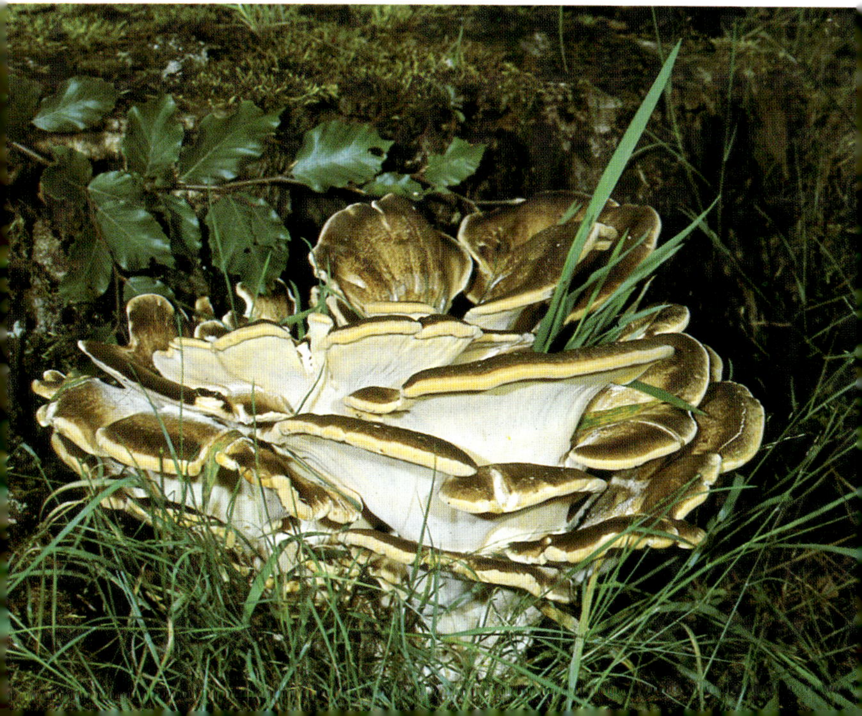

Schwefelporling

Laetiporus sulphureus (Bull.: Fr.) Murrill

jung eßbar,
roh giftig

Fruchtkörper: Flachhütig, fächerförmig, Farbe auffallend orangegelb, Porenschicht leuchtend gelb, Poren sehr fein, Konsistenz jung sehr weich und saftig, alt käsig-brüchig, Breite der Einzelhüte 20−40 cm. **Sporenpulver:** Hell gelblich; Sporen rundlich-elliptisch, glatt. **Vorkommen:** Meist an verschiedenen Laubbäumen, z. B. Eichen, Robinien und Weiden; selten an Nadelholz; frische Fruchtkörper bilden sich im Mai oder Juni.

Bemerkungen: Der Schwefelporling ist wegen der frühen Erscheinungszeit und den leuchtenden Farben kaum zu verwechseln. Die ganz jungen Hüte können wie ein Schnitzel paniert und gebraten werden. Zuvor sollte ein Abbrühen nicht unterlassen werden, um den harzig-terpentinartigen Beigeschmack zu entfernen. Der Pilz soll im rohen Zustand heftige Vergiftungen hervorrufen. Der 1jährige Schwefelporling (einzige Art der Gattung *Laetiporus*) lebt parasitisch und erzeugt Braunfäule.

Birkenporling

Piptoporus betulinus (Bull.: Fr.) Karsten

ungenießbar

Fruchtkörper: Konsolenförmig, stielartig verschmälert angewachsen, weißlich bis bräunlich-beige an der Oberseite, weiß an den Poren gefärbt. Oberfläche matt und eben. Breite bis 20 cm. Fleisch weiß, im Schnitt einheitlich aufgebaut. Die 1jährigen Röhren lassen sich gut vom Hutfleisch lösen. **Sporenpulver:** Weiß; Sporen elliptisch, leicht gekrümmt, glatt. **Vorkommen:** An lebenden oder toten Birken, Juli bis Oktober.

Bemerkungen: Die beiden in Europa vorhandenen Arten der Gattung *Piptoporus* erzeugen eine Braunfäule und sind 1jährig. Neben dem oben beschriebenen, sehr häufigen Birkenporling kennen wir noch den selteneren, an Eichen lebenden Eichen-Zungenporling *(P. quercinus)*, der eine entfernte Ähnlichkeit besitzt. Seine Poren bräunen auf Druck. Junge Birkenporlinge schieben sich zungenförmig unter der Rinde befallener Birken hervor, sind rein weiß und besitzen noch keine Röhrenschicht. Sie sind in diesem Zustand leicht zu verkennen.

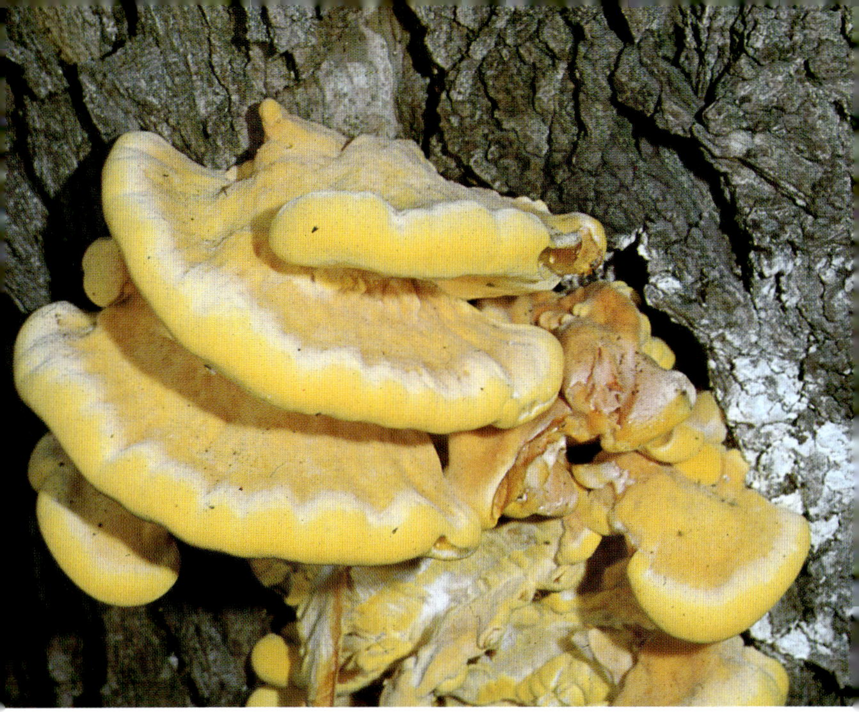

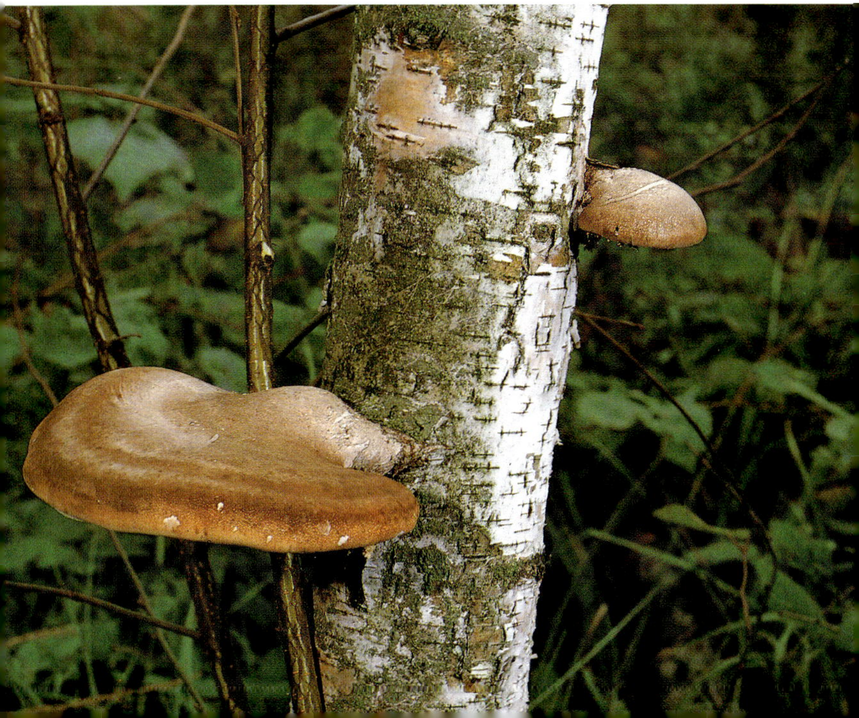

Zinnoberrote Tramete

ungenießbar

Pycnoporus cinnabarinus (Jacq.: Fr.) Karsten

Fruchtkörper: Konsolenförmig, dachziegelartig, ausgewachsen meist recht flach, heller oder dunkler zinnoberrot, Breite 3–10 cm. Unterseite mit gleichfarbigen Röhren; Trama und Myzel ebenfalls zinnoberrot gefärbt. **Sporenpulver:** Weiß; Sporen elliptisch-zylindrisch, glatt. **Vorkommen:** In Mitteleuropa fast immer an Laubholz, vor allem an Birken; von Frühjahr bis Herbst. **Verwechslung:** Die Zinnoberrote Tramete ist in Mitteleuropa kaum zu verwechseln. Im Mittelmeergebiet (z. B. Mallorca) wächst an Nadelholz ein sehr ähnlicher, etwas größer werdender Porling: *Pycnoporellus subfulgens*. Auch aus Skandinavien sind Funde dieses Pilzes bekanntgeworden. Weitere Arten aus der Gattung *Pycnoporus* kommen in den Tropen vor. Einen besonders dünnen, noch farbenfreudigeren Hut besitzt beispielsweise *P. sanguineus*. Er wird in Südamerika zum Färben benutzt.

Bemerkungen: Die Gattung *Pycnoporus* besteht in Europa nur aus einer 1jährigen, Weißfäule erzeugenden, saprophytisch wachsenden Art.

Zunderschwamm

ungenießbar

Fomes fomentarius (L.) Fr.

Fruchtkörper: Dick konsolenförmig, mit grauer bis bräunlicher, wellig gezonter Oberseite, die aus einer feinen Kruste besteht. Poren an der Hutunterseite weißlich, sehr fein, bei mehrjährigen Fruchtkörpern geschichtet. Im Schnitt sind zwischen den einzelnen Röhrenschichten keine Tramalagen vorhanden, sie stoßen also direkt aufeinander. Röhren- und Huttrama braun, im Hut an der Anwachsstelle weißlich aderig durchzogen (Myzelialkern). Breite der Hüte 10–30 cm. **Sporenpulver:** Weiß. Sporenbildung von April bis Juni, zu dieser Zeit sind die Hüte und die Umgebung oft weiß bestäubt. Sporen elliptisch-spindelig, glatt. **Vorkommen:** An Laubholz, gerne auf Buchen und Birken; ganzjährig. **Verwechslung:** Die Falschen Zunderschwämme oder Feuerschwämme, die zu der Gattung *Phellinus* gehören, können recht ähnlich sein. Im Gegensatz zum echten Zunderschwamm ist ihre Huttrama sehr fest und holzig, die Oberseite läßt sich nicht mit dem Finger eindrücken. Braune Formen können dem braunsporigen Flachen Lackporling *(Ganoderma lipsiense)* ähneln. Zwischen dessen Röhrenschichten liegt jeweils eine dünne Tramalage. Vergleiche auch den Fichtenporling *(Fomitopsis pinicola)*.

Bemerkungen: Das Hutfleisch des Zunderschwammes hat etwa die Konsistenz von Wildleder. Dieses Material wurde früher abgeschält, mit besonderen Chemikalien getränkt und zum Feueranzünden benutzt. Dieser »Zunder« hatte die Eigenschaft, ständig weiter zu glimmen. Die eine in der Gattung *Fomes* existierende Art lebt parasitisch und erzeugt eine intensive Weißfäule.

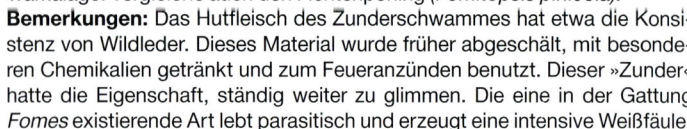

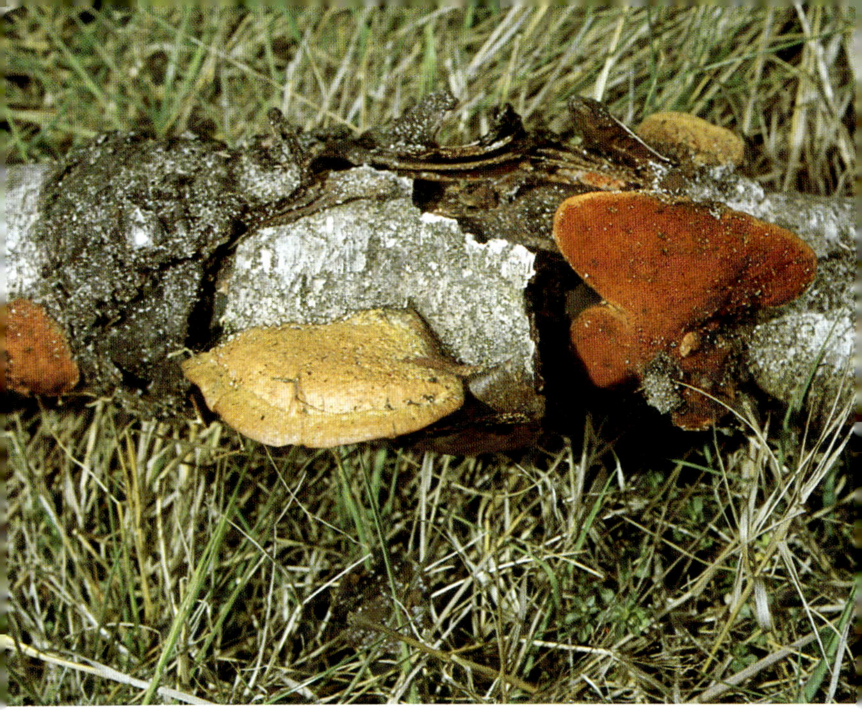

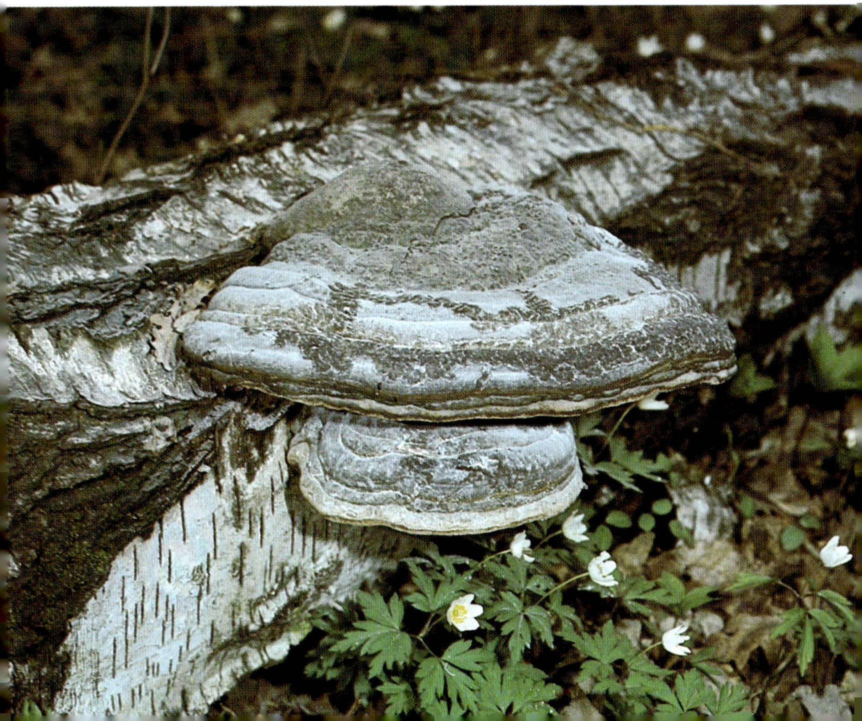

Flacher Lackporling

ungenießbar

Ganoderma lipsiense (Batsch) Atk.
Syn: *Ganoderma applanatum* (Pers.) Pat.

Fruchtkörper: Flach konsolenförmig, fächerförmig vorgestreckt, mit harter, holzartiger Konsistenz. Oberseite mit feiner Lackkruste, grau- bis rotbräunlich, mit weißer Zuwachskante, Röhrenschicht an der Hutunterseite bei mehrjährigen Pilzen geschichtet (dazwischen mit dünner Tramalage), Mündungen weiß, auf Druck bräunend, Röhren sehr fein. Trama rostbraun, weißaderig durchzogen. Breite 10–30 cm. **Sporenpulver:** Rostbraun. **Vorkommen:** An verschiedenen Laubhölzern, selten an Nadelholz; ganzjährig. **Verwechslung:** Der Wulstige Lackporling *(G. adspersum)* ist äußerlich sehr ähnlich, unterscheidet sich aber durch die meist gelbliche Zuwachskante, die dickeren Fruchtkörper und die größeren Sporen. Bei mehrjährigen Pilzen stoßen die einzelnen Röhrenschichten direkt aufeinander, während bei *G. lipsiense* jeweils eine dünne, braune Tramaschicht zwischengelagert ist. Der manchmal ähnliche Zunderschwamm *(Fomes fomentarius)* hat weißes Sporenpulver.

Bemerkungen: Die Gattung *Ganoderma* besteht in Mitteleuropa aus etwa 6 Arten, die mit Ausnahme des Glänzenden Lackporlings *(G. lucidum)* mehrjährig sind und deshalb geschichtete Röhren besitzen. Sie leben saprophytisch als Schwächeparasiten und erzeugen Weißfäule. Kennzeichnend ist die auf der Hutoberseite befindliche dünne oder dicke Lackkruste, der noch eine wachsartige Schicht aufgelagert sein kann. Die warzigen, braunen Sporen werden von den Luftströmungen oft auf der Oberseite abgelagert. Der Flache Lackporling ist der am häufigsten vorkommende Pilz seiner Gattung, andere dagegen sind teilweise sehr selten.

Rotrandiger Baumschwamm, Fichtenporling

ungenießbar

Fomitopsis pinicola (Sw.: Fr.) Karsten

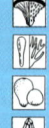

Fruchtkörper: Konsolenförmig, Oberseite meist grau, mit rötlicher vorderer und weißlicher Zuwachszone. Die rötliche bis orangegelbliche Zone erscheint etwas verharzt. Poren weißlich bis gelblich, fein, geschichtet. Breite der Hüte 10–30 cm. Die Trama ist blaß gelblich bis holzfarben; junge Pilze scheiden oft gelbliche Guttationstropfen aus, vor allem am Hymenium. **Sporenpulver:** Weißgelblich; Sporen länglich-elliptisch, glatt. **Vorkommen:** An Nadel- und Laubhölzern, vor allem an Nadelbäumen im Gebirge; ganzjährig. **Verwechslung:** Der Fichtenporling ist je nach Alter in der Hutfärbung recht veränderlich. Junge 1jährige Pilze sind an der Oberseite einfarbig orangerötlich, sofern sich die dünne Oberkruste schon entwickelt hat. Zur Unterscheidung vom Zunderschwamm *(F. fomentarius)* kann ein brennendes Streichholz an die Kruste gehalten werden, die dann durch die aufgelagerte Harzschicht beim Fichtenporling klebrig wird.

Bemerkungen: Die 4 in Mitteleuropa vorkommenden Arten der Gattung *Fomitopsis* erzeugen Braunfäule.

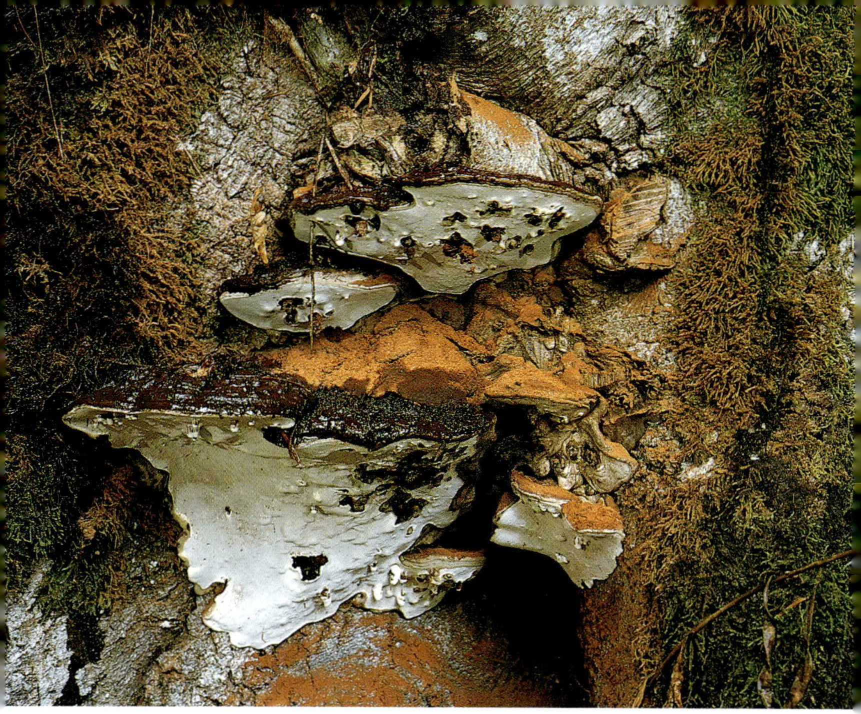

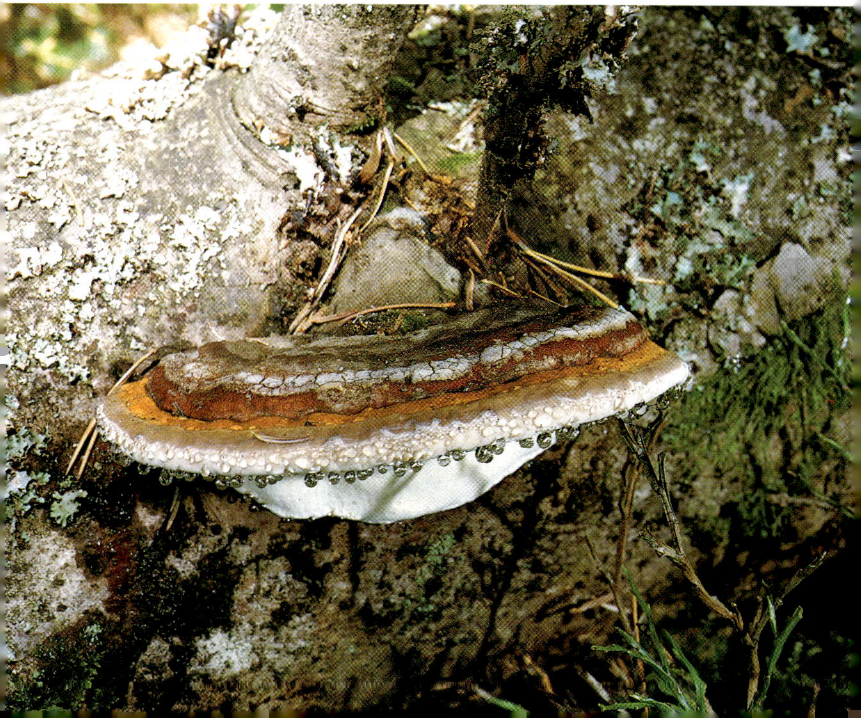

Pfifferling

Cantharellus cibarius Fr.

eßbar ★★

(G)

Geruch: Angenehm pfirsich- oder mirabellenartig. **Geschmack:** Nach einiger Zeit schärflich (roh). **Hut:** Leuchtend dottergelb bis hellgelblich, seltener weißlich-gelblich, Mitte meist leicht trichterig, Rand oft gelappt, $\varnothing$ 2–6 cm. **Leisten:** Wie der Hut gefärbt, dicklich, gegabelt, herablaufend. **Stiel:** Gelb, meist kurz und gebogen, mit zugespitzter Basis. **Sporenpulver:** Ockergelblich. **Vorkommen:** Im Laub- und Nadelwald, gern unter Fichten in moosigen Wäldern, im Laubwald oft die kompaktere weißliche Abart; Juni bis Oktober. **Verwechslung:** Der ungefährliche Falsche Pfifferling ist geruchlos und weichfleischiger, besitzt dünnere Lamellen und wächst meist im Spätherbst unter Kiefern. Er gehört zu den Lamellenpilzen. Der giftige Ölbaumtrichterling *(Omphalotus olearius)* ist ein Holzbewohner, dem ebenfalls der typische Pfifferlingsgeruch fehlt.

Gattungsmerkmale: Die Leistlinge gehören zu den Nichtblätterpilzen. Sie tragen an der Hutunterseite dickliche Leisten, die im Querschnitt nicht viel höher als dick sind. Das ganze Hymenophor läßt sich im Gegensatz zu den *Agaricales* nicht leicht vom Hutfleisch trennen. Die Gattung *Cantharellus* besteht aus etwa 5 Arten. Giftpilze sind hier nicht bekannt. Die Leistlinge sind Mykorrhizapilze.

Trompetenpfifferling, Durchbohrter Leistling

Cantharellus tubaeformis (Bull.): Fr.

eßbar

(G)

Geruch: Etwas erdig-muffig, beim Reiben typisch würzig, doch nicht sehr angenehm. **Hut:** Heller oder dunkler gelbbräunlich, eng genabelt, Hutmitte oft zum Stiel durchbohrt, $\varnothing$ 2–5 cm. **Leisten:** Graugelblich, entfernt, gegabelt, herablaufend. **Stiel:** Hell gelblich bis trist graugelblich, hohl. **Sporenpulver:** Blaßgelblich. **Vorkommen:** Im Nadelwald, gern in feuchtem Moos; August bis Oktober. **Verwechslung:** Der Gelbstielige oder Starkriechende Leistling *(C. xanthopus)* besitzt einen auffälligen, angenehmen Obstgeruch, der fast aufdringlich sein kann. Sein feinschuppiger Hut trägt auf der Unterseite keine eigentlichen Leisten, sondern nur mehr oder weniger stark ausgebildete Runzeln (ähnlich wie die Totentrompete). Der Graue Leistling *(Pseudocraterellus sinerous)* ist in allen Teilen düster gefärbt.

Gattungsmerkmale: Siehe oben.

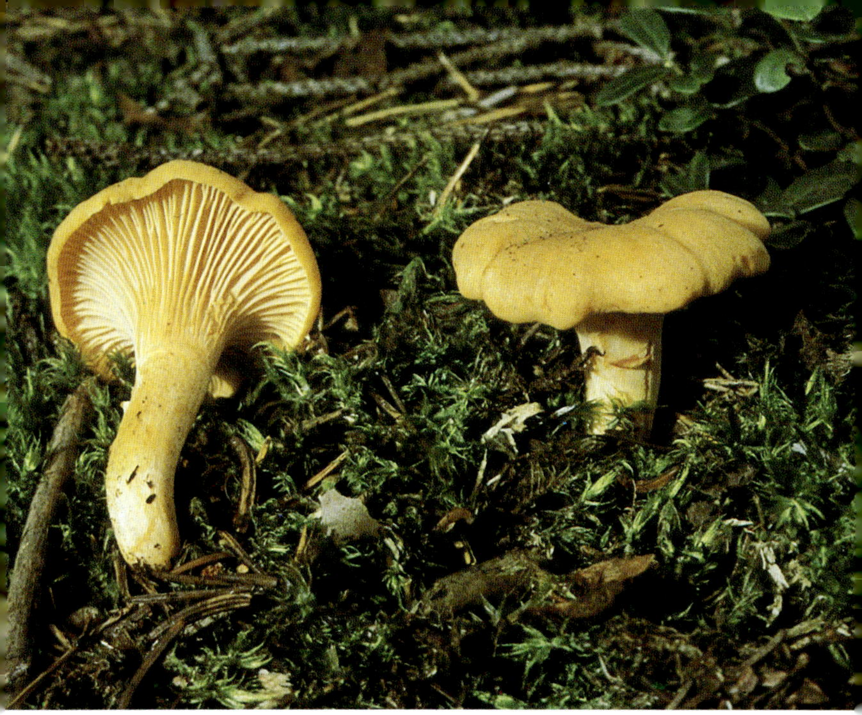

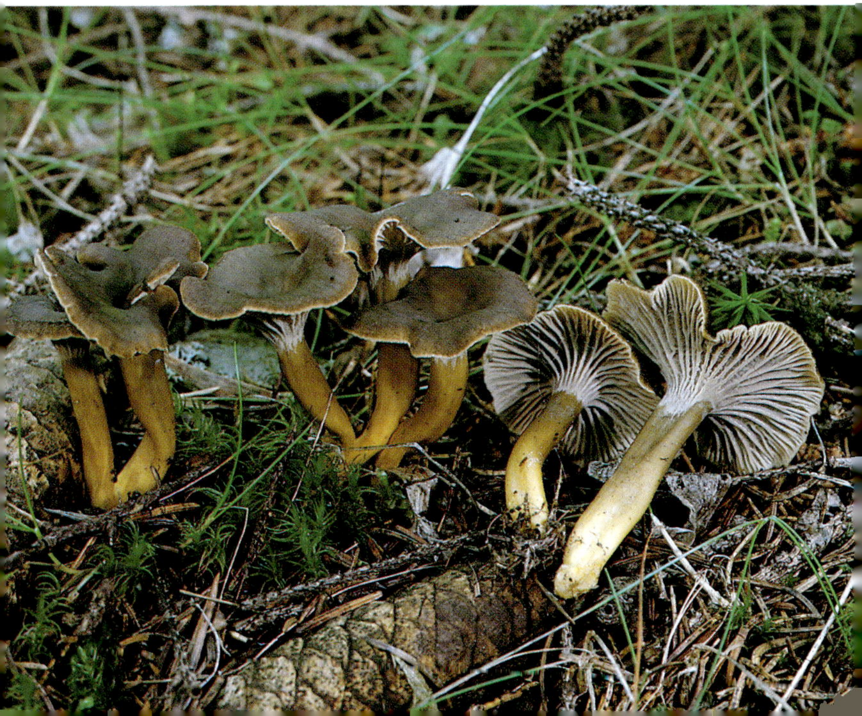

Starkriechender Leistling, Gelbstieliger Leistling

eßbar (G)

Cantharellus xanthopus (Pers.) Duby

Geruch: Stark süßlich-mirabellenartig, angenehm, im Alter aufdringlich. **Fruchtkörper:** Fast trompetenförmig, in Hut und Stiel eingeteilt, dünnfleischig. Hutoberseite gelbbräunlich bis braunschwärzlich, faserig-schuppig; Unter- bzw. Außenseite meist nur gerunzelt, seltener geädert, vom Hymenium überzogen, rosa-violettlich oder orangegelblich gefärbt. Stiel lebhaft orangegelb, hohl. Höhe der Fruchtkörper bis 10 cm. **Sporenpulver:** Hell gelblich. **Vorkommen:** In Nadelwäldern der Gebirge, gern auf Kalkboden, an feuchten moosigen Stellen; August bis November. **Verwechslung:** Der Starkriechende Leistling ist durch seinen Geruch gut gekennzeichnet. Gelbstielige Formen des Trompetenpfifferlings *(C. tubaeformis)* riechen nicht auffällig und besitzen an der Hutunterseite deutlich ausgeprägte Leisten.
Gattungsmerkmale: Siehe S. 234.

Totentrompete, Herbsttrompete

eßbar ⋆

Craterellus cornucopioides (L.) Pers.

Fruchtkörper: Trompetenförmig, gänzlich hohl, in allen Teilen gleichmäßig dünnfleischig; die Innenseite krempelt sich nach außen zu einem Hut um, der an der Oberfläche grauschwärzlich und etwas flockig-schuppig ist. Außenseite grau, das Hymenium tragend, Oberfläche leicht gerunzelt, ohne Leisten, fast ohne Übergang in den Stiel übergehend; Fruchtkörper 5–10 cm hoch. **Sporenpulver:** Weiß. **Vorkommen:** Im Laub- und Nadelwald, gern unter Buchen auf Kalkboden; August bis Oktober. **Verwechslung:** Eine gewisse Ähnlichkeit kann mit der Graue Pfifferling *(Pseudocraterellus cinereus)* haben, da er ebenso trist gefärbt ist. Er trägt aber ausgeprägte Leisten auf der Hutunterseite. Die Vollstielige Kraterelle *(Pseudocraterellus sinuosus)* ist innen nicht durchbohrt und dadurch fleischiger.
Bemerkungen: Die Totentrompete ist ein guter Gewürzpilz, der zum Trocknen bestens geeignet ist. Die Gattung *Craterellus* wird in Mitteleuropa durch 1 Art vertreten.

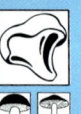

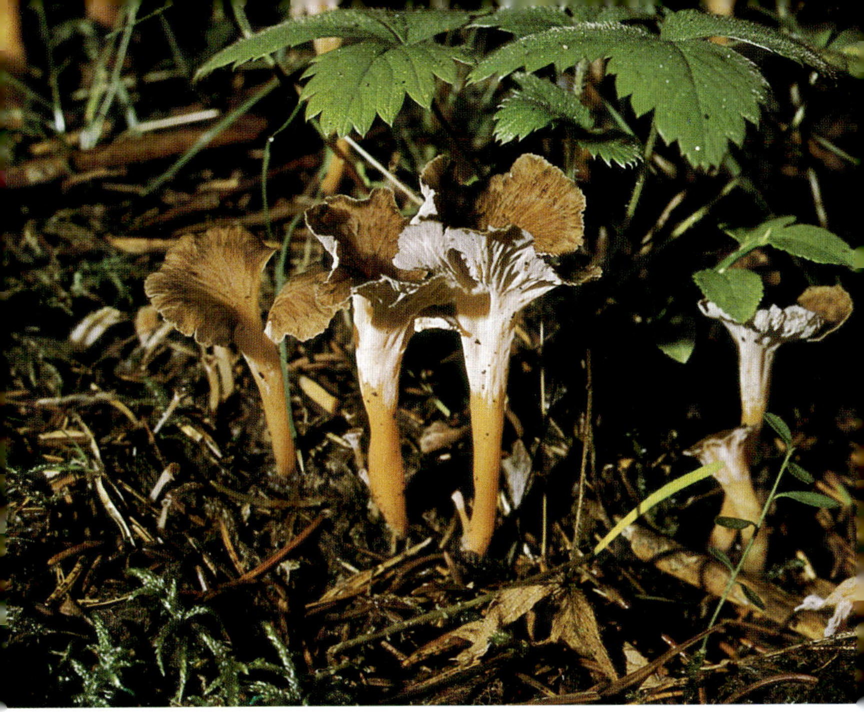

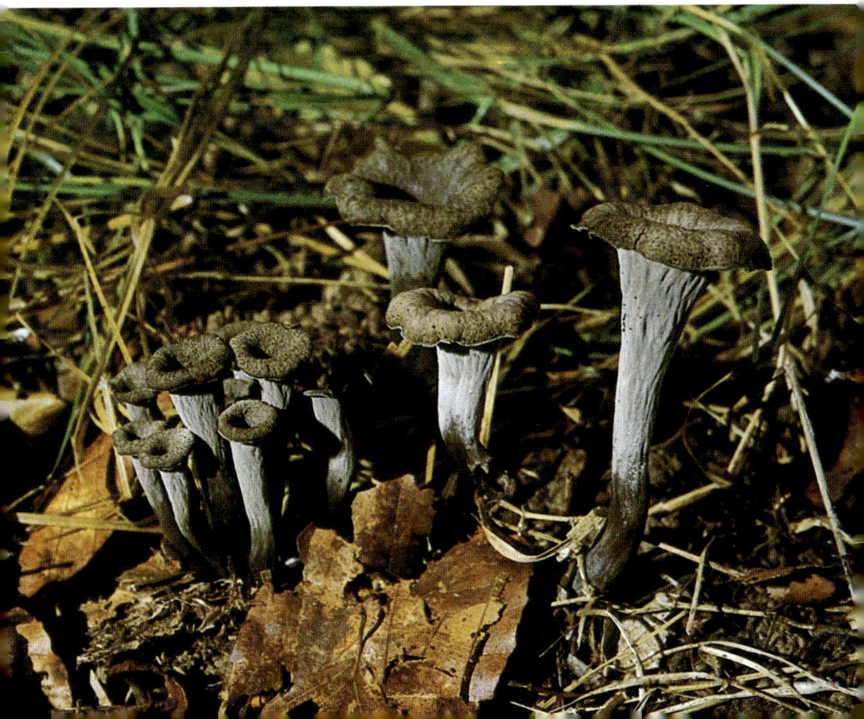

Schweinsohr

eßbar ★

(G), R 3

Gomphus clavatus (Pers.: Fr.) S. F. Gray

Fruchtkörper: Dick kreiselförmig, angedeutet gestielt, sehr fleischig, Oberseite erst fleischviolettlich, dann ockergelblich, Außenseite dick leistenförmig-aderig, mit Querverbindungen, violettlich, Höhe bis 10 cm. **Fleisch:** Weiß, weichlich, wässerig marmoriert. **Sporenpulver:** Ockerfarbig; Sporen apfelkernförmig, feinwarzig. **Vorkommen:** In Laub- und Nadelwäldern, gern auf Kalkboden; in einigen Gegenden fehlend; August bis Oktober.
Bemerkungen: Das kaum zu verwechselnde Schweinsohr ist ein ausgezeichneter Speisepilz, der wegen seiner Fleischigkeit sehr ergiebig ist. Die Gattung *Gomphus* besteht in Mitteleuropa nur aus der oben beschriebenen Art, die wegen der Fleischigkeit ein auffälliges Äußeres besitzt.
Das Schweinsohr ist ein sehr bemerkenswerter Pilz, der leider in Deutschland immer seltener wird. In mittleren Gebirgslagen Österreichs (vor allem in Tirol) kann man ihn noch gelegentlich in größerer Menge antreffen; denn er ist von Natur ein Massenpilz. Vermutlich ist die schleichende Versauerung der Böden ein Grund, weshalb das Schweinsohr auch dort rückläufig ist. Wer diesem schönen Pilz begegnet, sollte ihn stehenlassen.

Zitterzahn, Eispilz

eßbar

Pseudohydnum gelatinosum (Scop.: Fr.) Karsten

Fruchtkörper: Halbkreis- bis muschelförmig, kurz gestielt, weißlich oder graubraun, gallertartig, an der Hutunterseite mit weißlichen, gallertartigen Stacheln, die Oberseite ist körnig-warzig, Breite 3−8 cm. **Sporenpulver:** Weiß; Sporen kugelig, glatt. **Basidien:** Längsgeteilt, viersporig. **Vorkommen:** An morschem Laub- und Nadelholz; Juli bis November.
Bemerkungen: Der Zitterzahn kann roh als Salat genossen werden. Die Gattung *Pseudohydnum* beinhaltet nur 1 Art, die aber in 2 Farbvarianten auftritt; einer rein weißen bzw. glasig durchscheinenden und einer graubraunhütigen Form.

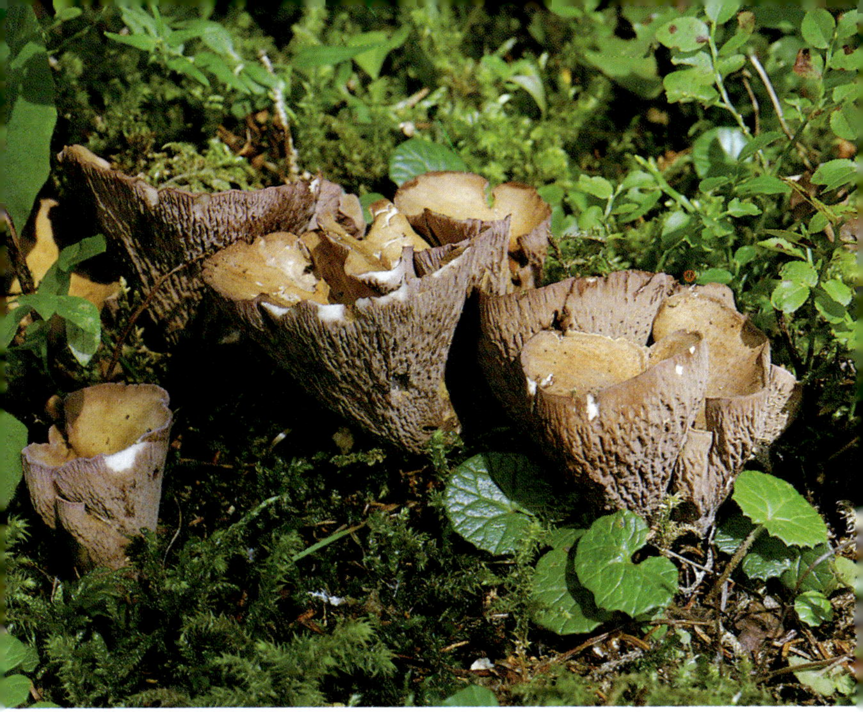

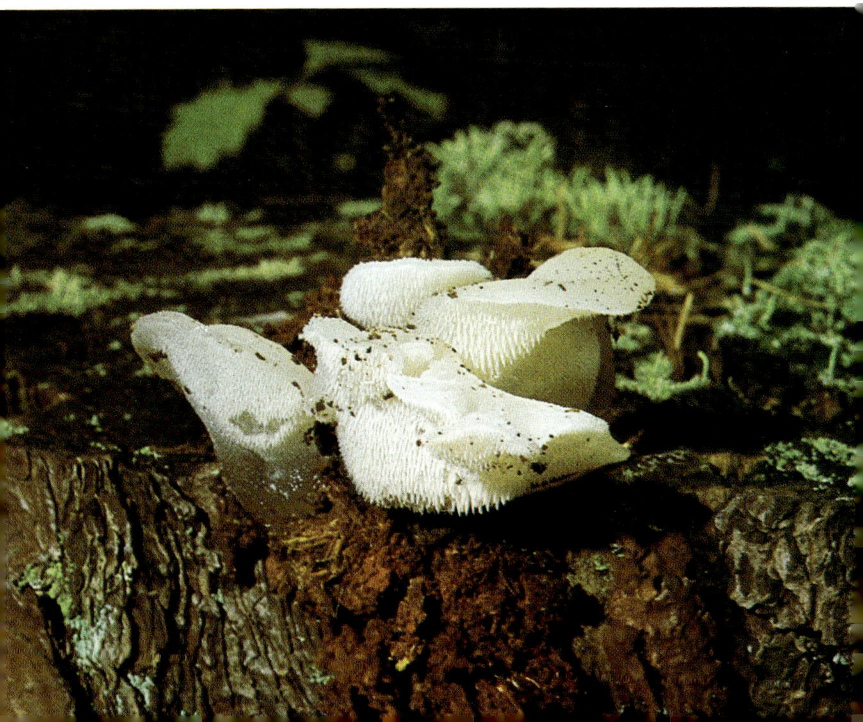

Habichtsstacheling, Rehpilz

Sarcodon imbricatum (L.) Karsten

eßbar
nach Abkochen

Hut: Hellbraun bis umbrabraun, Oberseite mit sparrig abstehenden Schuppen (Habichtsgefieder), ⌀ 5–15 cm. **Stacheln:** Erst weißlich, dann graulich, brüchig, am Stiel herablaufend. **Stiel:** Grauweißlich bis bräunlich, an der Basis nicht schwärzlich! **Fleisch:** Erst weißlich, dann graubräunlich, ungezont, mürbe. **Sporenpulver:** Bräunlich; **Vorkommen:** Im Nadelwald, unter Fichten und Kiefern; August bis November. **Verwechslung:** Es existieren mehrere bitter schmeckende Arten, die für den Uneingeweihten täuschend ähnlich aussehen. Dazu gehören der Gallenstacheling *(S. scabrosus)*, sowie *S. fennicus*. Vor allem der Gallenstacheling besitzt oft einen ebenso sparrig-schuppigen Hut wie der Habichts-Stacheling. Alle Doppelgänger sind aber an ihrer mehr oder weniger stark schwärzlichen bis blaugrün-schwärzlichen Stielbasis zu erkennen, abgesehen von ihrem bitteren Geschmack.
Bemerkungen: Der Habichtsstacheling ist roh giftig und sollte abgebrüht werden. Ältere Pilze können zäh sein und bitterlich schmecken. Getrocknet läßt er sich zu würzigem Pilzpulver verarbeiten.
Gattungsmerkmale: In Europa sind heute etwa 13 *Sarcodon*-Arten bekannt, von denen die meisten ziemlich selten sind. Sie unterscheiden sich von anderen braunsporigen Stachelings-Gattungen (z. B. *Hydnellum* = Korkstachelinge) durch die fleischige Konsistenz und das ungezonte Innere. Ihre Lebensweise ist stets terrestrisch. Gebirgsgegenden werden bevorzugt.

Semmelstoppelpilz

Hydnum repandum L.

eßbar

Geschmack: An rohe Haferflocken erinnernd, später mit leicht brennendem Nachgeschmack, im Alter bitterlich. **Hut:** Im typischen Fall blaß semmelgelblich; aber auch weißlich, auf Druck oder im Alter gilbend, ⌀ 4–10 cm. **Stacheln:** Gedrängt stehend, meist 3–6 mm lang, am Stiel herablaufend oder nicht, brüchig, weißlich oder cremefarben. **Stiel:** Weißlich, zentral oder seitlich stehend. **Fleisch:** Weißlich, mürbe, brüchig, im Alter zäh und meist gilbend. **Sporenpulver:** Weißlich; Sporen rundlich bis breit-oval, glatt. **Vorkommen:** Im Laub- und Nadelwald, gern auf Kalkboden; Juli bis November. **Verwechslung:** Der Rotgelbe Stoppelpilz *(H. rufescens)* ist etwas kleiner. Hut und Stacheln sind von Jugend an orangegelblich bis orangerötlich gefärbt. Er wächst gerne in Gebirgsnadelwäldern. Von oben betrachtet gleicht er einem Pfifferling. Der Weißliche Stoppelpilz *(H. albidum)* ist eine weitere Art der Gattung, die durch kleinere Sporen unterschieden werden kann. Sie ist vor allem in Südeuropa verbreitet, wurde aber auch schon in Mitteleuropa gefunden.
Gattungsmerkmale: Gattung *Hydnum* im heutigen Sinne besteht nur aus den 3 erwähnten Arten. Unter ihnen befindet sich kein Giftpilz.

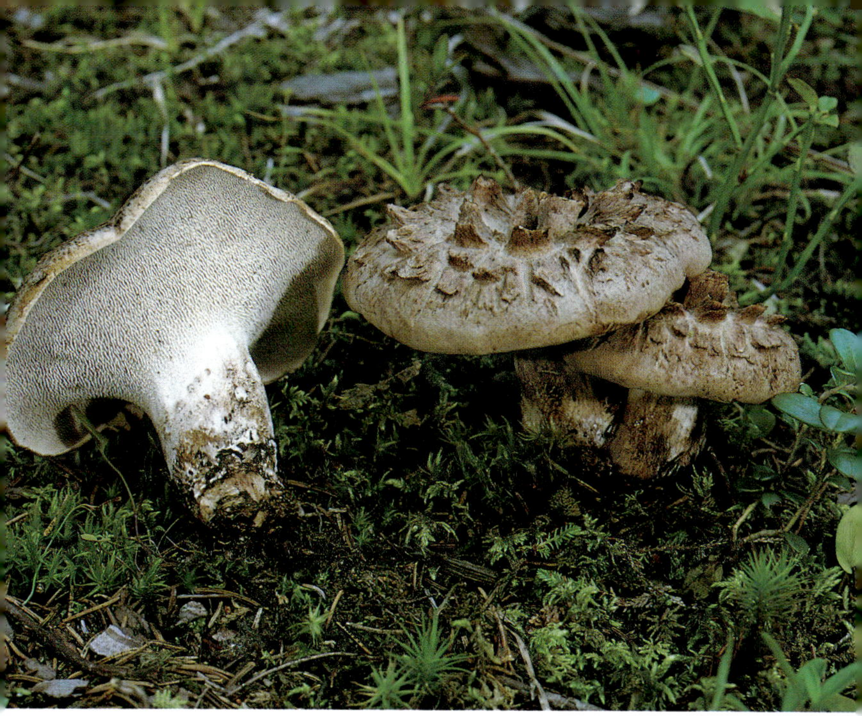

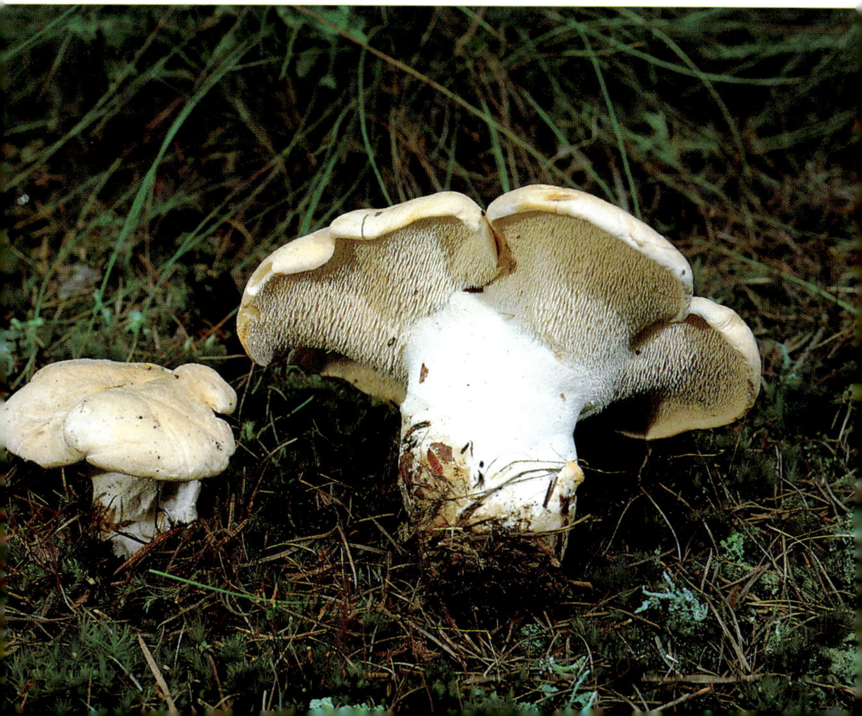

Gelbwerdende Koralle

Ramaria flavescens (Schff.) Petersen

Geschmack: Mild, nur im Alter in den Spitzen bitterlich. **Fruchtkörper:** Farbe in den Ästen leicht orangegelblich, Spitzen gelb abgesetzt, im Alter gänzlich fahlgelblich; Höhe bzw. Breite 10–20 cm. **Fleisch:** Weißlich, an der Luft nicht verfärbend, im feuchten Zustand im Strunk stark wässerig marmoriert. **Hyphen:** Mit Schnallen. **Vorkommen:** Eine der größten und häufigsten Arten im Laub- und Nadelwald, unter Buchen, Eichen und Fichten; August bis September. **Verwechslung:** Bei den Korallen ist größte Vorsicht geboten, da mehrere sehr ähnliche Arten schwächere bis starke Verdauungsstörungen erzeugen. Vor allem solche mit in feuchtem Zustand im Strunk nicht wässerig marmoriertem Fleisch sind gefährlich (vgl. Blasse und Schöne Koralle). Auch eßbare Korallen, wie die oben beschriebene, können bei einigen Personen (besonders aber im älteren Zustand, wenn die Endzweige bitterlich schmecken) leichte Verdauungsstörungen verursachen. Weitere ähnliche, eßbare Arten sind: *R. flava* mit reinen gelben Farben und *R. sanguinea* mit bei Verletzung stark rötendem Fleisch.
Bemerkungen: Die Goldgelbe Koralle *(R. aurea)* schien lange Zeit die häufigste, eßbare Art zu sein. Es wurde aber entdeckt, daß sich 2 Sippen dahinter verbergen, von denen die echte Goldgelbe Koralle gar nicht so häufig ist. Fast alle Angaben und Abbildungen in der volkstümlichen Literatur scheinen sich auf die viel allgemeinere *R. flavescens* zu beziehen, die äußerlich kaum unterscheidbar ist. *R. flavescens* besitzt Schnallen, während solche bei *R. aurea* fehlen.
Gattungsmerkmale: Siehe unten.

Blasse Koralle, Bauchwehkoralle

Ramaria pallida (Schff. em. Bres.) Ricken
Syn.: *Ramaria mairei* Donk

Geschmack: Bitterlich. **Fruchtkörper:** Farben blaß, schmutziggelblich, fleischgelblich, graugelblich, Spitzen der Zweige jung blaß lila, später lilafleischfarben, Äste fein längsgerunzelt, Höhe bzw. Breite 10–15 cm. **Fleisch:** Weißlich, im Strunk feucht nicht wässerig-marmoriert. **Hyphen:** Im Fruchtkörper ohne Schnallen. **Vorkommen:** Im Buchenwald auf Kalkboden, doch auch unter Fichten, vor allem im Gebirge; August bis September. Die Art scheint nicht sehr häufig zu sein. **Verwechslung:** Vor allem im älteren Zustand ist eine Verwechslung mit mehreren anderen Korallenpilzen möglich, z. B. mit dem rotspitzigen, eßbaren Hahnenkamm *(R. botrytis)*. *R. pallida* ist an den blassen Farben, den längsgerunzelten Ästen und fleischviolettlichen Spitzen zu erkennen.
Bemerkungen: Die Blasse Koralle erzeugt heftige Darmstörungen und ist somit die giftigste Art in ihrer Gattung.
Gattungsmerkmale: Etwa 35 Arten, Fruchtkörper korallenartig verzweigt, am Boden oder (seltener) an Holz wachsend; Sporenpulver ockergelblich, Sporen mandelkernförmig bis elliptisch-spindelig, feinwarzig bis stachelig, Sporenwand cyanophil. Die Großkorallen sind vor allem dem weniger Erfahrenen nicht als Speisepilze zu empfehlen, da sich unter ihnen einige Giftpilze befinden, die nur schwer von den eßbaren Arten abzutrennen sind.

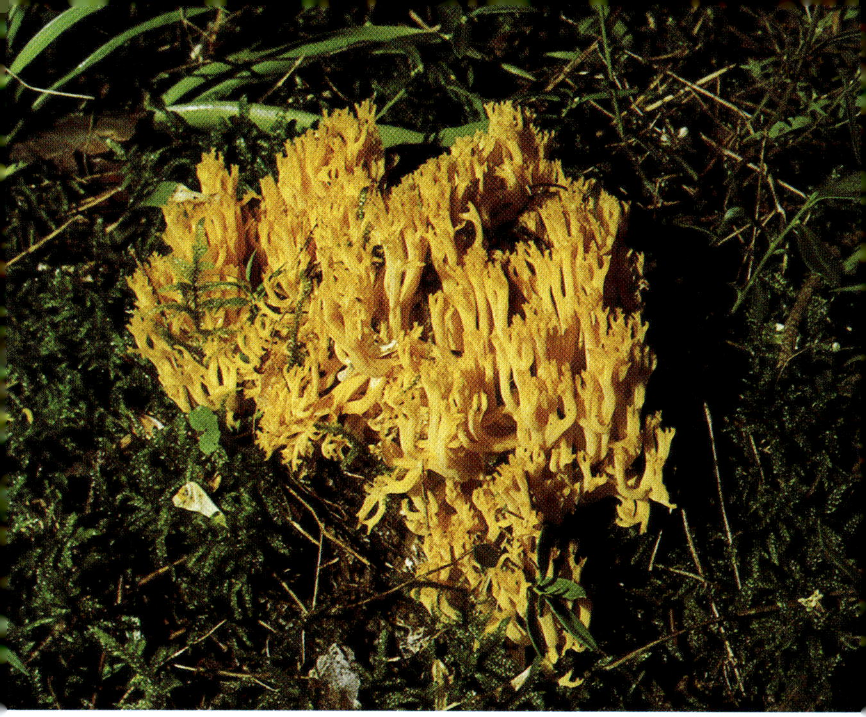

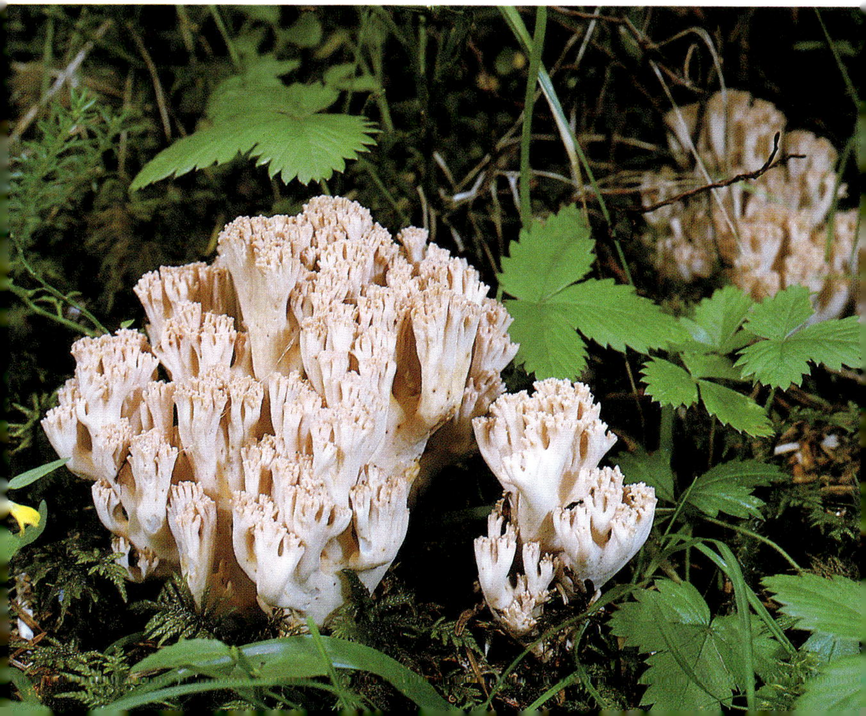

Schöne Koralle, Dreifarbige Koralle

Ramaria formosa (Pers.: Fr.) Quélet

Geschmack: Leicht bitterlich. **Fruchtkörper:** Korallenartig verzweigt, von einem Mittelstrunk ausgehend, ockergelblich, im mittleren Bereich der Zweige schön lachsfarben, an den Spitzen gelb, Höhe und Breite bis ca. 15 cm. **Fleisch:** Weiß, in den Randzonen manchmal leicht rosa durchgefärbt, feucht nicht wässerig marmoriert, nicht an der Luft verfärbend. **Hyphen:** Im Fruchtkörper mit Schnallen. **Vorkommen:** Im Laubwald unter Buchen, gern auf Kalkböden; August bis September. **Verwechslung:** Die Schöne Koralle ist ein Doppelgänger der Goldgelben Koralle *(R. aurea)* oder ähnlicher eßbarer Arten. Leider sind sich die größeren Korallen im älteren Zustand so ähnlich, daß auch dem Fachmann keine sichere Unterscheidung mehr gelingt. Die wichtigsten Erkennungsmerkmale sind mikroskopischer Art. Von dem Genuß der Korallenpilze ist deshalb generell abzuraten, zumal auch als eßbar bekannte Arten bei vielen Personen leichte Verdauungsstörungen hervorrufen können. Als Faustregel kann gesagt werden, daß die Arten mit rein weißem, nicht marmoriertem Fleisch (Anschnitt im Strunk) besonders kritisch sind. Umgekehrt sind nicht alle jene mit marmoriertem Fleisch eßbar. Die Blasse Koralle *(R. pallida)* erzeugt die schwersten Verdauungstörungen. Sie hat blasse, längsgerunzelte Äste, die an der Spitze fleischfarben-violettlich gefärbt sind.
Gattungsmerkmale: Siehe S. 242.

Steife Koralle

Ramaria stricta (Pers.: Fr.) Quélet

Geschmack: Bitterlich. **Fruchtkörper:** Korallenartig verzweigt; Zweige relativ steif und aufrecht, ziemlich elastisch, ockergelblich; Astspitzen gelblich abgesetzt, Stielbasis mit auffallenden Myzelsträngen; Höhe 4–10 cm. **Fleisch:** Blaß lederfarbig, beim Reiben rotbraun verfärbend. **Sporen:** Elliptisch-mandelförmig, schwach bis deutlich rauh durch abgerundete Warzen. **Hyphen:** Mit Schnallen. **Vorkommen:** Meist in Verbindung mit totem Laubholz, seltener an Nadelholz, an liegenden Ästchen und stark vermoderten Stümpfen; August bis November; nicht gerade häufig. **Verwechslung:** Ähnliche Arten, wie die Kiefernkoralle *(R. eumorpha)* und die Flatterige Koralle *(R. flaccida)* besitzen Sporen mit stacheligem Ornament; das Fleisch verfärbt sich beim Reiben nicht rotbraun. Die Grünende Koralle *(R. abietina)* färbt sich grünlich. Die erwähnten Arten wachsen auf dem Erdboden.
Gattungsmerkmale: Siehe S. 242.

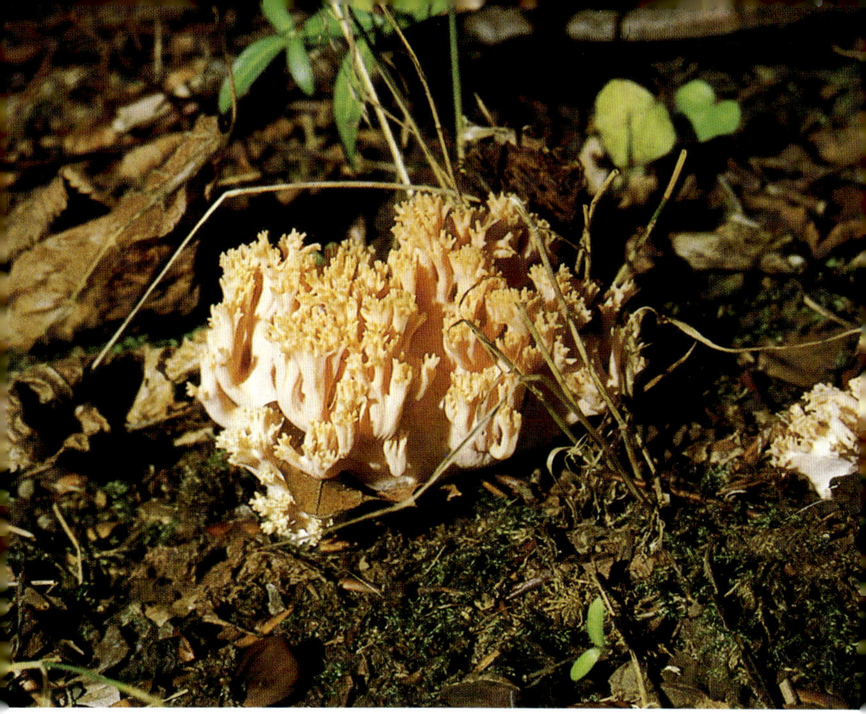

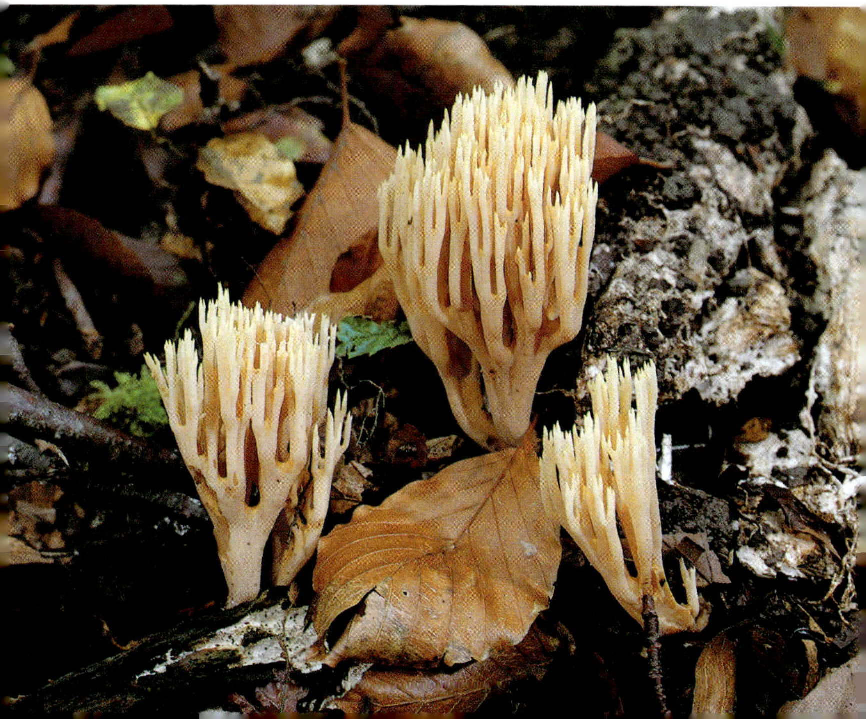

Herkuleskeule

ungenießbar

Clavariadelphus pistillaris (L.) Donk

Geschmack: Meist schon jung bitter. **Fruchtkörper:** Keulenförmig, ocker-gelblich, Höhe bis 12 cm. **Fleisch:** Weiß. **Sporenpulver:** Hell gelblich; Sporen länglich-elliptisch, glatt. **Vorkommen:** Im Laubwald unter Buchen auf Kalk-boden, in kleineren Gruppen, gesellig; August bis November. **Verwechslung:** Sehr ähnlich ist die Abgestutzte Keule *(C. truncatus)*. Wie der Name aussagt, ist sie im oberen Teil abgeplattet und abgestutzt. Ihre Oberfläche ist stärker gerunzelt und das Fleisch schmeckt ausgesprochen süßlich. Sie wächst meist im Nadelwald und ist eßbar. Die kleinere Zungenkeule *(C. ligula)* hat ihren typischen Standort ebenfalls im Nadelwald (vor allem Fichte) und tritt meist in großen, gedrängten Gruppen auf. Der Geschmack ist mild.

Bemerkungen: Unter den recht verschiedengestaltigen »Keulenpilzen« be-sitzen die Arten der Gattung *Clavariadelphus* die auffälligsten Fruchtkörper. Etwa 5 Arten gehören hierher. Die schlanke, bis zu 20 cm hohe, innen hohle Röhrige Keule *(C. fistulosus)* wird jetzt in die neu aufgestellte Gattung *Macro-typhula* eingereiht. Die zarte Binsenkeule *(C. junceus)* hat ihren typischen Standort auf abgestorbenen Blättern. Sie ist mit 1–2 mm Dicke und einer Höhe von ca. 5 cm die kleinste ihrer Gruppe.

Klebriger Hörnling, Schönhorn

ungenießbar

Calocera viscosa (Pers.: Fr.) Fr.

Fruchtkörper: Keulenpilzartig oder büschelig und dann einem Korallenpilz ähnlich, in allen Teilen goldgelb, beim Trocknen hornartig und dunkler rot-orange, biegsam und zäh, Höhe 3–5 cm. **Sporenpulver:** Hell ockergelblich; Sporen zylindrisch-gekrümmt, glatt. **Basidien:** Zweisporig, gegabelt, einzel-lig. **Vorkommen:** Besonders auf totem Nadelholz, ganzjährig. **Verwechs-lung:** Der Klebrige Hörnling wird von vielen Pilzfreunden zuerst für einen Korallenpilz gehalten. Die Korallen sind nicht gummiartig biegsam, sondern mehr oder weniger brüchig und leben nach dem Trocknen nicht wieder auf, wenn sie befeuchtet werden. *C. cornea* ist kleiner und wächst gesellig, nicht büschelig. Er ist häufig auf Laubholz zu finden.

Bemerkungen: Die Gattung *Calocera*, die in Mitteleuropa aus ca. 5 sapro-phytisch lebenden Arten besteht, gehört in die unmittelbare Verwandtschaft der Gallerttränen *(Dacryomyces)*. Die Hörnlinge haben mit den letztgenannten die gegabelten Basidien gemein. Die weniger auffälligen Gallerttränen zeich-nen sich durch kugel- bis knopfförmige, kleinere Fruchtkörper aus.

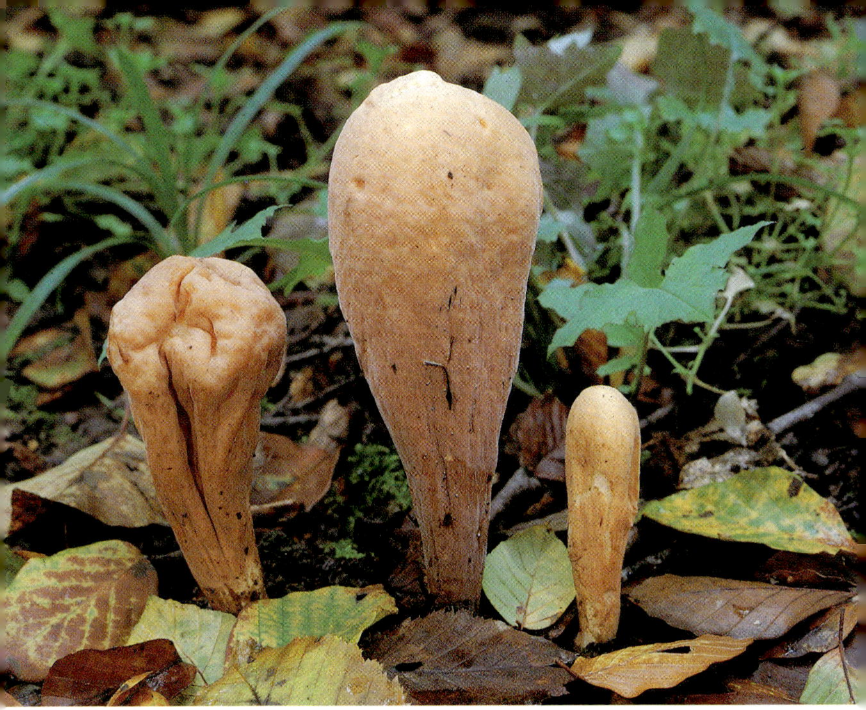

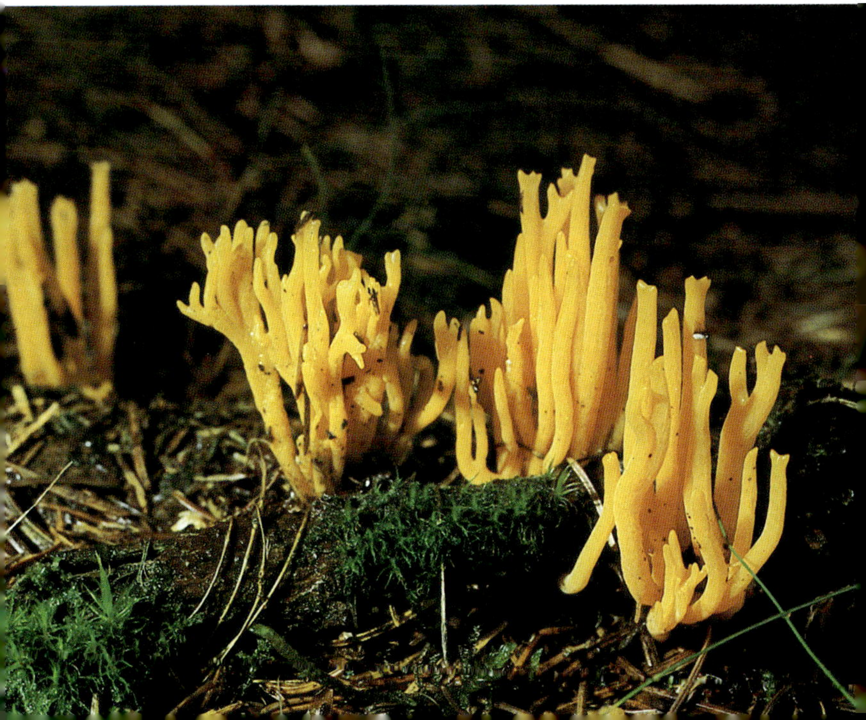

Bleigrauer Zwergbovist

Bovista plumbea Pers.

eßbar,
wenn innen weiß

Fruchtkörper: Kugelförmig, zuerst weiß, fast glatt, mit leicht angedeuteter Felderzeichnung, bei der Reife nach Abfallen der Außenschicht bleigrau, ⌀ 2–4 cm. **Sporenpulver:** Bräunlich; Sporen rundlich, glatt bis fein rauhlich, gestielt. **Vorkommen:** Auf Wiesen und Heideflächen; Juni bis Oktober. **Verwechslung:** Ähnlich ist der größere Schwärzende Eierbovist *(B. nigrescens)*, der im reifen Stadium nicht bleigrau, sondern braun-schwarz gefärbt ist. Auf Wiesen wächst häufig der Niedergedrückte oder Münzenstäubling *(Vascellum pratense)*, der eine warzige Oberfläche besitzt.
Bemerkungen: Die echten Boviste, Gattung *Bovista*, sind in Mitteleuropa nur durch ca. 8 Arten vertreten. Bei unreifen (eßbaren) Pilzen läßt sich die äußere Schicht (Exoperidie) wie eine Eierschale abbröckeln. Ebenso bei *B. nigrescens*, der deshalb »Eierbovist« genannt wird.

Birnenstäubling

Lycoperdon pyriforme Schff.: Pers.

ungenießbar

Geruch: Etwas unangenehm nach Leuchtgas. **Fruchtkörper:** Verkehrt birnenförmig, Außenseite fast glatt bis fein kleiig, Farbe nur jung weißlich, bald gelbbräunlich, Höhe 3–5 cm. **Sporenpulver:** Olivbraun; Sporen kugelig, glatt. **Vorkommen:** In Laub- und Nadelwäldern, in Büscheln auf Stümpfen oder in deren unmittelbarer Nähe, immer in Verbindung mit Holz; August bis November. **Verwechslung:** Der ähnliche Flaschenstäubling *(L. perlatum)* wächst nicht auf Holz und ist an der Oberfläche mit deutlichen Stacheln besetzt. Er riecht nicht leuchtgasartig.
Gattungsmerkmale: Etwa 16 Arten mit meist verkehrt-birnenförmiger Gestalt. Inneres zunächst weiß, in einen später braunstaubigen sporenführenden Teil (Gleba) und einen sterilen Teil (Subgleba) getrennt. Außenseite meist stachelig. Sporenpulver braun, Sporen kugelig, glatt bis warzig. Keine giftige Art bekannt. Vgl. aber giftige Kartoffelboviste!

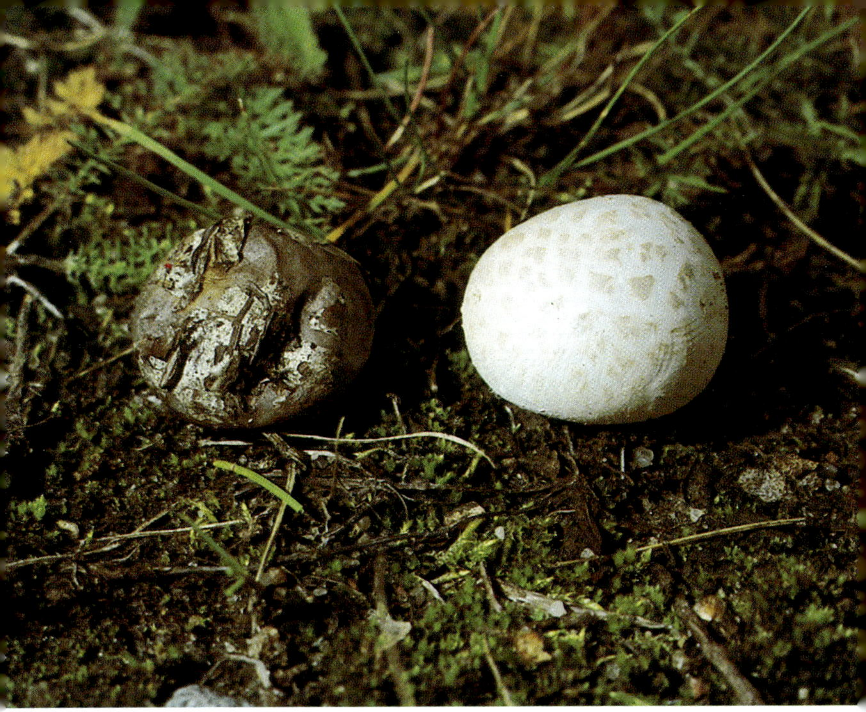

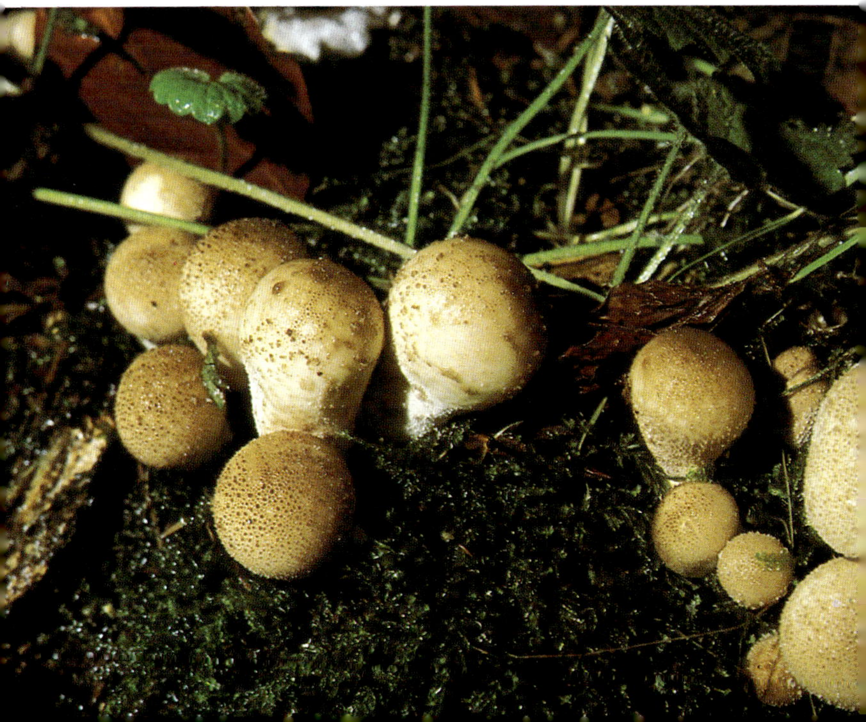

Igelstäubling

Lycoperdon echinatum Pers.: Pers.

eßbar,
wenn innen weiß

Fruchtkörper: Kugelig bis birnenförmig, braun, an der Oberfläche mit 3–4 mm langen, derben, in Gruppen zusammenneigenden Stacheln, die abwischbar sind und dann ein polygonales Muster hinterlassen. Breite 2–4 cm. **Sporenpulver:** Purpurbraun; Sporen rundlich, warzig. **Vorkommen:** Meist am Boden von Laubwäldern, unter Buchen auf Kalkboden, selten auch im Nadelwald; Juli bis Oktober. **Verwechslung:** Der Igelstäubling ist an seinen besonders langen Stacheln gut zu erkennen. Andere bräunliche Arten wie *L. molle* oder *L. umbrinum* sind an der Oberfläche nur fein kleiig-warzig. Die Stacheln hinterlassen nach dem Abfallen kein auffallendes Muster. Braune Formen des Stinkenden Stäublinges *(L. foetidum)* sind wegen ihrer relativ langen Stacheln besonders ähnlich, unterscheiden sich aber durch den stechenden Geruch, der an den des Birnenstäublings erinnert.
Gattungsmerkmale: Siehe S. 248.

Flaschenstäubling

Lycoperdon perlatum Pers.: Pers.

eßbar,
wenn innen weiß

Fruchtkörper: Verkehrt flaschen- bis birnenförmig, am Scheitel mit kleiner Papille, weiß, alt gelbbräunlich, jung mit derben, leicht abfallenden Stacheln besetzt, die dann ein typisches Muster hinterlassen; Höhe bis 8 cm. Bei der Reife entsteht am Scheitel eine kleine Öffnung, während der Fruchtkörper noch lange seine Form behält. **Sporenpulver:** Oliv- bis grau-bräunlich; Sporen kugelig, feinwarzig. **Vorkommen:** Im Laub- und Nadelwald, sehr häufig; Juli bis November. **Verwechslung:** Der Flaschenstäubling hat viele nahe verwandte Arten, die oft nur mit dem Mikroskop sicher von ihm zu unterscheiden sind. Der Stinkende Flaschenstäubling *(L. foetidum)* besitzt derbere, bräunende Stacheln und riecht unangenehm. Der Beutelstäubling *(Calvatia excipuliformis)* unterscheidet sich durch feinere, zusammengesetzte Stacheln, die nach dem Abfallen kein typisches polygonales Muster hinterlassen. Der zähe und ungenießbare Birnenstäubling *(L. pyriforme)* wächst auf Holzstümpfen und riecht etwas leuchtgasartig. Seine Außenseite ist meist glatt.
Gattungmerkmale: Siehe S. 248.

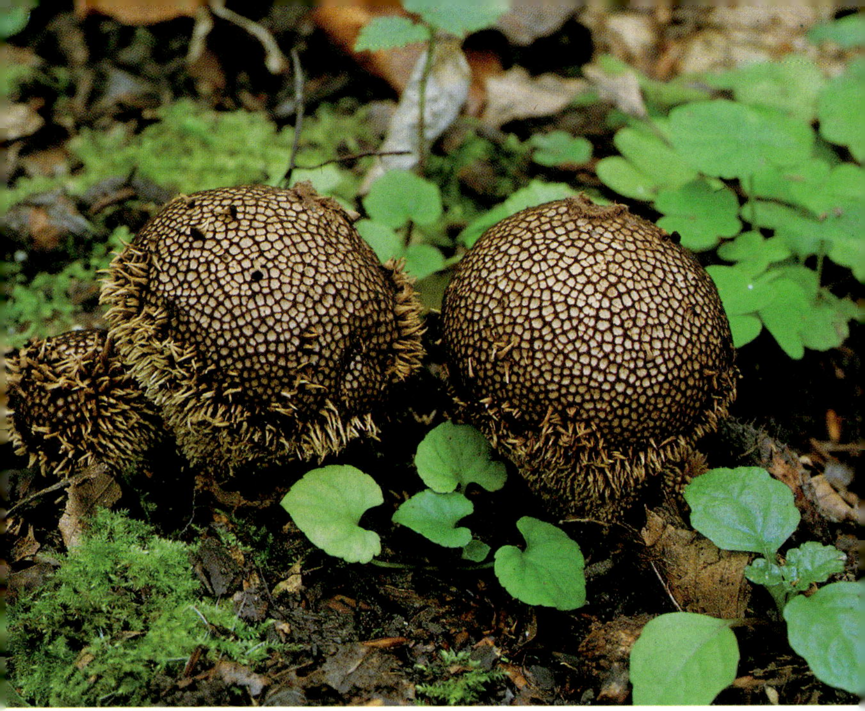
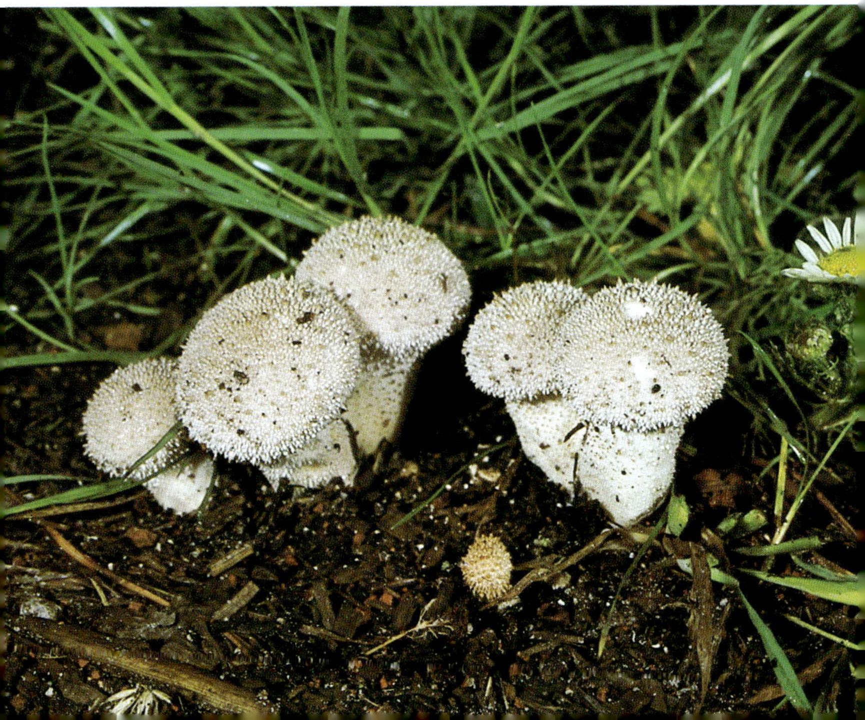

Beutelstäubling, Sack-Stäubling

Calvatia excipuliformis (Scop.: Pers.) Perdeck

eßbar,
wenn innen weiß

Fruchtkörper: In der Form veränderlich, meist aber wie ein Pistill geformt, kopfig-keulenförmig. Peridie feinstachelig, Höhe bis 15 cm. Reife, halb ausgestäubte Exemplare ähneln denen des Hasenbovist, sind aber meist deutlich gestielt. **Sporen:** Kugelig, feinwarzig, mit Stielchen. Diese liegen manchmal im mikroskopischen Präparat separat neben den Sporen. **Sporenpulver:** Olivbräunlich. **Vorkommen:** In Laub- und Nadelwäldern, selten außerhalb; Juli bis November. **Verwechslung:** Große Exemplare können dem Hasen-Stäubling ähneln, während kleine Fruchtkörper vor allem wegen der Form mit dem Flaschenstäubling verwechselt werden können. Letzterer zeichnet sich durch grobere, stachelartige Warzen aus, die nach dem Abfallen ein polygonales Muster hinterlassen, welches dem Beutelstäubling fehlt. **Gattungsmerkmale:** Siehe unten.

Hasenstäubling, Getäfelter Stäubling

Calvatia utriformis (Bull.: Pers.) Jaap
Syn.: *Calvatia caelata* (Bull.) Morgan

eßbar,
wenn innen weiß

Fruchtkörper: Groß, plump, umgekehrt birnenförmig, Oberfläche weißlich bis weißgrau, grob getäfelt oder nicht, fein warzig-stachelig (Warzen im Alter vergehend), Breite bis 12 cm. **Sporenpulver:** Rostbräunlich, Sporen kugelig, glatt. **Vorkommen:** Auf Wiesen, Brachfeldern und Waldrändern, besonders im Gebirge auf Weiden; Juni bis Oktober. **Verwechslung:** Eine gewisse Ähnlichkeit kann der Beutelstäubling *(C. excipuliformis)* haben. Er ist meist kleiner und hat eine Form wie ein Pistill, ist also deutlich stielförmig abgesetzt. Der Riesenbovist *(Langermannia gigantea)* ist viel größer und besitzt eine glatte Oberfläche. Er reißt bei der Reife nicht becherförmig ab, sondern bleibt kugelig. Der hauptsächlich im Mittelmeergebiet vertretene Lilafarbene Stäubling, *C. lilacina (= cyathiformis)*, ist in Form und Größe sehr ähnlich. Seine grauweißliche bis deutlich bräunliche Peridie kann ebenfalls felderig aufbrechen. Er ist makroskopisch durch sein violett-braunes Sporenpulver zu unterscheiden. Der Geschmack des gebratenen Pilzes ist ausgezeichnet und übertrifft den des Hasenstäublings bei weitem. Der Pilz wurde in Süddeutschland schon beobachtet, wenn auch sehr selten. Verwechslung ist auch mit dem leicht giftigen Kartoffelbovist möglich.

Bemerkungen: Die ausgestäubten, schalenförmigen Reste der Hasenstäublinge sind oft noch im nächsten Frühjahr zu beobachten. Das rechte Foto zeigt ein solches Exemplar, wie es für den Hasenstäubling typisch ist.

Gattungsmerkmale: Die Gattung *Calvatia* besteht aus 4 Arten. Die Peridie des sporenführenden Teils bröckelt bei der Reife ab und hinterläßt einen schalenförmigen Teil. Dagegen öffnen sich die Fruchtkörper von *Lycoperdon* nur mit einer kleinen Scheitelöffnung. Sporenpulver rost- bis olivbraun oder lilabraun, Sporen kugelig, glatt bis warzig.

R

Riesenbovist

Langermannia gigantea (Batsch: Pers.) Rostk.

eßbar,
wenn innen weiß

Fruchtkörper: Kugelförmig, weiß, glatt, bei der Reife nach Abblättern der äußeren Peridie graugelblich, Breite 20−50 cm, meist etwa so groß wie ein Fußball. Der reife Pilz bleibt längere Zeit als Kugel erhalten, wird dann aber von oben her langsam abgetragen. **Sporenpulver:** Olivgrünlich bis graubraun. Sporen kugelig, fein warzig oder glatt, kurz gestielt. **Vorkommen:** Auf Wiesen und Weideplätzen, auf fetten, stickstoffhaltigen und auf sauren Böden; August bis Oktober.

Bemerkungen: Eines der größten bisher gefundenen Exemplare war ca. 150 cm breit und 60 cm hoch! (nach Kreisel).

Der Riesenbovist kann, sofern sein weißes Fleisch noch fest und straff ist, in gebratener Form Verwendung finden. Nach Entfernen der Außenhaut kann das Innere in Scheiben geschnitten und paniert werden.

Gattungsmerkmale: Die Gattung *Langermannia* besteht nur aus der einen beschriebenen Art. Sie unterscheidet sich von ähnlichen Gruppen dadurch, daß sich die gesamte Peridie im Laufe der Reifung auflöst.

Dickschaliger Kartoffelbovist

Scleroderma citrinum Pers.

giftig

Syn.: *Scleroderma aurantium* (L.) Pers.
Scleroderma vulgare Hornem.

Fruchtkörper: Knollenförmig, stiellos, gelbbräunlich, Oberfläche fein körnig bis grob schuppig-felderig, Breite bis 10 cm. Die Peridie ist derb, im jungen Zustand bis 4 mm dick (Schnitt). Sie öffnet sich bei der Reife durch eine unregelmäßige Öffnung am Scheitel. Das Innere färbt sich schon sehr bald grauschwarz. Der Geruch ist stechend metallisch. **Sporen:** Kugelförmig, braun, mit netzigem Ornament. **Vorkommen:** In Laub- und Nadelwäldern, auf sauren Böden; Juli bis November. **Verwechslung:** Die Kartoffelboviste dürfen nicht mit den eßbaren Stäublingen und Bovisten verwechselt werden, die nicht stechend metallisch riechen, innen nicht schwärzlich gefärbt sind und eine weichere Konsistenz besitzen. Sehr ähnlich ist der Dünnschalige Kartoffelbovist *(S. verrucosum)*; dessen Peridie auch im Jugendzustand kaum dicker als 1 mm ist. Der Pilz ist meist deutlich gestielt und besitzt stark ausgebildete Rhizomorphen an der Basis. Die Sporen sind nicht genetzt, sondern isoliert stachelig. Es existieren noch weitere ähnliche Kartoffelboviste, die alle für den Genuß nicht in Frage kommen. Der in der Konsistenz ähnliche Erbsenstreuling *(Pisolithus arhizus)* zeigt im Innern ein grobkörniges Muster. Er ist ein guter Gewürzpilz.

Bemerkungen: Früher wurden mit den Kartoffelbovisten Trüffelgerichte verfälscht. In größeren Mengen genossen können aber Ohnmachtsanfälle, Übelkeit und Erbrechen auftreten.

Gattungsmerkmale: Siehe S. 256.

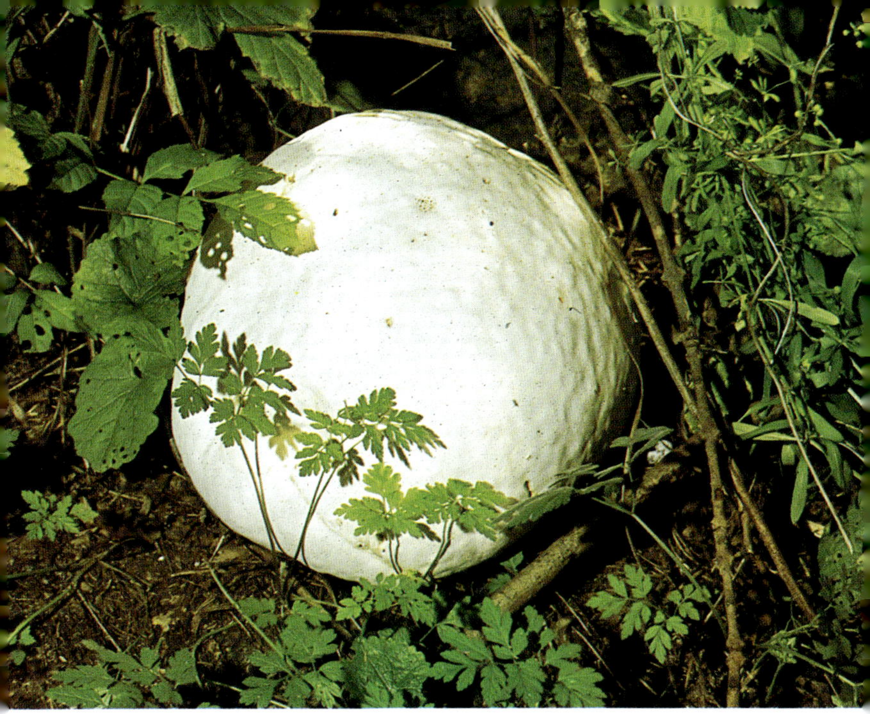

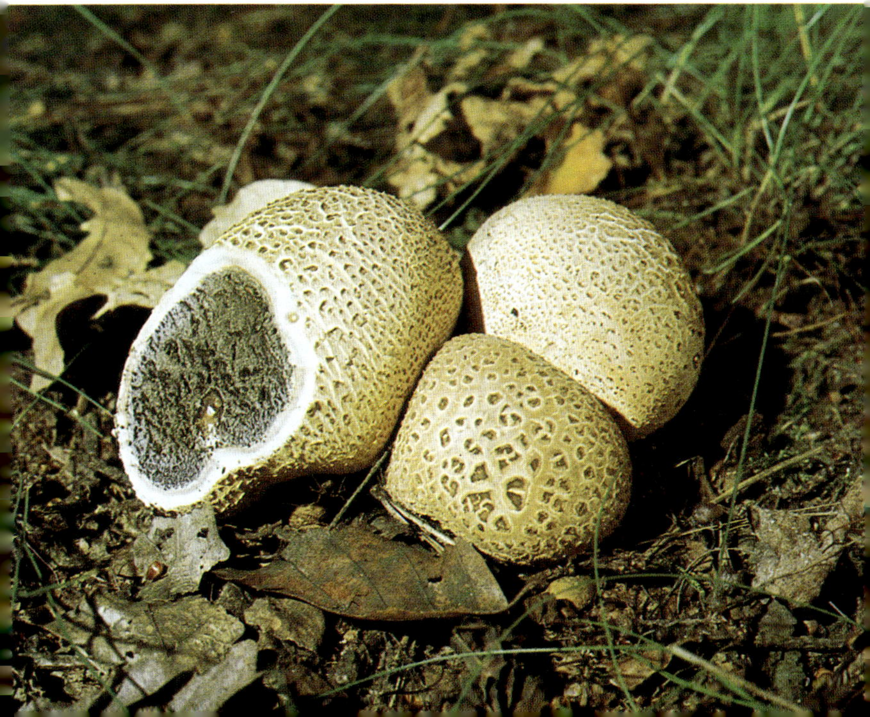

Dünnschaliger Kartoffelbovist

Scleroderma verrucosum (Bull.): Pers.

giftig

Fruchtkörper: Knollenförmig, meist deutlich gestielt, an der Basis mit stark ausgeprägten Rhizomorphen, gelbbräunlich, Oberfläche nur fein flockig-körnig, Peridie dünn (kaum dicker als 1 mm), bei Verletzung oft leicht rötend, Inneres bald schwärzlich; Breite bis 6 cm. **Sporen:** Rundlich, braun, isoliert stachelig warzig. **Vorkommen:** Im Laubwald, in Parkanlagen, an Wegen und Waldrändern, gern auf sandigem Boden; Juli bis Oktober. **Verwechslung:** Der viel häufigere Dickschalige Kartoffelbovist besitzt im Längsschnitt eine 2–4 mm dicke Peridie, ist außen meist gröber flockig-schuppig und rötet nicht. Sehr ähnlich und mit *S. verrucosum* gleich häufig an gleichen Standorten vorkommend ist *S. areolatum*. Er unterscheidet sich durch kleineren Wuchs und größere Sporen.

Gattungsmerkmale: Etwa 6 Arten, Fruchtkörper knollenförmig, oft mit stielartig ausgezogener Basis; festfleischig, mit hohem spezifischem Gewicht. Inneres bald schiefergrau bis violett-schwarz, beim Stäuben dunkel-olivbraun. Sporenpulver dunkelbraun, Sporen kugelig, stachelig oder genetzt. Alle Arten giftig; dürfen nicht mit eßbaren Stäublingen verwechselt werden.

Erbsenstreuling, Böhmische Trüffel

Pisolithus arhizus (Scop.: Pers.) S. Rauschert

Syn.: *Pisolithus tinctorius* (Pers.) Cocker & Couch

eßbar,
Gewürzpilz

R 4

Fruchtkörper: Knollenförmig, sack- oder beutelförmig, mit oder ohne Stiel, die Form ist sehr veränderlich, Außenseite gelbbräunlich, olivbräunlich oder dunkelbraun, glatt, Höhe bis 15 cm. Bei der Reife wird der Pilz von oben her durch Zerstäuben abgetragen. Inneres (Gleba) im Längsschnitt auffällig grob körnig durch eine etwa erbsengroße Kammerung, leuchtend gelb, vor allem im unreifen Zustand, beim Reifen rostbraun und die typische Struktur verlierend, stäubend. **Sporenpulver:** Rostbraun; Sporen kugelig, warzig-stachelig. **Vorkommen:** Auf sterilen Böden, Sandboden, auf Halden, Böschungen und Bahndämmen; Juli bis September. Nicht in allen Gegenden zu finden. Im Mittelmeergebiet teilweise sehr häufig. **Verwechslung:** Da der Erbsenstreuling ein guter Gewürzpilz ist, muß vor den ähnlichen Kartoffelbovisten gewarnt werden. Diese sind aber durch die fast einheitlich grau-schwärzliche, fein marmorierte Gleba gut zu unterscheiden. Die grobkörnige Kammerung des Erbsenstreulings ist einmalig.

Bemerkungen. Die große Formveränderlichkeit hat die Mykologen dazu verleitet, den Erbsenstreuling in mehrere Arten aufzuspalten. *P. tuberosus:* ungestielt; *P. arenarius:* kurzgestielt; *P. crassipes:* langgestielt. Alle diese Formen gehören zu einer Art.

Das rechte Foto zeigt den Pilz im Längsschnitt.

Stinkmorchel (Hexenei)

eßbar

Phallus impudicus   (Foto oben links)

Die Jugendform der Stinkmorchel, das sog. Hexenei, kann leicht für einen Bovist gehalten werden. Bevor sich der Pilz vollends entwickelt, schaut es etwa halb aus dem Erdboden hervor. Es besitzt aber eine dicke Gallerthülle und im Innern ist die Fruchtkörperanlage (siehe Schnitt) deutlich zu sehen. In diesem Stadium ist die Stinkmorchel eßbar. Die Gallerthülle ist aber vorher zu entfernen. **Entwickelter Pilz:** Siehe S. 266.

Gitterling (Hexenei)

ungenießbar

Clathrus ruber   (Foto oben rechts)

Das Hexenei des Gitterlings ist von allen Hexeneiern durch die grobe Felderung der Außenseite zu unterscheiden. Im Schnitt sind Teile des roten Rezeptakulums und der olivgrünen Gleba zu sehen. In Süd- und Westdeutschland kann häufiger der Tintenfischpilz angetroffen werden, dessen Hexenei außen nicht gefeldert ist. **Entwickelter Pilz:** Siehe S. 268.

Halskrausenerdstern (Jugendstadium)

ungenießbar

Geastrum triplex   (Foto Mitte links)

Junge, noch geschlossene Halskrausenerdsterne bestehen aus einem braunen, zwiebelförmigen, etwa 3–4 cm großen Gebilde, welches für eine Trüffel gehalten werden könnte. Das Innnere ist weißlich, kann aber auch bräunlich gefärbt sein, wenn es sich in Sporenmasse umgewandelt hat. Von der mehrschichtigen Peridie rollt sich die äußere dicke Schicht beim Reifen nach außen und reißt dabei sternförmig auf. **Entwickelter Pilz:** Siehe S. 270.

Weiße Trüffel, Mäandertrüffel

eßbar

Choiromyces maeandriformis   (Foto Mitte rechts)

Die Weiße Trüffel besteht aus bis zu faustgroßen, hellbräunlichen Knollen. Da diese bei der Reife meist etwa ein Drittel aus der Erde hervorschauen, sollen sie hier erwähnt werden. Das Innere der Trüffeln ist typisch marmoriert. Sie gehören zu den Schlauchpilzen. Da die meisten von ihnen gänzlich unterirdisch wachsen, wird der normale Sammler ihnen kaum einmal begegnen. Die Weiße Trüffel bevorzugt lehmige oder tonhaltige Böden und ist in gewissen Gegenden nicht selten.

Pantherpilz (Jugendstadium)

giftig

Amanita pantherina   (Foto unten links)

Jungstadien von Knollenblätterpilzen können vom Anfänger leicht für Stäublinge gehalten werden. Die abgebildeten giftigen jungen Pantherpilze sollen als warnendes Beispiel gelten. Schneidet man sie längs, so sind die dunklere Huthaut und die Lamellenanlagen zu erkennen. Bei jungen Fliegenpilzen ist das Fleisch in Huthautnähe kräftig chromgelb. Tödlich giftige Grüne Knollenblätterpilze sind im Jungstadium von einer glatten, weißen Hülle überzogen. **Erwachsene Pantherpilze:** Siehe S. 130.

Kronenbecherling (Jugendstadium)

giftig

Sarcosphaera coronaria   (Foto unten rechts)

Unreife Kronenbecherlinge sind noch lange geschlossen und bestehen aus einer ca. 3–8 cm breiten Hohlkugel, die zum Teil in den Erdboden versenkt ist. Erst bei eintretender Reife reißen sie vom Scheitel her sternförmig auf und bekommen ihr typisches Aussehen, wie auf S. 279 dargestellt.

Spitzmorchel

eßbar ★★
(G)

Morchella conica Pers.
Syn.: *Morchella elata* Fr.

Geruch: Etwas dumpf. **Hut:** Graubraun bis olivbräunlich, mit ausgeprägten Längsrippen und schwächeren Querverbindungen, ähnlich wie bei der Halbfreien Morchel, Hutkante jedoch angewachsen, Höhe des Fruchtkörpers bis 10 cm oder mehr. **Stiel:** Weißlich-ocker, kleiig, hohl. **Sporenpulver:** Cremegelblich; Sporen elliptisch, glatt. **Vorkommen:** In Auwäldern, unter Gebüsch usw., an ähnlichen Stellen wie die Speisemorchel; April bis Mai, im Gebirge auch noch früher oder später, dort auch im Nadelwald. **Verwechslung:** Vorsicht bei Verwechslungen mit der Frühjahrslorchel *(Gyromitra esculenta)*. Die Speisemorchel *(M. esculenta)* besitzt am Hut keine ausgeprägten Längsrippen. Bei der ähnlichen Halbfreien Morchel *(M. gigas)* ist die Hutkante nicht angewachsen. Die Köstliche Morchel, *M. deliciosa,* scheint morphologisch ein Übergang zwischen *M. esculenta* und *M. conica* zu sein. Sie soll einen angenehmen Geschmack besitzen.
Bemerkungen: Bei der Spitzmorchel existiert ein ebenso großes Arten- und Varietätenwirrwar wie bei der Speisemorchel. Bei den Morcheln können 3 Gruppen sicher unterschieden werden: die Halbfreien (früher *Mitrophora*), die Rillhütigen (*conica*-Gruppe) und die Wabenhütigen (*esculenta*-Gruppe).
Gattungsmerkmale: Siehe S. 262.

Speisemorchel

eßbar ★★
(G)

Morchella esculenta (L.) Pers.

Geruch: Angenehm aromatisch. **Hut:** Gewöhnlich ockergelblich, aber auch grau, in der Form rundlich bis langgestreckt, mit wabenartigen Vertiefungen; die erhabenen, sterilen Kanten sind nicht auffällig längs ausgerichtet; Hutkante nicht frei am Stiel; Höhe des Fruchtkörpers bis 15 cm. **Stiel:** Blaß ocker bis weißlich-grau, an der Basis bei älteren Exemplaren wellig-kraus und verbreitert, hohl. **Sporenpulver:** Cremegelblich; Sporen elliptisch, glatt, an den Polenden oft mit tropfenförmigen Ausscheidungen. **Vorkommen:** In Auwäldern, an Flußufern, Waldrändern, unter Gebüsch, gern unter Eschen, auf armen wie auf reicheren Böden, seltener auch auf Humus, meidet gedüngten Boden; April bis Mai. **Verwechslung:** Die giftige Frühjahrslorchel *(Gyromitra esculenta)* besitzt einen heller oder dunkler rotbraunen Hut, der gehirnartig nach außen gewunden ist. Sie wächst häufig auf sandigem Boden unter Kiefern. Die dunklere Spitzmorchel *(M. conica)* besitzt ausgeprägte Längsrippen.
Bemerkungen: Die Speisemorchel ist sehr veränderlich. Sie wird deshalb gerne in mehrere Arten und Varietäten unterteilt. Grau- bis schwarzhütige Formen werden von manchen Autoren als *M. vulgaris* abgetrennt. Ferner werden unterschieden: var. *rotunda* mit rundlichen Hüten; var. *crassipes* mit besonders dickem hohem Stiel; var. *alba* mit weißlichen Farben u. a. Alle Jahre kommen mehrere neue Varietäten hinzu, deren Eigenständigkeit oder Berechtigung umstritten erscheint.
Gattungsmerkmale: Siehe S. 262.

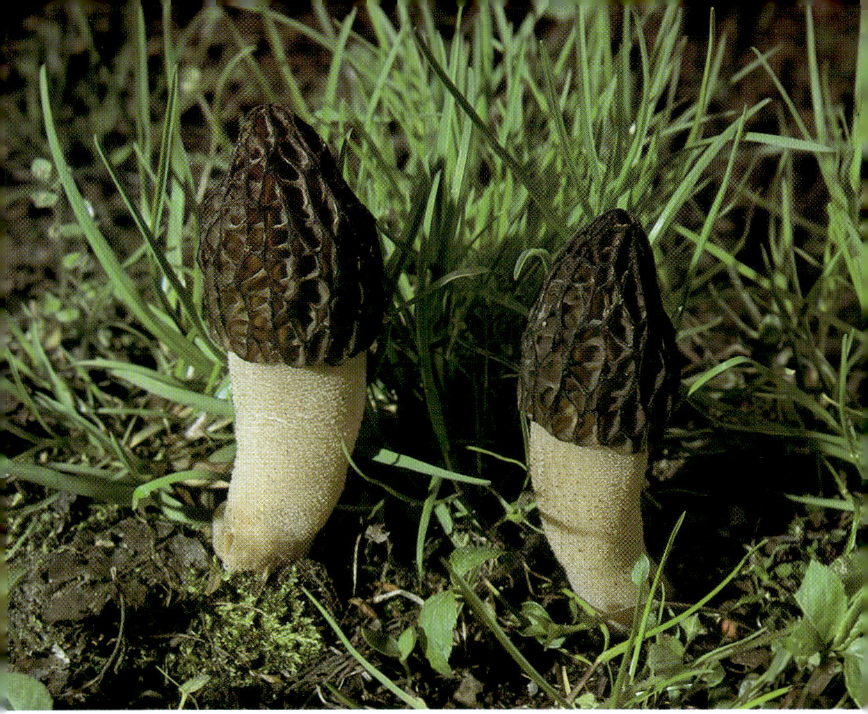

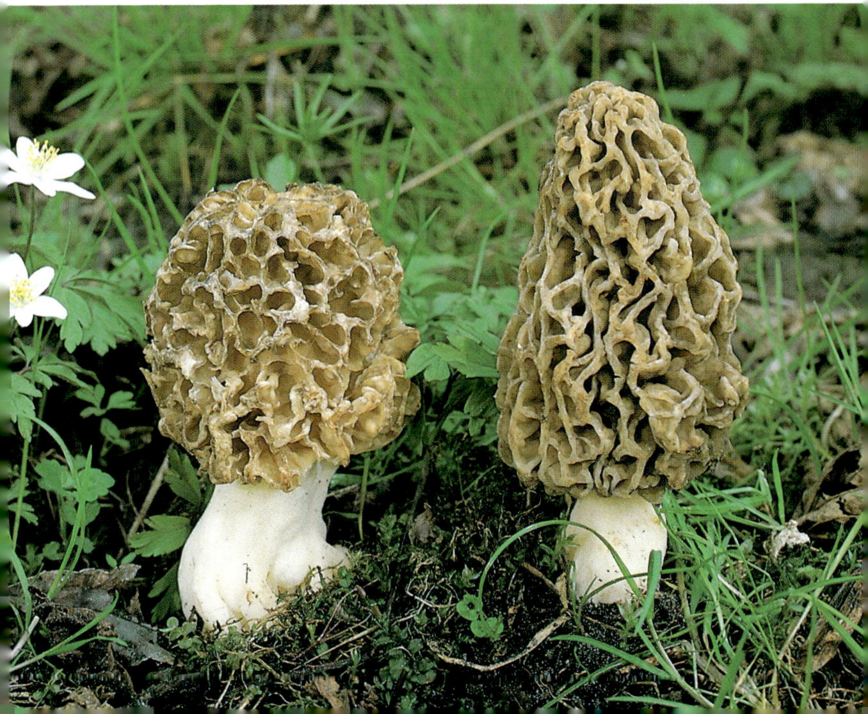

Halbfreie Morchel

eßbar ★
(G)

Morchella gigas (Batsch) Pers.: Fr.
Syn.: *Mitrophora semilibera* (DC.: Fr.) Lev.

Geruch: Etwas dumpf, kaum angenehm. **Hut:** Meist olivbräunlich, mit erhabenen, deutlich längs ausgeprägten Rippen und weniger auffälligen Querverbindungen, Hutkante deutlich bis zu einem Drittel der Hutlänge frei vom Stiel. **Stiel:** Creme-weißlich, blaßocker, außen körnig, besonders im oberen Teil, dort fast runzelig-körnig, hohl wie der ganze Fruchtkörper; Höhe bis 10 cm. **Sporenpulver:** Ocker-gelblich; Sporen elliptisch, glatt. **Vorkommen:** In Auwäldern, in Parkanlagen und Gärten, gern unter Eschen; April bis Mai.
Bemerkungen: Die Halbfreie Morchel ist extrem veränderlich. Einmal ist der Hut groß und der Stiel klein oder umgekehrt. Riesen- und Zwergformen sind bekannt. Die langstieligen Formen wurden früher *M. rimosipes* genannt, die großhütigen *M. hybrida*. Wenn der Pilz an einer Stelle in großen Mengen wächst, kann man alle Übergangsformen auf einmal bewundern. Bei den anderen Morcheln sind die Hutkanten am Stiel angewachsen.
Die Halbfreie Morchel tritt gewöhnlich von allen Morcheln am spätesten auf. Ihre Vegetationsperiode zeigt das Ende der Morchelzeit an.
Gattungsmerkmale: Die Gattung *Morchella* besteht aus 3 gut unterscheidbaren Haupttypen, die in zahllose Varietäten (bzw. Arten, je nach systematischer Auffassung) unterteilt werden. Sie sind in Form und Farbe sehr variabel und bestehen aus einem völlig hohlen Fruchtkörper, der in Hut und Stiel unterteilt ist. Der wabenförmige Hutteil trägt die Sporen. Alle Arten sind sehr begehrte Speisepilze, die nur im Frühjahr erscheinen. Der Sammler achte auf die z. T. giftigen Lorcheln der Gattung *Gyromitra*.

Fingerhutverpel

eßbar
R 3

Verpa digitaliformis Pers.
Syn.: *Verpa conica* (Mill.) Swartz

Hut: Heller oder dunkler bräunlich, glockenförmig frei, nur an der Stielspitze angeheftet, Oberfläche leicht gerunzelt, Höhe des Fruchtkörpers bis 10 cm. **Stiel:** Blaß gelblich bis fleischrötlich, außen fein kleiig, hohl, etwa zähfleischig. **Sporen:** Elliptisch, glatt, farblos; Schläuche 8sporig. **Vorkommen:** In lichten Wäldern und Parkanlagen, an ähnlichen Standorten wie die Morcheln, aber seltener; April bis Mai. **Verwechslung:** Die Böhmische Verpel (*Ptychoverpa bohemica*) ist noch seltener und unterscheidet sich durch einen deutlich gewunden-gefalteten Hut. Sie ist mikroskopisch durch 2sporige Schläuche leicht abzugrenzen.
Gattungsmerkmale: Die Gattung *Verpa* wird durch 2 seltene Arten vertreten. Sie unterscheiden sich von den Morcheln dadurch, daß ihr Hut nur an der Stielspitze angewachsen ist. Die Ränder sind daher frei, wie bei einer Glocke.

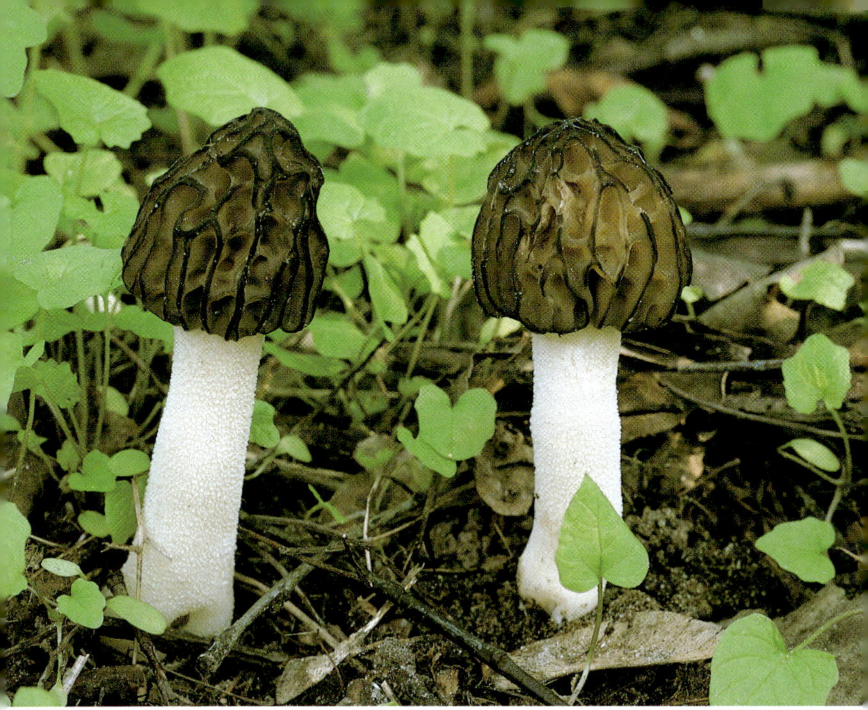

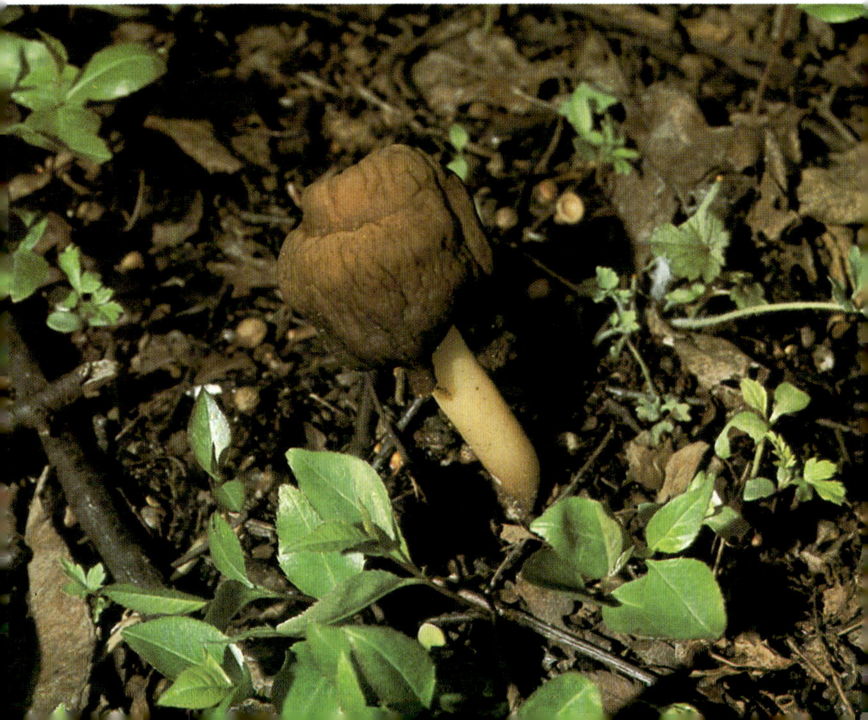

Frühjahrslorchel

giftig

Gyromitra esculenta (Pers.: Fr.) Fr.

Geruch: Angenehm aromatisch. **Hut:** Rotbraun, mit gehirnartig nach außen gewundener Oberfläche, Breite bis 10 cm. **Stiel:** Weißlich bis fleischfarben, oft kurz. Der Fruchtkörper ist im Längsschnitt nicht (wie bei den Morcheln) regelmäßig hohl. **Sporen:** Elliptisch, glatt, farblos, meist mit einem großen oder zwei kleineren Öltropfen. **Vorkommen:** Im Nadelwald, besonders unter Kiefern in Jungpflanzungen; März bis Mai, meist um die Monatswende von März zu April. **Verwechslung:** Die giftige Frühjahrslorchel ist der klassische Doppelgänger der eßbaren Morcheln, die hellere (jedenfalls nicht rotbraune), wabenartig nach innen vertiefte Hüte besitzen. Ihr Fruchtkörper ist innen regelmäßig hohl. Die Riesenlorchel *(Gyromitra gigas)* ist am Hut mehr beigebräunlich gefärbt und wächst im Laubwald. Sie ist sehr selten und ebenfalls giftverdächtig. Die Bischofsmütze *(Gyromitra infula)* ist rotbraun wie die Frühjahrslorchel und kommt im Herbst vor. Ihr Hut ist oft mehrzipfelig aufgebaut. Sie gilt als eßbar, sollte aber vorsichtshalber abgekocht werden.

Bemerkungen: Der Genuß der Frühjahrslorchel hat schon zu Todesfällen geführt, wenn kurz hintereinander reichliche wohl ungenügend erhitzte Gerichte gegessen wurden. Im abgekochten Zustand galt sie als eßbar. Es ist nicht auszuschließen, daß hier ein ähnlicher Vergiftungsmechanismus wie beim Kahlen Krempling wirkt.

Herbstlorchel, Krause Lorchel

eßbar

Helvella crispa (Scop.): Fr.

Hut: Viellappig, kraus, weißlich bis schmutzig ocker. **Stiel:** Meist lang, weißlich, auffallend längsgefurcht, Höhe bis 15 cm. **Sporen:** Elliptisch, glatt, farblos, mit einem großen Öltropfen. **Vorkommen:** Im Laubwald, unter Gebüsch, am Waldrand; August bis Oktober, vereinzelt auch schon früher. **Verwechslung:** Sehr ähnlich können blasse Formen der Grubenlorchel *(H. lacunosa)* aussehen, die im Normalfall in allen Teilen grauschwärzlich gefärbt sind. Sie wachsen meist im Sommer.

Bemerkungen: Bei der Verwendung von Lorcheln ist Vorsicht geboten. Da Lorcheln sehr langsam wachsen, können sie stellenweise schon am Standort in Fäulnis übergegangen sein, ohne daß der Sammler es ihnen ansieht. Gerade die Herbstlorchel bekommt dann einen etwas aufdringlichen Geruch! Derartige Exemplare sind keinesfalls zu verwenden. Ein vorheriges Abkochen ist ohnehin angebracht.

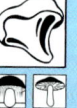

Stinkmorchel S. 266

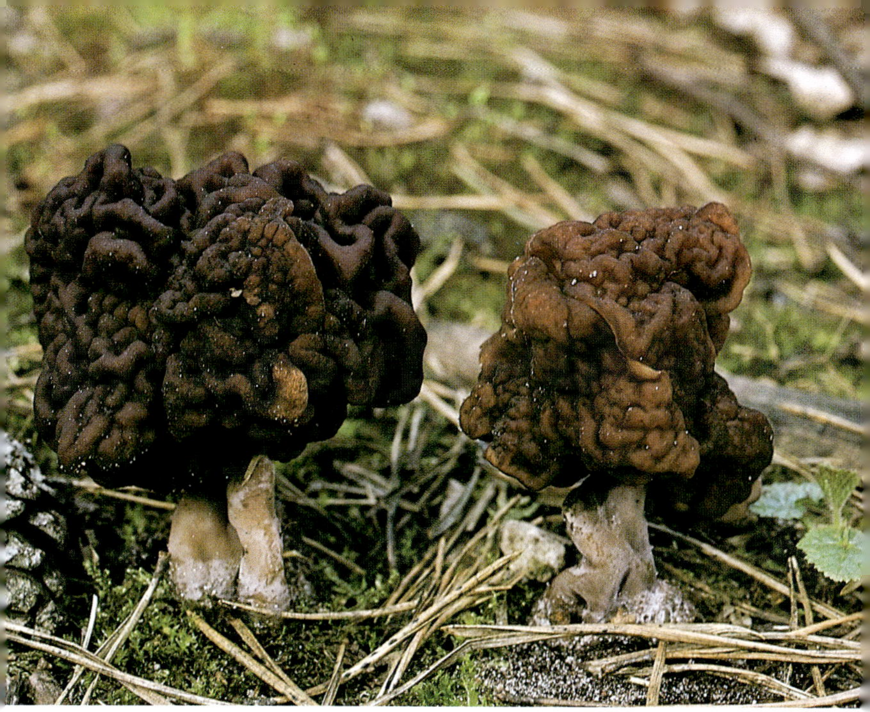
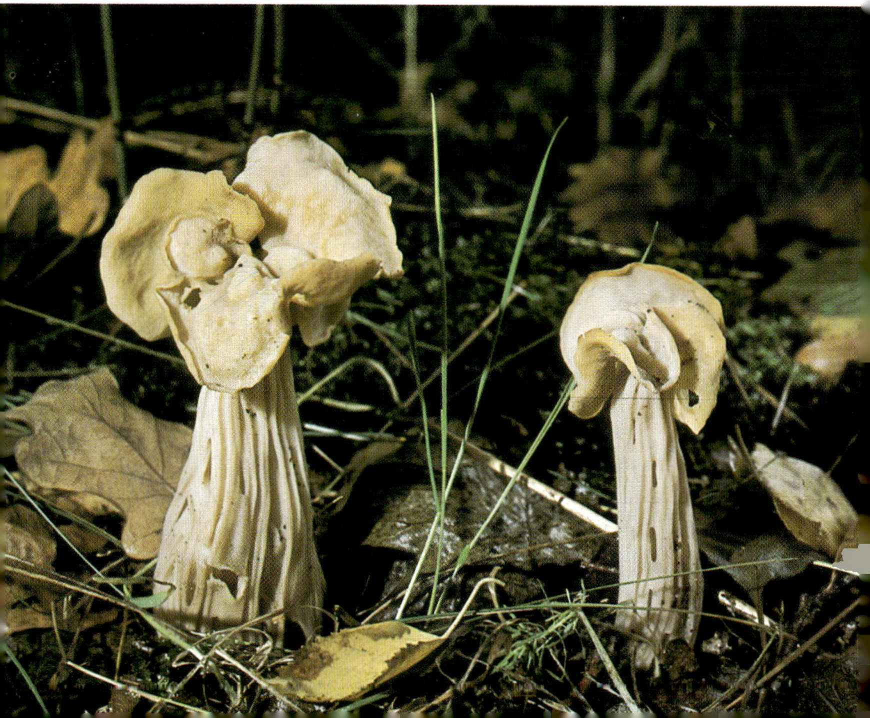

Stinkmorchel

Phallus impudicus L.: Pers.

eßbar
als »Hexenei«

Geruch: Im reifen Zustand stark süßlich aasartig. **Fruchtkörper:** Zunächst eiförmig, außen weißlich, halb im Boden eingesenkt, mit dicker, gallertartiger Umhüllung. Dann entfaltet sich ein weißlicher, hohler, poröser Stiel, auf dessen Spitze ein wabiges, glockenförmiges Köpfchen sitzt. Es trägt die olivgrünliche Gleba, die, sofern sie mit der Luft in Berührung kommt, aasartig zu riechen beginnt. An der Basis des Stieles bleiben die gallertartigen Hüllreste wie bei der Volva eines Knollenblätterpilzes zurück. Höhe des Gesamtfruchtkörpers ca. 10–20 cm. Durch den aasartigen Geruch der reifen Sporenmasse sollen Insekten angelockt werden, die für die Verbreitung der darin enthaltenen Sporen sorgen. Ist die Gleba nach einiger Zeit abgetragen, so kommt die wabenartige Struktur zum Vorschein. Dadurch entsteht der Eindruck als habe man eine Morchel vor sich. **Sporenmasse:** Olivgrün; Sporen oval, glatt. **Vorkommen:** In Laub- und Nadelwäldern, unabhängig von bestimmten Baumarten, an lichten Stellen; gern auch unter Robinien, wo die Konkurrenz von mykorrhizabildenden Pilzen eingeschränkt ist; Juli bis November, hauptsächlich aber im Sommer. **Verwechslung:** Die Dünenstinkmorchel *(Ph. hadriani)* unterscheidet sich durch das außen violettbräunlich gefärbte Hexenei. Sie ist in Dünenlandschaften verbreitet und lebt dort in einer parasitischen Wurzelverbindung mit höheren Pflanzen. Eine gewisse Ähnlichkeit besitzen die Hundsrute *(Mutinus caninus)* und ihre Verwandten. Ihre Fruchtkörper sind orange bis himbeerrot gefärbt und deutlich kleiner. Auch ist der glebatragende Teil fest mit dem Stiel verwachsen.

Bemerkungen: In dem eiförmigen Jugendstadium, dem sog. »Hexenei« (vgl. auch S. 258) ist der Fruchtkörper vollständig angelegt. Durch eine bloße Streckung des Stielteiles, die in wenigen Stunden vollzogen wird, kommt es bei der Reife zur vollständigen Entfaltung. Wer ein Hexenei findet und es »hochzüchten« möchte, bedeckt es zu zwei Drittel mit feuchter Erde und schirmt es mit einer Glasglocke ab. Unter der Voraussetzung, daß das Ganze dem täglichen Lichtrhythmus ausgesetzt wird, kann (je nach Reifezustand) am nächsten Tag oder nach einer Woche die fertige Stinkmorchel bewundert werden. Das von der Gallerthülle befreite Hexenei wird, in Scheiben geschnitten und gebraten, bisweilen für Speisezwecke verwendet. Es riecht und schmeckt etwas aufdringlich rettichartig. Zur Gattung *Phallus* gehören 3 Arten in Mitteleuropa.

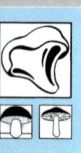

Hundsrute

Mutinus caninus (Huds.: Pers.)Fr.

Geruch: Schwach, etwas nach Katzendreck. **Fruchtkörper:** Rutenförmig, fingerartig, sich aus einem taubeneigroßen, weißlichen Hexenei entwickelnd, Rezeptakulum blaß orange, an der nicht abgesetzten Spitze die olivgrüne Gleba tragend, darunter orangerot gefärbt, nicht gekammert. Höhe bis 8 cm, Dicke bis ca. 1 cm. Die entwickelten Fruchtkörper liegen meist um. **Sporen:** Elliptisch, glatt. **Vorkommen:** In Laubwäldern, gern an morschen, moosigen Stümpfen, an Buchen und Haßelnuß, öfter in Gruppen anzutreffen; Juli bis Oktober. **Verwechslung:** *M. ravenelii* ist in Form und Größe sehr ähnlich. Die Farbe des Rezeptakulums ist meist himbeerrot und der Geruch ist stark aasartig (im Gegensatz zu der fast geruchlosen Hundsrute). In Berlin ist *M. ravenelii* in warmen Sommern fast häufiger als *M. caninus* und wächst am Boden in Parkanlagen. Wegen seines Geruchs wird er gern von Hunden gefressen, die davon keinen Schaden nehmen. Der Elegante Rutenpilz *(M. curtisii = elegans)* ist größer, riecht ebenfalls stark aasartig und besitzt größere Sporen.

Bemerkungen: Die Gattung *Mutinus* ist in Europa mit 4 Arten vertreten, die teilweise nur sporadisch auftreten. Sie leben saprophytisch am Erdboden oder auf Holz.

Gitterling

Clathrus ruber Pers.

Geruch: In reifem Zustand süßlich-aasartig. **Fruchtkörper:** Zunächst rundlich, weiß, halb unterirdisch, an der Außenseite mit weiter eingedrückter Netzzeichnung, mit Gallerthülle. Bei der Reife platzt das »Hexenei« auf, und es entsteht ein weitmaschig gitterförmiges Gebilde, welches an der Innenseite der Verstrebungen die olivbraune Sporenmasse (Gleba) trägt. Farbe orange bis scharlachrot; Höhe 5–8 cm. An der Basis bleiben die Reste des Hexeneis als gallertartige Hülle zurück, im Prinzip genau wie bei der Stinkmorchel. **Sporen:** Elliptisch, glatt. **Vorkommen:** In Mitteleuropa sehr selten und nur sporadisch auftretend. Besonders in feuchtwarmen Sommermonaten (Juni bis August) auf Friedhöfen und Vorgärten. Im Mittelmeergebiet ist der Pilz so häufig wie bei uns die Stinkmorchel und wächst dort in den Monaten September bis Februar, doch wohl auch zu anderer Jahreszeit, sofern es feucht genug ist. Ich fand ihn sowohl in den sandigen Pinienwäldern Sardiniens als auch auf Kalkböden unter Aleppokiefern Mallorcas. **Verwechslung:** Der in Deutschland häufigere Tintenfischpilz *(Clathrus archeri)* ist ähnlich aufgebaut und gefärbt, besteht in entfaltetem Zustand aber aus polypenartigen Armen.

Bemerkungen: Die Gattung *Clathrus* ist in Mitteleuropa durch die 2 erwähnten Arten vertreten. – Das Foto stammt aus Sardinien (Italien). Hexenei des Gitterlings: Siehe S. 258.

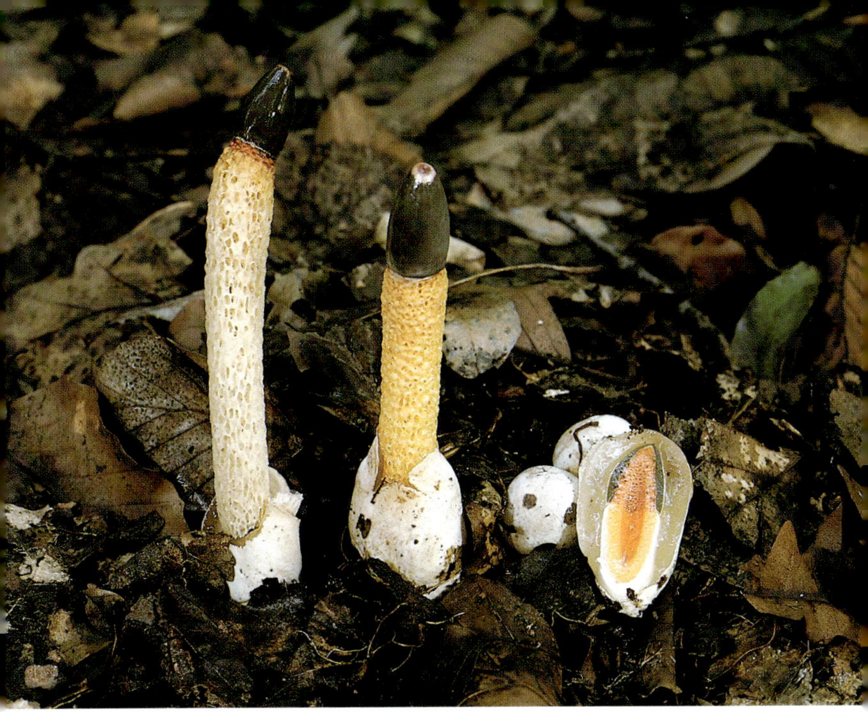

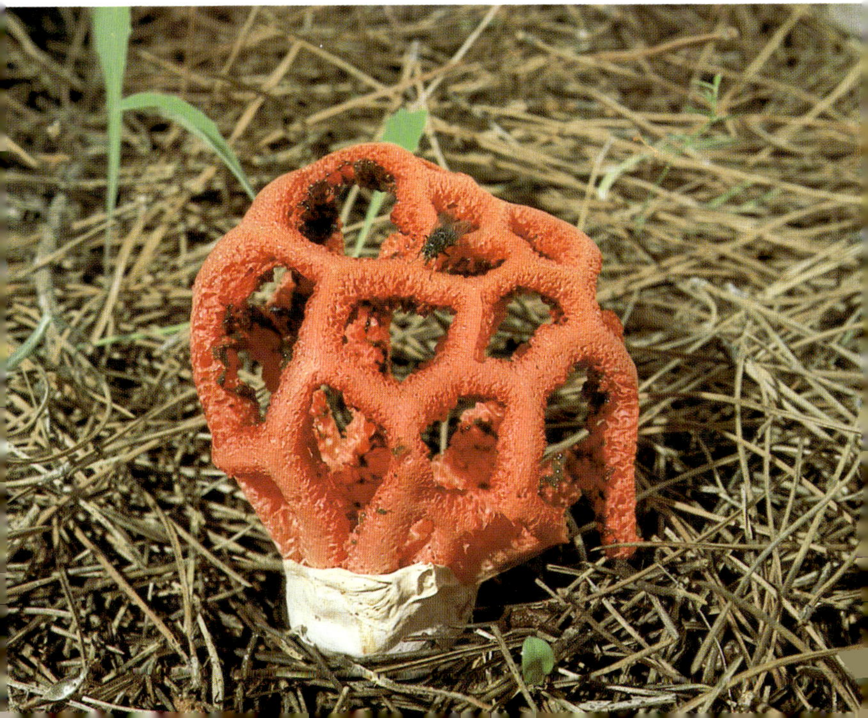

Halskrausenerdstern

ungenießbar

Geastrum triplex Jungh.

Fruchtkörper: Erst kugelig-zwiebelförmig, rotbraun bis ockerbraun, halb unterirdisch; beim Reifen vom Scheitel her aufspaltend und sternförmig umrollend, dabei wird die innere Staubkugel emporgehoben, die sich am Scheitel wie bei den Stäublingen öffnet, um die reifen Sporen zu entlassen. Beim Halskrausenerdstern bleibt beim Umrollen der Exoperidie wegen der mangelnden Elastizität meist ein deutlicher »Kragen« stehen. Breite des entfalteten Pilzes 6–10 cm. **Sporenpulver:** Braun; Sporen rundlich, deutlich warzig. **Vorkommen:** In Laubwäldern und lichten Stellen in Parkanlagen; Juli bis Oktober. Einer der häufigsten Erdsterne im Berliner Raum, in anderen Gegenden seltener. **Verwechslung:** Der Halskrausenerdstern kann mit anderen Vertretern seiner Gattung verwechselt werden, vor allem wenn die typische Halskrause (bei gerade entfalteten Pilzen) noch nicht ausgebildet ist. Der kleinere Gefranste Erdstern *(G. sessile = fimbriatum)* besitzt keinen Kragen, dafür aber eine fransig-gewimperte Mündung. Der Rötende Erdstern *(G. rufescens = vulgatum)* unterscheidet sich durch rötendes Fleisch.

Bemerkungen: Die Gattung *Geastrum* besteht aus rund 25 teilweise sehr seltenen Arten, die saprophytisch im Boden leben. Für Speisezwecke kommt keine in Frage. Der manchmal in Massen auftretende Halskrausenerdstern riecht und schmeckt im rohen Zustand unangenehm ranzig-tranig (Ähnlichkeit mit Blattwanzengeruch). Alle Erdsterne sollten wegen ihrer Seltenheit geschont werden. Zwiebelförmiges Jungstadium: Siehe S. 258.

Gestreifter Teuerling

ungenießbar

Cyathus striatus (Huds.) Willd.: Pers.

Fruchtkörper: Becherförmig, im jungen Zustand durch ein weißliches Häutchen geschlossen; Farbe der zottigen Außenseite dunkelbraun, Innenseite grau-weißlich und auffallend längsgestreift. Im Inneren der Fruchtkörper liegen kleine, linsenförmige Sporenbehälter (Peridiolen), die mit einem kleinen Fädchen (Funiculum) an der Basis des Bechers befestigt sind. Höhe 1–2 cm. **Sporen:** Länglich-elliptisch, glatt, farblos. **Vorkommen:** Meist an faulenden Holzresten, seltener am Boden; August bis November. **Verwechslung:** Der Gestreifte Teuerling ist durch seine braunzottige Außenseite und die innere Streifung gut gekennzeichnet. Der Topfteuerling *(C. olla)* ist mehr graubraun gefärbt, außen feiner filzig und innen nicht gestreift. Er wächst auf Erde. Der holzbewohnende Tigelteuerling *(Crucibulum laeve)* ist freudig ockergelblich gefärbt. Der den jungen Pilz verschließende Deckel (Epiphragma) ist orangegelblich.

Bemerkungen: Die ca. 6 in Mitteleuropa vorkommenden Arten der Gattung *Cyathus* leben saprophytisch an Holz, im Boden oder auf Dung. Sehr ähnlich sehen die meist viel kleineren Nestlinge *(Nidularia)* aus.

R

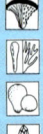

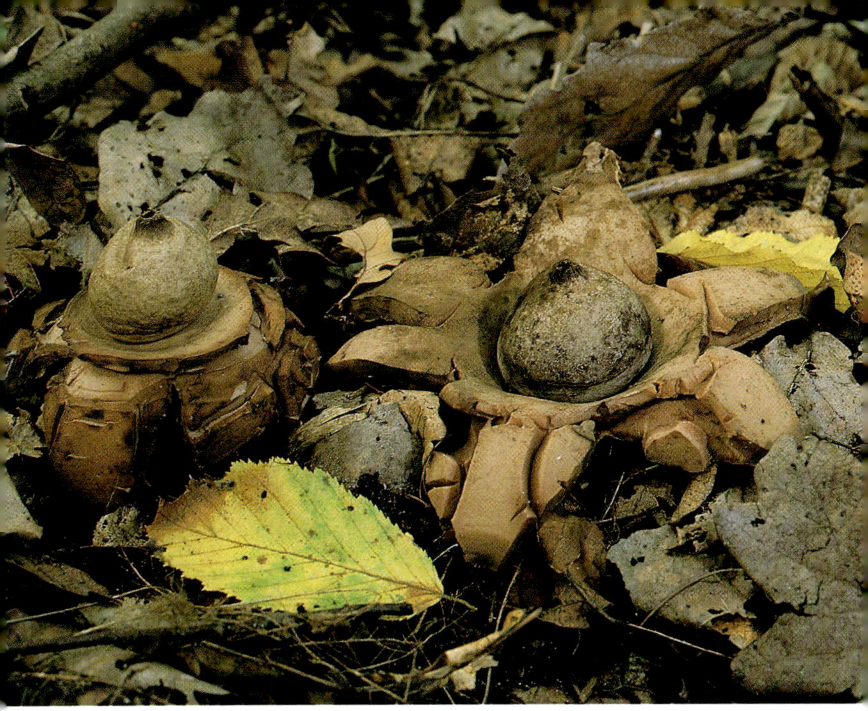

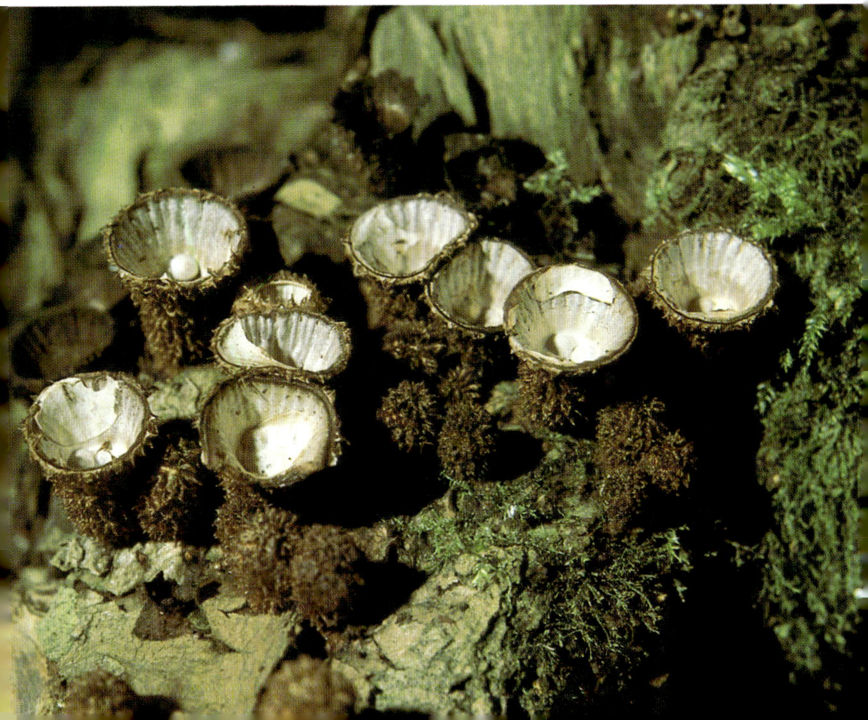

Krause Glucke, Fette Henne

eßbar

Sparassis crispa Wulf.: Fr.

Fruchtkörper: Groß, badeschwamm- oder blumenkohlähnlich, erst weißlich, bald aber ockergelblich, aus welligen, krausen Elementen zusammengesetzt. Breite 10–30 cm. **Sporenpulver:** Gelblichweiß; Sporen kurz-elliptisch. **Vorkommen:** Am Grunde von Kiefernstämmen, mit deren Wurzeln in Verbindung stehend oder morschen Kiefernstümpfen aufsitzend; seltener auf anderen Nadelhölzern; August bis November. **Verwechslung:** Die Krause Glucke ist einer der besten Speisepilze, die den Morcheln im Wohlgeschmack nicht nachsteht. Sie darf nicht mit den Korallenpilzen (Gattung *Ramaria*) verwechselt werden. Bei diesen enden die einzelnen Zweige in rundlichen Endästchen (wie bei Seewasserkorallen), während bei der Krausen Glucke die Oberfläche bandartig-kraus erscheint und rundliche Ästchen nicht zu erkennen sind. Unter den Korallen gibt es zwar auch eßbare Arten, diese sind jedoch von den giftigen so schwer zu unterscheiden, daß sich nur der Kenner daranwagen darf.

Bemerkungen: Die Gattung *Sparassis* ist in Europa noch durch eine zweite Art vertreten, die ebenfalls eßbare Breitblättrige Glucke *(S. brevipes)*. Sie ist viel seltener und unterscheidet sich durch die grobere, entfernter stehende Blätterung. Auch stehen die einzelnen Äste aufrecht und besitzen an der vorderen Kante eine bandartige Zeichnung. Sie wächst in Deutschland auch an Weißtanne und Fichte. Andere Namen für diese Art sind *S. laminosa* und *S. nemecii*.

Rotbrauner Zitterling

eßbar

Tremella foliacea Pers.

Fruchtkörper: Aus unregelmäßigen, lappig gewundenen oder blattartigen Gebilden zusammengesetzt, oft faustgroß, rotbraun, Konsistenz gallertartig, beim Trocknen hornartig einschrumpfend, geruch- und geschmacklos. **Sporenpulver:** Weiß; Sporen rundlich, glatt. **Vorkommen:** An abgestorbenen Ästen von verschiedenen Laubhölzern, z. B. Birke, Ahorn und Traubenkirsche, aus der Rinde hervorbrechend; fast ganzjährig, vor allem aber in der kalten Jahreshälfte. **Verwechslung:** Der Rotbraune Zitterling kann bei flüchtiger Betrachtung eine gewisse Ähnlichkeit mit dem Judasohr *(Hirneola auricula-judae)* haben, dessen Gestalt aber regelmäßiger ohrförmig und die Konsistenz viel zäher ist. Auch wächst das Judasohr vorwiegend an Holunder. An Nadelholz kommt der ähnliche Kandisfarbene Drüsling *(Exidia saccharina)* vor, dessen Oberfläche fein drüsig punktiert ist. Seine Sporen sind zylindrisch und nicht rundlich. Der Goldgelbe Zitterling *(T. mesenterica)* unterscheidet sich durch die auffallend goldgelbe Farbe.

Bemerkungen: Der Rotbraune Zitterling ist im rohen Zustand als Salat genießbar, besitzt aber keinen Wohlgeschmack. Die Verwendung roher Pilze für die Küche ist generell kritisch, da überalterte Exemplare leicht von Bakterien befallen sein können.

Gattungsmerkmale: Die Gattung *Tremella* beinhaltet mehr als 25 europäische Arten, von denen nur wenige auffällige Fruchtkörper besitzen. Typisch ist ihre gallertartige Konsistenz und die Fähigkeit, je nach Feuchtigkeitszustand zu schrumpfen oder aufzuquellen. Basidien durch Längswände geteilt, Sporen blaß, rundlich.

R

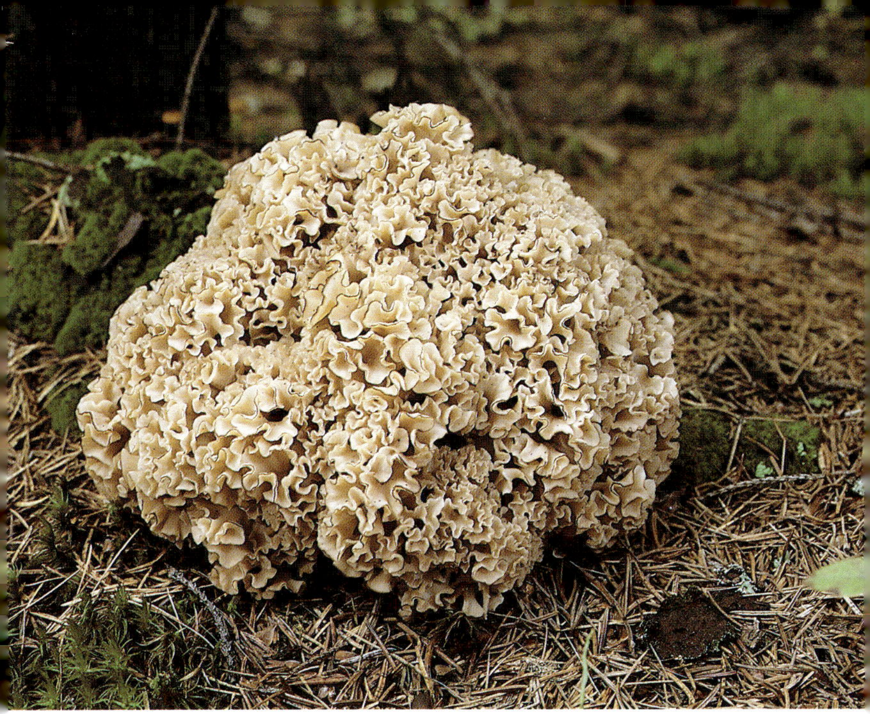

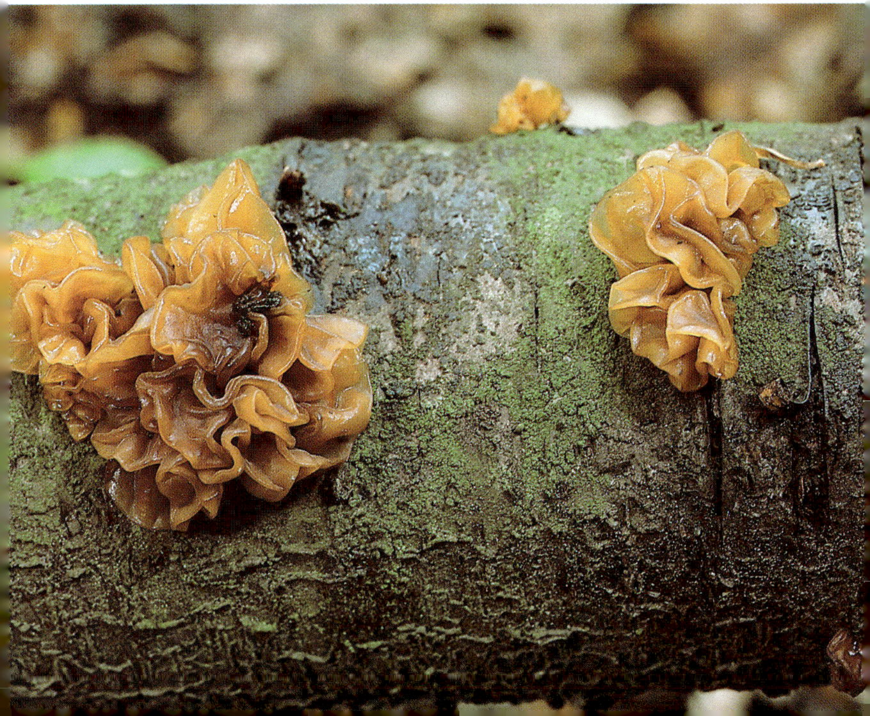

Rötlicher Gallerttrichter

Tremiscus helvelloides (DC.: Fr.) Donk

Syn.: *Phlogiotis rufa* Quélet

eßbar

Fruchtkörper: Füllhornähnlich bis halbiert-trichterförmig, rotorange, manchmal auch recht blaß gefärbt, gallertartig, bei Trockenheit hornartig eintrocknend, Höhe bis 10 cm. **Sporenpulver:** Weiß; Sporen länglich, glatt. **Basidien:** Durch Längswände geteilt, viersporig. **Vorkommen:** Auf Erde oder an morschem Holz, nur auf Kalkboden, vor allem im Gebirge; Juli bis Oktober.

Bemerkungen: Der Rötliche Gallerttrichter ist einer der wenigen Pilzarten, die roh als Salat genossen werden können. Er ist wegen seiner auffälligen Gestalt und Färbung kaum zu verwechseln. Die Gattung *Tremiscus* wird in Europa nur durch 1 Art vertreten.

Judasohr

eßbar, aber zäh

Hirneola auricula-judae (Bull.: Fr.) Berk.

Syn. *Auricularia auricula* (Hook.) Underwood

Auricularia sambucina Mart.

Fruchtkörper: Ohrmuschelförmig, dünnfleischig, mit zäh-gallertartiger Konsistenz, beim Eintrocknen hornartig werdend und schrumpfend, rot- bis olivbraun, Oberseite etwas filzig bis kahl, Breite bis 10 cm. **Sporenpulver:** Weiß; Sporen zylindrisch-gekrümmt, glatt. **Basidien:** Durch Querwände viergeteilt, im Mikroskop sehr schwer zu präparieren. **Vorkommen:** Auf alten Holunderstämmen, in einigen Gegenden auch häufig auf Eschenblättrigem Ahorn, selten auch an Fichten, in Büscheln und Gruppen; ganzjährig vorhanden. **Verwechslung:** Der Gezonte Ohrlappenpilz *(Auricularia mesenterica)* ist auf der Oberseite stark striegelig-filzig und gezont. Die hymeniumtragende Unterseite ist runzelig-aderig.

Bemerkungen: Die Gattung *Hirneola* besteht nur aus 1 Art. Der aus Ostasien importierte für chinesische Gerichte bevorzugte Doppelgänger *(H. polytricha)* ist dünnfleischiger und weniger zäh. Er wird in den Geschäften fälschlicherweise als »Chinesische Morchel« angeboten.

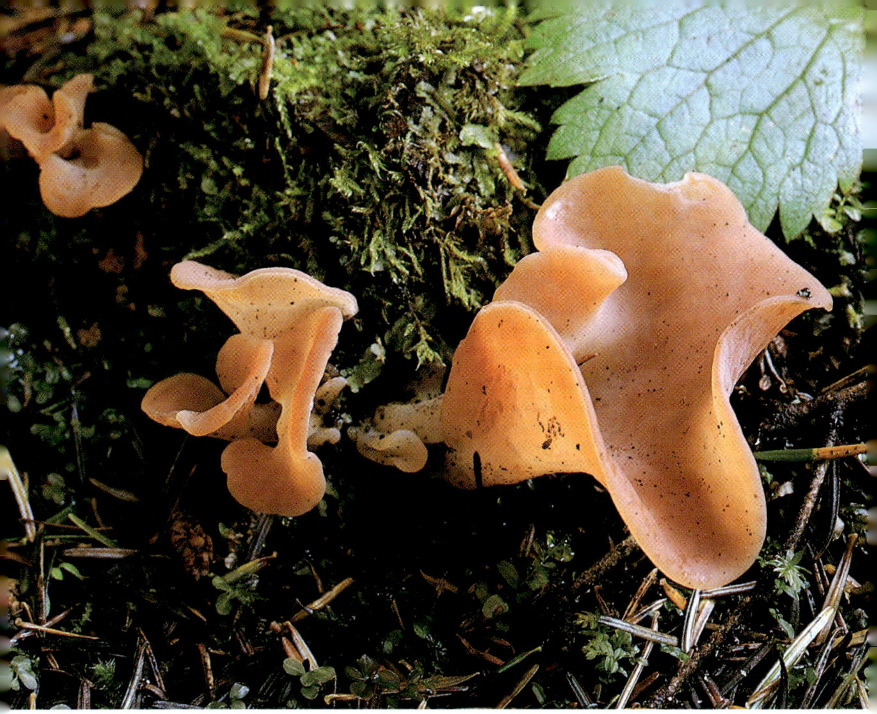

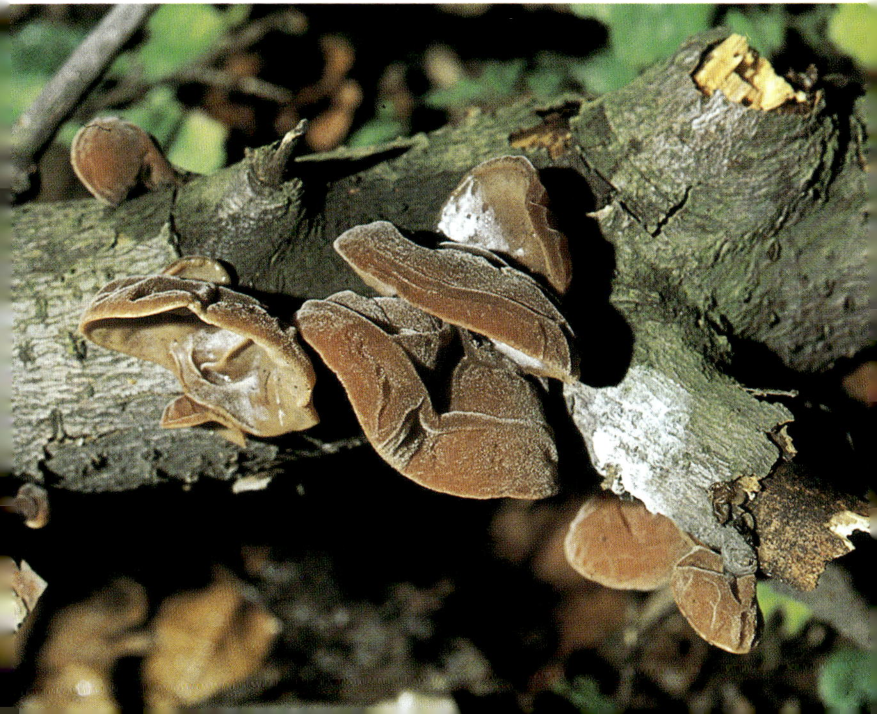

Eselsohr

eßbar

Otidea onotica (Pers.: Fr.) Fuck.

Fruchtkörper: Ohrförmig, einseitig schüsselförmig, mit kurzem, filzigem Stielchen, Innenseite schön rosarötlich, Außenseite ockergelblich, Höhe bis 10 cm. **Sporen:** Elliptisch, farblos, glatt. **Vorkommen:** Im Laub- und Nadelwald, in kleinen Gruppen; Juli bis November. **Verwechslung:** Das Eselsohr könnte mit anderen Arten seiner Gattung verwechselt werden. *O. concinna* ist ähnlich gefärbt, aber viel kleiner. Innen- und Außenseite sind etwa gleichfarbig. Andere Öhrlinge, wie *O. bufonia* und *O. alutacea* sind bräunlich gefärbt. Das Hasenohr *(O. leporina)* ist ebenfalls etwas dunkler und hat kleineren Wuchs. Es kommt vor allem im Gebirge vor.

Bemerkungen: Die Öhrlinge, Gattung *Otidea*, werden in ca. 11 schwer zu trennende Arten geteilt. Alle besitzen ein leicht zu erkennendes mikroskopisches Merkmal: die krückstockartig an der Spitze gekrümmten Paraphysen. Die in Wuchs und Farbe ähnlich aussehenden Wurzelbecherlinge *(Sowerbyella)* zeichnen sich durch ornamentierte Sporen aus. Sie kommen für Speisezwecke nicht in Frage und sind recht selten.

Pokal-Rippenbecherling

eßbar

Helvella acetabulum (L.) Quelét

Fruchtkörper: Schlank kelchförmig, pokalförmig, dunkelbraun bis graubräunlich, an der Außenseite mit erhabenen Rippen gezeichnet, Höhe bis 8 cm. **Sporen:** Elliptisch, glatt. **Vorkommen:** An lichten Waldstellen, Wegrändern; Mai–Juni. **Verwechslung:** Sehr ähnlich können jüngere Stadien von *H. queletii* sein, die zur gleichen Zeit am gleichen Standort vorkommen. Hier ist meist der Stiel schlanker und deutlicher vom Hutteil abgesetzt. Im Alter schlagen die Hutränder der Lorchel um, so daß ein sattelförmiges Gebilde entsteht. Die Gefurchte Lorchel *(H. sulcata)* ist nach Dennis nur eine Form von *H. acetabulum.* Der kleinere, mehr grau-schwärzlich gefärbte Schwarzweiße Rippenbecherling *(H. leucomelaena)* besitzt einen meist stärker wurzelnden Stiel und ist an der Außenseite weniger stark gerippt.

Bemerkungen: Die Gattung *Helvella* ist sehr artenreich und vielfältig und wird heute wieder im weiteren Sinne aufgefaßt. Die Rippenbecherlinge (früher *Paxina*) sind mit etwa 4 Arten vertreten.

Der Pokal-Rippenbecherling scheint kein guter Speisepilz zu sein. Einige zur Probe zubereiteten Exemplare (Abkochen und Braten) waren zäh und schmeckten bitterlich. Bei größeren Exemplaren, die eine entsprechende Reife erreicht haben, kann bei gutem Gehör der Sporenauswurf durch ein feines Prasseln wahrgenommen werden!

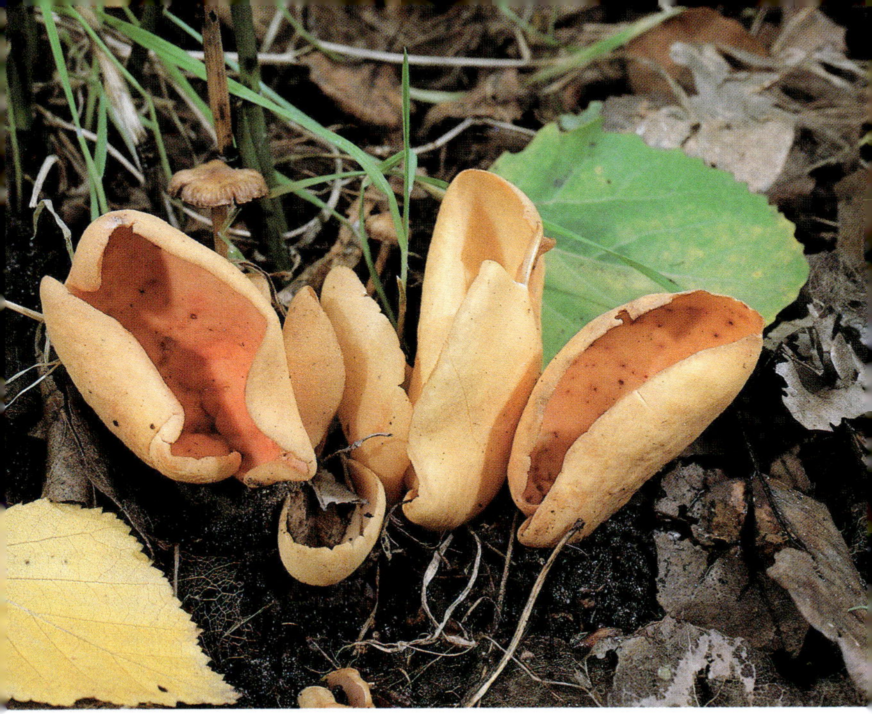

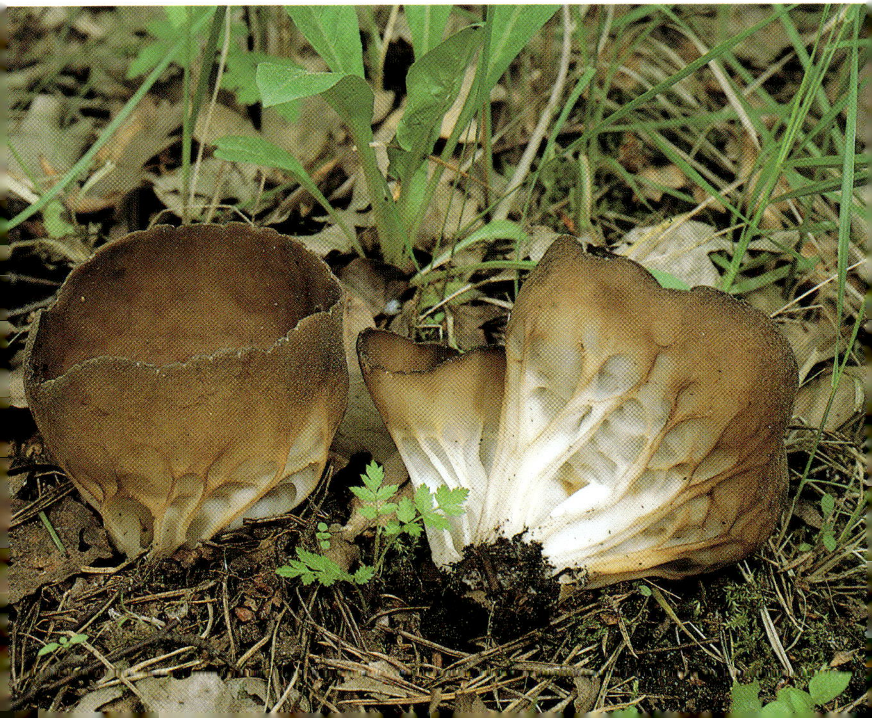

Morchelbecherling, Aderiger Becherling

Disciotis venosa (Pers.: Fr.) Boud.

Geruch: Bei Verletzung auffallend chlorartig. **Fruchtkörper:** Schalen- bis becherförmig, mit kurzem Stielansatz, Innenseite bräunlich und oft aderig-gefaltet, Außenseite heller, weißlich bis graugelblich, fein kleiig, Breite 5–15 cm. **Sporen:** Elliptisch, farblos, glatt, an den Polen wie bei den Morcheln oft mit kleinen, tropfenförmigen Ausscheidungen. **Vorkommen:** In Auenwäldern, an Waldrändern, an Wegen, gern auf tonigen Böden, oft zusammen mit Morcheln; April bis Mai. **Verwechslung:** Sehr ähnlich ist der Schildförmige Scheibenbecherling *(Discina perlata)*, der etwa um die gleiche Jahreszeit im Bereich von Nadelbaumwurzeln oder auf vermulmten Stümpfen wächst. Er riecht nicht nach Chlor und gehört aufgrund seiner länglichen, mit zwei Anhängseln versehenen Sporen in die Verwandtschaft der Lorcheln.
Bemerkungen: Der Morchelbecherling ist ein guter Speisepilz, der seinen Chlorgeruch beim Kochen verliert. Er ist der einzige Vertreter seiner Gattung.

Kronenbecherling

Sarcosphaera coronaria (Jacq.) Schroeter
Syn.: *Sarcosphaera crassa* (Santi ex Steudel) Pouzar
    Sarcosphaera eximia Maire

Fruchtkörper: Anfangs kugelförmig geschlossen und in den Erdboden eingesenkt, weißlich; dann sternförmig aufbrechend, dünnfleischig, Innenseite (Hymenium) meist schön violett oder rosa-lila, seltener auch nur weißlich; Breite bis ca. 15 cm. **Sporen:** Elliptisch, glatt, mit zwei Öltropfen. **Vorkommen:** In Nadel- und Laubwäldern auf Kalkboden, besonders unter Kiefern oder Fichten; Mai bis Juli, stellenweise häufig, aber nicht in allen Gegenden vorkommend. **Verwechslung:** Der Blasige Becherling *(Peziza vesiculosa)* kann in der Form eine gewisse Ähnlichkeit haben; er reißt aber nicht sternförmig auf, besitzt nie ein violettes Hymenium und wächst auf gedüngtem Boden.
Bemerkungen: Der Kronenbecherling besitzt eine ähnliche Giftwirkung wie die Frühjahrslorchel *(Gyromitra esculenta)*, vor allem im rohen Zustand. Auch nach Abbrühen und Weggießen des Kochwassers können noch Beschwerden auftreten. Die Gattung *Sarcosphaera* besteht nur aus 1 Art, die sich von den echten Becherlingen *(Peziza)* hauptsächlich dadurch unterscheidet, daß sich die jungen Fruchtkörper halbunterirdisch entwickeln und dann kronenförmig aufbrechen. Jugendstadium: Siehe S. 258.

R

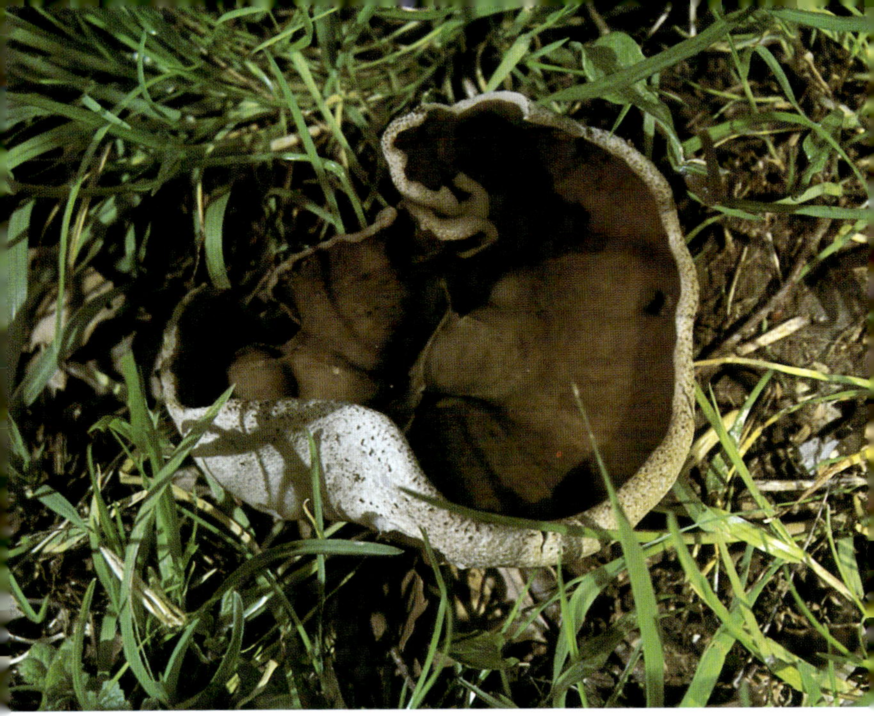

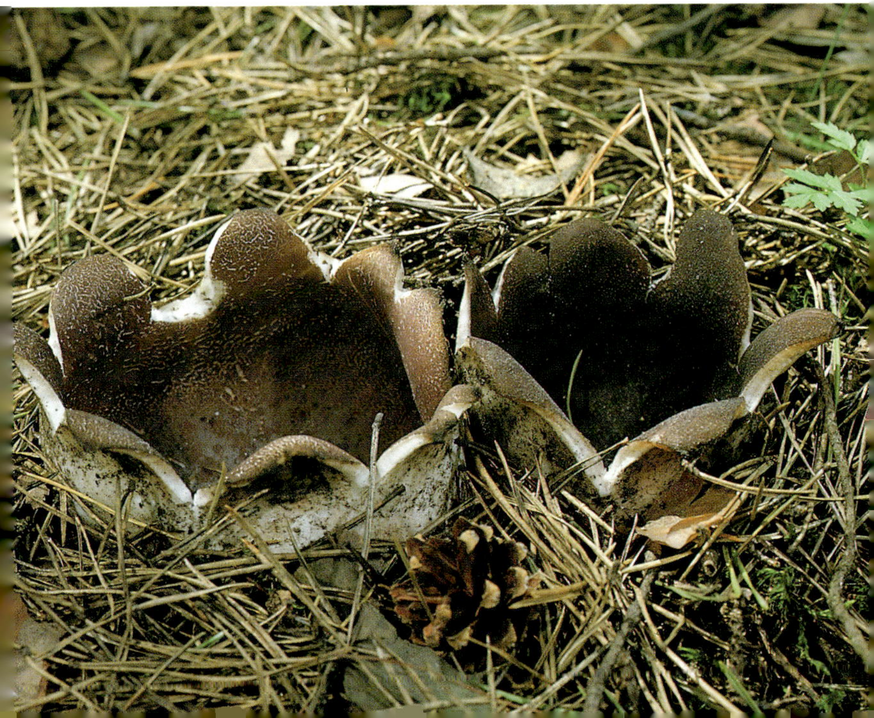

Orangebecherling

Aleuria aurantia (Pers.: Fr.) Fuck.

Fruchtkörper: Becher- bis schalenförmig, Innen- und Außenseite leuchtend orange, außen meist etwas blasser, Breite 2–10 cm. **Sporen:** Oval, grob netzig, farblos. **Vorkommen:** Auf lehmigem Boden an Wegen und freien Waldstellen; Mai bis Oktober. **Verwechslung:** Durch seine Größe und die auffallende Färbung ist der Pilz kaum zu verwechseln. Der Mennigfarbige Borstling *(Melastiza chateri)* ist viel kleiner und hat eine durch dunkle, kurze Haare flaumig punktierte Außenseite. Die Farben stimmen überein.
Bemerkungen: Die Gattung *Aleuria* besteht aus etwa 5 in Europa bekannten Arten. Alle sind orange bis scharlachrot oder goldgelb gefärbt. Der Orangebecherling ist der weitaus häufigste und größte Vertreter seiner Gattung. Von den echten Becherlingen *(Peziza)* unterscheiden sich die Orangebecherlinge dadurch, daß die Asci an der Spitze mit Lugol'scher Lösung nicht blauen.

Blasiger Becherling

Peziza vesiculosa Bull.: Fr.

Fruchtkörper: Schüsselförmig, becherförmig, lange blasig geschlossen, in allen Teilen ockergelblich, Außenseite kleiig, Breite 5–10 cm. **Sporen:** Elliptisch, glatt, farblos. **Vorkommen:** Auf gedüngten Böden, auf Misthaufen oder Beeten, in Büscheln oder gesellig; April bis September. **Verwechslung:** Der Blasige Becherling kann mit mehreren ähnlich aussehenden Becherlingen verwechselt werden. Er unterscheidet sich jedoch von allen anderen Arten durch seine Vorliebe für gedüngten Boden, ja sogar direkten Pferdemist. Becherlinge aus der *Peziza-varia*-Gruppe sind durch das Wachstum auf morschem Holz und die kleineren Sporen zu unterscheiden. Wer Becherlinge für die Küche verwendet, sollte den giftigen Kronenbecherling *(Sarcosphaera coronaria)* kennen. Er entwickelt sich ebenfalls fast blasenförmig, reißt dann aber kronenförmig auf und entblößt seine (meist) violettliche Innenseite. Er zeigt ähnliche Vergiftungserscheinungen wie die Frühjahrslorchel und liebt Kalkboden, auf dem er in Gruppen in den Monaten Mai bis Juli vorkommt. Er ist nicht allgemein verbreitet.
Bemerkungen: Die Gattung *Peziza* besteht aus einer Vielzahl von schwer unterscheidbaren Arten (ca. 70). Eine genauere Bestimmung ist nur (wenn überhaupt) mit dem Mikroskop möglich. Einige haben die Eigenschaft, bei Verletzung einen verschieden gefärbten Saft auszuscheiden. Wir kennen gelb- und violettmilchende Arten. Die Ascusspitzen aller echten Becherlinge färben sich in Lugol'scher Lösung blau.

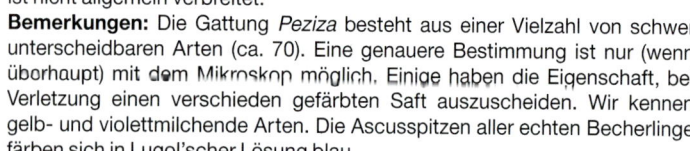

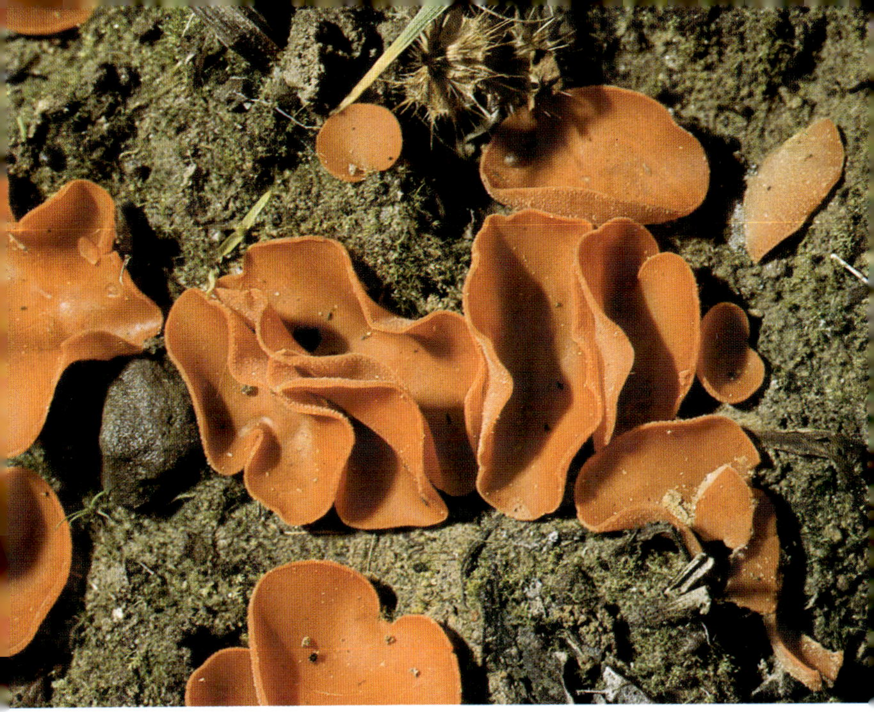

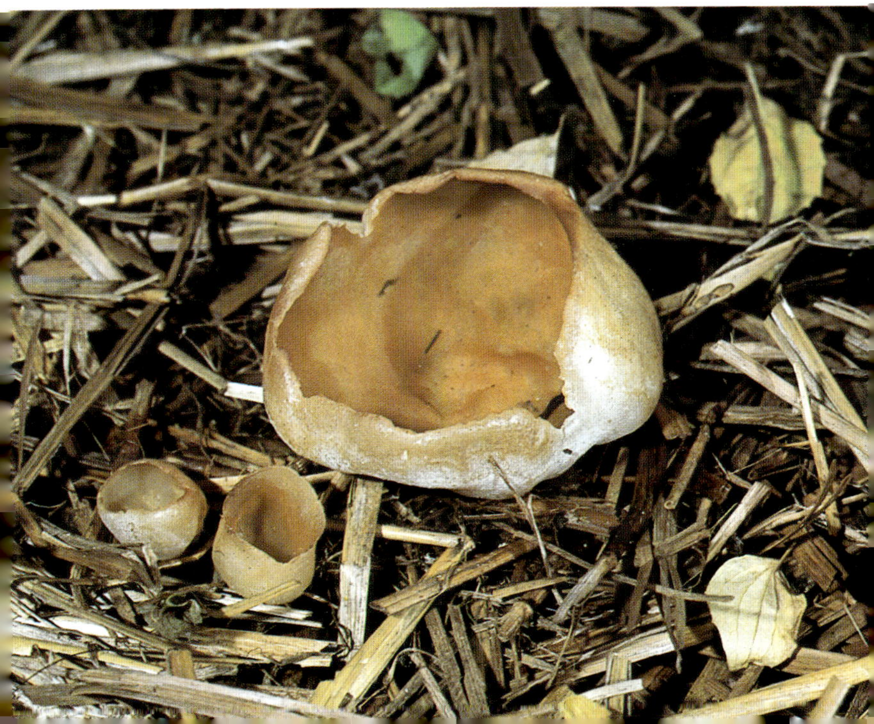

Register

Wissenschaftliche Pilznamen

Deutsche Pilznamen